Rollo May

Der verdrängte Eros

Aus dem Amerikanischen
übertragen von
John Wagner

Christian Wegner Verlag

ISBN 3 8032 0144 6
1.-5. Tausend
Copyright © 1969 by W. W. Norton & Co., Inc.
Titel der amerikanischen Ausgabe: Love and Will
Deutsche Rechte: © Christian Wegner Verlag GmbH, Hamburg 1970
Satz und Druck: Poeschel & Schulz-Schomburgk, Eschwege
Papier: Scheufelen, Oberlenningen · Einband: Ladstetter, Hamburg
Printed in Germany

Inhalt

Erster Teil   Die Liebe

Erstes Kapitel: Sexualität als Problem 9

Das sexuelle Chaos 10   Erlösung durch Technik 16   Der neue Puritanismus 18   Freud und der Puritanismus 23   Die Mechanisierung des Sex 28   Die Revolte gegen den Sex 36

Zweites Kapitel: Eros im Konflikt mit Sexualität 41

Der verdrängte Eros 42   Was ist Eros 51   Eros als Selbstverwirklichung 57   Freud und der Eros 61   Die Einheit des Eros: eine Einzelfallstudie 70   Der schwächliche Eros 76

Drittes Kapitel: Liebe und Tod 82

Liebe als Zeichen der Sterblichkeit 83   Der Tod und die Sexbesessenheit 90   Das tragische Element in der Liebe 94   Das Tragische und die Trennung 97   Der Wunsch nach Kindern 102

Viertes Kapitel: Das Dämonische 107

Dämonie und Vernunft 107   Die Verleugnung des Dämonischen 113   Das Dämonische in der Psychotherapie der Primitiven 116   Zur Geschichte des Dämonischen 120   Liebe und Dämonie 130

Fünftes Kapitel: Die Integration des Dämonischen 138

Dialog und Integration 139   Stadien des Dämonischen 142   Das Dämonische und das Anonyme 144   Das Dämonische und das Wissen 148   Die Benennung des Dämonischen 150   Die Benennung des Dämonischen in der Therapie 154

Zweiter Teil   Der Wille

Sechstes Kapitel: Die Krise des Willens 163

Der Verlust persönlicher Verantwortung 164   Der Widerspruch im

Willen 167   Der Fall John 171   Der Wille in der Psychoanalyse 177
Illusion und Wille 180

Siebtes Kapitel: Wunsch und Wille 186

Das Ende der Willenskraft 188   Freud und der Wille 190   Der Wunsch 192   Die Unfähigkeit zu wünschen 196   William James und der Wille 198

Achtes Kapitel: Intentionalität 204

Die Wurzeln der Intentionalität 206   Beispiele aus der Psychoanalyse 208   Wahrnehmung und Intentionalität 214   Körper und Intentionalität 217   Wille und Intentionalität 220

Neuntes Kapitel: Die Intentionalität in der Therapie 224

Der Fall Preston 226   Stadien der Therapie 242   Vom Wunsch zum Willen 246   Vom Wunsch und Willen zur Entscheidung 247   Die menschliche Freiheit 248

Zehntes Kapitel: Das Verhältnis von Liebe und Willen 252

Liebe und Wille als einander blockierende Kräfte 253   Beispiel: Impotenz 257   Einbildungskraft und Zeit 258   Die Vereinigung von Liebe und Willen 260

Elftes Kapitel: Die Bedeutung der Sorge 264

Liebe, Wille und Sorge 266   Der Mythos der Sorge 269   Die Sorge in unserer Zeit 275

Zwölftes Kapitel: Das neue Bewußtsein 279

Liebe als Angelegenheit der gesamten Person 281   Aspekte des Liebesaktes 283   Die Schaffung des Bewußtseins 287   Liebe, Wille und die Formen der Gesellschaft 290

Nachwort: Die schizoide Welt 295

Probleme als Prophetien 301   Der Künstler und der Neurotiker 304   Der Neurotiker als Prophet 308   Das Aufkommen der Apathie 312

Anmerkungen 321

Erster Teil
Die Liebe

Erstes Kapitel
Sexualtiät als Problem

> Geschlechtsverkehr ist das menschliche Gegenstück des kosmischen Prozesses.
> – altchinesisches Sprichwort

> Ein Patient gab den folgenden Traum zu Protokoll: »Ich liege mit meiner Frau im Bett; zwischen uns liegt mein Bücherrevisor. Er wird Geschlechtsverkehr mit ihr haben. Ich habe ein sonderbares Gefühl bei der Sache – aber irgendwie schien das alles seine Richtigkeit zu haben.«
> – berichtet von Dr. John Schimel

Die westliche Tradition unterscheidet vier Arten der Liebe: *Sexuelle Liebe*, auch Wollust oder Libido genannt – *Eros*, das Streben nach Liebe mit dem Ziel der Zeugung, nach einer schöpferischen Tat also, das Streben nach höheren Formen des Daseins und der zwischenmenschlichen Beziehung, wie die Griechen sagten – *Philia* oder die Freundschaft, die brüderliche Liebe – *Agape* oder, wie die Römer sie nannten, *Caritas*, die auf das Wohl des anderen gerichtete Liebe, deren Prototyp jene Liebe ist, die Gott den Menschen entgegenbringt. Jede echte Liebeserfahrung des Menschen stellt eine Mischung aus diesen vier Arten dar, wobei das Mischungsverhältnis von Fall zu Fall variiert.

Wenn wir mit der sexuellen Liebe beginnen, so deshalb, weil sie am Anfang unserer Gesellschaft und überdies am Anfang der biologischen Existenz jedes einzelnen steht. Mag das Sexuelle in unserer Gesellschaft auch noch so sehr banalisiert worden sein: der Sexualtrieb bleibt dennoch identisch mit der Zeugungskraft; er ist der Trieb, der die Erhaltung der Art gewährleistet, die

Quelle des intensivsten Glücks der Menschen und gleichzeitig die Quelle ihrer tiefsten Angst. In seiner dämonischen Form kann er den Menschen in Verzweiflung stürzen; er kann, wenn er sich mit dem Eros verbündet, den Menschen aber auch aus der Verzweiflung emporheben in die Höhen der Ekstase.

Im Altertum betrachtete man die sexuelle Liebe oder die Wollust genau wie den Tod als eine Selbstverständlichkeit. Erst in der Gegenwart hat man es dazu gebracht, die sexuelle Liebe ins Zentrum unseres Interesses zu rücken und ihr das Gewicht aller vier Arten der Liebe allein aufzubürden. Ungeachtet der Freudschen Überbeanspruchung sexueller Phänomene – die nichts anderes ist als der Ausdruck des Kampfes von These und Antithese in der modernen Geschichte – bleibt unbestritten, daß die Sexualität von fundamentaler Bedeutung für den Fortbestand der Menschheit ist und daß sie, wenn auch nicht die Breitenwirkung, so doch gewiß die Bedeutung hat, die ihr von Freud beigemessen wurde. Mögen wir den Sex in unseren Romanen und Dramen noch so sehr trivialisieren, mögen wir noch so sehr versuchen, uns durch Zynismus und Distanz vor seiner Macht zu schützen: die sexuelle Leidenschaft liegt dennoch ständig auf der Lauer, um uns zu packen, wenn wir einen Augenblick lang nicht auf der Hut sind, und um uns zu beweisen, daß sie nach wie vor das *mysterium tremendum* ist.

Sobald wir unser Augenmerk jedoch auf das Verhältnis von Sex und Liebe in unserer Zeit richten, sehen wir uns in einen Strudel von Widersprüchen gezogen. Aus diesem Grunde wollen wir zunächst einen Orientierungsversuch unternehmen, indem wir eine knappe phänomenologische Skizze der seltsamen Paradoxien entwerfen, die den Sex in unserer Gesellschaft umgeben.

Das sexuelle Chaos

In der viktorianischen Zeit, als es zum guten Ton gehörte, sexuelle Impulse, Gefühle und Triebe zu leugnen, und unter ›anständigen‹ Leuten nicht über das Thema Sex gesprochen wurde,

war das ganze Problem von der Aura sanktionierender Anstößigkeit umgeben. Männer und Frauen gingen miteinander um, als hätten sie keinerlei Geschlechtsorgane. Selbst ein Mann wie William James, der seiner Zeit auf allen anderen Gebieten weit voraus war, behandelte die Sexualität mit jener höflichen Aversion, die für die Jahrhundertwende charakteristisch war. In den zwei Bänden seiner epochemachenden *Principles of Psychology* ist eine einzige Seite der Sexualität gewidmet; und diese Seite schließt mit der bezeichnenden Bemerkung: »Es ist nicht sehr erfreulich, über diese Details zu reden...[1]« Schon ein Jahrhundert vor Anbruch des viktorianischen Zeitalters jedoch sprach William Blake eine Warnung aus, für deren Berechtigung die Psychotherapeuten späterer Generationen reichlich Bestätigung fanden: »Wer aber begehrt und nicht handelt, der brütet Pest aus.« Freud, ein Mann der viktorianischen Epoche, der sich – im Gegensatz zu seinen Zeitgenossen – sehr wohl mit der Sexualität auseinandersetzte, hatte recht, als er den Morast neurotischer Symptome als die Folge der Verleugnung eines so lebenswichtigen Teiles des menschlichen Körpers und des Ichs bezeichnete.
In den zwanziger Jahren kam es dann beinahe über Nacht zu einem radikalen Wandel. In liberalen Kreisen wurde der Glaube zum militanten Dogma, daß das Gegenteil der Verdrängung – nämlich Sexualerziehung und Freiheit der Rede, des Gefühls und des Ausdrucks im sexuellen Bereich – zur Gesundung führen würde. Man war der Überzeugung, damit den für einen aufgeklärten Menschen einzig möglichen Standpunkt zu vertreten. Hatten wir zuvor so getan, als gäbe es überhaupt keinen Sex, so verwandelten wir uns nach dem Ersten Weltkrieg in Leute, die vom Sex besessen waren. Von nun an maßen wir dem Sexuellen mehr Gewicht bei, als es seit den Tagen des alten Roms je eine Gesellschaft getan hatte; einige Gelehrte sind sogar der Meinung, daß sich die Menschen im Laufe ihrer ganzen Geschichte niemals so intensiv mit der Sexualität beschäftigt haben wie wir das tun. Heutzutage wird nicht nur mit größter Freizügigkeit über sexuelle Fragen diskutiert: ein Besucher vom Mars, der auf dem Times Square landet, könnte durchaus den Eindruck haben, daß es bei uns überhaupt kein anderes Gesprächsthema gibt. Und das trifft keineswegs nur für Amerika zu. Jenseits des

Ozeans, in England zum Beispiel, »ist jedermann, vom Bischof bis zum Biologen, ein Kenner in Fragen des Geschlechtsakts«. Der scharfsichtige Verfasser des Leitartikels aus dem Londoner *Times Literary Supplement*, von dem ich diesen Satz zitiere, verweist überdies auf die »ganze Flut von utilitaristischen Produkten im Kielwasser von Kinsey und von moralisierenden Schriften im Kielwasser von Lady Chatterley. Man nehme irgendeine Zeitung an irgendeinem Tag (besonders freilich am Wochenende) zur Hand, und die Wahrscheinlichkeit ist groß, daß man auf irgendeinen Auguren stößt, der die Öffentlichkeit mit seinen Ansichten über Verhütung, Abtreibung, Ehebruch, anstößige Literatur, Homosexualität unter gleichgesinnten Erwachsenen oder (wenn sich partout nichts anderes bietet) über die Moral unserer Jugend traktiert[2]«.

Dieser radikale Wandel hat entscheidend dazu beigetragen, daß viele Psychotherapeuten heute kaum noch Patienten zu Gesicht bekommen, die unter sexuellen Verdrängungen leiden, wie es Freuds hysterische Patienten aus der Zeit vor dem Ersten Weltkrieg taten. Was wir bei den Menschen, die bei uns Hilfe suchen, konstatieren, ist vielmehr das genaue Gegenteil: Sie reden viel von Sex, sie entfalten eine rege sexuelle Aktivität, und kaum einer von ihnen fühlt sich durch irgendwelche kulturellen Schranken daran gehindert, sooft und mit sovielen Partnern ins Bett zu gehen, wie er möchte. Was unsere Patienten indessen tatsächlich bedrückt, ist ein Mangel an Gefühl und Leidenschaft. »Das Seltsame an dieser erregten Diskussion ist, wie wenig die Leute ihre sexuelle Emanzipation zu *genießen* scheinen[3].« Soviel Sex und sowenig Sinn darin oder auch nur Spaß daran!

Während die Menschen um die Jahrhundertwende ihre sexuellen Gefühle zu verbergen suchten, schämen wir uns, wenn wir solche Gefühle nicht haben. Hätte man in der Zeit vor 1910 eine Dame »sexy« genannt, sie wäre beleidigt gewesen. Heute dagegen weiß sie dieses Kompliment zu schätzen und belohnt den, der es ihr sagt, indem sie ihn ihre weiblichen Reize spüren läßt. Viele unserer Patienten leiden an Frigidität oder Impotenz; das Merkwürdige und beinahe Erschütternde daran aber ist, zu sehen, wie verzweifelt sie sich bemühen, ihren Mangel an sexuellen Gefühlen vor den anderen geheim zu halten. Der ›anständige‹ Bürger der viktorianischen Zeit war schuldig, wenn er ein sexuelles Erlebnis hatte; heute dagegen sind wir schuldig, wenn wir *keines* haben.

Eine der Paradoxien liegt deshalb darin, daß Aufklärung die sexuellen Probleme in unserer Kultur nicht gelöst hat. Gewiß, die neue Aufklärung hat wichtige positive Ergebnisse erbracht, deren bedeutsamstes darin besteht, daß sie den einzelnen mit einem größeren Maß an Freiheit ausgestattet hat. Die meisten äußeren Probleme sind heute leichter zu bewältigen: sexuelles Wissen kann in jedem Buchladen erworben werden, Verhütungsmittel sind überall erhältlich. Ehepaare können ohne Schuldgefühl und für gewöhnlich auch ohne Zimperlichkeit über ihre sexuelle Beziehung diskutieren und Schritte unternehmen, um sie für beide Seiten so erfreulich und sinnvoll wie möglich zu machen. Diese Fortschritte sollten nicht unterschätzt werden. Die Angst vor der Gesellschaft und das Schuldgefühl, das in den Verhaltensvorschriften dieser Gesellschaft wurzelte, sind geringer geworden; und es wäre dumm, sich dessen nicht zu erfreuen. Jene Angst hingegen und jenes Schuldgefühl, die ihren Ursprung in der eigenen Person haben, sind gewachsen. Und in mancher Hinsicht stellen sie ein gefährlicheres und schwerer zu bewältigendes Problem dar als die Angst- und Schuldgefühle, die auf äußere Ursachen zurückgehen.

Die Frage, vor der die Frau früher zu stehen pflegte, war ebenso einfach wie unausweichlich: Gehe ich mit ihm ins Bett oder nicht? Und ihre Beantwortung hing unmittelbar davon ab, wie sie zu den in der Gesellschaft, in der sie lebte, herrschenden Sitten stand. Heute dagegen lautet die Frage, die sich die Männer stellen, nicht mehr: *Wird* sie oder wird sie nicht? sondern vielmehr: *Kann* sie oder kann sie nicht? Die Frage zielt nicht mehr auf die Bereitschaft der Frau ab, sondern auf ihre Eignung, das heißt auf ihre Fähigkeit, einen eindrucksvollen Orgasmus zustande zu bringen. Wenn man auch einräumen mag, daß die neue Fragestellung eher geeignet ist, dem Problem der Entscheidung zur Sexualität den Platz zuzuweisen, der ihm gebührt, so ist doch nicht zu übersehen, daß die Frage, wie sie sich früher stellte, von dem Betroffenen wesentlich leichter zu bewältigen ist. Eine Frau, die mich in meiner Praxis aufsuchte, klagte, sie habe

Angst vor dem Beischlaf; sie fürchte, ein Mann werde sie »nicht besonders gut in der Liebe finden«. Eine andere hatte Angst, weil »ich nicht einmal weiß, wie man es macht«, und weil sie annahm, ihr Liebhaber werde ihr deshalb Vorwürfe machen. Eine dritte hatte panische Angst vor der zweiten Ehe, weil sie fürchtete, ihr Orgasmus werde nicht mehr so sein, wie er in ihrer ersten Ehe gewesen war. Nicht selten umschreibt die Frau den Grund ihres Zögerns mit Sätzen wie: »Er wird nicht genug Gefallen an mir finden, um zu mir zurückzukommen.«

In den vergangenen Jahrzehnten konnte man den strengen Sitten der Gesellschaft die Schuld zuschieben; man konnte sich seine Selbstachtung erhalten, indem man nicht sich selber, sondern die Gesellschaft für das eigene Tun und Lassen verantwortlich machte. Auf diese Weise gewann man ein wenig Zeit, um sich zu entscheiden, was man tun wollte, oder um eine Entscheidung heranreifen zu lassen. Wenn aber die Frage ganz einfach lautet: Was kannst du leisten? beginnt man augenblicklich an seiner Eignung zu zweifeln und fühlt sich in seiner Selbsteinschätzung verunsichert; das ganze Interesse verlagert sich nach innen und konzentriert sich damit auf die Frage, wie man die Prüfung bestehen kann.

Studenten, die sich mit der Leitung eines Studentenheims wegen der Frage anlegen, bis wann sie Mädchenbesuch auf ihren Zimmern haben dürfen, sind seltsam blind für die Tatsache, daß Regeln nicht selten ein Segen sind. Regeln geben dem Studenten Zeit, zu sich selbst zu finden. Sie bieten ihm die Chance, zu überlegen, wie er sich verhalten kann, ohne sich vorzeitig zu engagieren, und damit zugleich die Chance, versuchsweise Beziehungen anzuknüpfen – ein Vorgang, der ein wichtiges Element jedes Reifungsprozesses ist. Besser ein eindeutiger und offen eingestandener Mangel an Engagement als sexuelle Beziehungen unter Druck eingehen – und damit den eigenen Gefühlen Gewalt antun, indem man sich ohne psychisches Engagement auf ein physisches Engagement einläßt.

Was wir in unserem kurzsichtigen Bemühen um sexuelle Freiheit übersehen haben, ist die Tatsache, daß es nicht bereits Freiheit bedeutet, sondern weit eher geeignet ist, den inneren Konflikt zu verschärfen, wenn der einzelne in ein unendliches Meer der freien Wahl geworfen wird. Der sexuellen Freiheit, der wir uns verschrieben haben, mangelt es an wirklicher Menschlichkeit. Auch in den Künsten haben wir entdeckt, daß es eine Illusion ist, zu glauben, die bloße Freiheit werde unser Problem lösen. Man denke, zum Beispiel, an das Drama. In einem Aufsatz mit dem Titel *Is Sex Kaput?* faßt Howard Taubman, ein ehemaliger Theaterkritiker der *New York Times,* zusammen, was wir alle in zahllosen Dramen beobachtet haben: »Die Hinwendung zum Sex war wie der Aufbruch zum Einkaufsbummel an einem langweiligen Nachmittag; von Verlangen keine Spur, und selbst die Neugier hielt sich sehr in Grenzen[4].« Man denke auch an den Roman. Der »Aufstand gegen die Viktorianer«, so schreibt Leon Edel, »war die große Chance der Extremisten. Bislang aber haben sie den Roman eher ärmer gemacht als bereichert[5].« Edel konstatiert scharfsichtig, daß die pure realistische »Aufklärung« im Roman eine *Entmenschlichung* des Sexuellen mit sich gebracht hat. Er ist der Ansicht, daß es »bei Zola sexuelle Begegnungen« gibt, »die weit mehr Wahrheitsgehalt haben – und überdies mehr Menschlichkeit erkennen lassen – als irgendeine einschlägige Szene bei D. H. Lawrence[6]«.

Der Kampf gegen die Zensur und für die Freiheit des Wortes war gewiß wichtig, aber ist der Sieg in diesem Kampf nicht zu einer neuen Zwangsjacke geworden? Die Schriftsteller, seien sie nun Romanautoren oder Dramatiker, »würden eher ihre Schreibmaschine verpfänden als ein Manuskript ohne jene obligatorischen Szenen einreichen, in denen das sexuelle Verhalten der Charaktere in allen anatomischen Details ausgebreitet wird...[7]« Unsere »dogmatische Aufklärung« bringt sich selbst zu Fall: sie führt letztlich zur Zerstörung eben jener sexuellen Leidenschaft, die sie ursprünglich verteidigen wollte. Inmitten realistischer Details haben wir – auf der Bühne, im Roman und selbst in der Psychotherapie – vergessen, daß die Einbildungskraft das Lebenselixier des Eros ist und daß Realismus weder sexuell noch erotisch ist. In der Tat, nichts ist weniger sexy als bloße Nacktheit – ein Umstand, von dem sich jeder durch den gelegentlichen Besuch irgendeines Nudistencamps überzeugen kann. Es bedarf des Hinzutretens der Einbildungskraft (die ich im weiteren Intentionalität nennen werde), um Physiologie und

Anatomie in zwischenmenschliche Erfahrung umzusetzen – in Kunst, in Leidenschaft, in die unendliche Vielgestalt des Eros, der die Macht hat, uns aufzurütteln und zu verzaubern.

Wäre es nicht möglich, daß eine »Aufklärung«, die sich auf das bloße realistische Detail beschränkt, selbst eine Flucht ist vor der Angst, die mit dem Ideenreichtum der erotischen Leidenschaft verbunden ist?

Erlösung durch Technik

Eine zweite Paradoxie liegt darin, daß *die gegenwärtige Betonung der Technik im Bereich des Sexuellen im allgemeinen und des Geschlechtsverkehrs im besonderen das Gegenteil dessen bewirkt, was eigentlich bewirkt werden sollte.* Ich habe oft den Eindruck, daß die Zahl der Bücher über die Technik der Liebe, die auf den Markt gelangen und konsumiert werden, dem Grad der sexuellen Leidenschaft, ja selbst des Vergnügens ihrer Konsumenten umgekehrt proportional ist. Natürlich ist nichts gegen Technik an sich einzuwenden, ob es sich nun um Golftechnik, Schauspieltechnik oder Liebestechnik handelt. Die Überbetonung der Technik im Sexuellen jedoch führt zu einer mechanistischen Einstellung zum Liebesakt und geht Hand in Hand mit Entfremdung, Einsamkeitsgefühlen und Entpersönlichung.

Ein Aspekt dieser Entfremdung ist, daß der Liebhaber mit seiner uralten Kunst stets in Gefahr ist, von dem Computertechniker mit seiner modernen Effizienz überrundet zu werden. Ehepaare legen heutzutage, wenn es um den Geschlechtsverkehr geht, großen Wert auf Buchführung und Zeitpläne – eine Praxis, die von Kinsey beglaubigt und standardisiert wurde. Wenn sie mit der Erfüllung ihres Plansolls in Verzug geraten, werden sie unruhig und fühlen sich genötigt, miteinander ins Bett zu gehen, ob ihnen gerade danach zumute ist oder nicht. Mein Kollege Dr. John Schimel berichtet: »Meine Patienten ertragen stoisch oder ohne sich dessen auch nur bewußt zu werden, eine oft bemerkenswert schlechte Behandlung durch ihren Ehegatten.

Aber sie empfinden es als ein Nachlassen der Liebe, wenn der sexuelle Fahrplan nicht eingehalten wird[8].« Der Mann hat irgendwie das Gefühl, seinen maskulinen Status zu verlieren, wenn er nicht planmäßig mit der Frau schläft; die Frau dagegen hat das Gefühl, ihre weibliche Anziehungskraft verloren zu haben, wenn eine unplanmäßig lange Zeit vergeht, ohne daß der Mann zumindest einen Annäherungsversuch macht. Angesichts der komplizierten Rechnungs- und Buchführungsverfahren, die allenthalben praktiziert werden – wie oft haben wir uns in dieser Woche geliebt? hat er (oder sie) mir im Laufe des Abends das richtige Maß an Aufmerksamkeit geschenkt? war das Vorspiel lang genug? –, fragt man sich verwundert, wie die Spontaneität dieses höchst spontanen Akts dies alles überdauern kann. Der Computer lauert hinter den Vorhängen des Schlafgemachs, so wie es – laut Freud – früher einmal die Eltern taten.

Wo soviel Wert auf die Technik gelegt wird, da überrascht es nicht, daß die Frage, die sich nach dem Liebesakt stellt, nicht etwa lautet: Habe ich in der geschlechtlichen Vereinigung einen Sinn oder einen intensiven Genuß verspürt? sondern vielmehr: Wie gut war ich[9]? Man denke etwa an das, was Cyril Connolly »die Tyrannei des Orgasmus« nennt, und an die ständige Beschäftigung mit dem Problem der Gleichzeitigkeit des Orgasmus, was ebenfalls ein Ausdruck der Entfremdung ist. Ich muß gestehen, daß ich mich, wenn ich Leute über den »apokalyptischen Orgasmus« reden höre, jedesmal frage: Warum müssen sie sich so sehr anstrengen? Was für einen Abgrund von Zweifeln an sich selbst, was für ein inneres Vakuum suchen sie aufzufüllen mit diesem intensiven Interesse für grandiose Effekte? Selbst die Sexualforscher, die für gewöhnlich gar nicht genug vom Sex bekommen können, runzeln heutzutage die Stirn angesichts der ängstlichen Überbetonung des Orgasmus und des übersteigerten Interesses an der »Befriedigung« des Partners. Der Mann macht es sich zur Regel, die Frau zu fragen, ob sie es »geschafft« hat, ob es »gut« war, oder er gebraucht irgendeinen anderen Euphemismus für ein Erlebnis, dem offenkundig kein Euphemismus der Welt angemessen ist. Simone de Beauvoir und andere Frauen, die versucht haben, den Liebesakt zu deuten, erinnern uns Männer daran, daß dies das allerletzte ist, was eine Frau in einem solchen Augenblick hören will. Außerdem bringt die Betonung der technischen Seite die Frau um das, was sie physisch und psychisch am meisten begehrt: die spontane Hingabe des Mannes im Augenblick des Höhepunkts. Diese Hingabe bedeutet für sie ein Maximum an Erregung oder Ekstase. Was bleibt, wenn wir das ganze Geschwätz von Rollen und Leistung beiseiteräumen, ist die Erkenntnis, wie ungeheuer wichtig die schlichte Tatsache der Intimität der Beziehung ist – der Begegnung, der Nähe, die mit der erregenden Ungewißheit darüber wächst, wohin diese Begegnung führen wird, die Tatsache der Bestätigung des Ichs und der Hingabe des Ichs –, wenn die sexuelle Begegnung zu einer unvergeßlichen Erfahrung werden soll. Ist es nicht eben diese Intimität, die uns in Gedanken immer wieder zu solchen Erlebnissen zurückkehren läßt?

Es ist seltsam, daß in unserer Gesellschaft die Dinge, aus denen sich eine zwischenmenschliche Beziehung aufbaut – die Gemeinsamkeit des Geschmacks, der Ideen und Träume, der Hoffnungen auf die Zukunft und der Ängste der Vergangenheit – die Menschen schüchterner und verletzlicher zu machen scheint als das gemeinsame sexuelle Erlebnis. Sie haben bei einer sexuellen Beziehung mehr Scheu vor der seelischen und geistigen Nacktheit als vor der körperlichen Nacktheit.

Der neue Puritanismus

Die dritte Paradoxie ist, daß unsere hochgepriesene sexuelle Freiheit sich als eine neue Form von Puritanismus entpuppt hat. Ich sage bewußt *von* Puritanismus und nicht *des* Puritanismus, weil ich einer Verwechslung mit dem ursprünglichen Puritanismus vorbeugen möchte. Jener Puritanismus alter Prägung nämlich, wie er bei Hester und Dimmesdale in Hawthorns *The Scarlet Letter* begegnet, war ganz anderer Art. Ich meine indessen den Puritanismus, der auf dem Weg über unsere viktorianischen Großeltern in unsere Zeit eindrang und sich mit Indu-

strialismus und emotionaler und moralischer Entfremdung verband.
Dieser Puritanismus ist durch drei Elemente gekennzeichnet: durch die *Entfremdung vom Körper*, die *Trennung von Gefühl und Verstand* sowie den *Gebrauch des Körpers als Maschine*.
In unserem neuen Puritanismus wird mangelnde Gesundheit gleichgesetzt mit Sünde[10]. In früheren Zeiten galt es als Sünde, wenn man seinem sexuellen Verlangen nachgab; heute dagegen gilt der als Sünder, dem es nicht gelingt, seine Sexualität voll zum Ausdruck zu bringen. Der zeitgenössische Puritaner hält es für unmoralisch, seine Libido *nicht* zu demonstrieren. Das trifft für Europa ebenso zu wie für die Vereinigten Staaten. »Es gibt kaum einen deprimierenderen Anblick«, so liest man im Londoner *Times Literary Supplement*, »als einen progressiven Intellektuellen, der aus einem Gefühl der moralischen Verpflichtung heraus entschlossen ist, mit irgend jemandem im Bett zu landen ... Auf der ganzen Welt gibt es keinen edler gesinnten Puritaner als den Typ des modernen Verfechters einer Erlösung durch ordnungsgemäß dirigierte Leidenschaft...[11]« Früher pflegte die Frau schuldig zu sein, wenn sie mit einem Mann ins Bett ging; heute regt sich in ihr ein Schuldgefühl, wenn sie sich nach einer gewissen Zahl von Rendezvous dem Mann immer noch verweigert; ihre Sünde heißt »krankhafte Verdrängung«. Und ihr Partner, der stets restlos aufgeklärt ist (oder zumindest den Anschein erweckt) denkt nicht daran, ihr Schuldgefühl dadurch abzubauen, daß er wütend auf sie wird und ihr seine Wut unverhohlen zeigt. (Der Konflikt wäre für sie weit weniger schwerwiegend, wenn sie sich mit ihm auseinandersetzen könnte.) Statt dessen demonstriert er Großherzigkeit und zeigt sich nach jedem Rendezvous mit ihr aufs neue bereit, einen Kreuzzug zu unternehmen, um ihr aus ihrer Niedergeschlagenheit herauszuhelfen. Und dieses Verhalten hat dann naturgemäß zur Folge, daß sie ihr »Nein« noch stärker als Schuld empfindet.
Das alles bedeutet, daß die Menschen nicht nur lernen müssen, in sexueller Hinsicht einwandfrei zu funktionieren, sondern überdies in der Lage zu sein, ihre sexuelle Leistungsfähigkeit zu demonstrieren, ohne dabei in die Nähe der Leidenschaft oder des unziemlichen Engagements zu geraten, was als »krankhafte«

Forderung an den Partner gedeutet werden könnte. *Der Mensch der viktorianischen Zeit suchte Liebe ohne Sex; der moderne Mensch sucht Sex ohne Liebe.*
Ich habe einmal die Einstellung des aufgeklärten Zeitgenossen zu Sex und Liebe skizziert. Das Bild, das dabei entstand – das Bild jenes Typus also, den ich den neuen Mann von Welt nenne – sei an dieser Stelle vorgeführt:
»Der neue Mann von Welt ist nicht von der Gesellschaft entmannt worden; er hat sich vielmehr, wie einst Origines, selber entmannt. Geschlecht und Körper sind für ihn nichts anderes als Werkzeuge, die gepflegt werden müssen wie die Stimme eines Fernsehansagers. Seine Leidenschaft kommt darin zum Ausdruck, daß er sich leidenschaftlich zum Prinzip der Verteilung aller Leidenschaft bekennt, dem Prinzip, jedermann zu lieben, bis die Liebe nicht mehr die Kraft hat, noch irgend jemanden zu bewegen. Er hat eine tödliche Angst vor seinen Leidenschaften, solange sie nicht an der Leine liegen, und diese Leine ist die Theorie der totalen Verausgabung. Sein Freiheitsdogma ist seine Verdrängung; und sein Prinzip der uneingeschränkten Triebgesundheit, der uneingeschränkten sexuellen Befriedigung, ist identisch mit der Leugnung des Eros. Die alten Puritaner verdrängten das Sexuelle und bekannten sich zur Leidenschaft; unser neuer Puritaner verdrängt die Leidenschaft und bekennt sich zur Sexualität. Sein Ziel ist es, den Körper zu zähmen, die Natur zum Sklaven zu machen. Das starre Prinzip der uneingeschränkten Freiheit, das er propagiert, bedeutet nicht Freiheit, sondern eine neue Zwangsjacke. Sein Verhalten ist bestimmt durch seine Angst vor dem Körper, durch seine Angst vor dem natürlichen Grund, in dem er wurzelt, und vor seiner Zeugungskraft. Er ist ein moderner Nachfahre Bacons, dem es ausschließlich darum geht, die Macht über die Natur zu erlangen, Wissen zu erwerben, um diese Macht zu vergrößern. Und Macht über die Sexualität erlangt man (wie wenn man einen Sklaven schuften läßt, bis auch der letzte revolutionäre Elan aus ihm herausgequetscht ist) eben durch die totale Überbeanspruchung. Der Sex wird zu unserem Werkzeug, wie Pfeil und Bogen, Hebebaum und Axt für die Höhlenmenschen Werkzeuge waren: Sex, die neue Maschine, die *Machina Ultima.*«

Dieser neue Puritanismus hat sich auch in die zeitgenössische Psychiatrie und Psychologie eingeschlichen. In einigen Büchern über die Beratung junger Ehepaare wird die Ansicht vertreten, daß der Psychotherapeut, wenn er vom Geschlechtsverkehr spricht, grundsätzlich das Wort »*fuck*« (ficken) benutzen und darauf bestehen sollte, daß auch die Patienten es gebrauchen; denn jedes andere Wort, so wird gesagt, leiste der Neigung des Patienten zur Heuchelei Vorschub. Mir geht es hier nicht um den Gebrauch des Wortes an sich: gewiß darf die reine Wollust und körperliche Hingabe, die man zu recht mit dem Wort »*fucking*« umschreibt, nicht einfach aus dem Spektrum menschlicher Erfahrung ausgeklammert werden. Das Interessante aber ist, daß der Gebrauch des einst verbotenen Wortes heute zur moralischen Pflicht erhoben wird, zu einer Sache der Aufrichtigkeit. Es ist zweifellos Heuchelei, die biologische Seite des Koitus zu leugnen. Aber es ist genauso Heuchelei, das sexuelle Erlebnis mit dem Wort »*fuck*« zu umschreiben, wenn das, was wir darin suchen, eine intime persönliche Beziehung ist, die mehr bedeutet als die Entladung sexueller Spannungen, nämlich eine persönliche Intimität, die weder am nächsten Tag noch viele Wochen später vergessen sein wird. Das erstere ist Heuchelei auf Grund von Verboten; das letztere ist Heuchelei auf Grund der Entfremdung des Ich, eine Schutzmaßnahme des Ich gegen die Angst vor intimen Beziehungen. Wie das erstere das spezifische Problem der Zeit Freuds war, so ist das letztere das spezifische Problem der Gegenwart.

Der neue Puritanismus bringt eine Entpersönlichung unserer gesamten Sprache mit sich. Bei der Umschreibung des Liebesaktes ist das Wort »Liebe« *(to make love)* durch das Wort »Sex« *(to have sex)* eindeutig in den Hintergrund gedrängt worden, und Wörter, die noch vor wenigen Jahren als ausgesprochen ordinär galten, sind in diesem Zusammenhang heutzutage an der Tagesordnung *(to screw)*. Wir gehen nicht mit dem Partner ins Bett, sondern »legen ihn um« *(to lay)* oder werden (Gott steh unserer Sprache und uns selber bei!) unsererseits »umgelegt«. Diese Entfremdung ist so sehr zur Regel geworden, daß man an einigen Schulen für Psychotherapie die jungen Psychiater und Psychologen lehrt, es sei wichtig für den Erfolg der Thera-

pie, ausschließlich obszöne Worte zu benutzen. Vermutlich verschleiert der Patient irgendeine Verdrängung, wenn er vom »Liebesakt« spricht; deshalb ist es – der neue Puritanismus in Reinkultur! – unsere verdammte Pflicht und Schuldigkeit, ihm klarzumachen, daß er schlicht und einfach »fickt«. Jedermann scheint so versessen darauf zu sein, auch die letzten Spuren viktorianischer Prüderie zu beseitigen, daß wir darüber völlig vergessen, daß beide Worte zwei völlig verschiedene Arten menschlicher Erfahrung bezeichnen. Dabei wird es vermutlich nur wenige unter uns geben, die diese beiden Formen der Liebe in der Praxis nicht voneinander unterscheiden könnten. Es liegt mir fern, über eine der beiden Erfahrungsweisen den Stab zu brechen. Es wird in jedem Fall von der spezifischen Situation abhängen, ob die eine oder die andere angemessen ist. Jede Frau möchte irgendwann einmal »umgelegt« werden – hingerissen, verführt, zu einer Leidenschaft provoziert, die sie zunächst nicht verspürt hat – wie in der berühmten Szene zwischen Rhett Butler und Scarlett O'Hara in *Vom Winde verweht*. Wenn jedoch ihr sexuelles Leben ausschließlich darin besteht, daß sie »umgelegt« wird, dann droht ihr die Erfahrung der Entfremdung und der Zurückweisung der sexuellen Totalität. Wenn der Psychotherapeut diesen verschiedenen Arten der Erfahrung nicht Rechnung trägt, wird er der Hauptverantwortliche sein, wenn das Bewußtsein des Patienten abstumpft und verkümmert; er wird die Einengung des Körperbewußtseins des Patienten ebenso begünstigen wie die Einschränkung der Fähigkeit, eine innere Beziehung zum andern herzustellen. Damit sind wir bei dem entscheidenden Argument gegen den neuen Puritanismus: er schränkt rigoros die Gefühle ein, er widerspricht der unendlichen Mannigfaltigkeit und dem Reichtum des Liebesakts und trägt zur emotionalen Verarmung bei.
Es überrascht nicht, daß dieser neue Puritanismus eine schwelende Feindseligkeit unter den Mitgliedern unserer Gesellschaft aufkommen läßt, eine Feindseligkeit, die sich häufig in bezug auf den sexuellen Akt konkretisiert. Wir sagen: »go fuck yourself« oder »fuck you« – Ausdrücke, die besagen, daß der andere nicht mehr Wert besitzt, als benutzt und beiseitegestoßen zu werden; das heißt, die biologische Wollust ins Absurde zu reduzieren.

Das Wort »*fuck*« ist in der Tat das derzeit meistgebrauchte Schimpfwort zum Ausdruck einer heftigen Feindseligkeit. Und ich glaube nicht, daß das Zufall ist.

Freud und der Puritanismus

Es ist faszinierend zu sehen, wie die Freudsche Psychoanalyse sowohl mit dem neuen sexuellen Liberalismus als auch mit dem neuen Puritanismus verflochten ist. Gesellschaftskritiker auf Cocktail-Partys neigen dazu, Freud als den eigentlichen Urheber, zumindest aber als den wichtigsten Fürsprecher der neuen sexuellen Freiheit zu bezeichnen. Sie übersehen jedoch, daß Freud und die Psychoanalyse den neuen Puritanismus sowohl in seinen positiven wie in seinen negativen Erscheinungsformen reflektierten und zum Ausdruck brachten.
Der psychoanalytische Puritanismus ist positiv, insofern er – wie das Beispiel Freuds selbst veranschaulicht – rigorose Aufrichtigkeit und intellektuelle Redlichkeit zur Bedingung macht. Er ist negativ, insofern er ein neues System anbietet, das es erlaubt, Körper und Ich, zu Recht oder zu Unrecht, als Mechanismus zu betrachten, der mit Hilfe »sexueller Objekte« befriedigt werden kann. Die in der Psychoanalyse verbreitete Tendenz, das Sexuelle als ein »Bedürfnis« im Sinne einer Spannung zu definieren, die abgebaut werden muß, spielt in diesem Puritanismus ihre Rolle.
Es gilt daher, das Problem zu durchleuchten, um zu erkennen, wie die neuen sexuellen Werte, indem sie psychoanalytisch erklärt wurden, eine seltsame Verzerrung erlitten. »Psychoanalyse ist Calvinismus in Bermuda-Shorts«, stellte Dr. C. Macfie Campbell, von 1936 bis 1937 Präsident der American Psychiatric Association, anläßlich einer Erörterung der philosophischen Aspekte der Psychoanalyse sarkastisch fest. Dieser Aphorismus trifft zwar nur die Hälfte der Wahrheit, aber diese Hälfte ist bedeutsam. Freud selbst mit seiner charakterlichen Festigkeit,

seiner Beherrschung der Leidenschaften und seinem Arbeitseifer war ein glänzendes Beispiel für den Puritaner im positiven Sinne. Freud bewunderte den puritanischen Oliver Cromwell so sehr, daß er einen Sohn nach ihm benannte. Philip Rieff weist in seiner Untersuchung *Freud: The Mind of the Moralist* darauf hin, daß diese »Affinität zum militanten Puritanismus nicht ungewöhnlich war unter den jüdischen Intellektuellen und auf die Bevorzugung eines Charaktertypus hindeutet, der eher durch seine starre Unabhängigkeit und intellektuelle Redlichkeit als durch einen bestimmten Glauben oder eine bestimmte Doktrin gekennzeichnet ist[12]«. In Freuds asketischen Arbeitsgewohnheiten wird einer der wichtigsten Aspekte des Puritanismus sichtbar: die *Betrachtung der wissenschaftlichen Arbeit als klösterliche Übung*. Sein verbissener Fleiß war strikt auf die Verwirklichung wissenschaftlicher Ziele gerichtet, die ihm wichtiger waren als alles andere im Leben (ja, man darf hinzufügen: als das Leben selbst) und für die er – nicht in einem übertragenen, sondern in einem durchaus realen Sinne – seine Leidenschaft sublimierte.

Freuds eigenes Geschlechtsleben kann keineswegs als intensiv bezeichnet werden. Sein Biograph Ernest Jones weiß zu berichten, daß bei Freud sexuelles Erleben spät einsetzte – als er etwa dreißig Jahre alt war – und bald – ungefähr zehn Jahre später – wieder abflaute. Als Einundvierzigjähriger schreibt er seinem Freund Wilhelm Fliess von den depressiven Stimmungen, unter denen er leidet, und fügt hinzu, auch die sexuelle Erregung spiele für einen Menschen wie ihn keine Rolle mehr. An anderer Stelle deutet sich an, daß sein Geschlechtsleben in diesem Alter bereits mehr oder weniger abgeschlossen war. In *Die Traumdeutung* berichtet Freud, daß er sich in seinen vierziger Jahren einmal von einer jungen Frau körperlich angezogen gefühlt und halb freiwillig seine Hand nach ihr ausgestreckt und sie berührt habe. Er teilt mit, wie sehr es ihn überrascht habe, daß derartiges bei ihm »immer noch« möglich war[13].

Freud glaubte an die Beherrschung und Lenkung der Sexualität und war überzeugt, daß darin ein spezifischer Wert sowohl für die kulturelle Entwicklung allgemein als auch für den eigenen Charakter läge. Im Jahre 1883, als er bereits seit geraumer Zeit

mit Martha Bernays verlobt war, schrieb der junge Freud an seine spätere Frau:
»... es ist nicht schön und erhebend anzuschauen, wie sich das Volk vergnügt, wir wenigstens haben nicht mehr Geschmack dafür... es fällt mir ein, was ich bei der Carmenvorstellung gedacht habe: Das Gesindel lebt sich aus und wir entbehren. Wir entbehren, um unsere Integrität zu erhalten, wir sparen mit unserer Gesundheit, unserer Genußfähigkeit, unseren Erregungen, wir heben uns für etwas auf, wissen selbst nicht für was – und diese Gewohnheit der beständigen Unterdrückung natürlicher Triebe gibt uns den Charakter der Verfeinerung... und in der höchsten Potenz sind Menschen wie wir beide, die sich mit den Banden von Tod und Leben aneinander ketten, die jahrelang entbehren und sich sehnen, um einander nicht untreu zu werden, die gewiß einen schweren Schicksalsschlag, der uns des Teuersten beraubt, nicht überstehen würden...«[14]
Der Freudschen Lehre von der Sublimation liegt die Vorstellung zugrunde, daß in jedem einzelnen ein gewisses Maß an Libido existiert, daß man Enthaltsamkeit üben kann, daß man mit seinen Gefühlen haushalten kann, um so sein Vergnügen zu vergrößern, und daß man seine Libido, wenn man sie in direkter Sexualität verausgabt, nicht für andere Dinge, wie zum Beispiel für künstlerische Arbeit, nutzbar machen kann. In einer im übrigen durchaus positiven Stellungnahme zu Freuds Werk bemerkt Paul Tillich, daß »die Idee der Sublimation Freuds puritanischster Glaube« ist[15].
Es ist nicht einfach eine Abwertung der Psychoanalyse, wenn ich auf ihre Beziehung zum Puritanismus verweise. Die *ursprüngliche* puritanische Bewegung zeichnete sich in ihren besten Repräsentanten und vor ihrer allgemeinen Entartung in den moralistischen Zirkeln des Viktorianismus gegen Ende des Jahrhunderts durch ein bewundernswertes Maß an Hingabe, an Integrität und Wahrhaftigkeit aus. Die Entwicklung der modernen Naturwissenschaft verdankt dem Puritanismus sehr viel, ja, sie wäre vermutlich gar nicht möglich gewesen ohne die Tugenden jener weltlichen Mönche, die in wissenschaftlichen Laboratorien lebten. Überdies ist eine kulturelle Erscheinung wie die Psychoanalyse immer ebensosehr Wirkung wie Ursache: sie

reflektiert, konkretisiert und beeinflußt zugleich die in der Kultur zutage tretenden Trends. Wenn wir uns dessen, was vorgeht, bewußt sind, dann sind wir in der Lage, die Richtung des Trends – wenn auch vielleicht nur ein wenig – zu beeinflussen, und können hoffen, daß es uns gelingt, neue Werte zu entwickeln, die zur Lösung heutiger kultureller Probleme beitragen.
Versuchen wir jedoch, uns den Inhalt dieser Werte von der Psychoanalyse liefern zu lassen, so geraten wir in einen verwirrenden Widerspruch, und zwar nicht nur in bezug auf die Werte selbst, sondern ebenso in bezug auf das Bild, das wir von uns selber haben. Es ist ein Fehler, von der Psychoanalyse zu erwarten, daß sie uns unsere Werte liefert. Die Psychoanalyse kann durch die Aufdeckung bis dahin geleugneter Motive und Wünsche sowie durch die Erweiterung des Bewußtseins dem Patienten den Weg ebnen für eine Entwicklung von Werten, die es ihm ermöglichen, sich zu verändern. Aber sie kann von sich aus dem Patienten niemals die Entscheidung über Werte abnehmen, die das Leben eines Menschen so oder so verändern. Der bedeutendste Beitrag, den Freud geleistet hat, bestand darin, daß er das sokratische ›Erkenne dich selbst‹ so konsequent verwirklichte, daß er in eine neue Welt vorstieß, in die Welt der verdrängten, unbewußten Motive. Überdies entwickelte er, ausgehend von den Ideen der Übertragung und des Widerstandes, Methoden der Therapie, die es ermöglichen, diese Schichten ins Bewußtsein emporzuheben. Wie immer es um die Popularität der Psychoanalyse bestellt sein mag, feststeht, daß die Entdeckungen Freuds und anderer Forscher auf diesem Gebiet einen unschätzbaren Beitrag darstellen, und zwar nicht nur in therapeutischer, sondern – indem sie helfen, Heuchelei und Selbstbetrug zu überwinden – auch in moralischer Hinsicht.
Es geht mir darum, deutlich zu machen, daß viele Menschen in unserer Gesellschaft mit ihren Werten des »freien Auslebens« und des Hedonismus im Grunde nichts anderes getan haben als *neue Inhalte aus der Psychoanalyse mit dem alten Puritanismus zu verbinden*. Sie sehnen sich nach einem automatischen Wandel ihres Charakters und nach einer Erlösung von der Verantwortung, der sie zu entgehen glauben, indem sie ihre Psyche einem technischen Prozeß überantworten. Die Tatsache, daß sich der

Wandel in unseren sexuellen Verhaltensweisen und Sitten so rasch vollzog — nämlich in dem Jahrzehnt zwischen 1920 und 1930 — spricht außerdem für die Annahme, daß wir eher unsere Kleider und unsere Rollen gewechselt als unseren Charakter verändert haben. Wir haben es versäumt, unsere Sinne und unsere Einbildungskraft der Vergrößerung des Genusses, der Leidenschaft und des Bedeutungsgehalts der Liebe zu widmen; sie wurden stattdessen der Technik geopfert. Diese Art der »freien Liebe« lehrt uns nicht zu lieben; und die Freiheit wird nicht zur Befreiung, sondern zur neuen Zwangsjacke. Das Fazit ist, daß unsere sexuellen Werte durcheinandergebracht und widersprüchlich gemacht wurden und daß die sexuelle Liebe mit jenen beinahe unauflösbaren Paradoxien belastet wurde, mit denen wir jetzt konfrontiert sind.

Aber ich möchte nicht einseitig sein und auch nur einen Moment lang die positiven Aspekte der Wandlungen aus den Augen verlieren, die sich in unseren Tagen auf dem Gebiet der Sexualmoral vollzogen haben. Den Komplikationen, von denen hier die Rede war, stehen die echten Möglichkeiten gegenüber, die die Freiheit dem einzelnen bietet. Heutzutage können Liebespaare ohne Bedenken die Sexualität als Quelle des Vergnügens und des Genusses bejahen; nicht länger von der irrigen Vorstellung gepeinigt, daß die sexuelle Vereinigung als natürlicher Akt böse ist, können sie ein feineres Gespür entwickeln für die tatsächlichen Übel einer Beziehung — Übel, wie zum Beispiel die gegenseitige Manipulation. Ausgestattet mit einer Freiheit, wie sie die Menschen der viktorianischen Zeit niemals kannten, können sie ungehindert nach Möglichkeiten der Bereicherung ihrer Beziehung forschen. Selbst die steigende Zahl der Ehescheidungen — so ernüchternd die Probleme auch sein mögen, die damit verbunden sind — hat ihren positiven psychologischen Effekt: sie macht es den Partnern schwerer, eine schlechte Ehe mit dem Hinweis zu begründen, daß sie nun einmal aneinander »gefesselt« sind. Die Chance, einen neuen Liebhaber oder eine neue Geliebte zu finden, macht es für jeden von uns notwendig, sich zur Verantwortung zu bekennen, und das heißt in diesem Fall, sich für *den* Partner zu entscheiden, bei dem man bleiben will. Wir haben die Möglichkeit, eine besondere Art von Mut zu entwickeln, der auf ein Ziel gerichtet ist, das in der Mitte zwischen biologischer Wollust und dem Wunsch nach einer sinnvollen Beziehung, einem tieferen menschlichen Verständnis liegt, und das eine wie das andere einschließt. Aus dem Mut, sich gegen die Sitten der Gesellschaft zu stellen, kann ein Mut werden, der identisch ist mit der Fähigkeit, das eigene Ich an einen anderen Menschen zu binden.

Es ist inzwischen freilich mehr als deutlich geworden, daß die beschriebenen positiven Auswirkungen sich nicht automatisch ergeben. Sie werden erst möglich, wenn die Widersprüche, von denen hier die Rede war, erfaßt und gelöst sind.

Die Mechanisierung des Sex

In meiner Eigenschaft als Leiter zweier psychotherapeutischer Institute überwache ich jeweils einen Fall von sechs Psychiatern und Psychologen, die sich zu Psychotherapeuten ausbilden lassen. Ich berichte hier über die Patienten dieser jungen Psychotherapeuten aus zwei Gründen: zum einen weiß ich inzwischen ziemlich viel von ihnen, zum andern ermöglicht mir der Umstand, daß es sich nicht um meine eigenen Patienten handelt, ein größeres Maß an Objektivität. Jeder dieser Patienten hat, ohne dabei offenbar ein Gefühl der Scham oder der Schuld zu verspüren, Geschlechtsverkehr – und zwar durchweg mit wechselnden Partnern. Die Frauen – vier der sechs Patienten – geben übereinstimmend an, daß sie beim Koitus nicht allzuviel fühlen. Bei zwei der Frauen scheint das Motiv für den Beischlaf darin zu bestehen, daß sie den Mann halten und überdies der verbreiteten Vorstellung entsprechen wollen, daß »man« in einem bestimmten Stadium eben Geschlechtsverkehr hat. Das besondere Motiv der dritten Frau ist Großzügigkeit: Wenn sie mit einem Mann ins Bett geht, so deshalb, weil sie nett zu ihm sein will – und sie verlangt dafür als Gegenleistung, daß er sich intensiv um sie bemüht. Die vierte der Frauen scheint die einzige zu sein, bei der sexueller Genuß eine gewisse Rolle spielt; dar-

überhinaus ist ihr Motiv eine Mischung aus Großzügigkeit und Zorn auf den Mann (»ich werde ihn *zwingen*, mir Genuß zu verschaffen!«). Die beiden männlichen Patienten waren ursprünglich impotent und haben, obwohl sie inzwischen zum Koitus fähig sind, auch jetzt noch gelegentlich Probleme hinsichtlich ihrer Potenz. Besonders auffällig ist jedoch, daß keiner der beiden den Geschlechtsverkehr offenbar je als ein erregendes Erlebnis empfunden hat. Das Hauptmotiv für ihr sexuelles Engagement scheint darin zu bestehen, daß sie ihre Männlichkeit unter Beweis stellen wollen. Einem der beiden scheint sogar weniger am Koitus selbst gelegen zu sein, als daran, seinem Psychotherapeuten in einer Art vertraulichen Kulissengeplauders unter Männern von nächtlichen Abenteuern zu erzählen, mögen diese Abenteuer nun befriedigend oder unbefriedigend gewesen sein.
An dieser Stelle gilt es, eine tiefere Schicht freizulegen und nach den Grundmotiven zu fragen, die letztlich hinter solchen Verhaltensweisen stehen. Was hat dazu geführt, daß an die Stelle der zwanghaften Verleugnung des Sex in früherer Zeit heute jene zwanghafte Beschäftigung mit dem Sex getreten ist, die wir konstatiert haben?
Wie Betty Friedan in ihrem Buch *Der Weiblichkeitswahn* gezeigt hat, ist ein zentrales Motiv, das bei Männern und Frauen gleichermaßen anzutreffen ist, das offenkundige Bemühen, die eigene Identität nachzuweisen. Das hat dazu beigetragen, daß die Idee der *Gleichheit* der Geschlechter und der *Auswechselbarkeit* der sexuellen Rollen aufkommen konnte. Man klammert sich an diese Gleichheit um den Preis der Verleugnung nicht nur der biologischen Unterschiede zwischen Mann und Frau – die fundamental sind –, sondern ebenso der emotionalen Unterschiede, aus denen ein Gutteil jenes Lustgefühls erwächst, das der sexuelle Akt vermittelt. Ein innerer Widerspruch liegt darin, daß das zwanghafte Bedürfnis, die Gleichheit mit dem Partner zu beweisen, die Verdrängung der eigenen, unverwechselbaren Erlebnisweise bedeutet – und eben dies unterminiert das eigene Identitätsgefühl. Dieser Widerspruch ist einer der Gründe für die in unserer Gesellschaft herrschende Tendenz, die Menschen selbst im Bett zu Maschinen werden zu lassen.
Ein weiteres Motiv ist die Hoffnung des einzelnen, die eigene

Einsamkeit zu überwinden. Damit verbunden ist der verzweifelte Versuch, dem Gefühl der inneren Leere und der drohenden Apathie zu entfliehen: die Partner keuchen und beben in der Hoffnung, im Körper des anderen ein antwortendes Beben als Beweis dafür zu registrieren, daß ihr eigener Körper nicht tot ist; sie suchen eine Reaktion, ein Verlangen im anderen, um sich zu beweisen, daß die eigenen Gefühle lebendig sind. Einer uralten Einbildung folgend wird derlei Liebe genannt.

Nicht selten hat man angesichts der männlichen Sexualprotzerei den Eindruck, daß die Männer unentwegt trainieren, um Sexualathleten aus sich zu machen. Aber worin besteht der verlockende Preis, um den es bei diesem Spiel geht? Nicht nur die Männer, auch die Frauen sind ständig darauf aus, ihr sexuelles Vermögen unter Beweis zu stellen, auch sie müssen den Zeitplan einhalten, ständig Leidenschaft demonstrieren und mit dem Orgasmus prahlen. Unter Psychotherapeuten gilt es heute als ausgemacht, daß das übermäßige Interesse an der Potenz normalerweise nichts anderes ist als eine Kompensation der Impotenzgefühle.

Die Benutzung des Sex zur Demonstration von Potenz in jeder Hinsicht hat dazu geführt, daß der technischen Leistung immer mehr Gewicht beigemessen wird. Und noch ein weiteres Moment der Selbsttäuschung ist in diesem Zusammenhang zu beobachten: das übertriebene Interesse an der technischen Leistung in der Sphäre des Sexuellen ist verknüpft mit der Reduktion des sexuellen Gefühls. Mit absurdesten Methoden erreicht man das. Eine davon besteht darin, daß man den Penis vor dem Verkehr mit einer betäubenden Salbe behandelt. Auf diese Weise ist der Mann, da er weniger fühlt, in der Lage, seinen Orgasmus hinauszuzögern. Ich weiß von Kollegen, daß die Verschreibung von derlei anästhetischen »Medikamenten« zur Verhinderung einer vorzeitigen Ejakulation keineswegs selten ist. »Einer meiner Patienten«, so berichtet Dr. Schimel, »war verzweifelt über seine ›vorzeitigen Ejakulationen‹, wenn es bei ihm auch erst zehn oder mehr Minuten nach dem Eindringen zu diesen Ejakulationen kam. Sein Nachbar, der Urologe war, empfahl ihm, eine betäubende Salbe jeweils vor dem Geschlechtsverkehr anzuwenden. Der Patient zeigte sich überaus zufrieden mit der Wirkung der Salbe und war dem Urologen sehr dankbar für den

Rat[16].« Ihm ging es einzig und allein darum, Tauglichkeit als Mann zu beweisen, und er war gern bereit, dafür auf jedes eigene Lustempfinden zu verzichten.

Auch einer meiner eigenen Patienten berichtete, er habe wegen des Problems vorzeitiger Ejakulationen einen Arzt aufgesucht, der ihm eine anästhetische Salbe der erwähnten Art verschrieben habe. Was mich – genau wie Dr. Schimel – bei alledem am meisten überraschte, war die Tatsache, daß der Patient diese Lösung seines Problems ohne Fragen und ohne Konflikte akzeptiert hatte. Hatte das Mittel nicht schließlich die Erwartungen erfüllt? Hatte es ihm nicht zu besseren Leistungen verholfen? Als der junge Mann dann jedoch endlich bei mir erschien, war er in jeder nur denkbaren Hinsicht impotent; er war nicht einmal mehr in der Lage, der Situation Herr zu werden, wenn seine Frau sich in wenig damenhafter Manier einen Schuh auszog und ihm damit auf den Kopf schlug. Der Mann, der diese boshafte Karikatur einer Ehe ertrug, war, wie gesagt, in jedem Sinne impotent. Und sein Penis schien – bevor er mit Hilfe von Drogen endgültig betäubt wurde – der einzige Teil an ihm, der »vernünftig« genug war, angemessen zu reagieren, das heißt, sich so rasch wie möglich zurückzuziehen.

Weniger fühlen, um besser zu funktionieren! Das ist ein ebenso makabres wie eindeutiges Symbol jenes *circulus vitiosus*, in dem ein großer Teil unserer Kultur gefangen ist. Je mehr man seine Potenz unter Beweis stellen muß, je mehr man den Geschlechtsakt – dieses intimste und persönlichste aller Erlebnisse – als eine Leistung betrachtet, die an Maßstäben gemessen wird, die von außen herangetragen werden, desto ausschließlicher betrachtet man sich selbst als Maschine, die sich einschalten, einstellen und steuern läßt. Und desto weniger Gefühl bringt man für sich selber und für seinen Partner auf. Je weniger man fühlt, desto mehr reduzieren sich echtes sexuelles Verlangen und echte sexuelle Fähigkeiten. Das Resultat dieses Prozesses: am Ende ist *der optimal funktionierende Liebhaber der Impotente.*

Nicht ohne ein Gefühl der Bitterkeit stellt man fest, daß dieses übersteigerte Bemühen um »Befriedigung« des Partners der – wenn auch pervertierte – Ausdruck eines durchaus gesunden und wesentlichen Elements des sexuellen Akts ist: des Vergnügens und der Bestätigung des eigenen Ichs, die aus der Fähigkeit erwachsen, dem Partner etwas zu *geben*. Der Mann empfindet nicht selten eine tiefe Dankbarkeit gegenüber der Frau, die sich von ihm befriedigen läßt – die es ihm gestattet, sie zum Orgasmus zu führen. Hier geht es um einen Bereich, der in der Mitte zwischen Wollust und Zärtlichkeit, zwischen sexueller Liebe und Agape liegt – und der bis zu einem gewissen Grade das eine wie das andere mit einschließt. Mancher kann in unserer Kultur die Erfahrung seiner eigenen Identität als Mann und als Person erst in dem Augenblick machen, da er fähig ist, eine Frau zu befriedigen. Es liegt in der Struktur der zwischenmenschlichen Beziehungen begründet, daß der Geschlechtsakt erst dann ein Maximum an Vergnügen bietet und ein Maximum an Sinn erhält, wenn Mann und Frau das Gefühl haben, den andern befriedigen zu können. Und es ist die Unfähigkeit, bei der Befriedigung des anderen Freude zu empfinden, die häufig der ausbeuterischen Sexualität des Vergewaltiger-Typus und der zwanghaften Sexualität des Verführer-Typus à la Don Juan zugrunde liegt. Don Juan muß wieder und wieder den Akt vollziehen, weil er ewig unbefriedigt bleibt, obwohl er durchaus potent ist und einen technisch guten Orgasmus hat.

Nicht der Wunsch und das Bedürfnis, den Partner zu befriedigen, ist heute das Problem, sondern vielmehr die Tatsache, daß dieses Bedürfnis ausschließlich technisch gedeutet wird: als Bedürfnis, eine körperliche Sensation zu vermitteln.

Es überrascht nicht, daß die zeitgenössische Tendenz zur Mechanisierung des Sex in engem Zusammenhang steht mit dem Problem der Impotenz. Das charakteristische Merkmal der Maschine ist, daß sie zu allen möglichen Bewegungen fähig ist, ohne dabei je etwas zu fühlen. Ein intelligenter Medizinstudent, der sich von mir wegen seiner sexuellen Impotenz psychotherapeutisch behandeln lassen wollte, hatte einmal einen sehr aufschlußreichen Traum. In diesem Traum forderte er mich auf, ein Rohr in seinen Kopf zu schieben, das durch seinen ganzen Körper führen und am anderen Ende als Penis wieder herauskommen sollte. Er war, während er dies träumte, fest überzeugt, daß das Rohr eine bewundernswert starke Erektion ergeben würde. Was er nicht begriffen hatte, war, daß genau das, was er für

die Lösung seines Problems hielt, die Ursache eben dieses Problems war: Er betrachtete sich als »Beischlafmaschine«. Ein außerordentlich anschauliches Symbol für unser Zeitalter der Entfremdung: das Gehirn, der Intellekt, ist eingeschlossen; aber ein raffiniertes Rohrsystem berührt weder den Sitz der Gefühle, den Thalamus, das Herz und die Lungen, noch auch nur den Magen. Es schafft eine Direktverbindung zwischen Kopf und Penis – das Herz jedoch bleibt ausgeschlossen[17]!
Ich habe keine Statistiken zur Verfügung, die Aufschluß über die gegenwärtige Verbreitung der Impotenz im Vergleich zu früheren Zeiten geben. Soweit mir bekannt ist, verfügt auch niemand anders über einschlägiges Zahlenmaterial. Ich habe jedoch den Eindruck, daß trotz (oder vielleicht wegen?) der uneingeschränkten Freiheit die Impotenz in unseren Tagen zunimmt. Alle Psychotherapeuten scheinen sich darüber einig, daß die Zahl der Männer, die wegen dieses Problems zu ihnen kommen, gewachsen ist. Natürlich kann man nicht mit Sicherheit sagen, ob dies eine tatsächliche Zunahme der Fälle von sexueller Impotenz bedeutet. Der Grund dafür kann auch darin liegen, daß sich die Menschen des Problems heute einfach stärker bewußt sind als früher und daß es ihnen leichter fällt, darüber zu sprechen. Offenkundig haben wir es hier mit einem jener Bereiche zu tun, für die sich kaum statistisches Material finden läßt, das tatsächlich etwas aussagen würde. Allein der Umstand, daß sich das Buch *Human Sexual Response,* in dem es um Impotenz und Frigidität geht, viele Monate auf den ersten Plätzen der Bestseller-Listen halten konnte, obwohl es schwülstig geschrieben und teuer ist, scheint mir Beweis genug für das dringende Bedürfnis der Menschen nach hilfreicher Information über die Impotenz.
Man braucht nur eine Nummer des *Playboy* aufzuschlagen, jenes schaurigen Magazins, das dem Vernehmen nach vorwiegend von Schülern und Geistlichen gekauft wird, um zu sehen, welch seltsame Blüten der neue Puritanismus treibt. Man entdeckt nackte Mädchen mit kosmetisch bearbeiteten Brüsten Seite an Seite mit Aufsätzen angesehener Autoren, und man kommt nach einem flüchtigen Blick zu dem Schluß, daß die Zeitschrift mit Sicherheit ein Sprachrohr der neuen Aufklärung ist. Schaut man

indes genauer hin, so fällt einem ein merkwürdiger Zug an den abgebildeten Mädchen auf: sie wirken gleichgültig, mechanisch, keineswegs einladend, nichtssagend – alles typisch für die schizoide Persönlichkeit im negativen Sinne des Wortes. Man entdeckt, daß sie nicht im geringsten »sexy« wirken und daß *Playboy* nichts anderes getan hat, als das Feigenblatt von den Genitalien zu entfernen und vor das Gesicht zu hängen. Man liest die Briefe an den Herausgeber und sieht, daß gleich in dem ersten – »Playboy-Priester« überschrieben – die Rede von einem Priester ist, der »vor einem Publikum, das sich aus jungen Leuten und zahlreichen Angehörigen der Geistlichkeit zusammensetzt, Vorlesungen über Hefners Philosophie hält«, in denen er die Ansicht vertritt, daß »wahre christliche Ethik und Moral keineswegs unvereinbar sind mit der Philosophie Hefners« (des Playboy-Herausgebers), und daß – enthusiastische Zustimmung des Schreibers – »die meisten Geistlichen in ihren schicken Pfarrhäusern nicht wie Asketen, sondern weit mehr wie Playboys leben[18]«. Ein anderer Brief trägt die Überschrift: »Jesus als Playboy«; denn Jesus liebte Maria Magdalena, gutes Essen und gute Pflege, und er tadelte die Pharisäer. Man fragt sich, wozu all diese religiösen Rechtfertigungsversuche dienen sollen und warum die Leute, wenn sie schon »befreit« werden, nicht einfach ihre Befreiung genießen?

Ob man die Angelegenheit nun als Zyniker betrachtet und davon ausgeht, daß Briefe an den Herausgeber eigens für ihren Zweck »ausgedacht« werden, oder ob man sich großzügig gibt und voraussetzt, daß die abgedruckten Beispiele aus Hunderten von Briefen ausgewählt wurden: es läuft auf das gleiche hinaus. Hier wird das Bild eines bestimmten Typus des amerikanischen Mannes propagiert – des höflichen, distanzierten, selbstsicheren Junggesellen, der das Mädchen wie die Accessoires seines modischen Anzugs als Teil der »Playboy-Ausrüstung« betrachtet. Auffallend ist überdies, daß sich im *Playboy* keine Anzeigen für Bruchbänder, Mittel gegen Glatzenbildung oder andere Produkte finden, die geeignet wären, von diesem Bild abzulenken. Und man merkt, daß die guten Aufsätze (die zu beschaffen, offen gesagt, nicht allzu schwer sein dürfte, solange der Herausgeber nur bereit ist, sich einen Assistenten mit Geschmack zu halten und die erforderliche Summe zu zahlen) nicht zuletzt dem Zweck dienen, diesem männlichen Image Autorität zu verleihen[19]. Harvey Cox kommt zum Schluß, daß der *Playboy* im Grunde antisexuell ist und daß er die »letzte und raffinierteste Episode der beharrlichen Weigerung des Menschen, menschlich zu sein« darstellt. Er ist der Ansicht, daß »das ganze Phänomen, von dem der *Playboy* nur ein Teil ist, das erschreckende Faktum einer neuen Art der Tyrannei lebendig veranschaulicht[20]«. Der Lyriker und Soziologe Calvin Herton spricht in ähnlichem Zusammenhang von einem neuen Sexualfaschismus[21].

Der *Playboy* macht sich in der Tat etwas zunutze, was in der amerikanischen Gesellschaft eine bedeutende Rolle spielt. Cox meint, daß es »die verdrängte Angst vor dem Engagement zu Frauen« sei[22]. Ich selber gehe noch einen Schritt weiter und behaupte, daß der *Playboy* als Sprachrohr des neuen Puritanismus seine Wirkung einer verdrängten Angst verdankt, die bei den amerikanischen Männern noch tiefer sitzt als die Angst vor dem Engagement. Ich meine die verdrängte Angst vor der Impotenz. Alles in diesem Magazin zielt darauf ab, die *Illusion der Potenz* zu verbreiten, ohne sie je in Frage zu stellen oder einer kritischen Prüfung zu unterziehen. Das Nicht-Engagement wird zum Ideal des Playboys erhoben. Das ist möglich, weil die Illusion unantastbar ist, solange sie den Männern, die um ihre Potenz bangen, eine Stütze bietet und man aus dieser Angst Kapital schlagen kann. Was es mit dieser Illusion auf sich hat, geht übrigens auch aus der Tatsache hervor, daß der *Playboy* viel weniger Leser unter den Männern über dreißig hat als unter den Jüngeren; denn Männer über dreißig können in der Regel nicht umhin, sich mit Frauen aus Fleisch und Blut zu befassen. Nicht zuletzt wird die Illusion durch die Tatsache entlarvt, daß Hugh Hefner selbst, ein ehemaliger Sonntagsschullehrer und Sohn eines strenggläubigen Methodisten, so gut wie nie die Gebäude seines Unternehmens in North Chicago verläßt. Dort sitzt er im Verborgenen und verrichtet seine Arbeit – umgeben von seinen Bunnies und inmitten seiner alkoholfreien Pepsi-Cola-Bacchanale.

Die Revolte gegen den Sex

Bei dem Wirrwarr der Motive, die wir im sexuellen Bereich konstatiert haben – kaum ein Motiv, das sich nicht entdecken ließ, nur das Verlangen nach tatsächlicher sexueller Befriedigung fehlte –, verwundert es nicht, daß man allenthalben ein Nachlassen des gefühlsmäßigen Engagements beobachten kann und daß Leidenschaft kaum noch zu registrieren ist. Diese Abnahme der Gefühlsintensität äußert sich bei Menschen, denen die mechanischen Aspekte des Geschlechtsakts keinerlei Schwierigkeiten bereiten, nicht selten als eine Art Betäubung (ohne daß in diesem Falle eine anästhetische Salbe notwendig wäre). Immer häufiger hören wir unsere Patienten auf der Couch klagen: »Wir haben miteinander geschlafen, aber ich habe nichts gefühlt.«

Sexualität, »das letzte Abenteuer«, heißt es bedeutungsvoll in David Riesmans *Die einsame Masse*. Und ganz ähnlich stellt Gerald Sykes fest: »In einer Welt, die Marktberichte, Zeitstudien und Steuervorschriften grau gemacht haben, findet der Rebell in der Sexualität den einzigen grünen Fleck[23].« Es trifft gewiß zu, daß Lust, Abenteuer und die Erprobung der eigenen Kraft, die Entdeckung weiter und erregender neuer Bereiche des Fühlens und der Erfahrung sowohl im eigenen Ich als auch in den Beziehungen zu anderen, sowie die Bestätigung des Ich, die man dadurch erfährt, »letzte Abenteuer« sind. Sie sind gegenwärtig in der Sexualität, diesem Teil der psychosozialen Entwicklung jedes einzelnen. Tatsächlich hatte das Sexuelle in unserer Gesellschaft nach 1920 für einige Jahrzehnte diese Macht, als fast jede andere Tätigkeit »außen-geleitet«, fade und der Zustand des Abenteuerlichen entleert wurde. Aus verschiedenen Gründen jedoch – von denen einer darin besteht, daß das Sexuelle für die Bestätigung der Persönlichkeit in praktisch allen Bereichen herhalten mußte – gehen die Frische, die Neuheit und der Reiz des Pionierabenteuers mehr und mehr verloren.

Denn wir leben im Nach-Riesmanschen Zeitalter und erleben die späten Implikationen des von Riesman aufgezeigten »außengeleiteten« Verhaltens. Das »letzte Abenteuer« ist ein wimmelndes Las Vegas geworden, das nichts Abenteuerliches zu bieten hat. Die sexuelle Revolte hat aufgehört, für die jungen Leute die Quelle der durch verbotene Gefühle bedingten persönlichen Identität zu sein; denn es gibt auf diesem Gebiet nichts mehr, gegen das man revoltieren könnte. Untersuchungen über die Rauschgiftsucht zeigen, daß die Jugendlichen – ihren eigenen Angaben zufolge – heute zu Drogen greifen müssen, um gegen ihre Eltern und die Gesellschaftsordnung zu revoltieren, weil der Sex kein geeignetes Mittel mehr dafür ist. Eine dieser Studien läßt erkennen, daß für die Studenten Sex langweilig geworden ist, »während Drogen gleichbedeutend sind mit Erregung, Geheimnis, verbotenem Abenteuer und der reichlich vorhandenen Duldsamkeit der Gesellschaft[24]«.

Es klingt kaum noch besonders neu, wenn man darauf hinweist, daß für viele junge Menschen das, was man früher als den Liebesakt bezeichnete, heutzutage nicht mehr ist als ein nutzloses »panting palm to palm« – um Aldous Huxleys prophetische Worte zu gebrauchen; daß es ihnen schwerfällt, zu begreifen, wovon die Dichter eigentlich redeten und daß wir immer wieder die enttäuschte Feststellung hören: »Wir haben miteinander geschlafen, aber es war nicht gut.«

Ich sagte, es gäbe nichts mehr, gegen das man sich auflehnen könnte? Nun, eines ist offenkundig noch geblieben, gegen das sich die Auflehnung richten kann: der Sex selber nämlich. Das »letzte Abenteuer«, die Entwicklung der Persönlichkeit, die Bestätigung des Ich kann sich in einem Aufstand gegen die Sexualität als Ganzes vollziehen; und in der Tat ist das denn auch nicht selten der Fall. Ich will damit sagen, daß die Revolte gegen den Sex auf uns zukommt oder zukommen könnte. Die sexuelle Revolution richtet sich am Ende gegen sich selbst.

Daher überrascht es nicht, daß sich das Problem durch die zunehmende Mechanisierung des Sexuellen, die wachsende Bedeutungslosigkeit der Leidenschaft und die Verringerung des Genusses verwandelt hat. Wir entdecken eine Entwicklung von der anästhetischen zur antiseptischen Haltung: die wachsende Neigung, den sexuellen Kontakt selbst auszuklammern und zu vermeiden. Hier wird ein neuer und gewiß wenig konstruktiver Aspekt des neuen Puritanismus sichtbar, der am Ende auf ein neues Asketentum hinausläuft.

Zu denen, die diese Revolte gegen den Sex begrüßen, gehört Marshall McLuhan. »Es ist durchaus möglich«, schreiben McLuhan und Leonard, »daß der Sex, wie wir ihn heute verstehen, schon bald tot sein wird. Die herkömmlichen sexuellen Begriffe, Ideale und Praktiken haben bereits eine so entscheidende Veränderung erfahren, daß man sie kaum noch wiedererkennt ... Das auseinanderfaltbare ›Playmate des Monats‹ im *Playboy*-Magazin – die junge Dame mit den überdimensionalen Brüsten und dem überdimensionalen Hinterteil, bis ins Detail scharf abgebildet – signalisiert den Todeskampf eines ausgehenden Zeitalters[25]«. McLuhan und Leonard prophezeien überdies, daß der Eros im neuen sexlosen Zeitalter nicht etwa verlorengeht, sondern eine Renaissance erleben wird, und daß das ganze Leben erotischer sein wird, als es uns heute möglich erscheint.
Es wäre ermutigend, wenn man dieser Versicherung Glauben schenken dürfte. Aber wie gewöhnlich stellt McLuhan seine scharfsinnigen Aussagen über *gegenwärtige* Phänomene unglücklich in einen historischen Rahmen – hier ist es der »Prätribalismus« mit seinem verringerten Unterschied zwischen Mann und Frau –, der jeglicher Untermauerung durch Fakten entbehrt[26]. Und er liefert uns nicht den Schein eines Beweises für seine optimistische Voraussage, nicht Apathie, sondern Eros werde dem Ende von *vive la différence* folgen. Es gibt in der Tat mancherlei Verworrenes in diesem Aufsatz, der McLuhans und Leonards Anbetung des neuen elektronischen Zeitalters entstammt. Ausgehend von einem Vergleich Twiggys mit einem Röntgenbild und Sophia Lorens mit einem Rubensgemälde, stellen die Verfasser die Frage: »Was zeigt die Röntgenaufnahme von einer Frau?« Und sie antworten: »Nicht ein realistisches Abbild, sondern ein tiefgründiges, faszinierendes Bild. Nicht eine spezifische Frau, sondern ein *menschliches Wesen*[27].« Nun ja! In Wahrheit zeigt die Röntgenaufnahme keineswegs ein menschliches Wesen, sondern einen entpersönlichten Teil des Skeletts oder des Gewebes, den nur ein hoch spezialisierter Techniker deuten kann und in dem wir niemals irgendein menschliches Wesen oder eine Frau, die uns bekannt ist oder die wir gar lieben, erkennen würden. Ein solches Bild der Zukunft ist nicht »ermutigend« sondern im höchsten Maße erschreckend und deprimierend.

Wird man mich aus der Neuen Gesellschaft ausstoßen, wenn ich Sophia Loren der dürren Twiggy für einen müßigen erotischen Tagtraum vorziehe?

Ernster wird unsere Zukunft von den Teilnehmern der Diskussion genommen, die im »Center for the Study of Democratic Institutions« in Santa Barbara geführt wurde. In dem dort verfaßten, *The A-Sexual Society* betitelten Bericht wird ohne Umschweife festgestellt, daß »wir uns mit rasender Geschwindigkeit auf eine Gesellschaft hinentwickeln, die nicht bisexuell und nicht multisexuell, sondern a-sexuell ist: die Jungen lassen ihre Haare lang werden und die Mädchen tragen Hosen ... Romantik wird verschwinden, ja, sie ist bereits jetzt fast verschwunden ... Werden sich die Frauen, nachdem ihnen ein bestimmtes Jahreseinkommen und die Pille garantiert sind, noch für die Ehe entscheiden? Warum sollten sie[28]«? Mrs. Eleanor Garth, die an der Diskussion teilnahm und den Bericht schrieb, kommt im weiteren Verlauf ihrer Darlegungen auf den radikalen Wandel zu sprechen, zu dem es im Bereich der Zeugung und der Aufzucht von Kindern kommen könnte. »Was geschieht, wenn das befruchtete Ei in den Uterus einer gemieteten Frau eingesetzt werden und wenn man seine Nachkommen in einer Sperma-Bank auswählen kann? Wird sich die Frau dafür entscheiden, ein Abbild ihres Gatten zu gebären – falls es Dinge wie Gatten dann überhaupt noch gibt? ... Keine Probleme, keine Eifersucht, keine Liebesbeziehung ... Und was wird aus den unter Glas ausgebrüteten Kindern? ... Wird die Liebe der Gesellschaft jene menschlichen Qualitäten entwickeln, die sich, wie wir vermuten, durch das gegenwärtige Verhältnis zwischen Eltern und Kind herausbilden? Werden die Frauen unter solchen Umständen ihren Überlebenstrieb verlieren und todesorientiert werden, wie es die gegenwärtige Generation der amerikanischen Männer ist? ... Ich werfe diese Frage nicht als Fürsprecherin einer solchen Zukunft auf«, fügt sie hinzu. »Ich finde einige dieser Möglichkeiten erschreckend[29].«

Mrs. Garth und ihre Kollegen am »Center for the Study of Democratic Institutions« sind sich darüber im klaren, daß das wirkliche Problem, das hinter der sexuellen Revolution steht, nicht durch die Frage umrissen ist, was man mit den Geschlechtsorganen und sexuellen Funktionen *per se* anfängt, sondern vielmehr durch die Frage, was aus der Humanität des Menschen wird. »Was mich beunruhigt, ist die echte Möglichkeit, daß unsere humanen, lebenspendenden Qualitäten mit dem Tempo der Entwicklung der Wissenschaften, die sich mit dem Leben befassen, verschwinden, und die Tatsache, daß niemand sich Gedanken zu machen scheint über die alternativen Möglichkeiten zum Guten und zum Bösen, die in dieser Entwicklung stecken[30].«

Der Zweck unserer Ausführungen ist es, genau diese Frage nach den alternativen Möglichkeiten zum Guten und zum Bösen aufzuwerfen – das heißt, die Frage nach den Möglichkeiten der Zerstörung oder der Steigerung jener Eigenschaften, die die »humanen, lebenspendenden Qualitäten« des Menschen ausmachen.

Zweites Kapitel
Eros im Konflikt mit Sexualität

> Eros, der Gott der Liebe, kam und erschuf die Erde. Zuvor war alles stumm, öde und starr gewesen. Jetzt war alles Leben, Freude und Bewegung.
> – Früher griechischer Mythos

> Aphrodite und Ares hatten mehrere schöne Kinder ... Eros, ihr kleiner Sohn, wurde zum Gott der Liebe ernannt. Obwohl es mit zärtlicher Sorgfalt gewartet wurde, wuchs dieses zweitgeborene Kind nicht wie seine Geschwister, sondern blieb ein kleines, rosiges, pausbäckiges Baby mit zarten Flügeln und einem schalkhaften Gesicht mit Grübchen. Aphrodite, die sich um seine Gesundheit Sorgen machte, fragte Themis um Rat und erhielt die orakelhafte Antwort: »Liebe kann nicht wachsen ohne Leidenschaft.«
> – Späterer griechischer Mythos

Im vorausgehenden Kapitel stellten wir fest, daß den zeitgenössischen Paradoxien, in denen Sex und Liebe gefangen sind, eines gemeinsam war: *die Banalisierung von Sex und Liebe*. Durch die Betäubung des Gefühls zum Zwecke der Leistungssteigerung, durch die Benutzung des Sexuellen als Mittel zur Demonstration von Könnerschaft und Identität, durch das Verstecken der Sensibilität hinter körperlicher Erregung haben wir den Sex kraftlos und schal gemacht. Unsere Massenmedien leisten dieser Banalisierung des Sexuellen Vorschub. Denn die zahllosen einschlägigen Publikationen, die den Markt überschwemmen, sind allesamt durch eine eindeutige Tendenz zur Simplifizierung von

Liebe und Sex gekennzeichnet; in ihnen wird das Thema abgehandelt, als gehe es um eine Mischung aus Tennisunterricht und Lebensversicherungsabschluß. Im Verlauf dieses Prozesses haben wir die Sexualität ihrer Macht beraubt, indem wir dem Eros auswichen; am Ende stand die Entmenschlichung beider.

Die These, die ich in diesem Kapitel vertreten möchte, besagt, daß die Verwässerung des Sexuellen ihren Grund hat in der *Trennung von Sex und Eros*. Wir haben den *Sex auf Kosten des Eros* in den Vordergrund gerückt, ja wir haben ihn zu einem Instrument gemacht, mit dessen Hilfe wir die angsterregenden Verwicklungen zu vermeiden suchen, die der Eros verursachen kann. In angeblich durchaus aufgeklärten Diskussionen über das Thema der Sexualität hört man, besonders wenn es um die Frage der Zensur geht, nicht selten die Ansicht, daß unsere Gesellschaft die uneingeschränkte Freiheit für den Ausdruck des Eros brauche. Was jedoch in unserer Gesellschaft unter der Oberfläche vor sich geht, ist – wie sich nicht nur bei Patienten in psychotherapeutischer Behandlung, sondern genauso in unserer Romanliteratur und im Drama, ja selbst in der Natur unserer wissenschaftlichen Forschung zeigt – das genaue Gegenteil. Wir sind auf der Flucht vor dem Eros – und die Sexualität dient uns dabei als Vehikel.

Sex ist die am leichtesten verfügbare Droge, wo es darum geht, die angsterzeugenden Aspekte des Eros aus unserem Bewußtsein zu bannen. Damit das möglich wurde, mußten wir den Begriff des Sexuellen enger und enger fassen; je ausschließlicher sich unser Interesse auf den Sex konzentrierte, desto mehr verkümmerte jene menschliche Erfahrung, die dem Sexuellen ursprünglich zugeordnet war. *Wir klammern uns an die Sensation des Sex, um der Passion des Eros zu entgehen.*

Der verdrängte Eros

Meine These basiert auf einer Reihe von merkwürdigen Phänomenen, die ich an meinen Patienten wie auch in unserer Gesellschaft ganz allgemein beobachtet habe; hier wie dort ließen sich seelische Eruptionen von seltsam explosiver Art diagnostizieren. Und diese Phänomene zeigten sich gerade dort, wo man sie, wenn man sich von seinem gesunden Menschenverstand leiten läßt, heutzutage am wenigsten erwarten würde. Die meisten Menschen leben in der Überzeugung, daß die technologische Entwicklung uns von den Risiken der unerwünschten Schwangerschaft und der Geschlechtskrankheit befreit hat und daß damit auch die Angst, die das Sexuelle und die Liebe den Menschen früher einflößten, heute endgültig ins Museum verbannt ist. Den Problemen, die Romanschreibern vergangener Jahrhunderte zum Thema wurden – damals bedeutete es illegitime Schwangerschaft und gesellschaftliche Ächtung wie in *The Scarlet Letter*, wenn sich eine Frau einem Mann hingab, oder tragischen Ruin der Familie und Selbstmord wie in *Anna Karenina*; oder in der Realität auch Geschlechtskrankheit –, sind wir entwachsen. Das alles glauben wir – Gott und der Wissenschaft sei Dank – hinter uns zu haben! Wir implizieren dabei, daß wir sexuell befreit sind, daß Liebe kein Problem darstellt und in leicht erhältlichen Packungen zur Verfügung steht. Und alles Gerede von den tieferen Konflikten, den tragischen und den dämonischen Elementen gilt als anachronistisch und absurd.

Aber ich bin unhöflich genug zu fragen, ob dem allen nicht vielleicht eine gigantische Verdrängung zu Grunde liegt. Eine Verdrängung nicht des Sexuellen, sondern gewisser psychischer Bedürfnisse, die wichtiger, tiefergreifend und umfassender sind als die sexuellen. Eine Verdrängung, die von der Gesellschaft sanktioniert ist, die aber aus ebendiesem Grunde um so schwerer zu erkennen und um so nachhaltiger in ihren Auswirkungen ist. Es liegt mir fern, die Fortschritte in der zeitgenössischen Medizin und Psychologie als solche in Frage zu stellen. Kein vernünftiger Mensch wird in Abrede stellen, daß es ein Segen ist, wenn wir heute über Verhütungsmittel, Oestrogen und Möglichkeiten zur Behandlung von Geschlechtskrankheiten verfügen. Und ich bin dem Schicksal dankbar dafür, daß ich in dieser Epoche mit ihren mannigfaltigen Möglichkeiten, für die man sich frei entscheiden kann, lebe und nicht in der viktorianischen Zeit mit ihrem strengen Sittenkodex. Aber dieser Umstand kann nicht über unser Problem wegtäuschen, das tiefer liegt und unabweisbar ist.

Man braucht nur zur Morgenzeitung zu greifen, um zu erfahren, daß im aufgeklärten Amerika jährlich eine Million Abtreibungen vorgenommen werden und daß die Zahl der vorehelichen Schwangerschaften allenthalben wächst. Die Statistik besagt, daß von sechs Mädchen, die heute dreizehn Jahre alt sind, eines ein uneheliches Kind erwarten wird, bevor es das zwanzigste Lebensjahr erreicht hat – eine Quote, die zweieinhalbmal so hoch liegt wie noch vor zehn Jahren[1]. Besonders rapide wächst die Zahl der unehelichen Schwangerschaften bei Mädchen aus den unteren Schichten; aber auch bei den Mädchen aus den mittleren und oberen Schichten der Bevölkerung ist sie hoch genug, um zu beweisen, daß es sich hier nicht um ein Problem handelt, das ausschließlich die sozial benachteiligten Gruppen in unserem Lande betrifft. Tatsache ist, daß die Zahl der unehelichen Geburten nicht etwa bei den puertorikanischen oder den farbigen Mädchen sprunghaft angestiegen ist, sondern bei den *weißen*. Während vor zehn Jahren auf hundert Geburten noch 1,7 uneheliche kamen, waren es im vergangenen Jahr bereits 5,3. Wir stehen damit vor der seltsamen Situation, daß *mit der wachsenden Geburtenkontrolle die Zahl der unehelichen Geburten ebenfalls wächst*. Wenn nun der Leser meint, daß dieser Umstand die Notwendigkeit einer Änderung der barbarischen Abtreibungsgesetze und einer Verbesserung der Sexualerziehung unterstreicht, so würde ich nicht widersprechen; ich würde und müßte freilich zugleich warnen. Der vorbehaltlose Rat zur Intensivierung der Sexualerziehung kann zum Vorwand für eine Flucht vor den beängstigenderen Fragen werden. Könnte es nicht sein, daß das wirkliche Problem jenseits der Ebene bewußter, rationaler Intentionen liegt? Könnte es nicht in dem tiefer liegenden Bereich dessen zu suchen sein, was ich in einem späteren Kapitel Intentionalität nennen werde?

Kenneth Clark stellt im Hinblick auf die junge Farbige der unteren sozialen Schicht fest: »Die junge Negerin dieser Schicht benutzt ihre Sexualität ..., um persönliche Selbstbestätigung zu erreichen. Man will sie, und das ist schon beinahe genug ... das Kind symbolisiert die Tatsache, daß die Mutter eine Frau ist, und sie mag sogar noch dadurch gewinnen, daß es etwas gibt, was ihr wirklich gehört[2].« Dieses Bemühen um den Nachweis der eigenen Identität mag bei Mädchen aus den unteren Schichten deutlicher zutage treten, aber es läßt sich bei Mädchen, die dem Mittelstand angehören, genauso konstatieren, wenn diese Mädchen es auch durch ein gesellschaftlich geschicktes Verhalten zu kaschieren wissen.

Greifen wir als Beispiel eine junge Frau des gehobenen Mittelstands heraus, die bei mir in Behandlung war. Ihr Vater war Bankier in einer kleinen Stadt gewesen, ihre Mutter eine korrekte Dame, die sich stets allen Menschen gegenüber »christlich« gegeben hatte, die jedoch – den Einzelheiten nach zu urteilen, die im Verlauf der Therapie zutage kamen – ungewöhnlich streng gewesen war und das Mädchen, als es geboren wurde, im Grunde abgelehnt hatte. Meine Patientin war eine gebildete Frau, die, obwohl erst wenig über dreißig, bereits als erfolgreiche Redakteurin in einem großen Verlag arbeitete und offenkundig gut informiert war über die Probleme der Sexualität und die Möglichkeiten der Empfängnisverhütung. Dennoch hatte sie, bevor sie zu mir kam – sie war damals Mitte Zwanzig gewesen – zwei uneheliche Schwangerschaften erlebt. Obgleich sie in beiden Fällen unter starken Schuldgefühlen und schmerzlichen Konflikten gelitten hatte, war die zweite Schwangerschaft unmittelbar auf die erste gefolgt. Sie war ein paar Jahre zuvor verheiratet gewesen, und zwar mit einem Mann, der – ein intellektueller Typus wie sie – innerlich distanziert war. Beide versuchten, durch mancherlei halb aggressive, halb die Abhängigkeit vom Partner demonstrierende Plänkeleien den anderen zu provozieren, um ein wenig Sinn und Leben in die leere Ehe zu bringen. Nach ihrer Scheidung erklärte sich die Frau bereit, abendliche Lesestunden für Blinde abzuhalten. Bald darauf erwartete sie ein Kind von einem jungen, blinden Mann, dem sie vorgelesen hatte. Und obwohl sie, wie gesagt, unter diesem Zustand und der nachfolgenden Abtreibung sehr litt, war sie schon wenig später aufs neue schwanger.

Es wäre absurd anzunehmen, daß sich dieses Verhalten mit dem Hinweis auf »sexuelle Bedürfnisse« erklären ließe. Vielmehr machte sie gerade der Umstand, daß sie *kein* sexuelles Verlangen verspürte, im Grunde um so anfälliger für die sexuellen Beziehungen, die zu ihren Schwangerschaften führten. Wollen wir die Gründe für diese Schwangerschaften aufdecken, so müssen wir unser Augenmerk auf das Bild richten, das die Frau von sich selber hatte, und auf die Art und Weise, wie sie versuchte, in ihrer Welt einen sinnvollen Platz für sich zu finden.

Sie war, diagnostisch gesprochen, der typische Fall einer schizoiden Persönlichkeit unserer Zeit: intelligent, gebildet, tüchtig, erfolgreich in ihrer Arbeit, aber distanziert im Umgang mit Menschen und voller Furcht vor intimen Beziehungen. Sie hatte sich stets für einen leeren Menschen gehalten, der niemals zu stärkeren Gefühlen fähig war und dem selbst LSD nicht zu Erlebnissen verhelfen konnte, die über den Augenblick hinaus Bestand hatten; sie gehörte, mit anderen Worten, zu jenen Menschen, die die Welt um ein wenig Leidenschaft und Vitalität anflehen. Sie war durchaus attraktiv und war mit einigen Männern befreundet. Aber auch diese Beziehungen waren als unterkühlt zu bezeichnen; auch ihnen fehlte es an jenem Reiz, nach dem sie sich so sehr sehnte. Als sie einmal mit demjenigen ihrer Freunde, zu dem sie in jener Zeit ein besonders enges Verhältnis hatte, schlief, war ihr dabei – nach ihrer eigenen Darstellung – zumute, als seien sie und ihr Partner Tiere, die sich aneinanderklammerten, um sich gegenseitig zu wärmen; sie war verzweifelt gewesen. Im Anfangsstadium der therapeutischen Behandlung hatte sie einen Traum, der sich in jeweils abgewandelter Form im weiteren Verlauf mehrfach wiederholte. Sie befand sich in einem Raum, der von einem zweiten Zimmer, in dem ihre Eltern sich aufhielten, durch eine Wand getrennt war, die nicht ganz bis zur Decke hinaufreichte. So laut sie im Traum auch an diese Wand klopfte und rief, die Eltern hörten sie nicht.

Eines Tages kam sie unmittelbar von einer Kunstausstellung zu mir in die Sprechstunde und erzählte mir, sie habe etwas entdeckt, was die Gefühle, die sie in bezug auf ihre eigene Person habe, präzise zum Ausdruck brächte: die einsamen Figuren von Edward Hopper, auf dessen Bildern immer nur eine Gestalt zu sehen ist – eine Platzanweiserin in einem hell erleuchteten, luxuriösen, aber absolut menschenleeren Theater; eine Frau, die allein an einem Fenster im oberen Stockwerk eines viktorianischen Hauses sitzt und auf einen verlassenen Strand hinunterblickt; ein einsamer Mensch, der in einem Schaukelstuhl auf einer Veranda sitzt, die der Veranda des Hauses in der kleinen Stadt, in dem meine Patientin aufwuchs, nicht unähnlich ist. Auf Hoppers Bildern wird die stille Verzweiflung, das Gefühl der inneren Leere und der Sehnsucht – das, was man mit dem Klischeewort von der »Entfremdung« zu umschreiben pflegt – auf eindrucksvolle Weise deutlich.

Es berührt uns, daß ihre erste Schwangerschaft die Folge einer Beziehung mit einem *blinden* Menschen war. Wir sind beeindruckt von ihrer elementaren Großmütigkeit, die darin zum Ausdruck kommt, daß sie ihm etwas geben und zugleich sich selber etwas beweisen wollte. Was uns indessen am meisten fasziniert, ist die Aura der »Blindheit«, die das ganze Ereignis umgibt. Sie gehörte zu den zahllosen Menschen in unserer Gesellschaft des Überflusses und der technologischen Macht, die sich in einer Welt von Blinden – menschlich gesprochen – bewegen, in der keiner den anderen sehen kann, und in der jede Berührung das Ergebnis eines Tastens im Dunkel ist, ein Abtasten des fremden Körpers in dem vergeblichen Bemühen, den Menschen, dem er gehört, zu erkennen.

Wir könnten schließen, daß sie schwanger wurde, 1. um ihre Selbstachtung zurückzugewinnen durch den Beweis, daß es einen Menschen gab, der sie begehrte – was ihr Ehemann nicht getan hatte; 2. um ihr Gefühl der inneren Armut zu überwinden – was mit Hilfe einer Schwangerschaft, die den Mutterleib füllt, im buchstäblichen Sinne gelingt, wenn wir diesen Mutterleib (»Hystera«) als Symbol des emotionalen Vakuums verstehen; 3. um ihre Aggression gegen die Mutter und den Vater mitsamt deren stickiger und heuchlerischer Bürgerlichkeit zum Ausdruck zu bringen. All das bedarf keines weiteren Kommentars.

Wie aber steht es mit jener tiefsitzenden Herausforderung, die die Widersprüche in ihr und in unserer Gesellschaft, die alle vernünftigen und gutgemeinten Absichten hintertreiben, provozieren und enthalten? Es ist absurd, zu meinen, daß dieses oder irgendein anderes Mädchen einfach deshalb schwanger wird, weil es nicht Bescheid weiß. Diese Frau lebt schließlich in einer Zeit, in der den Mädchen der oberen und mittleren Gesellschaftsschicht Verhütungsmittel und Informationen über den Bereich des Sexuellen zur Verfügung stehen wie keiner Generation je zuvor; und die Gesellschaft, in der sie lebt, verkündet allenthalben, daß Angst vor dem Sexuellen veraltet ist, und fordert sie auf, die Liebe konfliktlos zu genießen. Und wie steht es mit der *Angst, die aus ebendieser neuen Freiheit erwächst?* Einer Angst, die ein Problem für das Bewußtsein des einzelnen und für die Fähigkeit zur persönlichen Entscheidung darstellt, ein Problem, das, wenn nicht unlösbar, so doch sehr groß ist. Es ist die Angst, die man in unserer differenzierten und aufgeklärten Gegenwart nicht zum Ausdruck bringen kann, wie es die hysterische Frau der viktorianischen Zeit tat (denn heutzutage ist es für jedermann sozusagen moralische Pflicht, frei und ungehemmt zu sein), und die sich deshalb nach innen wendet und dazu führt, daß die *Gefühle* unterdrückt und die Leidenschaften erstickt werden, während es bei der Frau des neunzehnten Jahrhunderts die *Taten* waren, die unterdrückt wurden.

Kurz, ich behaupte, daß Mädchen und Frauen, die sich in diesem Dilemma befinden, nicht zuletzt das Opfer einer gigantischen Verdrängung sind, der sie selbst wie auch die Gesellschaft unterliegen – der Verdrängung von Eros und Leidenschaft. Zugleich sind sie Opfer der übermäßigen Verfügbarkeit des Sexuellen als eines Mittels zur Verdrängung. Daraus folgt, daß unsere »dogmatische Aufklärung« Elemente enthält, die uns der Möglichkeit berauben, dieser neuen Angst zu begegnen. Wir erleben eine »Wiederkehr des Verdrängten«, die Wiederkehr eines Eros, der sich nicht verleugnen lassen wird, so sehr man ihn durch Sex auch bestechen mag – eine Wiederkehr des Verdrängten, die darauf abzielt, dem Rückzug unseres Fühlens Widerstand zu bieten.

Das gleiche Bild ergibt sich bei unseren männlichen Patienten. Ein junger Psychiater konzentrierte sich in seiner Übungsanalyse vorwiegend auf seine Angst, homosexuell zu sein. Er war etwa fünfundzwanzig Jahre alt und hatte bis dahin weder mit einer Frau noch mit einem Mann sexuelle Beziehungen gehabt; immerhin hatten sich ihm genug Männer genähert, um in ihm das Gefühl aufkommen zu lassen, jene gewisse »Aura« auszustrahlen. Im Verlauf der Therapie lernte er eine Frau kennen,

und nach einiger Zeit entwickelte sich eine sexuelle Beziehung zwischen den beiden. Da sie zumeist auf Verhütungsmittel verzichteten, wies ich ihn wiederholt darauf hin, daß die Frau mit ziemlicher Sicherheit irgendwann schwanger werden würde; er – dem das auf Grund seiner medizinischen Ausbildung durchaus klar war – gab mir jedesmal recht und bedankte sich für meinen Rat. Dennoch verzichteten die beiden auch weiterhin auf Verhütungsmittel. Als er dann eines Tages, nachdem er erfahren hatte, daß ihre Periode ausgeblieben war, höchst beunruhigt zu mir kam, wurde auch ich unruhig und ärgerte mich über soviel Dummheit, bis mir plötzlich aufging, daß ich in meiner Naivität absolut nicht begriffen hatte, was hier geschah. Ich sagte ihm auf den Kopf zu: »Es sieht ganz so aus, als *wollten* Sie diese Frau schwanger machen.« Zunächst widersprach er mir heftig, dann aber hielt er inne und dachte über den Wahrheitsgehalt meiner Feststellung nach.
Alles Gerede über Methoden und darüber, was die beiden tun *sollten,* war natürlich irrelevant. Ein vitales Bedürfnis trieb diesen Mann, der nie in der Lage gewesen war, sich männlich zu fühlen, dazu an, sich nicht nur als Mann zu bestätigen – was durch das Schwängern einer Frau weit eindeutiger geschieht als durch den bloßen Nachweis der Fähigkeit zum Geschlechtsverkehr –, sondern überdies auf die Natur Einfluß zu nehmen, einen fundamentalen Zeugungsprozeß zu erleben, sich einem primitiven und mächtigen biologischen Prozeß zu überantworten, in dem kosmischen Rhythmus mitzuschwingen. Wir werden die aufgezeigten Probleme erst dann verstehen, wenn wir begreifen, daß unsere Patienten ebendieser tiefen Quellen menschlicher Erfahrung beraubt sind[3].
Bei vielen illegitimen Schwangerschaften solcher Art spielt ein Element des Widerstandes seine Rolle – des Widerstandes gegen ein System, das den Affekt ausklammert, gegen eine Ordnung, in der die Technik als Ersatz für das Gefühl betrachtet wird, gegen eine Gesellschaft, die die Menschen zu einer schalen, sinnlosen Existenz verurteilt und in ihnen – besonders in den Jüngeren – ein Gefühl der Entpersönlichung weckt, das schmerzlicher ist als die illegale Abtreibung. Niemand, der über einen längeren Zeitraum hinweg mit Patienten zu tun hat, kommt um

die Erfahrung herum, daß die psychische und geistige Qual der Entpersönlichung schwerer zu ertragen ist als physischer Schmerz. Und in der Tat klammern sich diese Patienten oft geradezu an den körperlichen Schmerz (oder an gesellschaftliche Ächtung, an Gewalttätigkeit, an kriminelle Handlungen), den sie als willkommene Erleichterung empfinden. Sind wir bereits so »zivilisiert«, daß wir vergessen haben, daß sich ein Mädchen danach *sehnen* kann, ein Kind zu bekommen, und zwar nicht einfach aus psychobiologischen Gründen, sondern um damit aus der Einöde einer Existenz ohne Gefühl auszubrechen, um – wenn schon nicht für immer, so doch wenigstens ein einziges Mal – jenes Schema zu überwinden, das den Geschlechtsverkehr zu einem Mittel degradiert, mit dessen Hilfe man der Verzweiflung angesichts der Leere zu entgehen sucht? Und haben wir bereits vergessen, daß ein Mädchen sich nach der Schwangerschaft sehnen kann, weil es immer noch nicht vollständig zur Leidenschaftslosigkeit bekehrt ist und weil es das intensive innere Bedürfnis hat, das zum Ausdruck zu bringen, was man ihr verweigert und was auch sie selber in unserem unterkühlten Jahrhundert bewußt zu verleugnen sucht? Zumindest ist die Schwangerschaft etwas unleugbar Wirkliches, und sie beweist zugleich dem Mädchen und dem Mann, daß *sie* wirklich sind.

Die Entfremdung wird empfunden als ein Verlust der Fähigkeit zur intimen menschlichen Begegnung. Wir sehnen uns danach zu reden, höre ich diese Menschen klagen, aber »unsere verdorrten Stimmen« sind »Rattenfüße über zerbrochenem Glas[4]«. Wir gehen miteinander ins Bett, weil wir einander nicht hören können; wir gehen miteinander ins Bett, weil wir zu schüchtern sind, einander in die Augen zu sehen; und im Bett kann man das Gesicht abwenden[5].

Es sollte niemanden verwundern, daß die Menschen gegen einen Sittenkodex revoltieren, den sie für die Ursache der Entfremdung halten; daß sie Widerstand leisten gegen gesellschaftliche Normen, die Tugend ohne Einsatz verheißen, Sex ohne Risiko, Weisheit ohne Bemühung, Luxus ohne Anstrengung – vorausgesetzt, daß man bereit ist, sich mit Liebe ohne Leidenschaft zu begnügen und bald sogar mit Sex ohne Gefühl. Die Verleugnung des Dämonischen bedeutet nichts anderes, als daß die Erdgeister

wiederkommen und uns in einer neuen Maske heimsuchen werden.
Der Irrtum, dem wir verfallen sind, liegt offenbar nicht in unserem wissenschaftlichen Fortschritt und unserer Aufklärung selbst, sondern darin, daß wir sie als eine Art Allheilmittel gegen die Angst vor dem Sexuellen und der Liebe mißbraucht haben. Marcuse ist der Ansicht, daß in einer nicht-repressiven Gesellschaft das Sexuelle zur Vereinigung mit dem Eros tendiert. Es ist unübersehbar, daß sich in unserer Gesellschaft das Gegenteil ereignet hat: wir haben das Sexuelle vom Eros getrennt und dann versucht, den Eros zu verdrängen. Diese Entwicklung führt dazu, daß die Leidenschaft, die ein wesentliches Element des verdrängten Eros ist, plötzlich aus der Verdrängung wieder emportaucht und die gesamte Existenz des Menschen aus dem Gleichgewicht bringt.

Was ist Eros?

Das Wort ›Eros‹ ist in unseren Tagen zum Synonym für ›Erotik‹ und sexuellen Reiz geworden. *Eros* war der Name, den man einer Zeitschrift für Sex-Geheimnisse gab, in der »Rezepte für Aphrodisiaka« mitgeteilt wurden, sowie Frage-und-Antwort-Geschichten wie die folgende: »Frage: Weißt du, wie's die Stachelschweine machen? Antwort: Vorsichtig.« Man fragt sich, ob alle Welt vergessen hat, daß Eros, einer Autorität vom Range des Heiligen Augustinus zufolge, die Macht ist, die den Menschen zu Gott treibt. Derlei grobe Mißverständnisse würden genügen, den Untergang des Eros unvermeidlich zu machen; denn in unserer mit Stimulantien übersättigten Zeit haben wir keine Verwendung für Reize, die keinen Reiz mehr erzeugen. Deshalb ist es wichtig, daß wir uns zunächst Klarheit über diesen entscheidenden Begriff des Eros verschaffen.
Der frühgriechische Mythos berichtet, daß es Eros war, der das Leben auf der Erde schuf. Als die Erde noch öde und leblos war, »griff Eros zu seinen lebenspendenden Pfeilen und bohrte

sie in der Erde kalten Busen«, und »sofort bedeckte sich die graue Oberfläche mit üppigem Grün«. Hier liefert uns der Mythos ein treffendes symbolisches Bild dafür, wie Eros sich des Sexus – der phallischen Pfeile – als eines Instruments bedient, mit dessen Hilfe er das Leben erschafft. Eros war es auch, der den tönernen Gestalten des Mannes und der Frau den »Geist des Lebens« einblies. Seither war Eros durch seine lebensspendende Funktion gekennzeichnet, während der Sexus im Gegensatz dazu durch seine spannunglösende Funktion definiert war. Eros gehörte damals, zusammen mit Chaos, Gäa (der Allmutter Erde) und Tartarus (der dunklen Höhle des Hades unterhalb der Erde) zu den vier ursprünglichen Göttern. Eros, sagt Joseph Campbell, ist – in welcher Gestalt er auch auftreten mag – stets das Original, der ursprüngliche Schöpfer, von dem das Leben stammt[6].

Das Sexuelle kann physiologisch relativ präzise definiert werden als Aufbau und Abbau körperlicher Spannungen. Im Gegensatz dazu kann Eros charakterisiert werden als die Erfahrung des persönlichen Sinngehaltes des Liebesakts. Während das Sexuelle ein Auf und Ab von Reiz und Reaktion ist, ist Eros ein Seinszustand. Im sexuellen Bereich besteht der Genuß nach Freud und anderen Forschern im Abbau einer Spannung; im Bereich des Eros indessen ist ein Nachlassen der Erregung keineswegs das erstrebte Ziel; wir klammern uns vielmehr an diese Erregung, baden uns in ihr und versuchen, sie nach Möglichkeit noch zu steigern. Sexualität zielt auf Befriedigung und Entspannung ab; Eros dagegen ist ein ständiges Wünschen und Sehnen, ein ewiges Begehren, ein Suchen nach Dauer.

All das entspricht den Definitionen der einschlägigen Wörterbücher. Der *Webster,* zum Beispiel, definiert ›Sex‹ als Begriff zur Bezeichnung »physiologischer Merkmale ... der bestimmenden Merkmale der Männlichkeit oder der Weiblichkeit oder ... der charakteristischen Funktionen des männlichen oder des weiblichen Wesens[7]«. Im Gegensatz dazu wird ›Eros‹ umschrieben mit Worten wie »glühendes Verlangen«, »Sehnsucht«, »Streben nach Selbstverwirklichung durch die Liebe, dem häufig auch eine sinnliche Qualität zukommt[8]«. Römer und Griechen hatten – genau wie wir – zwei verschiedene Worte für Sex und Liebe; uns mag es merkwürdig erscheinen, wie selten die Römer vom *sexus* sprachen. Das Sexuelle stellte für sie kein Problem dar; ihr Interesse galt *amor*. Ganz ähnlich verhält es sich bei den Griechen. Jeder kennt das griechische Wort *eros*, aber so gut wie niemand hat je das griechische Wort für »Sex« gehört. Es ist das Wort φῦλον, von dem sich der zoologische Begriff »phylos« – Stamm oder stammverwandte Gruppe – herleitet. Es hat absolut nichts mit dem griechischen Wort *philia* zu tun, das Liebe im Sinne von Freundschaft bedeutet.

Sex ist demnach ein zoologischer Begriff, der zu Recht auf alle Tiere genauso angewendet wird wie auf den Menschen. Kinsey war Zoologe und untersuchte – seinem Beruf entsprechend – das sexuelle Verhalten des Menschen unter zoologischem Aspekt. Masters ist Gynäkologe; sein Interesse bei der Erforschung des Sexuellen richtet sich dementsprechend auf die Sexualorgane und ihre Manipulation; aus dieser Perspektive betrachtet, ist die Sexualität ein System neurophysiologischer Funktionen, und das sexuelle Problem reduziert sich auf die Frage, was wir mit unseren Sexualorganen tun.

Eros hingegen wird von der menschlichen Einbildungskraft beflügelt; Eros spottet aller Regelbücher und läßt die Niederungen des Technischen tief unter sich; er manipuliert keine Organe, er liebt.

Denn Eros ist die Kraft, die uns *anzieht*. Während das Sexuelle uns gleichsam von hinten drängt, gehört es zum Wesen des Eros, daß er uns von vorn zu sich heranzieht. Irgend etwas in uns spricht auf diesen Menschen oder jene Situation an, zieht uns zu ihm oder ihr hin. Man hat auf neurophysiologischer, aber auch auf ästhetischer und ethischer Basis an Formen, Möglichkeiten und höheren Bedeutungsebenen teil. Die Griechen waren der Meinung, daß Wissen und sogar ethische Güte eine solche Anziehungskraft ausüben. Eros ist der Trieb zur Vereinigung mit dem zu uns Gehörenden, zur Vereinigung mit unseren eigenen Möglichkeiten, mit den uns wichtigen Menschen, zur Vereinigung, die für uns Selbstverwirklichung bedeutet. Eros ist das Verlangen im Menschen, sich der Suche nach dem edlen und guten Leben zu widmen.

Dem Sexuellen entspricht eine Art der Beziehung, die durch eine

Schwellung der Organe gekennzeichnet ist (deren Abschwellen den Genuß ausmacht, nach dem wir streben), sowie durch gefüllte Keimdrüsen (deren Entleerung die Befriedigung bedeutet, nach der wir streben). Dem Eros dagegen ist eine Art der Beziehung adäquat, die dadurch charakterisiert ist, daß wir nicht nach einer Erleichterung streben, sondern nach Intensivierung, nach Erzeugung, nach Gestaltung der Welt. Bezeichnend für den Eros ist das Bemühen um eine Steigerung des Reizes. Das Sexuelle ist ein Bedürfnis, Eros hingegen ist ein Verlangen; und dieses Element des Verlangens ist es, das die Liebe so kompliziert macht. Was das übersteigerte Interesse am Orgasmus betrifft, das die Diskussionen des Themas ›Sex‹ in Amerika prägt, so kann man einräumen, daß das Ziel des sexuellen Akts seinem zoologischen und seinem physiologischen Sinne nach in der Tat der Orgasmus ist. Das Ziel des Eros aber ist dieser Orgasmus nicht; der Eros sucht die Vereinigung mit dem anderen in Freude und Leidenschaft und die Erschließung neuer Dimensionen der Erfahrung, die das Dasein beider Partner bereichern und vertiefen. Es ist eine allgemeine Erfahrung, die ihre Bestätigung in der Folklore ebenso findet wie bei Freud und anderen Forschern, daß wir nach der sexuellen Entspannung die Neigung verspüren zu schlafen – oder, wie es der Witz will, uns anzuziehen, heimzugehen und *dann* zu schlafen. Im Bereich des Eros verhält es sich gerade umgekehrt: wir wollen wach bleiben, um an das geliebte Wesen zu denken, in Erinnerungen zu schwelgen, zu genießen, immer neue Seiten des überwältigenden Erlebnisses entdecken.

Dieser Drang zur Vereinigung mit dem Partner ist es, aus dem die Zärtlichkeit erwächst. Eros – und nicht die Sexualität als solche – ist die Quelle der Zärtlichkeit. Eros ist das Verlangen nach Vereinigung, nach engster Beziehung. Dabei kann es sich zunächst um die Vereinigung mit abstrakten Formen handeln. Der Philosoph Charles S. Peirce saß allein in seinem Haus in Milford, Connecticut, und entwickelte seine mathematische Logik; das hinderte ihn jedoch nicht daran, die Erfahrung des Eros zu machen. »Der Denker«, so schrieb er, »muß vom Eros beseelt sein, um die Aufgabe der wissenschaftlichen Erforschung meistern zu können.« Eros kann auch die Vereinigung mit ästheti-

schen oder philosophischen Formen oder die Vereinigung mit neuen ethischen Formen sein. Am sichtbarsten jedoch manifestiert sich der Eros im Drang zweier Menschen nach sexueller Vereinigung. Zwei Menschen, die sich – wie alle Individuen – danach sehnen, die Trennung und Isolierung, die jeder von uns kennt, zu überwinden, können in einer echten Vereinigung miteinander verschmelzen zu einer neuen *Gestalt,* einem neuen Wesen, einem neuen magnetischen Kraftfeld.
Unsere ökonomischen und biologischen Denkschemata haben uns zu der irrigen Ansicht verleitet, daß das Ziel des Liebesaktes der Orgasmus ist. Die Franzosen haben ein Sprichwort, das mehr über das wahre Wesen des Eros aussagt: »Das Ziel der Sehnsucht ist nicht ihre Befriedigung, sondern ihre Ausdehnung.« André Maurois, der ebenfalls einem Liebesakt den Vorzug gibt, für den der Orgasmus nicht das Ziel, sondern ein mehr beiläufiger Abschluß ist, zitiert ein anderes französisches Sprichwort: »Aller Anfang ist schön.«
Urteilt man nach dem, was die Menschen in Erinnerung behalten und was die Patienten träumen, so kommt man zu dem Schluß, daß der Augenblick, dem bei der geschlechtlichen Liebe die größte Bedeutung zukommt, nicht der des Orgasmus ist. Es ist vielmehr jener Augenblick, in dem das Glied des Mannes in die Vagina der Frau eindringt. Das ist der Moment, der uns erzittern läßt, der das große Wunder in sich birgt, mag er auch erschreckend und furchterregend sein oder enttäuschend und deprimierend, was vom entgegengesetzten Standpunkt aus das gleiche besagt. Das ist der Augenblick, in dem die Reaktion der Partner auf die Erfahrung der geschlechtlichen Liebe am ursprünglichsten ist, am individuellsten, am eigentümlichsten. Das ist der Augenblick der Vereinigung und der Erkenntnis, daß man den anderen gewonnen hat. Dies alles kennzeichnet nicht den Augenblick des Orgasmus.
Für die Alten war Eros ein »Gott« oder, genauer gesagt, ein Dämon. Sie brachten damit auf symbolische Weise jene fundamentale Wahrheit der menschlichen Erfahrung zum Ausdruck, daß der Eros die Kraft ist, die uns ständig dazu treibt, uns selbst zu transzendieren. Wenn Goethe sagt: »Das Ewig-Weibliche / Zieht uns hinan«, so ist man versucht, diesen Satz leicht

zu variieren und zu sagen: »Eros in Verbindung mit dem Weiblichen zieht uns hinan.« Damit ist eine Wahrheit ausgesprochen, die einerseits innerlich, persönlich und *subjektiv* und andererseits äußerlich, gesellschaftlich und *objektiv* ist, eine Wahrheit also, die für unsere Beziehungen in der objektiven Welt gültig ist. Die Alten, für die Sexualität nichts anderes als eine ganz natürliche körperliche Funktion war, sahen keinen Grund, den Sex zu einem Gott zu machen. Vermutlich sorgten die Konkubinen, die das römische Heer begleiteten, dafür, daß die sexuellen Bedürfnisse des Antonius befriedigt wurden. Erst als er Kleopatra begegnete, begann *Eros* seine Rolle zu spielen; und eine ganz neue Welt eröffnete sich dem Römer, eine Welt, die ekstatisch und zugleich zerstörerisch war.

Die Künstler haben zu allen Zeiten instinktiv den Unterschied zwischen Sex und Eros erkannt. In Shakespeares *Romeo und Julia* neckt Merkutio den Freund Romeo mit seiner ehemaligen Geliebten und bedient sich dabei jenes anatomischen Stils, der heute im Schwange ist:

> »Nun wohl: Bei Rosalindens hellem Auge,
> Bei ihrer Purpurlipp' und hohen Stirn,
> Bei ihrem zarten Fuß, dem schlanken Bein,
> Den üpp'gen Hüften und der Region,
> Die ihnen naheliegt, beschwör ich dich...«
>
> (II. Aufzug, 1. Szene)

Das liest sich wie ein zeitgenössischer realistischer Roman. Die Beschreibung des Körpers der Heldin endet, wie erwartet, mit den »üpp'gen Hüften« und der Anspielung auf die angrenzenden Regionen. Denn Merkutio ist nicht verliebt; als Außenstehender glaubt er, es mit Sex zu tun zu haben, und reagiert wie jeder junge Veroneser unter diesen Umständen auf weibliche Schönheit reagieren würde.

Wie aber steht es mit Romeo? Benutzt auch er diese Sprache? Absurde Frage! Sein Verhältnis zu Julia ist vom Eros geprägt:

> »Oh sie nur lehrt den Kerzen, hell zu glühn!
> Wie in dem Ohr des Mohren ein Rubin,
> So hängt der Holden Schönheit an den Wangen
> Der Nacht; zu hoch, zu himmlisch dem Verlangen.«
>
> (I. Aufzug, 5. Szene)

Es ist interessant, sich daran zu erinnern, daß Romeo und Julia zwei Familien angehörten, die miteinander in Fehde lagen. Eros überwindet die Kluft zwischen Feinden. Und in der Tat frage ich mich oft, ob es nicht *besonders* der »Feind« ist, der den Eros in uns weckt und herausfordert. Der »Fremde«, der Angehörige der verbotenen Klasse, der anderen Hautfarbe oder Rasse, fasziniert den Eros auf eine seltsame Weise. Es entspricht durchaus der Bedeutung des Eros, wenn Shakespeare die Liebe Romeos und Julias, mag es auch eine tragische Liebe sein, die bis dahin im Streit miteinander liegenden Familien der Montagues und der Capulets zusammenführt und damit die ganze Stadt Verona vereinen läßt.

Eros als Selbstverwirklichung

Die Weisheit der Antike sagt uns mancherlei über den Drang, der für uns alle mit dem Erlebnis des Eros verknüpft ist, den Drang nach Vereinigung mit dem geliebten Wesen, nach Ausdehnung des Genusses und nach einer Vertiefung des Sinnes, den dieses Erlebnis für uns enthält. Das gilt nicht nur für unsere Beziehung zu Personen, sondern gleichermaßen für unsere Beziehung zu Objekten wie etwa der Maschine, die wir konstruieren, dem Haus, das wir bauen, oder dem Beruf, dem wir uns widmen.

Auf der Suche nach den Wurzeln unseres Eros-Verständnisses wenden wir uns Platons *Symposion* zu, das mit der Aktualität seiner Einsichten in das Wesen der Liebe den Leser noch heute überrascht und besticht. Der Dialog Platos, mit dem dieses Gastmahl, das man zu Recht das berühmteste Trinkgelage der Geschichte genannt hat, beschrieben wird, ist ausschließlich der Diskussion über den Eros gewidmet. Der Schauplatz ist das Haus des Agathon, in das Sokrates, Aristophanes, Alkibiades und andere geladen sind, um Agathon zu feiern, der am Tag zuvor den Preis für die Tragödie gewonnen hat. Im Verlauf des Abends trägt jeder der Anwesenden seine Gedanken und Erfahrungen zum Thema des Eros vor.

»Was wäre also ... Eros?« fragt Sokrates in einer entscheidenden zusammenfassenden Passage. Er zitiert die Antwort Diotimas, der gefeierten Lehrerin der Liebe: »Ein Mittelwesen, sagte sie ... zwischen dem Sterblichen und Unsterblichen ... Ein großer Dämon ... o Sokrates. Denn alles Dämonische ist zwischen Gott und dem Sterblichen. – Und was für eine Verrichtung ... hat es? – Zu verdolmetschen und ... zu überbringen den Göttern, was von den Menschen, und den Menschen, was von den Göttern kommt ... In der Mitte zwischen beiden ist es also die Ergänzung, so daß nun das Ganze in sich selbst verbunden ist ...[9]«

Eros ist kein Gott im Sinne eines dem Menschen übergeordneten Wesens, sondern die Macht, die alle Dinge und alle Menschen zusammenhält, die Macht, die alles *beseelt*. Eros, fährt Plato fort, ist der Gott, der den schöpferischen Geist des Menschen ausmacht. Eros ist nicht nur der Drang, der den Menschen antreibt, sich sexuell oder in einer anderen Form der Liebe mit einem anderen menschlichen Wesen zu vereinigen; er weckt vielmehr zugleich die Sehnsucht nach Wissen und den Drang, leidenschaftlich die Vereinigung mit der Wahrheit zu suchen. Eros macht uns nicht nur zu Dichtern und Erfindern, er hilft uns überdies, ethische Güte zu erlangen. Die Liebe in der Gestalt des Eros ist die erzeugende Kraft, und in ebendieser »Erzeugung« liegt »Das Ewige und das Unsterbliche«, das heißt, im Akt dieser Zeugung ist der Mensch der Unsterblichkeit am nächsten.

Im biologischen Bereich ist Eros der Trieb zur Vereinigung und zur Fortpflanzung. Selbst bei den Tieren, sagt Diotima, sehen wir, »wenn sie begierig sind zu erzeugen, geflügelte und ungeflügelte, wie sie alle krank und verliebt erscheinen, zuerst wenn sie sich miteinander vermischen ...[10]« Vom Menschen sagt sie, daß »er nie dasselbe an sich behält, sondern immer ein neuer wird und Altes verliert an Haaren, Fleisch, Knochen, Blut und dem ganzen Leibe; und nicht nur an dem Leibe allein, sondern auch an der Seele; die Gewöhnungen, Sitten, Meinungen, Begierden, Lust, Unlust, Furcht, – hiervon behält nie jeder dasselbe an sich, sondern eins entsteht und das andere vergeht. Und viel wunderlicher noch als dieses ist, daß auch die Erkenntnisse nicht nur teils entstehen, teils vergehen, und wir nie dieselben sind in bezug auf die Erkenntnisse, sondern daß auch jeder einzelnen Erkenntnis dasselbe begegnet ...[11]« Was aber ist es, das die Mannigfaltigkeit in diesem ständigen Wandel zusammenhält? Es ist Eros, jene Macht in uns, die nach der Ganzheit strebt; jener Drang, der unserer Mannigfaltigkeit Sinn und System gibt, unsere Gestaltlosigkeit formt, die Gestalt verwandelt und unseren ziellosen Neigungen Richtung gibt. Dazu bedarf es einer Erlebnisdimension, die gleichermaßen psychisch wie emotional wie biologisch ist: Eros.

Es ist der Eros, der Menschen, die in psychotherapeutischer Behandlung sind, der Gesundheit entgegentreibt. Im Widerspruch zu unseren zeitgenössischen Lehren von der Anpassung, der Homöostasie oder dem Spannungsabbau, bedeutet Eros ein ewiges Über-sich-selbst-Hinausstreben, bedeutet Eros den unentwegt sich erneuernden Drang, nach höheren Formen der Wahrheit, der Schönheit und der Güte zu suchen. Die Griechen glaubten, daß diese ständige Regeneration des Ich dem Eros innewohnt. Die Griechen kannten auch die stets lauernde Gefahr eines Abrutschens des Eros ins bloße sexuelle Begehren, das sie *epithymia*, Wollust, nannten. Aber sie bestanden darauf, daß das Biologische im Bereich des Eros nicht verleugnet wurde, sondern daß es Teil des Eros ist und in ihm transzendiert wird:

»Die nun ... dem Leibe nach zeugungslustig sind, wenden sich mehr zu den Weibern und sind auf diese Art verliebt, indem sie durch Kindererzeugung Unsterblichkeit und Nachgedenken und Glückseligkeit, wie sie meinen, für alle künftige Zeit sich verschaffen. Die aber der Seele nach – denn es gibt solche, sagte sie, die auch in der Seele Zeugungskraft haben, viel mehr als im Leibe, für das nämlich, was der Seele geziemt zu erzeugen und erzeugen zu wollen. Und was ziemt ihr denn? Weisheit und jede andere Tugend, deren Erzeuger auch alle Dichter sind und alle Künstler, denen man zuschreibt, erfinderisch zu sein[12].«

Eros ist das bindende Element schlechthin. Eros ist die Brücke zwischen Sein und Werden, das Bindeglied zwischen Faktum und Wert. Kurz, Eros ist die ursprüngliche Schöpferkraft des Hesiod, die jetzt verwandelt ist in eine Kraft, die zugleich »innerhalb« und »außerhalb« des Menschen ist. Wir erkennen, daß der Begriff des Eros viel gemeinsam hat mit dem Begriff der

Intentionalität, der in diesem Buch zur Diskussion gestellt werden wird; beide setzen voraus, daß der Mensch auf eine Vereinigung mit dem Objekt nicht nur seiner Liebe, sondern auch seines Wissensdurstes drängt. Das aber impliziert, daß der Mensch bereits bis zu einem gewissen Grade teilhat an dem Wissen, das er sucht, und an der Person, die er liebt.

Später, bei Augustinus, wurde Eros gedeutet als die Macht, die den Menschen zu Gott treibt. Eros ist die Sehnsucht nach der mystischen Vereinigung, die sich im religiösen Erlebnis der Vereinigung mit Gott oder in Freuds »ozeanischem« Erlebnis manifestiert[13]. Auch in der Liebe zum eigenen Schicksal – dem »*amor fati*« Nietzsches – spielt der Eros seine Rolle. Unter Schicksal verstehe ich dabei nicht die spezifischen oder zufälligen Mißgeschicke, die uns zustoßen, sondern vielmehr die Tatsache der Endlichkeit des Menschen, der Begrenztheit seines Geistes und seiner Kraft, das Faktum seiner ständigen Bedrohung durch Schwäche und Tod. Im Mythos des Sisyphos wird das Schicksal des Menschen in seiner reinsten Form sichtbar; dennoch findet Camus selbst in diesem Schicksal für den Menschen, der den Mut hat, sich bewußt zu ihm zu bekennen, etwas, das den Eros in ihm weckt, etwas, das er lieben kann:

»Ich verlasse *Sisyphos* am Rande des Berges! ... Dieses Universum, das nun keinen Herrn mehr kennt, kommt ihm weder unfruchtbar noch wertlos vor. Jedes Gran dieses Steins, jeder Splitter dieses durchnächtigten Berges bedeutet allein für ihn eine ganze Welt. Der Kampf gegen Gipfel vermag ein Menschenherz auszufüllen. Wir müssen uns *Sisyphos* als einen glücklichen Menschen vorstellen[14].«

Eros drängt zur Selbstverwirklichung; dieser Drang freilich hat nichts zu tun mit dem egoistischen Drang nach Bestätigung der eigenen subjektiven Launen und Wünsche gegenüber einer passiven Welt. Der Gedanke des »Meisterns« der Natur oder der Realität hätte die Griechen entsetzt und wäre von ihnen prompt als *Hybris* qualifiziert worden, als Beleidigung der Götter, die mit Sicherheit den Untergang eines Menschen provoziert. Die Griechen zeichneten sich stets durch einen tiefen Respekt vor der objektiven Welt aus, ein Respekt, der bis zur Verehrung ging. Sie genossen ihre Welt – die Schönheit dieser Welt, ihre Gestalt, die endlose Vielfalt der Herausforderungen, die Entdeckerfreuden bereithielten, Geheimnisse, die es zu ergründen galt –, und sie fühlten sich in jedem Augenblick zu dieser Welt hingezogen. Der sentimentale Glaube der Moderne, daß das Leben *an sich* gut oder schlecht ist, lag ihnen fern; ihre tragische Sicht der Dinge machte sie fähig, sich des Lebens zu erfreuen. Man kann den Tod ohnehin nicht durch »Fortschritt« oder durch das Anhäufen von Reichtum überlisten; warum also sollte man sich nicht zu seinem Schicksal bekennen, sich für Werte entscheiden, die verbürgt sind, und an das Wesen, das man ist, und an das Wesen, von dem man ein Teil ist, glauben und sich seiner erfreuen?

Was aber hat das alles mit Psychotherapie zu tun? Ich glaube, sehr viel. Wenn Sokrates mit trügerisch einfachen Worten feststellt, daß »... nicht leicht jemand der menschlichen Natur einen besseren Helfer finden könnte als den Eros«, so hat diese Bemerkung durchaus auch für die Psychotherapie ihre Gültigkeit und für den inneren Drang des Menschen nach psychischer Gesundheit. Sokrates selbst, wie wir ihm in seinen Dialogen begegnen, ist vielleicht das größte Vorbild für den Psychotherapeuten, das die Geschichte zu bieten hat. Sein Gebet am Ende des *Phaidros* könnten sich alle Psychotherapeuten an die Wand ihres Sprechzimmers schreiben: »O lieber Pan und ihr Götter, die ihr sonst hier zugegen seid, verleihet mir, schön zu werden im Innern, und daß, was ich Äußeres habe, dem Inneren befreundet sei. Für reich möge ich den Weisen halten, und solche Menge Goldes besitzen, wie ein anderer als der Besonnene gar nicht tragen und führen könnte[15].«

Freud und der Eros

Die alten Griechen wußten, was jede Gesellschaft und jeder einzelne irgendwann erfährt: daß es nicht leicht ist, auf die Dauer jene Intensität und disziplinierte Wachheit des Bewußtseins zu garantieren, deren es bedarf, wenn man auf die Ereignisse des

Lebens jederzeit als totaler Mensch reagieren will. Dann nämlich muß man den Eros auf die bloße sexuelle Befriedigung oder die Wollust reduzieren. Es gibt heute eine Reihe von Gruppen, die den Eros zu leugnen suchen. Eine dieser Gruppen bilden jene Idealisten, die, wie Denis de Rougement, ihre skeptische und abweisende Haltung gegenüber dem Eros unter anderm dadurch zum Ausdruck bringen, daß sie den Eros mit der sexuellen Leidenschaft gleichsetzen. Denn der Eros wird für jede rein intellektuelle oder religiöse Kategorie zwangsläufig zum Ärgernis.
Daneben gibt es die Gruppe der Naturalisten, zu denen der frühe Freud zählt. Er kämpfte verbissen um eine Zurückführung der Liebe auf Libido, auf einen quantitativen Begriff, der in das dem neunzehnten Jahrhundert angehörende Modell hineinpaßte, das Helmholtz für die Physik entwickelt hatte und zu dem sich Freud nachdrücklich bekannte. Freuds Bedürfnis, den Eros zu leugnen, war so groß, daß der Begriff im Register seiner *Vorlesungen zur Einführung in die Psychoanalyse* nicht auftaucht. Auch im Index der ersten beiden Bände von Ernest Jones' *Das Leben und Werk von Sigmund Freud* sucht man den Begriff vergebens, während der Begriff der Libido allein im Register des zweiten Bandes rund vierzigmal auftaucht. Im dritten Band weist Jones darauf hin, daß sich vor *Jenseits des Lustprinzips* in Freuds Werk nur wenige Anspielungen auf den Eros finden. Jones gibt nur zwei – zudem sehr nebensächliche – Textstellen an, in denen das Wort »erotisch« freilich schlicht als Synonym von »sexuell« verwendet wird. Erst in diesem letzten Band entdeckt Freud den Eros als eine eigenständige Kraft. Er sieht in ihm einen Aspekt der menschlichen Erfahrung, der nicht nur von der Libido unterschieden werden muß, sondern der Libido in entscheidenden Punkten geradezu *entgegengesetzt* ist. Und in diesem Zusammenhang geschieht etwas Bemerkenswertes: *Freud erkennt, daß eine restlos befriedigte Libido auf dem Weg über den Todesinstinkt zur Selbstzerstörung führt. Und er spricht dem Eros – dem Geist des Lebens – die Funktion zu, die Libido vor dem Zugrundegehen an ihren eigenen inneren Widersprüchen zu bewahren.*
Aber wir eilen unserer Geschichte voraus.
Bei einer Erörterung von Freuds Gedanken zu diesem Thema

gilt es, drei Ebenen zu unterscheiden. Zunächst muß Freuds Einfluß auf die Öffentlichkeit in Betracht gezogen werden, der offensichtlich groß war. Wenn seine Vorstellung vom »Trieb« und von der »Libido« im volkstümlichen Sinne wörtlich genommen wird, dann leistet der Freudianismus der Banalisierung von Sexualität und Liebe unmittelbar Vorschub, mag der Autor im Grunde auch das Gegenteil beabsichtigt haben.
Freud ging es darum, den Begriff der Sexualität soweit anzureichern und zu erweitern, daß er alles, vom Streicheln und Liebkosen bis zum schöpferischen Akt und zur Religion einschloß. Er schreibt dem Wort »Sexualität« den gleichen umfassenden Sinn zu, den in der deutschen Sprache das Wort »lieben« hat[16]. Diese erhebliche Erweiterung des Begriffs der Sexualität muß im Hinblick auf die spezifische Situation im Wien der Jahrhundertwende gesehen werden; denn wenn irgendeine wichtige menschliche Funktion verdrängt wird, so wie damals das Sexuelle verdrängt wurde, dann sickert sie gleichsam unterirdisch in alle Bereiche des Lebens ein.
Zum zweiten sei hier auf Freuds Gebrauch der Begriffe des Sexualinstinkts, des Triebes und der Libido hingewiesen. Freud gibt diesen Begriffen im Verlauf der Entwicklung seines Gedankengebäudes von Stadium zu Stadium immer neue Inhalte. Die Begriffe der Libido und des Sexualtriebs zeichnen sich dabei durch Elemente des Dämonischen aus, die – wie wir an anderer Stelle zeigen werden – den Rahmen der physiologischen Definition des Sexuellen sprengen. Zu Beginn seiner Entwicklung rieten ihm seine Freunde, das Wort »Eros« zu verwenden, weil man von dem Wort annehmen konnte, daß es in der Öffentlichkeit weniger Empörung auslösen würde als das Wort »Sexualität«. Aber Freud weigerte sich beharrlich – und von seinem Standpunkt aus betrachtet durchaus zu Recht –, diesem Rat zu folgen. Er scheint in dieser Phase davon ausgegangen zu sein, daß »Eros« das gleiche bedeute wie »Sexualität«. Er hielt sich zu jener Zeit an einen Begriff von der sexuellen Liebe (Libido), der besagte, daß jeder Mensch über ein bestimmtes Quantum von Libido verfügt und daß jede von der sexuellen Vereinigung abweichende Art der Liebe nichts anderes ist als der Ausdruck einer »zielgestörten« Sexualität.

Freuds Ansicht, daß wir nur über ein bestimmtes Quantum von Liebe verfügen, veranlaßt ihn zu der Behauptung, daß jeder, der einen anderen Menschen liebt, damit zugleich die Liebe verringert, die er für sich selbst empfindet[17].
Wir haben es hier mit einer Analogie zur Furcht zu tun, sich nur auf Kosten des eigenen Seins verlieben zu können. Aber auf Grund meiner eigenen klinischen Erfahrungen bin ich der Meinung, daß die Berufung auf das hydraulische Modell der Sexualität die kritischen Werte zerstört, um die es geht. Die Furcht, im Akt des Sich-Verliebens das eigene Sein einzubüßen, hat ihre Ursache in der Benommenheit und dem Schock angesichts der neuen Erlebnishorizonte, die sich unvermittelt eröffnen. Die Welt ist plötzlich unendlich viel größer und konfrontiert uns mit neuen Bereichen, von denen wir uns bis dahin nie haben träumen lassen. Sind wir in der Lage, uns dem geliebten Wesen hinzugeben und dennoch unsere Autonomie zu bewahren? Es ist verständlich, daß diese Frage uns ängstigt; aber die Angst vor den Gefahren und der Weite der neuen Welt – eine Angst, die mit Freude vermischt ist – sollte nicht verwechselt werden mit dem Verlust der Selbstachtung.
Im Grunde beweist das, was jeder von uns tagtäglich vor Augen hat, das genaue Gegenteil dessen, was Freud sagt. Wenn ich mich verliebe, habe ich das Gefühl, dadurch wertvoller zu sein, und gehe sorgfältiger mit mir um. Wir alle kennen den zaghaften, unsicheren jungen Mann, der, wenn er sich verliebt, plötzlich eine gewisse innere Sicherheit und Zuversicht erkennen läßt, eine Haltung, mit der er zu sagen scheint: »Jetzt *bin* ich jemand.« Und dieses Phänomen läßt sich nicht mit dem Hinweis erklären, daß er von dem geliebten Wesen ein gewisses Maß an Libido gleichsam zurückerhält; denn dieses Gefühl des eigenen Wertes, das sich einstellt, wenn man sich verliebt hat, scheint nicht wesentlich davon abzuhängen, ob die Liebe erwidert wird oder nicht. Harry Stack Sullivan, der dieses Problem auf die heute allgemein anerkannte Formel gebracht hat, lieferte eine Fülle von Beweisen dafür, daß wir andere Menschen stets in dem Maße lieben, in dem wir fähig sind, uns selbst zu lieben, und daß wir andere Menschen nicht achten oder lieben können, wenn wir uns selbst nicht achten.

Freilich bedeutet die Tatsache, daß Freud während der ersten zwei Drittel seines Lebens und seines Werkes den Eros unerwähnt läßt, keineswegs, daß er sich zu unserem zeitgenössischen Evangelium des »freien Auslebens« bekannt hätte. Er hätte gewiß nicht viel gehalten von dem in unserer Gesellschaft marktläufigen Bekenntnis zum Prinzip: »Tu was natürlich ist«. Im Jahre 1912 notierte er:
»Es ist leicht festzustellen, daß der psychische Wert des Liebesbedürfnisses sofort sinkt, sobald ihm die Befriedigung bequem gemacht wird. Es bedarf eines Hindernisses, um die Libido in die Höhe zu treiben, und wo die natürlichen Widerstände gegen die Befriedigung nicht ausreichen, haben die Menschen zu allen Zeiten konventionelle eingeschaltet, um die Liebe genießen zu können. Dies gilt für Individuen wie für Völker. In Zeiten, in denen die Liebesbefriedigung keine Schwierigkeiten fand, wie etwa während des Niederganges der antiken Kultur, wurde die Liebe wertlos, das Leben leer, und es bedurfte starker Reaktionsbildungen, um die unentbehrlichen Affektwerte wieder herzustellen... die asketische Strömung des Christentums [hat] für die Liebe psychische Wertungen geschaffen..., die ihr das heidnische Altertum nie verleihen konnte[18].«
Freud schrieb diese Sätze vor Ausbruch des Ersten Weltkriegs nieder. Unmittelbar nach dem Krieg erkannte er die Implikationen dieses Problems für das Individuum. Die Tatsache, daß Patienten, die unter Kriegsneurosen litten, sich nicht dem Lustprinzip entsprechend verhielten, zwang ihn zu einem radikalen Überdenken seiner Positionen. Diese Menschen versuchten nicht, sich von dem schmerzlichen Trauma zu befreien. Sie taten das Gegenteil. Sie durchlebten das quälende Trauma wieder und wieder, und zwar im wirklichen Leben genauso wie in ihren Träumen. Sie schienen bemüht, etwas mit dem erinnerten Trauma machen zu wollen, die Angst noch einmal zu erleben, um auf diese Weise irgend etwas befriedigen zu können oder sich in bezug auf ihre Welt so zu ändern, daß das Trauma einen Sinn bekommen konnte. Wie immer man das Phänomen auch beschreiben will, es ging etwas in ihnen vor, das unendlich viel komplexer war als der bloße Abbau von Spannungen und die Steigerung der Lust. Diese Beobachtung war es in erster Linie, die

Freud zu den klinischen Problemen des Masochismus und des Wiederholungszwangs hinführte. Er sah, daß Liebe, auf eine sehr viel komplexere Weise als seine früheren Theorien implizierten, stets in Polarität mit Haß existiert. Von hier aus war es kein weiter Weg mehr zur Formulierung der Theorie, daß das Leben immer in Polarität mit dem Tod existiert.

Damit kommen wir zur dritten Ebene der Freudschen Vorstellung von Sexualität und Eros, die in den Arbeiten der mittleren und späten Jahre in Erscheinung tritt und die in unserem Zusammenhang die interessanteste und wichtigste ist. Freud erkannte, daß die Befriedigung des Sexualtriebs, die volle Befriedigung der Libido durch den Abbau der Spannung, letztlich selbstzerstörerisch und auf den Tod ausgerichtet ist.

In dieser Zeit unmittelbar nach dem Ersten Weltkrieg schrieb Freud als Vierundsechzigjähriger *Jenseits des Lustprinzips*, ein Buch, das bis zum heutigen Tag selbst innerhalb der psychoanalytischen Bewegung endlose Kontroversen provoziert hat. Er beginnt mit einer Zusammenfassung seiner früheren Ansicht, daß »der Ablauf der seelischen Vorgänge automatisch durch das Lustprinzip reguliert wird ..., daß er jedesmal durch eine unlustvolle Spannung angeregt wird und dann eine solche Richtung einschlägt, daß sein Endergebnis mit einer Herabsetzung dieser Spannung ... zusammenfällt[19].« Die Sexualinstinkte galten als wichtigstes Beispiel dafür, daß das Ziel durch den Abbau der Spannung erreicht wird. Der Instinkt, so betont Freud, hat die Wiederherstellung eines früheren Zustands zum Ziel. Er knüpft hier an das zweite Gesetz der Thermodynamik an, das besagt, daß die Energie des Universums ständig abnimmt. Ein *»Trieb wäre also ein dem belebten Organischen innewohnender Drang zur Wiederherstellung eines früheren Zustandes«*, und das *»Leblose war früher da als das Lebende*[20].« Deshalb drängen uns unsere Instinkte in das Leblose zurück. Die Instinkte sind auf das Nirwana ausgerichtet, das heißt auf die totale Abwesenheit jeglicher Erregung. »*Das Ziel alles Lebens ist*«, so Freud, »*der Tod*«[21]. Damit sind wir bei seiner umstrittensten Theorie angelangt, der Theorie des Todesinstinkts oder des Thanatos. Unsere Instinkte, die uns vorwärtszutreiben scheinen, führen uns nach dieser Theorie in Wahrheit auf eine weite

Kreisbahn, die zwangsläufig zum Tode zurückführt. Der Mensch bewegt sich Schritt für Schritt voran, um unabänderlich bei der Unbeseeltheit des Steines zu enden. Es ist alles von Staub gemacht und wird wieder zu Staub.

Dann kam es zu einem bemerkenswerten Ereignis, dessen Bedeutung, wie mir scheint, von den Schülern Freuds nie recht erfaßt wurde. Zum erstenmal taucht der Begriff des Eros im Werk als ein eigenständiger, zentraler und notwendiger Begriff auf. Es dürfte kaum verwundern, daß dieser Mann, der als Gymnasiast in Wien sein Tagebuch in griechischer Sprache geführt hatte, jetzt, im Augenblick seines größten Dilemmas, in der antiken Philosophie einen Ausweg suchen und finden sollte. *Eros tritt auf, um Sexualität und Libido vor dem Untergang zu bewahren.*

Eros wird eingeführt als das Gegenteil von Thanatos, dem Todesinstinkt. Eros kämpft gegen die Todestendenzen für das Leben. Eros ist das »Vereinende und Verbindende, das Aufbauende und Vermischende, das Wachsen der Spannung in uns[22]«. Eros bringt, wie Freud sagt, frische Spannungen[23]. Der Eros unterscheidet sich auf bedeutsame Weise von der Libido. Eros, der »Städtebauer«, wie ihn Auden nennt, der sich dem Lustprinzip mit seinem Abbau der Spannung entgegenstellt, befähigt den Menschen, Kulturen zu schaffen. Der Eros wirkt vom Beginn des Lebens an; er tritt als ein »Lebensinstinkt« in Erscheinung, der dem »Todesinstinkt« entgegenwirkt. Die menschliche Existenz ist damit von einer neuen Art der Gigantenschlacht geprägt: Eros gegen Thanatos.

Wie Freud selber den Widerspruch in seinem Denken erlebt haben muß, zeigt sich in der Art und Weise, wie er über diesen Prozeß schreibt: »*... die Todestriebe [sind] im wesentlichen stumm ... und der Lärm des Lebens [geht] meist vom Eros aus ... und vom Kampf gegen den Eros!*[24]« Die kühne Inkonsequenz des Genies! Und zu den tiefsten Inkonsequenzen zählt Freuds Versuch, auch jetzt noch diesen Eros mit den Sexualinstinkten gleichzusetzen. Er spricht von der »Libido des Eros«, der »Libido des Es« und der »Libido des Ich«, und er unterscheidet eine »desexualisierte Libido« von einer »nicht-desexualisierten Libido«. Hier spürt der Leser, wie Freud sich abmüht angesichts der Notwendigkeit, all seine Einsichten – selbst jene, die zur Wiederentdeckung des Eros führte – in das Prokrustes-Bett seines alten Energie-Systems zu zwängen.

Wir können dieses Durcheinander entwirren, wenn wir uns ständig vor Augen halten, daß Freud den Eros erst in sein Werk einführte, als er sich unausweichlich mit der Tatsache konfrontiert sah, daß die nach dem Lustprinzip funktionierenden Sexualinstinkte die Tendenz hatten, sich selbst zu zerstören. So gesehen, stellt der Eros in der Tat etwas wirklich Neues dar. Freud nennt Eros den großen »Störenfried«, und wir haben den Eindruck, daß dieser Eros es dem Todesinstinkt nicht leicht machen wird, einen um den Preis der Apathie erkauften Frieden im Es herzustellen. Wenn die Befriedigung triumphiert, so schreibt Freud, dann – »nach der Ausschaltung des Eros durch die Befriedigung – [bekommt] der Todestrieb freie Hand..., seine Absichten durchzusetzen[25]«.

Das Dilemma, vor dem wir in unserer Gesellschaft stehen, ist dem Dilemma Freuds nicht unähnlich: die Annahme, das höchste Ziel des Lebens sei die Befriedigung der Triebe, hat die Sexualität in die Sackgasse der Langweiligkeit und Banalität gedrängt. Verschiedene Autoritäten[26] weisen in Widerlegung der Freudschen Deutung des Todesinstinkts darauf hin, daß eine Argumentation, die auf dem zweiten Gesetz der Thermodynamik basiert, falsch ist, da Pflanzen und Tiere aus ihrer Umgebung ständig neue Kraft ziehen. So ist Eros unsere Fähigkeit zum ständigen Dialog mit unserer Umgebung, mit der unbelebten Natur und den Tieren ebenso wie mit den Menschen.

Freud selbst weist nicht ohne Stolz auf den Zusammenhang zwischen seinem Eros-Begriff und dem der alten Griechen hin[27]. Als Freuds Schüler Untersuchungen zu Papier brachten, in denen sie die enge Beziehung des Freudianischen Eros mit dem Platos nachzuweisen suchten, stimmte Freud ihren Ansichten enthusiastisch zu[28]. Aber es ist nicht nur unbestreitbar, daß Freuds Eros-Begriff sich radikal von dem eines Plato unterscheidet; nach eingehenden Analysen der Platonischen und der Freudschen Liebe stellt Professor Douglas Morgan fest:

»Tatsache ist, daß die Freudsche Liebe beinahe die genaue Umkehrung der Platonischen Liebe ist. Beide weichen in ihrer meta-

physischen Basis und ihrer dynamischen Richtung nicht nur voneinander ab, sondern widersprechen einander im Grunde. Von einer Übereinstimmung der beiden Deutungen des Liebes-Begriffs (die Freud für gegeben hielt) kann nicht die Rede sein, da beim Versuch einer Gleichdeutung die Richtigkeit der einen die Sinnlosigkeit der anderen bedeuten würde[29].«
Philip Rieff stimmt dieser Auffassung zu, wenn er sagt: »... der psychoanalytische Eros unterscheidet sich grundsätzlich vom platonischen[30].«
Was Freud allerdings mit Plato verbindet, ist die Ansicht, daß die Liebe eine fundamentale menschliche Erfahrung ist, daß sie alles Tun durchdringt und daß sie eine starke motivierende Kraft ist. »Der Begriff des ›Eros‹ umfaßt bei beiden die genital-sexuelle Liebe, die brüderliche Liebe, die Liebe zum Mitmenschen, die Liebe zur Wissenschaft, zur Kunst und zur Vollkommenheit[31].« Fragen wir jedoch, was diese Liebe ist, so erhalten wir zwei völlig verschiedene Antworten. Auch noch nachdem Freud den Eros als eigenständige Kraft eingeführt hat, definiert er ihn als ein Drängen von hinten, als eine Kraft, die über vorhersagbare und vorschreibbare Wege aus chaotischen, undifferenzierten, instinktiven Energiequellen in das Leben des reifen Menschen eindringt[32]. Für Plato dagegen ist der Eros untrennbar verbunden mit den vor uns liegenden Möglichkeiten, die uns zu sich »heranziehen«; er ist die Sehnsucht nach Vereinigung, die Fähigkeit zu neuen Formen der menschlichen Erfahrung. Er ist »vollkommen zweckbestimmt, zielgerichtet, und er bewegt sich auf etwas zu, das mehr ist als die Natur[33]. Das kulturelle Milieu, in dem Freud seine Untersuchungen machte, dachte und arbeitete, war durch Entfremdung gekennzeichnet; und diese Entfremdung wird bereits in Freuds Definition der Liebe und der Sexualität offenbar – wenn sie auch heute, ein halbes Jahrhundert später, in unserer Kultur noch deutlicher sichtbar wird. Dieser Umstand mag dazu beigetragen haben, daß Freud seinen Eros-Begriff für identisch mit dem des Plato hielt. Was indessen mich selber angeht, so habe ich durchaus Hochachtung vor Freuds Intuition oder »Hoffnung«, wenn ich so sagen darf, daß sein Eros etwas von dem Eros Platos enthalte. Wir haben es hier mit einem Phänomen zu tun, das bei Freud immer

wieder zu beobachten ist und das auch seinem ständigen und wichtigen Rückgriff auf die Mythen zugrunde liegt: Ethos und Sinn des Freudschen Konzepts durchbrachen immer wieder den Rahmen der Methodologie und der Logik einer strikten Anwendung des Konzepts. Ich muß Professor Morgan widersprechen, wenn er sagt, daß der Freudsche und der Platonische Begriff der Liebe unvereinbar sind. Die Erfahrungen, die ich während meiner klinischen Arbeit mit Patienten sammeln konnte, sprechen dafür, daß die beiden Begriffe nicht nur miteinander vereinbar sind, sondern daß sie zwei Hälften eines Ganzen darstellen, die beide für die psychische Entwicklung des Menschen unentbehrlich sind.

Die Einheit des Eros: Eine Einzelfallstudie

Ich möchte als Beispiel eine psychoanalytische Sitzung anführen, die stattfand, während ich an diesem Kapitel schrieb, und die, wie ich meine, nicht nur den Unterschied zwischen der Freudschen und der Platonischen Vorstellung vom Eros in der Therapie sichtbar werden läßt, sondern zugleich ihre Wechselbeziehung.
Eine Frau von Ende Zwanzig konsultierte mich, weil sie unter einem starken Mangel an Gefühl und Spontaneität litt, was sexuelle Beziehungen für sie und ihren Mann zu einem schwierigen Problem werden ließ. Außerdem litt sie an Befangenheit, die sie gelegentlich regelrecht paralysierte. Sie stammte aus einer der alten aristokratischen Familien Amerikas, aus einer Familie, in der sie unter der strengen Ägide einer masochistischen Mutter, eines prestigebewußten Vaters und dreier älterer Brüder hatte aufwachsen müssen. Im Verlauf der psychotherapeutischen Behandlung lernte sie, in sich selber nach dem Grund zu forschen, der sie in dieser oder jener Situation in emotionale Lähmung fallen ließ; nach einiger Zeit war sie in der Lage, ihren Zorn, ihre sexuelle Leidenschaft und andere Gefühle zu spüren und mit bemerkenswerter Freiheit zum Ausdruck zu bringen. Dabei kam ihr eine intensive Beschäftigung mit der eigenen Kindheit und den schwierigen Traumata zu Hilfe, unter denen sie in dieser

allzu starr strukturierten Familie hatte leiden müssen. Diese Entwicklung wirkte sich überdies positiv auf ihr praktisches Leben aus.
An einem bestimmten Punkt der Therapie jedoch gerieten wir ins Stocken. Zwar forschte sie auch weiterhin nach »Gründen«, aber diese Bemühungen bewirkten jetzt keinerlei Veränderungen mehr. Ihre Emotionen schienen den Grund für ihre Existenz in sich selbst zu tragen. Die Sitzung, auf die ich nun zu sprechen kommen will, fand in einer Behandlungsphase statt, in der sie sich über die Möglichkeiten eines echten Liebesverhältnisses zu ihrem Ehemann klarzuwerden suchte.
Sie berichtete, daß ihr am Abend des vorhergehenden Tages nach einem Flirt mit ihrem Mann zumute gewesen war und daß sie ihn in dieser Stimmung aufgefordert hatte, seine Hand vom Nacken her unter ihr Kleid zu schieben und einen Käfer oder was es sonst gewesen sein mag herauszuholen. Ein wenig später, als sie an ihrem Schreibtisch saß und Schecks ausschrieb, hatte er plötzlich seine Arme um sie gelegt. Wütend über diese Unterbrechung hatte sie ihren Federhalter ergriffen und ihm einen Strich quer über das Gesicht gezogen. An Erklärungen für ihren Wutausbruch mangelte es ihr nicht; er habe, so meinte sie, als sie mir von dem Vorfall erzählte, seinen Grund darin gehabt, daß ihre Brüder sie, als sie noch ein Kind gewesen sei, bei jeder Gelegenheit ausgenutzt hätten. Als ich diese Erklärung in Zweifel zog, indem ich sie fragte, *wofür* sie ihre Gefühle in diesem Fall benutzt habe, brauste sie auf: ich brächte sie um ihre »freie Spontaneität«. Ob ich denn nicht begriffe, daß sie »ihren Instinkten vertrauen« müsse? Ob wir nicht genügend Zeit darauf verwendet hätten, ihr das Fühlen beizubringen? Und was ich also damit meinte, wenn ich sie fragte, was sie mit ihren Gefühlen *anstelle*? Und was noch schlimmer sei: die Frage wirke auf sie genauso, als wenn ihre Familie ihr erzähle, sie solle sich verantwortungsbewußt verhalten. Sie beendete ihre Attacke mit der Feststellung: »Gefühle sind nun mal Gefühle!«
Es ist nicht schwer, den Widerspruch zu entdecken, in den sie sich verwickelt hatte. Es war ihr gelungen, den Abend mit ihrem Mann zu ruinieren. Während sie angeblich nach Möglichkeiten einer echten Liebesbeziehung zu ihm suchte, hatte sie genau das

Gegenteil erreicht. Mit der einen Hand zieht sie den Mann zu sich heran, um ihn mit der andern rasch wieder zurückzustoßen. Sie rechtfertigt dieses widersprüchliche Verhalten mit einem Postulat, das sich heutzutage allgemeiner Beliebtheit erfreut: Sie geht davon aus, daß Gefühl etwas ist, was aus dem eigenen Inneren hervordrängt, daß Emotionen (der Begriff leitet sich von dem lateinischen *e-movere* – hinausschaffen, hinaustragen – ab) Kräfte sind, die den Menschen in Bewegung setzen und daher so »hinausgeschafft« werden müssen, wie einem gerade zumute ist. Dieses in unserer Gesellschaft überaus häufig begegnende ungeprüfte Postulat basiert auf einem Modell, das dem der Drüsenfunktion entspricht: Jede innere Adrenalin-Sekretion bedeutet für uns, daß wir unserem Zorn freien Lauf lassen müssen; jede Erregung der Keimdrüsen nötigt uns, ein Sexualobjekt zu finden. (Was immer Freud auch in Wahrheit gemeint haben mag, sein Name muß herhalten, um dieses Postulat zu sanktionieren.) Derlei Vorstellungen entsprechen dem populären mechanischen Modell des Körpers genauso wie den anspruchsvolleren deterministischen Modellen, mit denen viele von uns in den Anfängerkursen für Psychologie und Physiologie traktiert wurden.

Was man uns *nicht* erzählte – weil es praktisch niemand sah – ist, daß wir es hier mit einem radikal solipsistischen, schizoiden System zu tun haben. Es macht uns zu Wesen, die wie Monaden isoliert voneinander existieren, entfremdet und ohne die Möglichkeit eines Brückenschlags zum anderen. Wir können bis in alle Ewigkeit »heranschaffen« und sexuelle Beziehungen haben, ohne jemals in eine *echte* Beziehung zu einem anderen Menschen zu treten. Es nimmt der Situation nichts von ihrem Schrecken, wenn man weiß, daß sehr viele unter uns, wenn nicht die Mehrzahl der Menschen in unserer Gesellschaft, ihre Gefühle auf ebendiese einsame Art erleben. Das Fühlen macht die Einsamkeit für diese Menschen nicht erträglicher, sondern vielmehr noch quälender; deshalb hören sie auf zu fühlen.

Was meine Patientin übersah (und unsere Gesellschaft übersieht), ist die Tatsache, daß unsere Gefühle nicht bloß eine Kraft darstellen, die gleichsam von hinten drängt, sondern eine Kraft, die *auf etwas hinweist,* einen Impetus zur Formgebung, einen

Aufruf zur Gestaltung der Situation. Gefühle sind nicht ein zufälliger Augenblickszustand, sie verweisen auf die Zukunft. (Ich *will*, daß etwas eintritt.) Sieht man von den extrem pathologischen Fällen ab, so treten Gefühle immer im persönlichen Bereich auf als ein Erleben des eigenen Ichs und Vorstellen anderer Menschen, selbst wenn niemand außer uns physisch gegenwärtig ist. Gefühle sind Kommunikation mit jenen Menschen in unserer Welt, die uns etwas bedeuten; sind ein Streben nach Gestaltung der Beziehung zu ihnen; sie sind eine Sprache, mit deren Hilfe wir zwischenmenschliche Verbindungen konstruieren und ausbauen. Das heißt, Gefühle sind *intentional*.

Das Gefühl als »drängende« Kraft hat mit der Vergangenheit zu tun und unterliegt der Kausalität und dem Determinismus der Erfahrungen, die man in der Vergangenheit gemacht hat, die kindlichen und archaischen Erfahrungen eingeschlossen. Hier haben wir es mit der *regressiven* Seite der Emotionen zu tun, über die uns Freud viel zu sagen hatte, was nichts von seiner Bedeutung eingebüßt hat. Mit diesem Aspekt des Gefühls hängt es zusammen, daß die Erforschung der Kindheit des Patienten und das erneute Durchleben dieser Kindheit zu Recht eine wesentliche Rolle in der Psychotherapie spielt.

Im Gegensatz zu diesem auf die Vergangenheit bezogenen Aspekt der Gefühle steht ihr *progressiver* Aspekt, der gleichsam in der Gegenwart beginnt und in die Zukunft weist. Unsere Gefühle sind – wie die Farben und der Pinsel des Künstlers – Mittel, mit deren Hilfe wir etwas von uns auf die Welt übertragen. Unsere Gefühle ziehen den anderen Menschen nicht nur in Betracht, sondern sind in einem echten Sinne zu einem Teil *von den Gefühlen der anderen Menschen unserer Umgebung geformt*. Wir *fühlen* uns in einem magnetischen Feld. Ein sensibler Mensch lernt oft, ohne sich dessen recht bewußt zu sein, die Gefühle der Menschen um ihn her aufzunehmen, so wie die Saite einer Violine die Schwingungen jedes anderen Instrumentes im Raum aufnimmt, wenn das Echo, das auf diese Weise entsteht, auch für das Ohr unhörbar sein mag. Jeder erfolgreiche Liebhaber spürt »instinktiv« die Gefühle seines Gegenübers auf und beweist damit eine Fähigkeit, die für den guten Psychotherapeuten überaus wichtig – wenn nicht entscheidend – ist.

Hat man es mit dem zuerst beschriebenen Aspekt der Gefühle zu tun, so ist es völlig in der Ordnung, nach dem »Grund« zu fragen. Der zuletzt beschriebene Aspekt indessen erfordert ein Fragen nach der »Absicht«. Freuds Betrachtungsweise entspricht im großen und ganzen jener, die die Gefühle als »drängende« Kräfte definiert, und er hätte sich ohne Zweifel dagegen gewandt, daß ich in diesem Zusammenhang von der »Absicht« spreche. Die Vorstellung Platons und der Griechen vom Eros entspricht demgegenüber der zweiten Definition, die besagt: das Gefühl ist eine anziehende, voranziehende Kraft; meine Gefühle werden durch Ziele, Ideale, künftige Möglichkeiten erweckt, die mich fesseln. *Unsere Fähigkeit, neue Möglichkeiten zu erfassen und auf sie zu reagieren, sie aus der Sphäre der Vorstellung herauszuführen und sie in der Wirklichkeit zu erproben, läßt uns teilhaben an der Gestaltung der Zukunft.* Das ist der Prozeß der aktiven Liebe. Der Eros in uns reagiert auf den Eros in anderen Menschen, den Eros in der Welt der Tiere und der unbelebten Natur.

Um auf meine Patientin zurückzukommen: das Gefühl der Hoffnungslosigkeit, das sie in der Sitzung, von der die Rede war, überkam, hatte seine Ursache darin, daß sie sich, wenn auch nur vage, der Falle bewußt war, in der sie saß. Zwei Sitzungen später sagte sie: »Ich habe immer nach Gründen gesucht, warum meine gefühlsmäßige Einstellung zu George so und so war. Ich glaubte, das sei wichtig. Jetzt sehe ich keine Gründe mehr. Vielleicht gibt es gar keine.« Dieser letzte Satz war klüger, als sie ahnte. Denn es gilt für die Therapie genau wie für das Leben, »daß es keine Gründe gibt«; die Gründe verlieren nämlich ihre Relevanz, wenn wir ein Stadium erreichen, in dem unsere fundamentalen Bedürfnisse weitgehend befriedigt sind und wir nicht mehr von irgendwelchen Bedürfnissen getrieben werden[34]. Der Konflikt endet entweder in der Sackgasse und der Langeweile oder er führt zu einer Hinwendung des Ich zu neuen Möglichkeiten, zu einer Vertiefung des Bewußtseins, zu einer Entscheidung des Ich für ein neues Leben.

Die Unterscheidung zwischen dem »Grund« und der »Absicht« tat ihre Wirkung bei meiner Patientin und brachte sie zu einer Reihe von wichtigen Einsichten. Zu ihrer großen Überraschung bestand eine dieser Einsichten darin, daß das Wort Verantwortlichkeit für sie eine gänzlich neue Bedeutung bekam. Was sie bis dahin für ihre Verantwortung gehalten hatte, ergab sich aus den von außen – nämlich von ihrer Familie – an sie herangetragenen Erwartungen, mit denen sie sich passiv abgefunden hatte; jetzt sah sie, daß es auf eine aktive Verantwortung *sich selbst* gegenüber ankam. Ihre Verantwortung bestand jetzt darin, daß sie sich entschied, was sie von ihrem Leben mit ihrem Mann und dem Leben überhaupt erwarten wollte.

Man kann zweifellos sagen, daß – wiederum extrem pathologische Fälle ausgenommen – *alle* Gefühle, so widersprüchlich sie auch an der Oberfläche erscheinen mögen, eine gewisse Einheit in der Gestalt haben, die das Ich darstellt. Das klinische Problem besteht – wie im Falle des ängstlichen Kindes, das gezwungen wird, sich Eltern gegenüber liebevoll zu verhalten, die ihrerseits dem Kind gegenüber im Grunde eine feindliche, destruktive Haltung einnehmen – darin, daß die Person nicht wissen kann oder will, was sie fühlt oder mit ihren Gefühlen anfängt. Als meine Patientin in der Lage war, das widersprüchliche Verhalten, das sie an jenem Abend ihrem Manne gegenüber demonstriert hatte, zu analysieren, stellte sich heraus, daß die eine wie die andere Handlung ihr Motiv im Zorn dieser Frau auf ihn und auf die Männer im allgemeinen hatte; sie hatte eine bestimmte Situation herbeigeführt, die beweisen sollte, daß der Mann schlecht war. Beide Handlungen beruhten auf der Voraussetzung, daß der Mann der Inhaber der Autorität war. Sie dagegen blieb das von Launen gelenkte, halsstarrige Kind. Auf der Basis kindlicher Verhaltensweisen konnte sie mit Männern fertig werden. Aber angesichts ihrer deutlichen Angst in späteren Sitzungen drängte sich die Frage auf: War sie auch als Erwachsene dazu in der Lage?

Wir sind, wenn ich so sagen darf, auf den Flügeln des Eros zu einem neuen Kausalitätsbegriff gelangt. Wir sind nicht länger gezwungen, uns beim Bemühen um ein Verstehen des menschlichen Wesens an das Prinzip von Ursache und Wirkung zu halten, das ausschließlich auf der Erklärung des »Grundes« basiert. Schon Aristoteles war der Ansicht, daß die Motivation des Eros so verschieden sei vom Determinismus der Vergangenheit, daß

er nicht einmal bereit war, in diesem Zusammenhang überhaupt von Kausalität zu sprechen. »Bei *Aristoteles* finden wir die Lehre vom universalen *eros*«, schreibt Paul Tillich, »der alles zu seiner höchsten Form treibt, die reine Aktualität, die die Welt bewegt nicht als eine Ursache *(kinoumenon)*, sondern als das Objekt der Liebe *(eromenon)*. Und die Bewegung, die er beschreibt, ist eine Bewegung von der Potentialität zur Aktualität, von *dynamis* zu *energeia* ...[35]« Ich selber bin der Ansicht, daß die Motivation der Menschen in den neuen Möglichkeiten, Zielen und Idealen zu suchen ist, die sie zur Zukunft hinziehen. Das schließt nicht aus, daß wir teilweise von hinten »gedrängt« werden und von der Vergangenheit determiniert sind. In der Kausalität des Eros vereinen sich der »Grund« und die »Absicht«. Der erstere ist Teil aller menschlichen Erfahrung, da wir alle an der endlichen, natürlichen Welt teilhaben; jeder von uns muß, wenn er eine wichtige Entscheidung zu treffen hat, soviel wie möglich über die objektiven Fakten der Situation hinausfinden. Das trifft in besonderem Maße für die Probleme der Neurose zu, in der Ereignisse der Vergangenheit in der Tat zwanghafte, sich ständig erneuernde, kettenartige, vorhersagbare Wirkung auf die Handlungen eines Menschen ausüben. Freud hatte deshalb durchaus recht, wenn er sagte, daß in Neurose und Krankheit eine strenge, deterministische Kausalität am Werk ist.
Er beging jedoch einen Fehler, als er versuchte, diesen Befund auf *alle* menschlichen Erfahrungen anzuwenden. Der Aspekt der Absicht, der zum Tragen kommt, wenn es dem Individuum gelingt, sich seines Tuns bewußt zu werden, öffnet den Blick für neue und andere Möglichkeiten der Zukunft und bringt die Elemente der persönlichen Verantwortlichkeit und Freiheit ins Spiel.

Der schwächliche Eros

Der Eros, von dem hier die Rede war, ist der des klassischen Zeitalters – die schöpferische Kraft, die Brücke zwischen Menschen und Göttern. Doch der Zustand dieses »gesunden« Eros verschlechterte sich im Laufe der Zeit. Platos Eros-Begriff steht in dieser Hinsicht auf der Mitte zwischen Hesiods Eros, dem mächtigen und ursprünglichen Schöpfer einerseits, und dem kränkelnden Kind, zu dem der Eros später wurde. Diese drei Anschauungen vom Eros spiegeln zugleich exakt die psychologischen Archetypen der menschlichen Erfahrung wider: jeder von uns erlebt den Eros zeitweilig als den Schöpfer, dann wieder als den Mittler und schließlich als den banalen Playboy. Unser Zeitalter ist keineswegs das erste, das die Banalisierung der Liebe erfährt und erkennen muß, daß Liebe ohne Leidenschaft eine kränkelnde Liebe ist.

Die hübsche Geschichte, die am Beginn dieses Kapitels zitiert wurde, zeigt, wie die alten Griechen die aus den archetypischen Erfahrungen der menschlichen Psyche erwachsenden Einsichten in die verdichtete Sprache des Mythos übertrugen. Eros, das Kind des Ares und der Aphrodite, wuchs nicht wie andere Kinder, sondern blieb ein kleines, rosiges, pausbäckiges Baby mit zarten Flügeln und Grübchen. Nachdem die beunruhigte Mutter darüber aufgeklärt war, daß Liebe ohne Leidenschaft nicht wachsen kann, bemühte sie sich, wie der Mythos weiter berichtet, den verborgenen Sinn dieser Antwort herauszufinden. Sie erkannte ihn erst, als Anteros, der Gott der Leidenschaft, geboren wurde. An der Seite seines Bruders wuchs und gedieh Eros und wurde ein schöner, schlanker Jüngling; trennte man ihn jedoch von Anteros, so wurde er unweigerlich wieder das schelmische Kind, das er einmal gewesen war[36].

In dieser entwaffnend naiven kleinen Geschichte, in die die Griechen ihre tiefe Weisheit kleideten, sind drei Gedanken enthalten, die für die Probleme, vor denen wir stehen, von entscheidender Bedeutung sind. Der erste ist, daß Eros sowohl das Kind des Ares als das der Aphrodite ist. Das heißt, daß die Liebe untrennbar mit der Aggression verbunden ist.

Der zweite Gedanke ist, daß Eros, der zu Hesiods Zeit einmal der mächtige Schöpfer gewesen war, der die öde Erde zum Blühen gebracht und den Menschen den Geist des Lebens eingehaucht hatte, nun zu einem Kind geworden ist, zu einem rosigen, pausbäckigen, verspielten Geschöpf, das manchmal nicht mehr war als ein wohlgenährtes Baby, das mit Pfeil und Bogen spielte. Auf unzähligen Bildern – nicht nur des 17. und 18. Jahrhunderts, sondern auch der Antike – sehen wir ihn als schwächlichen Cupido dargestellt. In der archaischen Kunst erscheint Eros als ein Jüngling mit schönen Flügeln; in der Kunst der Folgezeit wird er jünger und jünger, bis er zu Beginn der Hellenistischen Epoche zum Kind geworden ist. In der Alexandrinischen Dichtung schließlich degeneriert er zu einem mutwilligen Kleinkind[37]. Der Grund für diese Entwicklung muß im Wesen des Eros selbst liegen; denn sie deutet sich bereits in dem Mythos an, der, wenn er auch aus der Zeit nach Hesiod stammt, immerhin lange vor dem Niedergang der griechischen Zivilisation entstand.

Diese Feststellung führt uns mitten in ein Problem unserer Tage hinein: Eros hat die Leidenschaft verloren und ist schal, kindisch, banal geworden.

Wie so oft, macht der Mythos auch hier einen ›kritischen Konflikt‹ im Bereich menschlicher Grunderfahrungen sichtbar, der für die Griechen ebenso existierte wie für uns: auf der Flucht vor dem Eros, der einst mächtigen, ursprünglichen Quelle des Seins, suchen wir Zuflucht beim Sex, dem launenhaften Spieler. Eros ist zum *maître de plaisir* degradiert worden, dessen Aufgabe es ist, für endlose Sinnenfreude auf weichen Wolkenbänken zu sorgen. Er steht nicht für die schöpferische Kraft, weder für die sexuelle, die künstlerische noch eine andere, sondern für die unmittelbare Befriedigung. Und wir entdecken, daß genau das, was der Mythos verkündet, vor unseren eigenen Augen geschieht: *Selbst am Sexuellen verliert Eros das Interesse*. In einer Version des Mythos sucht Aphrodite nach Eros, um ihn zu ermahnen, seine Arbeit zu tun und mit Pfeil und Bogen die Liebe zu verbreiten. Aber der verbummelte Teenager, zu dem er geworden ist, sitzt irgendwo mit Ganymed zusammen und mogelt beim Kartenspiel.

Verschwunden ist der Geist der lebenspendenden Pfeile, verschwunden das Wesen, das dem Menschen Leben einhauchen konnte, verschwunden sind die großen dionysischen Feste, verschwunden die wilden Tänze und die Mysterien, die die Jünglinge mehr in Ekstase versetzten, als es die vielgepriesenen Drogen unseres mechanischen Zeitalters tun können, verschwunden

ist selbst der bukolische Rausch. Eros als Playboy! Pepsi-Cola-Bacchanal.
Ist das ein Zeichen der Zivilisation? Zähmt sie Eros, um ihn für das Bedürfnis nach Selbstverewigung der Gesellschaft nutzbar zu machen? Nimmt sie ihm die Kraft, neues Sein, Ideen und Leidenschaft hervorzubringen? Schwächt sie ihn, bis er nicht mehr die schöpferische Macht ist, nicht mehr die alten Formen zerbricht, um neue zu schaffen? Zähmt sie ihn, bis er zum Symbol wird für das Ziel ewiger Sorglosigkeit, Spielerei und Überfülle, und schließlich zum Symbol für die Apathie?
Damit wird ein neues und spezifisches Problem unserer westlichen Welt sichtbar: das Problem der *Feindschaft zwischen Eros und Technologie*. Zwischen der Sexualität und der Technologie besteht eine solche Feindschaft nicht: unsere technischen Erfindungen tragen dazu bei, den Sex risikolos, verfügbar und effizient zu machen; zahllose Beispiele, von der Pille bis hin zu den Handbüchern der Liebestechnik, demonstrieren das. Sex und Technik wirken zusammen, um die »Anpassung« an die Bedingungen des Alltags zu ermöglichen; nach einem Wochenende des radikalen Spannungsabbaus fällt einem am Montag die Arbeit in der versachlichten Welt leichter. Zwischen den körperlichen Bedürfnissen, deren Befriedigung und der Technologie besteht kein Kriegszustand, zumindest nicht in einem unmittelbaren Sinne (ob es auf lange Sicht dazu kommt, ist eine andere Frage).
Keineswegs steht dagegen fest, daß Technologie und *Eros* miteinander vereinbar sind, ja daß sie auch nur nebeneinander existieren können, ohne sich ständig zu befehden. Der Liebhaber ist – genau wie der Dichter – eine dauernde Bedrohung für das Fließbandsystem. Eros zerbricht bestehende Formen und schafft neue, und das ist naturgemäß eine Bedrohung für die Technik. Technik erfordert Regelhaftigkeit, Voraussagbarkeit; sie funktioniert gleichsam nach der Uhr. Der ungezähmte Eros indessen setzt sich gegen jede Art der Verplanung und der zeitlichen Begrenzung zur Wehr.
Eros ist der Impetus, aus dem Zivilisationen entstehen. Ist aber die Zivilisation da, so wendet sie sich gegen ihren Schöpfer und zähmt die erotischen Impulse. Dies kann dennoch einer

Steigerung und Erweiterung des Bewußtseins dienlich sein. Die erotischen Impulse können und sollten bis zu einem gewissen Grade diszipliniert werden: das freie Ausleben jedes Impulses führt zu einer Verwässerung des Erlebnisses, ist wie ein Fluß ohne Ufer, dessen Wasser in alle Himmelsrichtungen fließen. Die Disziplinierung des Eros schafft *Formen,* in denen wir uns entwickeln können und die uns vor unerträglichen Ängsten schützen. Freud war der Ansicht, daß die Disziplinierung des Eros die Voraussetzung jeder Kultur sei und daß aus der Verdrängung und Sublimierung der erotischen Impulse jene Kraft erwachse, die die Quelle aller Zivilisationen sei. Dies ist einer der wenigen Punkte, in denen Denis de Rougement Freud zustimmt, indem er sagt: »..., daß ohne die sexuelle Disziplin, die die sogenannten puritanischen Tendenzen uns seit den Anfängen Europas beschert haben, unsere Zivilisation nicht mehr zu bieten hätte als die jener Nationen, die man unterentwickelt nennt, ja sogar ohne Zweifel noch weniger: es würde weder Arbeit noch Planung geben, noch die Technik, die unsere gegenwärtige Welt geschaffen hat. Außerdem würde das Problem der Erotik nicht existieren! Die Autoren erotischer Literatur neigen dazu, diese Tatsache ganz naiv zu vergessen; ihre poetische und moralisierende Leidenschaft entfremdet sie allzu oft von der wahren Natur der ›Geheimnisse des Lebens‹ und ihrer komplexen Verflechtung mit Wirtschaft, Gesellschaft und Kultur[38].«
Aber es kommt ein Punkt (und das ist das Problem, mit dem der moderne technologische Mensch der westlichen Welt konfrontiert ist), an dem der Kult der Technik das Fühlen zerstört, die Leidenschaft untergräbt und die individuelle Identität auslöscht. Der technisch gut funktionierende Liebhaber ist letztlich der impotente – das Opfer der inneren Widersprüchlichkeit eines Beischlafs ohne Eros. Er hat die Kraft verloren, sich hinreißen zu lassen; er weiß nur zu gut, was er tut. An diesem Punkt beeinträchtigt die Technik das Bewußtsein und zerstört den Eros. Die Werkzeuge, deren man sich bedient, bewirken nicht mehr eine Erweiterung des Bewußtseins, sondern verdrängen und verstümmeln es, werden zum Bewußtseinsersatz.
Muß die Zivilisation stets den Eros zähmen, um die Gesellschaft vor dem Auseinanderbrechen zu bewahren? Hesiod lebte im

gärenden archaischen 6. Jahrhundert, in einer Zeit, als man den Quellen der Kultur noch näherstand, Schwangerschaft und Geburt noch ursprüngliche Bedeutung hatten, zeugende Mächte überall am Werk waren und in der der Mensch *gezwungen* war, mit dem Chaos zu leben und daraus etwas Neues zu formen. Später aber, mit dem wachsenden Bedürfnis nach Stabilität, wurden die dämonischen und tragischen Elemente mehr und mehr in den Hintergrund gedrängt. Dieser Prozeß verläuft parallel zu dem des Niedergangs der Zivilisationen.

Eros ist das Zentrum der Vitalität einer Kultur – ihr Herz und ihre Seele. Und wenn der Abbau der Spannung an die Stelle des schöpferischen Eros tritt, dann ist der Untergang der Zivilisation sicher.

Drittes Kapitel
Liebe und Tod

> Die Konfrontation mit dem Tode – und die Rettung vor dem Tode – lassen alles so kostbar, so heilig, so schön erscheinen, daß ich stärker denn je den Drang verspüre, zu lieben, zu umfassen und mich überwältigen zu lassen. ... Der Tod und seine ewig gegenwärtige Möglichkeit erhöhen die Möglichkeit der Liebe, der leidenschaftlichen Liebe. Ich frage mich, ob wir leidenschaftlich lieben könnten, ob Ekstase überhaupt möglich wäre, wenn wir wüßten, daß wir niemals sterben würden.
>
> – Aus einem Brief von Abraham Maslow

Wir kommen nunmehr zu einer der tiefsten und bedeutungsvollsten Paradoxien der Liebe: Das Bewußtsein des Todes erhöht unsere Bereitschaft zur Liebe, während gleichzeitig die Liebe ein verstärktes Gefühl für den Tod mit sich bringt. Wir erinnern uns, daß selbst die Pfeile des Eros *vergiftet* sind, jene lebenspendenden Pfeile, die er in den kalten Busen der Erde schießt und so eine üppig grüne Vegetation schafft, wo vorher unfruchtbare Steppe war. Hier liegen die angsterzeugenden Elemente der menschlichen Liebe. Denn die Pfeile des Eros durchbohren »gleichermaßen brutale und gütige Herzen und bringen ihnen den Tod oder Heilung durch Freude[1]«. Tod und Lust, Qual und Freude, Angst und das Wunder der Geburt – sie sind die Fäden, aus denen der Stoff der menschlichen Liebe gewoben ist.

Eros, so heißt es bei Hesiod, breche die Kraft der Glieder und überwältige bei Göttern und Menschen den Verstand mitsamt all seinen Plänen. Hesiod schrieb diese Worte in jener ungeheuer schöpferischen archaischen Periode (ca. 750 v. Chr.), als sich Griechenland in einem Gärungsprozeß befand, in dessen Verlauf die Stadtstaaten entstanden und das neue griechische Individuum, dessen Kennzeichen Selbstbewußtsein und Würde waren. Die Überwältigung der rationalen Funktionen ist so unmittelbar verknüpft mit der schöpferischen Kraft des Eros. Nichts könnte uns beredter vor Augen führen, daß der Akt der Schöpfung von Gestalt und Leben aus dem Chaos eine Leidenschaft erfordert, die Intelligenz und kalkuliertes Planen übersteigt: Eros bricht die Kraft der Glieder aller Götter und Menschen. Eros zerstört im Akt der Schöpfung.

Liebe als Zeichen der Sterblichkeit

Lieben heißt, sich dem Negativen ebenso wie dem Positiven öffnen, dem Schmerz, dem Kummer, der Enttäuschung ebenso wie der Freude, der Erfüllung, der Intensität des Bewußtseins, von deren Möglichkeit wir bis dahin nichts ahnten. Ich werde dieses Phänomen zunächst in seiner idealtypischen Form beschreiben.
Wenn wir uns verlieben, beginnt die Welt um uns her sich zu verwandeln. Und nicht nur ihr äußeres Erscheinungsbild ist plötzlich verändert, sondern alles, was wir in dieser Welt tun, kommt uns anders vor. Für gewöhnlich werden uns in erster Linie die positiven Aspekte dieser Veränderung bewußt: Wunder und Geheimnis der Liebe scheinen Himmel und Erde auf eine herrliche Weise zu erneuern. Wir besingen die Liebe als Antwort auf all unsere Probleme. Sehen wir von der Selbstverständlichkeit solcher Reaktionen ab, so bleibt eine romantische – wenn auch verzweifelte – Verschwörung unserer westlichen Kultur zu konstatieren, mit deren Hilfe wir uns die Illusion verschaffen, daß der Eros nur diese positive Seite hat. Aber schon die Intensität, mit der wir uns um die Aufrechterhaltung dieser Illusion bemühen, verrät die Existenz eines verdrängten Gegenpols.
Dieses entgegengesetzte Element ist das Todesbewußtsein. Denn

im Schatten der Liebesfreuden lauert stets der Tod. Immer wieder drängt sich uns die furchterregende, quälende Frage auf: Wird uns diese neue Beziehung zerstören? Wenn wir lieben, geben wir unsere Mitte auf. Wir sehen uns aus unserem gewohnten Seinszustand in eine Leere gestoßen; und wenn wir auch hoffen, eine neue Welt, eine neue Existenz zu erobern, so können wir dessen doch nie sicher sein. Alles sieht plötzlich anders aus, und es kann durchaus sein, daß es nie wieder werden wird, wie es zuvor war. Die Welt ist ausgelöscht; wie können wir wissen, ob sie je wieder aufgebaut wird? Wir geben unsere eigene Mitte hin, und wir *geben* sie *auf*. Wie sollen wir wissen, ob wir sie zurückerhalten werden? Wir schlagen die Augen auf und sehen, daß die ganze Welt bebt. Wo und wann wird sie wieder zur Ruhe kommen?

Selbst die bis zur Unerträglichkeit gesteigerte Freude ist vom Bewußtsein des drohenden Todes gezeichnet – einem Bewußtsein, das nicht weniger intensiv ist. Und es scheint, daß das eine ohne das andere nicht möglich ist.

Diese Erfahrung der Auslöschung ist eine innere Erfahrung, die, wie der Mythos zu Recht sagt, entscheidend vom *Eros* ausgelöst wird und nicht einfach von dem anderen Menschen (dem Partner). Vorbehaltlose Liebe trägt die Drohung der Auslöschung aller Dinge in sich. Diese Intensität des Bewußtseins hat etwas gemeinsam mit der Ekstase, die der Mystiker in seiner Vereinigung mit Gott erlebt. So wie er niemals die Gewißheit der Gegenwart Gottes haben kann, steigert uns die Liebe zu einer Intensität des Bewußtseins, die uns jeglicher Sicherheitsgarantie beraubt.

Dieses schwindelerregende Gleichgewicht von Angst und Freude macht ein Gutteil jener Erregung aus, die zum Wesen der Liebe gehört. Die Angst, die die Freude begleitet, läßt sich nicht einfach mit der Unsicherheit hinsichtlich der Frage erklären, ob die Liebe erwidert werden wird. Das dialektische Verhältnis von Angst und Freude liegt vielmehr in der Person selbst begründet, und die Angst ist keineswegs bereits überwunden, wenn das geliebte Wesen die Liebe *tatsächlich* erwidert. Paradoxerweise führt eine solche Erwiderung der Liebe manchmal sogar zu einer Steigerung der Angst. Denn wenn man – was in einigen Werken der erotischen Literatur geradezu angestrebt wird – liebt, ohne selber geliebt zu werden, oder wenn man – wie Dante und alle Vertreter der sogenannten Stilisten-Bewegung in der italienischen Literatur – aus einer sicheren Entfernung liebt, so kann man zumindest seiner gewohnten täglichen Arbeit nachgehen und seine *Göttliche Komödie,* seine Sonette oder Romane schreiben. Erst wenn, wie bei Antonius und Kleopatra, bei Paris und Helena oder Abaelard und Héloïse, die Liebe *tatsächlich* verwirklicht, gelebt wird, kann Eros buchstäblich die Kraft der Glieder brechen. Deshalb fürchten sich die Menschen vor der Liebe. Und allen zuckersüßen Büchern zum Trotz gibt es Grund genug für eine solche Furcht.

Im allgemeinen wird diese Beziehung zwischen Tod und Liebe wahrscheinlich jenen Menschen am deutlichsten bewußt, die Kinder haben. Auch der Mann, der bis dahin kaum an den Tod gedacht hat und stolz auf seinen »Mut« gewesen ist, macht diese Erfahrung, wenn er Vater wird. Dann plötzlich erkennt er, daß ihn die Liebe zu seinem Kind verwundbar macht: er spürt, daß ihm der Tod in jedem Augenblick das Kind, das Objekt seiner Liebe, rauben kann. In diesem Sinne ist Liebe die Erfahrung gesteigerter Verwundbarkeit.

Überdies erinnert uns die Liebe an unsere eigene Sterblichkeit. Wenn ein Freund oder ein Angehöriger unserer Familie stirbt, fühlen wir uns unmittelbar mit der Tatsache der Vergänglichkeit und Unwiederbringlichkeit des Lebens konfrontiert. Aber die Liebe hat noch eine tiefere Bedeutung, die uns veranlaßt, uns selbst aufs Spiel zu setzen, indem wir den Sprung wagen. Einige, vielleicht die meisten Menschen erfahren erst dann, was leidenschaftliche Liebe ist, wenn ihnen angesichts eines Todesfalles die Kostbarkeit der Freundschaft, der Hingabe, der Treue bewußt wird. Abraham Maslow hat nur zu recht mit seiner Vermutung, daß er wohl niemals leidenschaftlich lieben könnte, wenn er wüßte, daß er nie sterben würde.

Hier liegt, mythologisch gesprochen, der Grund dafür, daß die Liebesaffären der Götter auf dem Olymp so fade und langweilig sind. Die Liebesbeziehungen des Zeus und der Juno sind absolut uninteressant, solange kein sterblicher Mensch mit einbezogen ist. Erst wenn Zeus zu Leda herabkommt und sich in diese sterbliche Frau verliebt, die sich nach einem Kind sehnen kann, weil sie weiß, daß sie nicht ewig leben wird, wächst der Liebe die Macht zu, den Lauf der Geschichte zu verändern. *Das Bewußtsein der Sterblichkeit bereichert die Liebe nicht nur, es konstituiert sie.* Liebe ist die wechselseitige Befruchtung von Sterblichkeit und Unsterblichkeit. Hier liegt der Grund dafür, daß der Dämon Eros als ein Geschöpf zwischen Göttern und Menschen beschrieben wird, das am Leben der einen wie der anderen teilhat.

All das ist bis zu einem gewissen Grade an einem Ideal orientiert. Ich bin mir durchaus bewußt, daß viele meiner Kollegen ein solches Maß an Engagement in der Hingabe neurotisch nennen werden. Wir leben in einer Zeit der »unterkühlten« Beziehungen: Man sollte sich niemals so stark engagieren, daß man sich nicht jederzeit wieder zurückziehen kann! Ich möchte jedoch behaupten, daß das Engagement, von dem ich sprach, nur dann als neurotisch zu bezeichnen ist, wenn es gleichsam »gefroren« oder fixiert ist; das heißt, nur dann, wenn die Partner unentwegt in diesem Zustand leben wollen. Wenn auch keiner von uns sehr lange auf der von mir beschriebenen Ebene lebt, so bleibt sie doch eine Art Zufluchtsstätte, ein idealer Bereich innerhalb der Beziehung, durch den auch die eintönigen und grauen Tage, die unvermeidlich sind, ihren Sinn erhalten[2].

Die Beziehung zwischen Tod und Liebe hat eine eindrucksvolle Geschichte in der Literatur. So spielte zum Beispiel die Verknüpfung der Worte *amore* (Liebe) und *morte* (Tod) in der italienischen Literatur eine wichtige Rolle. Auch im biologischen Bereich findet sich eine Vielzahl von Analogien. Die männliche Biene, die Drohne, stirbt, nachdem sie die Königin befruchtet hat. Deutlicher noch läßt sich der unmittelbare Zusammenhang zwischen Liebe und Tod am Beispiel der Gottesanbeterinnen demonstrieren: Während des Akts der Paarung beißt das Weibchen dem Männchen den Kopf ab, so daß sich seine Todeszuckungen mit seinen Kopulationsstößen vereinigen und diese verstärken. Nachdem die Befruchtung erfolgt ist, frißt das Weibchen seinen Partner vollends auf, um auf diese Weise Nahrung für die Jungen zu speichern.

Freud sah eine Beziehung zwischen Todesdrohung und Eros.

»Daher die Ähnlichkeit des Zustandes nach der vollen Sexualbefriedigung mit dem Sterben, bei niederen Tieren das Zusammenfallen des Todes mit dem Zeugungsakt. Diese Wesen sterben an der Fortpflanzung, insofern nach der Ausschaltung des Eros durch die Befriedigung der Todestrieb freie Hand bekommt, seine Absichten durchzusetzen[3].«

Ich meinerseits bin der Ansicht, daß es beim Menschen nicht bloß die Erschöpfung des Eros ist, die die Todesfurcht – oder, wie ich oben gesagt habe, die Erfahrung der Sterblichkeit – verursacht, sondern daß die Erfahrungen der Liebe und des Todes beim Menschen in allen Stadien seiner Entwicklung miteinander verwoben sind.

Die Beziehung zwischen Tod und Liebe wird unmittelbar ansichtig im sexuellen Akt. Jede Art der Mythologie bezieht den sexuellen Akt als solchen auf das Sterben, und jedem Psychotherapeuten wird diese Beziehung von seinen Patienten klar vor Augen geführt. Eine Patientin, die unter sexueller Frigidität litt und noch nie einen Orgasmus während des Geschlechtsverkehrs erlebt hatte, erzählte mir von einem Traum, der auf dramatische Weise diesen Zusammenhang zwischen Sexualität und Tod veranschaulicht. In diesem Traum erlebte sie sich zum ersten Male als eine Frau und hatte daraufhin das merkwürdige Gefühl, daß sie von einer tiefen Angst gepackt wurde. In ebenjener Nacht erlebte sie beim Geschlechtsverkehr zum ersten Male in ihrem Leben einen Orgasmus. Die Fähigkeit zur Hingabe, zur Aufgabe des eigenen Ichs ist die Voraussetzung für jene Spontaneität, ohne die der Geschlechtsverkehr nicht zum Orgasmus führen kann.

Im Traum dieser Frau hatte sich etwas ereignet, das Vorbedingung jeder Entwicklung, Vorbedingung jeder Selbsterkenntnis ist: Sie hatte dem Tod gegenübergestanden. Für mich ist der Orgasmus in diesem Falle ein psychophysisches Symbol für die Fähigkeit, um einer tieferen Erfahrung willen das eigene Ich und die gegenwärtige Sicherheit hinzugeben. Es ist kein Zufall, daß der Orgasmus häufig symbolisch als Tod und Wiedergeburt dargestellt wird. Der Mythos des Ertrinkens und Wiedergeboren-Werdens ist in verschiedenen Religionen und verschiedenen Kulturen als Tauf-Mythos überliefert; der Mensch wird in den

Fluß getaucht, um zu ertrinken, zu sterben und wiedergeboren zu werden. Im Akt der Taufe wird das Wagnis als Sprung ins Nicht-Sein mit der Aussicht auf ein neues Sein unternommen.
Das ist der Grund für das jungfräuliche Element, das jedes echte Liebeserlebnis kennzeichnet. Es scheint jedesmal neu zu sein; wir sind überzeugt, die ersten zu sein, die derlei erleben, und in unserer Selbstüberschätzung bilden wir uns ein, daß wir es niemals vergessen werden. Als ich einmal an einer Universität über dieses Thema las, kamen unabhängig voneinander zwei junge Männer zu mir und sagten mir unter vier Augen, daß sie mich verstünden, weil sie verliebt seien. Beide bezweifelten indessen ernsthaft, daß auch die anderen Studenten begriffen, worum es ginge.
Die Mythologie, jene Schatzkammer, in der der Mensch die Deutung seiner inneren Erlebnisse und seiner Welt über Jahrhunderte hinweg aufbewahrt, gibt ebenso deutlich wie beredt Auskunft über das Verhältnis der Liebe zu Angst und Tod. Wir brauchen nicht auf Tristan und Isolde zurückzugreifen, wenngleich dieser Mythos wohl die deutlichste Sprache spricht. Unter Hinweis auf die gesamte prähistorische Mythologie des ägäischen Raumes stellt Joseph Campbell fest, daß die Göttin Aphrodite und ihr Sohn Eros, »die große kosmische Mutter und ihr Sohn, der ewig sterbende, ewig lebende Gott« sind. Alle Mythen über die Abkunft des Eros, schreibt Campbell, verweisen auf diese Grundvorstellung.
»Er ist ausgebrütet aus dem Ei der Nacht. Er ist einmal der Sohn der Gaea und des Uranus, dann der Sohn der Artemis und des Hermes, dann wieder der Sohn der Iris und des Zephyrus: alles Transformationen ein und desselben mythologischen Hintergrundes, die ohne Ausnahme auf den zeitlosen Katalog der Themen verweisen, die uns inzwischen vertraut sind – der Themen des willigen Opfers, in dessen Tod unser Leben ist, dessen Fleisch unsere Speise und dessen Blut unser Trank ist; des Opfers, das gegenwärtig ist in dem jungen, sich umarmenden Paar des primitiven Liebestod-Rituals, das im Augenblick der Ekstase getötet wird, um dann in einem sakralen Akt gebraten und verschlungen zu werden, des Opfers, das gegenwärtig ist in der Tötung des Attis oder Adonis durch einen Eber, der Tö-

tung des Osiris durch Seth, in der Tötung des Dionysos durch die Titanen. In den hübschen späteren Allegorien von Eros (Cupido) und seinem Opfer *hat der Gott die Rolle des dunklen Feindes übernommen – des jagenden Ebers, des dunklen Bruders Seth, der Titanen – und der Liebhaber ist der fleischgewordene sterbende Gott*[4].«

In der altägyptischen Mythologie, so berichtet Campbell, sind der Liebende und der Geliebte Tötender und Opfer, die, mögen sie auf der Bühne auch im Konflikt miteinander scheinen, hinter der Szene eins sind »in dem leben-verzehrenden, leben-schaffenden und leben-rechtfertigenden dunklen Mysterium der Liebe[5]«.

Das wirft in der Tat ein anderes Licht auf die mit der Liebe verknüpften menschlichen Probleme als unser leichtfertiges Gerede von der Liebeskunst, von der Liebe als Antwort auf all unsere Bedürfnisse, der Liebe als unmittelbarer Selbstverwirklichung, als Befriedigung oder als per Post gelieferte Lektüre! Kein Wunder, daß wir versuchen, den Eros auf den rein physiologischen Sex zu reduzieren oder dem ganzen Dilemma dadurch zu entgehen, daß wir unsere Gefühle ausschalten und uns mit Hilfe des Sex immun machen gegen die Angst erzeugenden Wirkungen des Eros.

Es ist durchaus möglich, Geschlechtsverkehr ohne besondere Angst zu haben. Aber indem wir uns dieser Möglichkeit in zufälligen Begegnungen bedienen, schließen wir unseren Eros aus – das heißt, wir geben die Leidenschaft zugunsten der bloßen Sensation auf; wir schließen unsere Teilhabe an der geistigen, der persönlichen Bedeutung des Akts aus. Wenn wir Sexualität ohne Liebe genießen wollen, so glauben wir, jener dämonischen Angst zu entkommen, die von alters her mit der menschlichen Liebe untrennbar verknüpft ist. Und wenn wir überdies die sexuelle Aktivität selbst als Vehikel für die Flucht vor jenem Engagement benutzen, das der Eros von uns fordert, dann können wir hoffen, auf diese Weise einen sicheren Schutzwall gegen die Angst aufgerichtet zu haben. Und das ursprüngliche Motiv für den sexuellen Akt, das sinnliche Vergnügen oder die Leidenschaft, wird verdrängt durch das artifizielle Motiv des Strebens nach Identität und Sicherheit; die Sexualität ist hier zu einer

Strategie degradiert worden, die einer Verminderung der Angst dienen soll. Auf diese Weise schaffen wir die Basis für eine Entwicklung, die zu Impotenz und Affektlosigkeit führen muß.

Der Tod und die Sexbesessenheit

Die Beziehung zwischen Tod und Liebe hat noch eine zweite Seite. Die Sexbesessenheit dient einer Verschleierung der Todesfurcht des zeitgenössischen Menschen. Den Menschen des zwanzigsten Jahrhunderts stehen weniger Möglichkeiten zum Schutz gegen diese universale Angst zur Verfügung als ihren Vorfahren, die sich, zum Beispiel, durch den Glauben an die Unsterblichkeit dagegen gewappnet fühlten. Überdies fehlt es uns an Übereinstimmung in der Beurteilung des Lebenszwecks. Die Folge ist, daß das Bewußtsein des Todes heutzutage weitgehend verdrängt wird. Gleichzeitig jedoch kann keiner von uns übersehen, wie gewichtig die Rolle ist, die das Sexuelle in unserer Zeit spielt. In allen Bereichen des Lebens sehen wir uns mit der Sexualität konfrontiert. Zum Wesen der Zwangsvorstellung gehört es, daß sie die Emotionen aus dem angstbesetzten Bereich abzieht, um den Menschen davor zu bewahren, sich mit diesem Bereich auseinandersetzen zu müssen. Was würden wir erkennen, wenn wir uns von unserer Sexbesessenheit befreien könnten? Daß wir sterben müssen. Der Lärm, der überall um das Thema der Sexualität gemacht wird, läßt uns die ständige Gegenwart des Todes vergessen.
Wenn ich danach strebe, meine Potenz zu beweisen, um auf diese Art meine innere Furcht von der Impotenz zu verbergen oder zum Schweigen zu bingen, so folge ich damit einem Verhaltensschema, das so alt ist wie die Menschheit. Der Tod ist das Symbol fundamentaler Impotenz und Endlichkeit, und die Angst, die aus dieser unausweichlichen Erfahrung erwächst, provoziert das Bemühen, uns mit Hilfe der Sexualität unendlich zu machen. Durch sexuelle Aktivität gelingt es uns am ehesten, die Todesfurcht zum Schweigen zu bringen und mit dem Symbol der

Zeugung über sie zu triumphieren. Es ist bemerkenswert, wie sehr die Art und Weise, in der wir den Tod und seine Symbolik verdrängen, der Art und Weise ähnelt, in der die Menschen der viktorianischen Zeit das Sexuelle verdrängten[6]. Der Tod ist obszön, unaussprechlich, pornographisch; wenn Sexualität etwas Häßliches war, so ist der Tod ein häßlicher Fehler. Man spricht nicht vor Kindern über den Tod; man spricht nach Möglichkeit überhaupt nicht von ihm. Wir verbergen den Tod in grotesken, farbenprächtigen Särgen, wie die Frauen der viktorianischen Zeit ihren Körper unter bauschigen Kleidern verbargen. Wir werfen Blumen auf den Sarg, damit der Tod besser riecht. Mit heuchlerischen Beerdigungszeremonien und prunkvollen Grabstätten erwecken wir den Eindruck, als sei der Verstorbene irgendwie gar nicht tot; und wir predigen ein psychoreligiöses Evangelium, das besagt: Je weniger Schmerz, desto besser. Selbst unsere Wirtschaft folgt diesem Wahlspruch und sorgt dafür, daß alles so arrangiert wird, als sei der Tote im Grunde gar nicht gestorben[7]. Das Verbergen vor den Kindern, der tarnende Duft und das tarnende Kleid, die kaschierende Zeremonie, all das erinnert in der Tat stark an die Verdrängung des Sexuellen, wie sie in der viktorianischen Zeit praktiziert wurde.

Es ist jedoch unmöglich, einen wichtigen biologischen oder emotionalen Aspekt der Erfahrung zu unterdrücken, ohne sich damit ein entsprechendes Maß an Angst einzuhandeln. Wo Besessenheit ist, da ist auch Verdrängung. Wo findet die aus dieser Verdrängung des Todes und seiner Symbole erwachsende Angst ihren Niederschlag? In unserer zwanghaften Beschäftigung mit dem Sexuellen. Die Verdrängung des Todes entspricht der Sexbesessenheit. Im Bereich des Sexuellen gelingt es uns am leichtesten, unsere Vitalität zu beweisen, zu demonstrieren, daß wir noch »jung«, attraktiv und kräftig sind, zu beweisen, daß wir noch nicht tot sind. Wir erhoffen vom sexuellen Akt eine grundsätzliche Bestätigung unserer Macht über die Natur. Diese Hoffnung hat insofern eine verständliche biologische Basis, als Sexualität und Zeugung tatsächlich das einzige Mittel zur Sicherung des Fortbestands unseres Namens und unserer Gene sind. Das zeitgenössische Interesse an der Sexualität jedoch beschränkt sich keineswegs auf diesen biologischen Aspekt; die Hinwendung zur Sexualität betäubt den Menschen, so daß er gar nicht erst in die Verlegenheit kommt, zugeben zu müssen, daß er *selber* stirbt und daß der Tod, die einzige absolut unausweichliche Erfahrung, in jedem Augenblick eintreten kann. Je größer unsere Entfremdung von der Natur – eine Entfremdung, deren letztes Symbol die Atombombe und die Radioaktivität sind –, desto näher sind wir im Grunde dem Tode. Die Vergewaltigung der Natur durch die Spaltung des Atoms steht auf diese Weise in Beziehung zu unserer Todesfurcht, unserer Schuld (die stets die Furcht steigert) und dem daraus folgenden verstärkten Bedürfnis, das Bewußtsein des Todes zu verdrängen[8].

Der Glaube an den Mythos der Potenz macht den Trieb zur Unterdrückung des Todesbewußtseins für den Menschen der westlichen Welt zu einer besonderen schweren Bürde (ich gebrauche das Wort »Mythos« nicht in jenem volkstümlichen Sinne, der es zum Synonym von »Unwahrheit« macht, sondern in seinem historisch präzisen Sinne als Bezeichnung für ein psycho-biologisches Modell, das der Erfahrung Sinn und Richtung gibt). Der Mythos der Potenz hat seit der Renaissance im Kampf des Menschen der westlichen Welt um Identität eine zentrale Rolle gespielt und war von besonderer Bedeutung für die Ausformung seiner psychischen und geistigen Eigenart. Der Drang des westlichen Menschen nach Manipulation der Natur, der im Bereich der Naturwissenschaften und der industriellen Entwicklungen zu erstaunlichen Erfolgen führte, richtete sich im späten 19. und im 20. Jahrhundert auch auf den Menschen selbst. Ich erlange Potenz, indem ich mich selber manipuliere. Aber in dem Maße, in dem ich dies erfolgreich tue, bin ich nicht wirklich potent. Ich stecke in einem unlösbaren Dilemma. Die Manipulation des eigenen Ichs führt, genau wie die Manipulation anderer, niemals zu einer Steigerung der Potenz, sondern vielmehr zu deren Untergrabung. Wir setzen stets voraus, daß hinter uns, dem Manipulator, irgendeine potente Person oder Norm steht. Wird aber das System ausgedehnt, so geht die Identität dieser Person oder Norm im Hintergrund in einer endlosen Regression verloren. Diese Kontrolle der Kontrollinstanzen ist das eigentliche Problem – ein Problem, das durch seine

ständige Verdrängung in einem negativen Sinne dämonisiert wurde.
Dem Mythos der individuellen Potenz wurde von jenen Menschen in Amerika, die – wirtschaftlich, gesellschaftlich oder geographisch – in einer echten Pioniersituation aufwuchsen, ein besonderes Gewicht beigemessen. Für die Pioniere des Westens, die hier als Beispiel dienen sollen, war es von entscheidender Bedeutung, daß jeder in der Lage war, sich mit der eigenen Faust zu verteidigen, daß er über eine robuste und aktive körperliche Kraft verfügte und daß ihn weder Feinfühligkeit noch Sentimentalität daran hinderten, im Bedarfsfall rasch zum Gewehr zu greifen. In der Tat spielt das Gewehr als Symbol für den Penis, wovon zuerst bei Freud die Rede ist, in Amerika eine größere Rolle als jemals im Wien Freuds. Hier haben wir es mit einem der wenigen spezifischen kulturellen Symbole zu tun, die trotz des sozialen Wandels noch nichts von ihrer Aktualität eingebüßt haben. Leben und Legende des Ernest Hemingway liefern anschauliche Beispiele für die Tugenden männlicher Potenz, wie sie aus der Pionierzeit überkommen sind: körperliche Kraft, die Jagd nach sexueller Meisterschaft (mit der er seinen Kampf gegen die sexuelle Impotenz und seine Furcht vor ihr kompensierte) sowie die von Aktivität geprägte Thematik und stilistische Ausformung seiner Werke. Aber der Gedanke an den Tod und die Angst vor dem Weiterleben angesichts des Todes, von dem niemand weiß, wann er eintritt, wurden für ihn unerträglich, als er im Alter von etwa 65 Jahren tatsächlich seine sexuelle Potenz verlor; und er entschloß sich zu dem äußersten Schritt, den ein Mann unternehmen kann, um seine Potenz unter Beweis zu stellen: er nahm sich das Leben. Solange man sich an die Tugend der individuellen Potenz halten kann, kann man über den Tod lachen. Hat man diesen Vorteil jedoch einmal eingebüßt, so bleibt einem nur zweierlei: Entweder man findet sich mit dem Tod und dessen langsamen, nicht selten schmählichen Sieg ab oder man stürzt sich in seine Arme, wie es Hemingway tat.
Sexualität und Tod sind miteinander verknüpft. Beide stehen zu Schöpfung und Zerstörung in Beziehung, und es kann deshalb kaum überraschen, daß sie auf eine so komplexe Weise mit-

einander verwoben sind. In beiden Fällen werden wir von einem Ereignis überwältigt; wir können nicht außerhalb der Liebe oder außerhalb des Todes stehen – versuchen wir es, so zerstören wir jeglichen Wert, den Leben haben kann.

Das tragische Element in der Liebe

Ich unterhielt mich einmal mit einem befreundeten Psychotherapeuten über das Tragische. Mein Freund beharrte darauf, daß das Wort »tragisch« einen negativen Zustand bezeichne, den wir mit unserer naturwissenschaftlichen Aufklärung überwunden hätten oder zumindest so schnell wie möglich überwinden sollten. Ich hielt ihm entgegen, daß es ein tiefes Mißverständnis sei, wenn man das Tragische ausschließlich als etwas Negatives sähe. Das Tragische ist alles andere als eine Verneinung des Lebens und der Liebe; es ist vielmehr ein bereichernder und vertiefender Aspekt unseres Erlebnisses der Sexualität und der Liebe. Eine richtige Einschätzung des Tragischen kann uns nicht nur vor einigen zu großen Vereinfachungen im Leben bewahren; sie kann uns vor allem dagegen schützen, daß Sex und Liebe auch in der Psychotherapie banalisiert werden.
Ich gebrauche das Wort Tragödie natürlich nicht im volkstümlichen Sinne von »Katastrophe«, sondern zur Kennzeichnung der selbst-bewußten Erkenntnis des Menschen, daß Liebe zugleich Freude und Zerstörung bedeutet. Ich will damit auf eine Tatsache verweisen, die den Menschen im Laufe ihrer Geschichte stets bewußt war, die unsere eigene Zeit jedoch mit bemerkenswertem Geschick in Vergessenheit hat geraten lassen: auf die Tatsache nämlich, daß die sexuelle Liebe die Macht hat, einen Menschen in Situationen zu treiben, die nicht nur ihn selber zerstören können, sondern zugleich viele andere. Ich brauche nur an Paris und Helena zu erinnern oder an Tristan und Isolde. In beiden Fällen haben wir es mit mythischen Vergegenwärtigungen der Macht der sexuellen Liebe zu tun, Mann und Frau zu ergreifen und sie in einen Wirbel hineinzuziehen, der sich jeder

rationalen Steuerung entzieht. Es ist kein Zufall, daß diese Mythen in der klassischen Literatur der westlichen Welt immer und immer wieder dargestellt und von Generation zu Generation weitergereicht worden sind; denn es handelt sich um Geschichten, die aus den mythischen Tiefen menschlicher Erfahrung mit der sexuellen Liebe stammen, einer Erfahrung, die man nur um den Preis der Verarmung unserer mündlichen und schriftlichen Auseinandersetzungen mit der Sexualität und der Liebe außer acht lassen kann.

Das Tragische ist Ausdruck einer Bewußtseinsdimension, die dem menschlichen Leben Reichtum, Wert und Würde verleiht. Es ist die Quelle der menschlichsten unserer Gefühle: des Mitleids im Sinne der alten Griechen, der Sympathie also für den Mitmenschen. Wo es fehlt, wirkt Liebe süßlich und fade, und Eros degeneriert zu einem Kind, das nie erwachsen wird.

An dieser Stelle mag der Leser mir widersprechen. Wie immer es sich mit dem klassischen Sinn der Tragödie verhalten mag, fügen sich die sogenannten tragischen Elemente in den Bühnenwerken und Romanen unserer Tage nicht zu einem Porträt der Sinnlosigkeit? Ist nicht das, was wir in O'Neill's *The Iceman Cometh* erleben, die Abwesenheit jeglicher menschlichen Größe und Würde? Und ist nicht *Warten auf Godot* eine Vergegenwärtigung der Leere?

Ich würde auf diese Fragen eine zweifache Antwort geben: Zunächst möchte ich sagen, daß diese Werke viel bewirken, indem sie uns den *scheinbaren* Mangel an Größe in der Haltung und den Handlungen des Menschen oder die Sinnlosigkeit vor Augen führen. Sie konfrontieren uns genau mit dem, was in unserer Gegenwart tragisch ist: mit der totalen Konfusion, Banalität und Unbestimmtheit, mit der Abwesenheit ethischer Normen und der daraus folgenden Handlungsunfähigkeit oder – wie in *Wer hat Angst vor Virginia Woolf?* – mit der lähmenden Angst vor der eigenen Sterblichkeit. Gewiß, was uns in *The Iceman Cometh* vor Augen geführt wird, ist, daß die Größe den Menschen verlassen hat. Aber daß es dazu kommen konnte, setzt immerhin Größe, Würde und Sinn voraus. Niemand würde je auf den Gedanken verfallen, ein griechisches Publikum darauf hinzuweisen, daß es etwas bedeute, wenn Orest seine Mutter

tötet. Willy Lomans Frau in *Der Tod des Handlungsreisenden* indessen bittet nachdrücklich um Aufmerksamkeit, und sie hat völlig recht damit. Es bedeutet in der Tat etwas, wenn ein Mensch zerstört wird, und sei es auch nur ein Handlungsreisender. (Heutzutage würden wir dem Publikum vielleicht erklären müssen, warum es so bedeutungsvoll ist, daß Orest seine Mutter tötet; denn wir gehören einer Generation an, die gelernt hat, daß ein solcher Mord keineswegs ein Problem ist, das einen erbitterten Kampf mit den Furien bedeutet und die Frage nach Schuld, Verantwortung und Vergebung nach sich zieht, sondern die den Mord dadurch erklärt, daß man zeitweise die Kontrolle über einen psychologischen Mechanismus verloren hat!) Meiner Meinung nach sind die besten Romane, Dramen und Bilder, die heutzutage entstehen, jene, die den tiefen Sinn sichtbar machen, der in der Tatsache der Willenlosigkeit liegt. Das Tragischste ist auf lange Sicht jene Haltung, die in den Worten »alles ist gleichgültig« zum Ausdruck kommt. Der in einem negativen Sinne tragischste Zustand ist die Apathie, die unerbittliche, glasharte »Kälte«, die sich weigert, echte Tragik anzuerkennen.
Darüber hinaus aber würde ich, um die oben zitierten Bedenken zu zerstreuen, fragen: Machen die genannten Werke tatsächlich die ganze Problematik sichtbar, die in unseren Tagen der Liebe und dem Willen anhaftet? Man denke etwa an die Widersprüchlichkeit im Handeln, die in *Warten auf Godot* so eindrucksvoll porträtiert wird. Didi sagt: »Wir wollen gehen«, und die Szenenanweisung schreibt vor: »Sie bewegen sich nicht.« Nichts könnte das Willensproblem des modernen Menschen, seine Unfähigkeit, sinnvoll zu handeln, treffender veranschaulichen als dieses Detail. Sie warten auf Godot; aber in diesem Warten steckt ein Element der *Erwartung*. Das Erwarten als solches impliziert Hoffnung und Glauben. Und sie warten gemeinsam. Oder man denke an das verbissene Leugnen der Liebe in dem wütenden Kampf der Ehepaare in *Wer hat Angst vor Virginia Woolf?* Diese Darstellung der Unfähigkeit der Gestalten, mit dem fertig zu werden, was sie tatsächlich an Liebe und Zärtlichkeit aufbringen, zeigt deutlicher und überzeugender als alle wissenschaftlichen Analysen, worin die Problematik der Liebe für den modernen Menschen besteht.

Das Tragische und die Trennung

Aber es gibt noch einen weiteren Grund für den tragischen Aspekt der Liebe. Es ist die Tatsache, daß wir als Mann und Frau geschaffen sind. Dieser Umstand führt zu einem ständigen Sich-Sehnen nach dem anderen, zu einem Verlangen nach Erfüllung, und die Erfüllung muß zwangsläufig vorübergehend sein. Darin liegt eine weitere Quelle der Freude und der Enttäuschung, der Ekstase und der Verzweiflung.

An dieser Stelle muß ich einen schwierigen Begriff einführen, den Begriff der Ontologie. Wörtlich genommen bedeutet dieses Wort: »Lehre vom Seienden«. Diese Definition jedoch ist nicht sehr hilfreich, weil wir Amerikaner des 20. Jahrhunderts nicht an ontologisches Denken gewöhnt sind. Ich werde nie vergessen, wie Paul Tillich einmal in einer Vorlesung beschrieb, was für ein Schock es für ihn gewesen sei, als er sich während seines Philosophie-Studiums zum ersten Mal mit der Frage konfrontiert sah: »Warum ist etwas und nicht nichts?« Diese Frage führt unmittelbar in den Bereich des Ontologischen. Warum gibt es so etwas wie Sex? Und warum nicht Nicht-Sex? Warum pflanzen wir uns nicht wie das Pantoffeltierchen und der Regenwurm fort, indem wir einen Teil von uns abtrennen, aus dem sich dann das neue Wesen entwickelt? Wir dürfen es uns nicht zu leicht machen mit der Antwort auf diese Frage und einfach sagen: »Es hat sich eben so entwickelt.« Auch können wir uns nicht mit dem Hinweis auf irgendeinen »höheren Zweck« aus der Affäre ziehen und sagen, daß wir aus irgendeinem teleologischen »Grund« so sind, wie wir nun einmal sind. Beide Antworten weichen, wenn auch auf sehr verschiedene Weise, der Frage aus. Nein, wir müssen die ontologische Frage direkt stellen und das *Sein* dessen, was zur Diskussion steht, in diesem Fall des Sexuellen, untersuchen, um eine überzeugende Antwort zu finden.

Ontologisch gesehen ist die Existenz von Männlichkeit und Weiblichkeit der Ausdruck einer fundamentalen Polarität aller Wirklichkeit. Selbst das kleinste Molekularteilchen verdankt seine Dynamik dem Umstand, daß es aus einem negativen und positiven Pol besteht, zwischen denen eine Spannung, und damit

Bewegung, herrscht. Alfred North Whitehead und Paul Tillich sind gleichermaßen der Ansicht, daß die Realität, analog zu molekularen Partikeln, den ontologischen Charakter einer Negativ-Positiv-Polarität hat. Für Whitehead und die vielen zeitgenössischen Denker, die an sein Werk anknüpften, ist Realität das Letztwirkliche, nicht gekennzeichnet durch das Nebeneinander starrer Körper, sondern durch das Ineinander von lebendigen Vorgängen. Die Welt hat den Charakter einer Negativ-Positiv-Polarität, sie ist ein Prozeß, und ihre Elemente sind Prozesse. Auf der Basis dieser Überlegungen konnte Whitehead eine *Prozeß-Philosophie* entwickeln. In der Tat könnte man sagen, daß alle Wirklichkeit durch die Polarität des Männlichen und Weiblichen geprägt ist. Kein Zweifel, Hegels Theorie von These, Antithese und Synthese kann durchaus in diesem Sinne gedeutet werden. Paul Tillich schreibt: »Denen, die *Hegel* studieren, ist es wohl bekannt, daß er in seinen frühen Fragmenten als ein Philosoph der Liebe anfing, und ohne Übertreibung kann gesagt werden, daß *Hegels* dialektisches Schema eine Abstraktion seiner konkreten Schau in die Natur der Liebe als Trennung und Wiedervereinigung darstellt[9].«

Beim Geschlechtsverkehr erleben wir diesen polaren Rhythmus unmittelbar und intensiv. Der Geschlechtsakt ist die intensivste Konkretisierung der Verbundenheit, die sich denken läßt. Dieser Akt stellt ein Drama dar, in dessen Verlauf der Annäherung, dem Eintritt und der totalen Vereinigung eine teilweise Trennung folgt, bevor es zur restlosen Vereinigung kommt. Es kann kein Zufall sein, daß wir auf diese Weise in der Sphäre des Sexuellen das Ritual der Intimität und des Rückzugs begehen, der Vereinigung und der Distanzierung, der Trennung und der erneuten rückhaltlosen Vereinigung. Denn diese ewig sich wiederholende Teilhabe der Partner aneinander, dieses Wechselspiel von Berühren und Rückzug ist selbst in den zögernden Anfängen des Miteinander-Bekanntwerdens gegenwärtig und gehört bei den Vögeln und den übrigen Tieren ebenso zum Wesen der Werbung wie bei Mann und Frau. In diesem Nacheinander von Vereinigung und Trennung konkretisieren sich die beiden notwendigen Pole der menschlichen Existenz, die im Geschlechtsakt am deutlichsten zutage treten.

Es ist anzunehmen, daß diese Beobachtungen den in zahllosen verschiedenen Kulturkreisen spontan entstandenen Mythen zugrunde liegen, in denen die sexuelle Begegnung als Wiedervereinigung mit der anderen Hälfte des eigenen Ichs dargestellt wird. Der berühmteste dieser Mythen wird in Platons *Symposion* von Aristophanes vorgetragen: der Mythos des Androgynen. Die entscheidende Aussage zu diesem Problem aber findet sich in den Upanishaden. Dort heißt es, daß der Mann, nachdem er geschaffen war, keine Freude verspürte, weil es für einen einsamen Mann keine Freude geben könne. Deshalb, so heißt es weiter, sei die Frau geschaffen worden.

Aber wir brauchen nicht auf die Mythen zurückzugreifen, um die Bedeutung der Polarität, von der hier die Rede ist, zu erfassen. Ich hatte einmal Gelegenheit, eine Woche auf dem Berg Athos zu verbringen, in einem kleinen Gebiet im Norden Griechenlands, das sich über zwölf Meilen zum Ägäischen Meer hinunter erstreckt und ausschließlich von Mönchen bewohnt ist, die in fünfzehn oder zwanzig Klöstern leben. Es ist anzunehmen, daß seit dem zwölften Jahrhundert niemals eine Frau ihren Fuß auf diesen Boden gesetzt hat. Aber ich konnte feststellen, daß die Mönche selber die Gesten der Frau, ihre Art zu sprechen, zu gehen und sich zu verhalten, übernommen hatten. So oft ich einen Mönch die Dorfstraße hinuntergehen sah, glaubte ich zunächst, daß es sich um eine *Frau* handelte. Die gleiche Beobachtung machte ich bei einer völlig anderen Gruppe von Menschen; bei Fremdenlegionären. Auf dem französischen Schiff, das sie über das Mittelmeer brachte, pflegten diese Soldaten auf den Decks miteinander zu tanzen. Hierbei haben wir es nicht mit Homosexualität zu tun; jedenfalls würde Homosexualität dieses Phänomen nicht erklären. Ich vermute eher, daß kein Wert auf männliches Gehabe gelegt wird, wenn keine Frauen zugegen sind – und umgekehrt. Die Gegenwart von Frauen macht uns männlicher und sie selber weiblicher. *Die beiden Geschlechter haben die Funktion, ihre spezifischen Merkmale wechselseitig zu akzentuieren.*

Es ist eine allgemein bekannte Tatsache, daß man Männer, die man in größerer Zahl zusammenleben läßt – wie das zum Beispiel in der Armee, in studentischen Korporationen oder in Klöstern der Fall ist – relativ leicht dazu bringen kann, sich außerordentlich zielstrebig der Bewältigung einer bestimmten Aufgabe zu widmen. Gleichzeitig jedoch läßt sich bei solchen Männern ein sonderbarer Mangel an Vitalität in anderen Bereichen konstatieren. Sie stumpfen ab, reagieren einseitig und sind bereit, ohne zu murren, alle möglichen autoritären Prozeduren hinzunehmen. Taucht indessen, wie im Garten Eden, eine Frau auf, so erwacht das Bewußtsein, und ein moralisches Gefühl, ja selbst ein rebellischer Geist beginnen sich zu entwickeln. Die Geschlechter scheinen sich wechselseitig zu stimulieren und einander Vitalität und Kraft zu vermitteln.

Unsere Gesellschaft verbindet männliche Tugenden mit Aktivität und weibliche mit Passivität. Man kann sagen, daß die Frauen die Künste des Friedens, die Männer hingegen die Künste des Krieges vertreten. Tatsache ist jedoch, daß beide, das Männliche und das Weibliche, aktiv *und* passiv zugleich sind, wenn auch auf jeweils verschiedene Weise.

Der Umstand, daß diese Charakteristika in unserer Gesellschaft stark und ungerecht übertrieben worden sind, ist kein Grund, die wirklichen Unterschiede zu vergessen. Es stimmt, daß die sogenannten maskulinen Tugenden im 19. Jahrhundert von einem Mann verlangten, daß er, um seine Potenz zu beweisen, nicht nur die Natur eroberte, sondern auch sich selber und alle Frauen, die ihm über den Weg liefen. Und was die Frau betrifft, so herrschte die Klischeevorstellung, daß sie ein sanftes und süßduftendes Wesen zu sein habe, unselbständig und bei jeder Gelegenheit bereit, in Ohnmacht zu fallen. Die Reaktion auf dieses Klischee bestand darin, daß man versuchte, die Unterschiede völlig zu verwischen; jetzt hieß es nicht mehr »*vive la différence*«, sondern »jeder fühlt das gleiche«. Und Mann und Frau hatten auf die gleichen Dinge gleichartig zu reagieren. Zu unserem Entsetzen jedoch mußten wir bald einsehen, daß wir mit der ungerechten Unterdrückung zugleich jene Unterschiede abgeschafft hatten, die bis dahin die Quelle unserer Lust gewesen waren.

In unserem gleichmacherischen Alltag haben wir übersehen, daß die Frau – wie das Dr. Helena Deutsch nachgewiesen hat – mit einem vaginalen »Anziehen« (Invagination) reagiert, das ihr ein stärkeres Lustgefühl vermitteln kann als der intensivste Orgasmus. Der Mann reagiert nicht nur aggressiv, er reagiert auch auf dieses »Angezogen-Werden«. Und während der Orgasmus der Frau komplex und diffus ist, löst beim Mann ein neurologischer und physiologischer Mechanismus den Orgasmus aus, der, wenn die Erregung einen gewissen Punkt erreicht hat, nicht mehr zurückzuhalten ist.

Schließlich sei noch ein ebenso einfaches wie elementares ontologisches Faktum erwähnt, das im sexuellen Bereich eine Rolle spielt. Ich meine die Tatsache, daß aus dem Geschlechtsakt ein neues Wesen, ein Kind, hervorgehen kann. Dieses Ereignis bewirkt, unabhängig davon, ob der Mann bleibt oder geht, für mindestens neun Monate tiefgreifende Veränderungen im Körper und im Leben der Frau; und sieht man von pathologischen Fällen ab, so ist dieser radikale Wandel für die Frau keineswegs auf neun Monate begrenzt.

Einige Forscher, darunter Karen Horney, vertreten die Ansicht, daß die Eifersucht der Männer auf die Frauen, die die Männer dazu antreibt, ihre schöpferische Kraft durch kulturelle Taten und den Aufbau von Zivilisationen unter Beweis zu stellen, aus der Erkenntnis erwächst, daß Frauen Kinder gebären können, Männer dagegen nicht. Häufig tritt diese Eifersucht in der psychoanalytischen Behandlung bei Männern dann zutage, wenn sie sich persönlich gedemütigt oder verzweifelt fühlen. Ein südamerikanischer Patient rief, während er auf der Couch lag, immer wieder, er werde seiner Mutter niemals verzeihen können, daß sie ihn unter dem Herzen getragen und er an ihren Brüsten gesogen habe. Und er war fest davon überzeugt, daß jeder Mann diese wilde Eifersucht in sich spüre. Die archetypischen Wurzeln dieses Konflikts reichen unendlich viel tiefer als unsere modernen »westlichen« Probleme; sie reichen bis in die Anfänge der Geschichte des Menschen und seiner Existenz.

Aber die Kehrseite dieser Angelegenheit ist nicht minder bedeutsam. Wenn ich in einem früheren Kapitel sagte, daß der neue »Mann von Welt« Angst habe vor seiner Zeugungskraft, so wollte ich damit durchaus wörtlich zum Ausdruck bringen, daß diese Angst aus dem hochgradig ambivalenten Verhältnis erwächst, das der Mann zu seiner Kraft hat, ein menschliches

Wesen zu schaffen. Einer meiner Patienten war Monat für Monat genau zu dem Punkt impotent, da seine Frau empfängnisfähig war, und zwar trotz der Tatsache, daß beide sich ein Kind wünschten. Im Verlauf der Behandlung stellte sich dann jedoch heraus, daß er sich in seinem Unterbewußtsein dagegen sträubte, ein Kind zu zeugen, das ihm die Liebe seiner Frau streitig machen könnte; er wollte ihr Kind und ihr Ehemann zugleich bleiben.

Diese Ambivalenz prägt auch Freuds Begriff der »Kastrationsangst«, jener ursprünglichen Furcht, auf die, seiner Meinung nach, alle Angst zurückzuführen ist. Denn Kastration ist nicht das, was Freud und die meisten Menschen darunter verstehen: das Abschneiden des männlichen Gliedes. Die korrekte Bezeichnung dafür wäre »Verstümmelung«. Kastration bedeutet vielmehr Entfernung der Hoden; sie führt zum *Verlust der Zeugungskraft*. Ein kastrierter Mann ist ein Eunuch. Und die Eunuchen am Hofe des Sultans konnten durchaus Erektionen und Geschlechtsverkehr haben; aber sie konnten kein Kind zeugen. Auf diese Weise blieb der Stammbaum trotz mancher Seitensprünge im Harem unbeeinträchtigt. Ich glaube, Freud beweist hier ein tieferes Verständnis, als ihm selber offenbar bewußt war; denn diese Angst vor der Zeugungskraft ist, allen Verhütungsmitteln zum Trotz, wahrhaft fundamental.

Der Wunsch nach Kindern

Ich greife zur Veranschaulichung den Fall einer jungen Frau von dreißig Jahren heraus, die mich vor einigen Jahren konsultierte und für kurze Zeit meine Patientin war. Sie war in einem wohlhabenden Hause aufgewachsen, hatte ihr Examen an einem der besten Mädchen-Colleges Neu-Englands abgelegt, war intelligent und attraktiv und schien in jeder Hinsicht der typische Fall eines netten Mädchens. Im College hatte sie sich den in den vierziger Jahren allgemein verbreiteten Glauben an ein trautes Heim und Familie zu eigen gemacht und sich zum Ziel gesetzt,

nach dem Examen zu heiraten und sofort möglichst viele Kinder zu bekommen. Sie hatte ihren Plan mit bewundernswerter Präzision verwirklicht, indem sie noch am Tage der Examensfeier ihren Freund vom Nachbar-College heiratete und dann, genau wie geplant, im Abstand von jeweils zwei Jahren nacheinander fünf Kinder bekam.
Als sie jedoch im Alter von dreißig Jahren zu mir kam, gestand sie, daß sie eine Affäre mit einem Automechaniker habe, in den sie »verliebt« sei, und daß sie zum ersten Male in ihrem Leben eine starke Leidenschaft erlebe. Dieses Erlebnis, so berichtete sie, habe ihr bewußt gemacht, daß sie ihren Mann nie geliebt habe, sondern ihn verachte. Sie war bereits mit ihren fünf Kindern zu ihren Eltern gezogen, als sie sich (auf Drängen von Freunden) entschloß, einen Psychotherapeuten aufzusuchen.
Wir kamen nicht sehr weit mit der Therapie, da sie ihr Liebesverhältnis mit dem Automechaniker für »heilig« erklärte und sich weigerte, darüber zu reden. Als ich sie einige Jahre später zufällig wieder traf, wirkte sie wie eine verblichene, alternde Frau, die pflichtgetreu für den Unterhalt ihrer Kinder arbeitete. Diese Tochter des gehobenen Mittelstands hatte sich in eine Situation hineinmanövriert, die mindestens so ausweglos war, wie die Situation einer Bürgertochter um die Jahrhundertwende, die einen »Fehltritt« begangen hatte und mit einem unehelichen Kind dasaß. Der Grund dafür war mit Sicherheit weder Mangel an Information, noch Mangel an Planung und Verantwortungsbewußtsein. Meine moderne, intelligente Patientin mit ihren fünf Kindern schien in vieler Hinsicht genauso in der Falle zu sitzen wie ihre Ahnen aus der Zeit vor der Emanzipation der Frau und der Erfindung der Verhütungsmittel.
Ich führe diesen Fall an, um zu zeigen, daß die bloße Fähigkeit zur Familienplanung noch keineswegs einen sicheren Schutz vor Tragik bietet. Der psychologische Sinn der Verhütung besteht darin, daß sie den Bereich der persönlichen Verantwortung und des persönlichen Engagements erweitert. Aber die persönliche Beziehung wird dadurch keineswegs einfacher; sie kann vielmehr durchaus mehr Gewicht haben und deshalb schwieriger sein.
Da das Verhütungsmittel die Angst vor der Schwangerschaft verringert, scheint es in unserer Kultur zu einem Symbol dafür

geworden zu sein, daß wir ein für allemal den tragischen Aspekt der sexuellen Liebe überwunden haben. Ich brauche wohl kaum zu betonen, daß ich Verhütungsmittel und Familienplanung begrüße. Dennoch sollte uns das beinahe allenthalben akzeptierte Prinzip der Geburtenkontrolle nicht blind machen für die Tatsache, daß die Verhütung, mag sie der Sexualität auch noch so sehr zugute kommen, absolut nichts am Grundproblem ändert, um das es uns an dieser Stelle geht. Wenn die Verhütungsmittel den einzelnen auch von der unmittelbaren biologischen Bedrohung der Schwangerschaft befreien, so bringen sie doch gleichzeitig die Gefahr einer Verstärkung seiner psychischen Ambivalenz mit sich.

Die tragische Dimension der Sexualität und der Liebe hat, trotz der Verhütungsmittel, nichts von ihrer Bedeutung eingebüßt, aber sie hat sich vom Bereich des Automatischen, Biologischen, in den des Psychologischen verlagert, und in ebendiesen Bereich gehört das Tragische ohnehin. Denn nicht die biologischen Fakten des Leben als solche – wie Tod und Zeugung – sind es, die den Dingen die tragische Dimension geben; es ist vielmehr die Art und Weise, in der wir als Menschen auf diese Unausweichlichkeiten des menschlichen Schicksals *reagieren*. Das Tragische ist stets eine psychische und geistige Kategorie.

Ein anderes Dilemma, das aus der Freiheit, sich für oder gegen ein Kind zu entscheiden, erwächst, ist das Dilemma der persönlichen Verantwortung. Seit etwa vier Jahrzehnten ist es möglich, Kinder zu planen; und obwohl wir dieser Möglichkeit entsprechend gehandelt haben, haben wir es versäumt, die psychische und persönliche Verantwortung dafür zu übernehmen. Die Tatsache, daß wir diesem Problem stets ausgewichen sind, findet ihren Niederschlag in dem Schuldgefühl, das wir als ganze Gesellschaft unseren Kindern gegenüber haben. Wir tun alles für sie; wir sorgen für ihre Entwicklung und befriedigen ihre Launen; wir betrachten es als Beweis unserer Großzügigkeit und Tugend, wenn wir ihnen gegenüber in allen moralischen Fragen nachgeben und es den armen Kindern damit so gut wie unmöglich machen, irgend etwas an diesen ewig nachgebenden Eltern zu finden, gegen das sie aufbegehren könnten. Wenn sie fortgehen, sagen wir: »Amüsiert euch gut« und machen uns Sorgen, wenn sie sich nicht gut amüsieren oder wenn sie sich *zu* gut amüsieren, und gleichzeitig beneiden wir sie unentwegt um ihre Jugend und nehmen es ihnen übel, daß sie es, verglichen mit uns selber, so gut haben. Wir behandeln sie wie königliche Hoheiten, wir spielen ihre Kammerzofen, ihre Chauffeure, ihre Köche und Kindermädchen, ihre unerschöpflichen Geldbeutel und ihre Hauslehrer – und dann wundern wir uns, wenn sie sich plötzlich vor uns hinstellen und schreien: »Um Himmels willen, laßt uns endlich zufrieden!« Und genau das ist es, wovor wir alle uns am meisten fürchten, denn wir werden von einem namenlosen, allgegenwärtigen Gefühl der Schuld unseren Kindern gegenüber gepeinigt, von dem wir uns nicht befreien können. Dieses Schuldgefühl hat seinen Grund nicht in irgendeiner konkreten Tat oder Unterlassung hinsichtlich ihrer Erziehung, die wir uns vorzuwerfen hätten, sondern in der Tatsache, daß wir *überhaupt* Kinder haben. Denn es ist nicht mehr »Gott«, der darüber entscheidet, ob wir Kinder haben oder nicht; wir selber sind es, die diese Entscheidung treffen. Und wer von uns ahnt auch nur, was diese ungeheuerliche Tatsache bedeutet?

Oder man denke an die Ehepaare – und die Notwendigkeit einer Geburtenkontrolle bringt es mit sich, daß es ihrer viele geben wird –, die nur ein Kind haben wollen. Es dürfte nicht allzu schwer fallen, sich vorzustellen, welche ungeheure seelische Bürde dieses arme Kind mit sich herumschleppen muß. Unsere therapeutische Praxis lehrt uns, daß besonders bei Angehörigen der geistigen Berufe, die nur ein Kind haben, die Versuchung, den Nachkommen vor allem und jedem zu schützen, groß ist. Ruft er, laufen die Eltern; jammert er, geraten sie aus der Fassung; ist er krank, fühlen sie sich schuldig; schläft er nicht, sehen sie aus, als seien *sie* dem Nervenzusammenbruch nahe. Aufgrund der Situation, in die das Kind hineingeboren wurde, wird es zum kleinen Diktator. Und selbst wenn es wollte, könnte es sich nicht anders entwickeln. Hinzukommt natürlich die alles noch komplizierende Tatsache, daß ein solches Maß von Aufmerksamkeit eine erhebliche Beschneidung der Freiheit des Kindes bedeutet. Das Kind muß wie ein Prinz, der in eine königliche Familie hineingeboren wird, eine Bürde tragen, die für Kinder zu schwer ist.

Verhütungsmittel können, wie alle Erfindungen und Maschinen, unsere Freiheiten und unsere Möglichkeiten vergrößern. Doch die neue Freiheit und die neue Macht, die uns auf diese Weise zuwachsen, vergrößern zugleich unsere Angst und Ambivalenz – eine Ambivalenz, die gegenwärtig in der Banalisierung der Sexualität und der Liebe zum Ausdruck kommt. »Es ist einfach zu mühsam, nein zu sagen«, meinen nach Dr. Seymour Halleck von der University of Wisconsin die Mädchen, die sich in unserem Zeitalter der Pille zur Promiskuität bekennen[10]. Die Methode par excellence zur Vermeidung der Angst ist die Banalisierung, der Rückzug in die Gleichgültigkeit. Läßt diese Situation nicht allein den Schluß zu, daß die Möglichkeit zur Verhütung mißbraucht wird, indem man sie in den Dienst einer gleichgültigen, unkritischen, unverbindlichen Einstellung zur Sexualität stellt? Den Geschlechtsakt als banal und bedeutungslos betrachten, heißt, der eigenen Natur, wenn nicht sogar der »Natur« schlechthin, Gewalt antun.

Durch die Verhütungsmittel kann die sexuelle Begegnung, zumindest in einigen Fällen, zu einer *rein persönlichen* Beziehung werden, und diese Tatsache bedeutet für uns, daß wir den Sinn dieser persönlichen Beziehung entdecken müssen.

Viertes Kapitel
Das Dämonische

> So viel, wie ich mich kenne, scheint mir sicher, dass, wenn man mir meine Teufel austriebe, auch meinen Engeln ein kleiner, ein ganz kleiner (sagen wir) Schrecken geschähe ...
> – Rilke, als er sich von der Psychotherapie abwandte, nachdem er ihre Ziele erkannt hatte.
> Brief vom 24. Januar 1912 an Emil Freiherrn von Gebsattel

»Eros ist ein Dämon.« So einfach und direkt sind die Worte, mit denen Plato uns im *Symposion* die Tiefendimension der Liebe vor Augen führt. Diese Identifizierung des Eros mit dem Dämonischen, die für die Griechen so natürlich war, ist der Ausgangspunkt, der so gut wie alle modernen Theorien der Liebe zu Fall bringt. Es ist nicht verwunderlich, wenn der Zeitgenosse versucht, den ganzen Bereich des Dämonischen zu umgehen, zu leugnen oder einfach zu unterdrücken. Aber das heißt, den Eros »kastrieren« und sich jener Schöpferkräfte berauben, die in der Liebe liegen. Denn der polare Gegensatz zum Dämonischen ist nicht rationale Sicherheit und ruhige Heiterkeit, sondern die Rückkehr zum Unbeseelten: der Todesinstinkt. Der Antidämon heißt Apathie.

Dämonie und Vernunft

Als dämonisch ist *jede natürliche Funktion zu bezeichnen, die die Macht hat, den ganzen Menschen zu beherrschen.* Als Beispiel dafür seien Sexualität und Eros, Zorn, Wut und Machthunger genannt. Das Dämonische kann sowohl schöpferisch als auch zerstörerisch sein und ist für gewöhnlich beides zugleich. Gewinnt eines der beiden Elemente die Macht über den ganzen Menschen, so ist er »vom Dämon besessen«; er leidet, wie wir heute sagen würden, unter einer Psychose. Der Begriff des Dämonischen bezeichnet offenkundig nicht eine Wesenheit, sondern bezieht sich auf eine fundamentale, archetypische menschliche Erfahrung.

Das Dämonische ist der Drang, in jedem Wesen sich selbst zu bestätigen, zu verewigen und zu steigern. Das Dämonische wird zum Übel, wenn es sich des Ichs total bemächtigt, ohne Rücksicht auf die Integration dieses Ichs oder auf die unverwechselbaren Formen und Wünsche der anderen Menschen und deren Bedürfnis nach Integration zu nehmen. In diesem Falle tritt es als übersteigerte Aggression (Feindseligkeit und Grausamkeit) in Erscheinung, als das, was uns an uns selber am meisten erschreckt und was wir verdrängen, so gut wir können, oder – was wahrscheinlicher ist – auf andere projizieren. All dies aber ist nichts anderes als die Kehrseite dessen, was unsere schöpferische Kraft ausmacht. Das ganze Leben ist ein ständiges Hin und Her zwischen diesen beiden Aspekten des Dämonischen. Wir können das Dämonische verdrängen, können dann aber nicht den Tribut der Apathie umgehen und die Gefahr eines späteren Ausbruchs bannen, die eine solche Verdrängung mit sich bringt.

Der griechische Begriff des »daimon«, auf den unser moderner Begriff zurückgeht, schloß die schöpferische Kraft des Dichters und des Künstlers ebenso ein wie die des moralischen und des religiösen Führers und nicht zuletzt die übertragbare Macht, die dem Liebenden zu Gebote steht. Nach Plato packt die Ekstase, der »göttliche Wahnsinn«, den schöpferischen Menschen. Wir haben es hier mit einer frühen Manifestation des rätselhaften und nie gelösten Problems der engen Beziehung zwischen Genie und Wahnsinn zu tun.

In der *Apologie* beschreibt Sokrates, den man angeklagt hat, die Jugend falsche »*daimonia*« gelehrt zu haben, seinen eigenen »daimon«: »Mir aber ist dieses von meiner Kindheit an geschehen, eine Stimme nämlich, welche jedesmal, wenn sie sich hö-

ren läßt, mir von etwas abredet, was ich tun will, zugeredet aber hat sie mir nie.« Nachdem man ihn für schuldig erklärt und ihn aufgefordert hat, zu entscheiden, ob er ins Exil gehen oder sterben wolle, teilt er seinen Richtern mit, daß er sich für den Tod entschieden habe. Er erklärt diese Entscheidung mit den folgenden Worten:
»Mir ist nämlich, ihr Richter — denn euch benenne ich recht, wenn ich euch Richter nenne —, etwas Wunderbares vorgekommen. Mein gewohntes Vorzeichen nämlich war in der vorigen Zeit wohl gar sehr häufig, und oft in großen Kleinigkeiten widerstand es mir, wenn ich im Begriff war, etwas nicht auf die rechte Art zu tun. Jetzt aber ist mir doch, wie ihr ja selbst seht, dieses begegnet, was wohl mancher für das größte Übel halten könnte und was auch dafür angesehen wird; dennoch aber hat mir weder, als ich morgens aus dem Hause ging, das Zeichen des Gottes widerstanden, noch auch als ich hier die Gerichtsstätte betrat, noch auch irgendwo in der Rede, wenn ich etwas sagen wollte ... Es mag wohl, was mir begegnet ist, etwas Gutes sein, und unmöglich können wir recht haben, die wir annehmen, der Tod sei ein Übel. Davon ist mir dies ein großer Beweis. Denn unmöglich würde mir das gewohnte Zeichen nicht widerstanden haben, wenn ich nicht im Begriff gewesen wäre, etwas Gutes auszurichten[1].«
Sein »Dämon«, von dem er glaubte, daß jeder Mensch ihn besäße, hatte also eine Art Wächterfunktion.
Das Dämonische ist nicht identisch mit dem Gewissen; denn das Gewissen ist weitgehend das Produkt der Gesellschaft; es steht in Zusammenhang mit den in der jeweiligen kulturellen Umgebung herrschenden Sitten und, psychoanalytisch gesprochen, mit der Macht des Über-Ich. Das Dämonische indessen hängt nicht mit der Macht des Über-Ich, sondern mit der Macht der Natur zusammen und steht jenseits von Gut und Böse.
Aristoteles kam in seiner »eudaimonistischen« Ethik einer »Zähmung« des Dämons am nächsten. Glückseligkeit oder Eudämonie erlangt derjenige, der »mit einem guten Genius« gesegnet ist[2]. Glückseligkeit heißt, mit seinem Dämon in Harmonie leben. Der Dämon dient dem Einzelnen in besonderen Situationen als Führer. Die Römer umschrieben das Dämonische mit dem Wort

genii, von dem sich unser Wort »Genius« ableitet, das ursprünglich die Bezeichnung für eine schützende Gottheit war, für einen Geist, der über das Schicksal eines Menschen wachte, und das späterhin zur Kennzeichnung einer besonderen intellektuellen Begabung diente. Wie das Wort »Genius« auf das lateinische *generare* (zeugen, hervorbringen) zurückgeht, so ist das Dämonische die Stimme der generativen Prozesse innerhalb des Einzelnen. Aristoteles war der Ansicht, daß man Träume dämonisch nennen könne, und es stimmt durchaus mit unseren eigenen Feststellungen überein, wenn er davon spricht, daß die Natur dämonisch ist. Freud zitiert diese Bemerkung und fügt hinzu, daß sie einen tiefen Sinn enthalte, wenn sie nur richtig gedeutet werde[3].

Die entartete Form der Vorstellung vom Dämonischen, die in dem Glauben besteht, daß wir von kleinen Dämonen heimgesucht werden, die gehörnt umherfliegen, ist die Projektion einer inneren Erfahrung nach außen und ihre Konkretisierung zur objektiven Realität. Die Aufklärung, das Zeitalter der Vernunft, hat solchen Ideen völlig zu recht den Garaus gemacht und sie als mißratenen, unproduktiven Versuch einer Auseinandersetzung mit dem Phänomen der Geisteskrankheit entlarvt. Im Verlauf der letzten beiden Jahrzehnte jedoch ist uns bewußt geworden, daß wir mit dieser Überwindung der falschen »Dämonologie« gegen unseren Willen eine Banalisierung und Verflachung unserer ganzen Einstellung zum Problem der Geisteskrankheit erreicht haben. Diese Banalität beeinträchtigte insbesondere unsere Erfahrung der Liebe und des Willens. Denn die zerstörerischen Züge des Dämonischen sind nur die Kehrseite ihrer konstruktiven Motivationen. Wenn wir, wie Rilke bemerkt, unsere Teufel austreiben, dann sollten wir auch auf einen Abschied von unseren Engeln gefaßt sein. Im Dämonischen liegt unsere Vitalität, unsere Fähigkeit, uns der Macht des Eros zu öffnen. Wir müssen das Dämonische wiederentdecken in einer neuen Form, die unserem eigenen Dilemma adäquat ist und für unsere eigene Zeit fruchtbar werden kann. Und diese Neuentdeckung wird zugleich eine Wiedererschaffung der Realität des Dämonischen sein.

Das Dämonische bedarf der Führung und Lenkung. Hier ge-

winnt das menschliche Bewußtsein seine Bedeutung. Zunächst erleben wir das Dämonische als blinden Stoß. Es ist *unpersönlich*, denn es macht uns zum Werkzeug der Natur. Es treibt uns dazu, blind auf der Anerkennung unserer Rechte zu bestehen (Wut) oder eine Frau schwanger zu machen und damit die Gattung triumphieren zu lassen (Sexualtrieb). Bin ich in Wut, so kümmert es mich nicht im geringsten, wer ich bin oder wer der andere ist. Ich will nur zuschlagen und zerstören. Wenn ein Mann im Zustand starker sexueller Erregung ist, kennt er nur einen Gedanken: er will eine Frau haben, ganz gleich, wer sie ist. Aber das Bewußtsein kann das Dämonische integrieren, es persönlich machen. Hier liegt die Aufgabe der Psychotherapie.
Das Dämonische hat stets seine biologische Basis. Wie Goethe im *Faust* unmißverständlich zeigt, kannte er die dämonische Neigungen des modernen Menschen genau. Er, den das Dämonische sein Leben lang faszinierte, stellt wie Aristoteles fest, daß das Dämonische identisch ist mit den Mächten der Natur. Die entscheidende Frage ist die nach dem Zusammenbruch der Integration: Ein Element innerhalb der Persönlichkeit reißt die Macht an sich und treibt den Menschen in ein desintegrierendes Verhalten. Der erotisch-sexuelle Trieb zum Beispiel drängt den Menschen zur körperlichen Vereinigung mit dem Partner; er kann jedoch, wenn er das ganze Ich regiert, den Menschen in viele verschiedene Richtungen und alle möglichen Beziehungen drängen ohne Rücksicht auf Integration, auf das Ich des Partners oder auf die Gemeinschaft.
Eros sei ein Dämon, läßt Plato Diotima, die Autorität in Fragen der Liebe, sagen. Das Dämonische entspricht dem *Eros* und nicht der Libido oder dem Sex. Als Freud den Eros als Gegenteil und Widersacher der Libido einführte, das heißt, als die Kraft, die sich gegen den Todesinstinkt wendet und für das Leben kämpft, schloß dieser Eros-Begriff für ihn das Dämonische durchaus ein. Das Dämonische kämpft gegen den Tod. Es kämpft, um in jedem Augenblick seine Lebenskraft zu beweisen. Es ist das Dämonische, auf das wir uns beziehen, wenn wir einen Schwerkranken beschwören, nicht den »Kampf« aufzugeben, oder wenn wir resigniert feststellen, daß ein Freund sterben wird, weil gewisse Anzeichen dafür sprechen, daß er den

»Kampf« aufgegeben hat. Das Dämonische wird sich nie mit einem rational begründeten »Nein« als Antwort abfinden. So gesehen ist das Dämonische der Feind der Technologie. Es kümmert sich nicht um all die Uhrzeiten, Geschäftsstunden und Fließbänder, denen wir uns wie Roboter unterwerfen.
Am deutlichsten tritt das Dämonische bei Dichtern und Künstlern in Erscheinung. Nicht selten arbeiten Dichter in dem Bewußtsein, daß sie mit dem Dämonischen kämpfen und daß es darum geht, etwas aus den Tiefen ans Licht zu bringen. »Der Dichter gehört zur Partei des Teufels«, sagt William Blake. Und William Butler Yeats hätte für alle Dichter sprechen können, als er verkündete:

»In meinem Herzen liegen Dämonen und Götter
In einem ewigen Kampf...[4]«

In seinen Essays geht Yeats so weit, das Dämonische ausdrücklich als den »anderen Willen« zu definieren, der für ihn eine Macht außerhalb seiner selbst und gleichzeitig eine auf sein persönliches Dasein hin orientierte Macht ist.
Offenkundiger noch ist in Malerei und Bildhauerei das Dämonische der tägliche Begleiter des Künstlers. Unsere technologische Gesellschaft scheint bereit zu sein, dem Künstler zu erlauben, das Dämonische heraufzubeschwören und mit ihm zu leben, während sie Menschen, die keine Künstler sind, mißtraut, wenn sie versuchen, etwas Ähnliches zu tun. Allein der Kunst erlaubt der moderne Mensch, die unschmeichelhaften, grausamen und verschlagenen Züge, die Teil des Dämonischen sind, aufzuzeigen. Kunst kann in der Tat als Methode definiert werden, mit deren Hilfe es gelingt, sich mit dem Dämonischen gleichsam zu arrangieren. Picasso lebt und malt innerhalb des Dämonischen und wird dafür reichlich belohnt; sein Bild *Guernica*, das die verstümmelten Männer, Frauen, Kinder und Stiere in dem schutzlosen spanischen Dorf zeigt, das von der Luftwaffe bombardiert wurde, vergegenwärtigt das Dämonische mit unvergeßlicher Eindringlichkeit und transzendiert es zugleich durch Form. Paul Klee ist sich durchaus bewußt, daß seine Bilder von der Dialektik zwischen kindlichem Spiel einerseits und den dämonischen Mächten auf der anderen Seite geprägt sind; in seinen Tagebüchern finden sich mancherlei Anmerkungen zum Problem des

Dämonischen. Ohne Zweifel ist das Dämonische von zentraler Bedeutung für die moderne Kunst. Man denke in diesem Zusammenhang etwa an den Surrealismus im zweiten und dritten Jahrzehnt unseres Jahrhunderts mit den Hexen, Dämonen und grotesken Gestalten. Auf eine subtilere und eindringlichere Weise noch kommt diese Tatsache zum Ausdruck in der zeitgenössischen gegenstandslosen Kunst mit ihren zerbrochenen Räumen, die nicht selten den Eindruck eines tiefen Nihilismus erwecken, mit der schroffen Disharmonie in der Farbgebung und dem verzweifelten Bemühen um neue Formen der Kommunikation.

Überdies fällt das große Interesse der westlichen Welt des zwanzigsten Jahrhunderts an *primitiver* Kunst auf, mag sie nun in Afrika, in China oder bei den Bauern Zentraleuropas beheimatet sein. Unter den Malern der Vergangenheit sind es besonders jene, die sich wie Hieronymus Bosch und Matthias Grünewald unmittelbar mit dem Dämonischen auseinandersetzten, die viele unserer Zeitgenossen faszinieren. Obwohl diese Bilder vor vierhundert Jahren entstanden, entsprechen sie in höchstem Maße unseren Bedürfnissen und wirken heute wieder als Spiegel unseres Selbstverständnisses. Verständlicherweise tritt das Dämonische in einer Gesellschaft gerade in Zeiten des Übergangs in Erscheinung, in Zeiten also, in denen die herkömmlichen psychischen Schutzwälle schwach geworden oder völlig zusammengebrochen sind. Wie Künstler unserer Tage, so lebten Bosch und Grünewald in einer Zeit seelischer und geistiger Umwälzungen. Das Mittelalter neigte sich dem Ende zu, und die Moderne war noch nicht geboren. Es war eine Zeit der Angst vor Hexen und Magiern, die vorgaben zu wissen, wie man mit Dämonen umgehen könnte.

Die Verleugnung des Dämonischen

Bevor wir uns weiter mit dem Bedeutungsgehalt des Begriffes auseinandersetzen, mag es nützlich sein, kurz bei der Abneigung gegen das Wort zu verweilen, die heute allenthalben zu konstatieren ist. Der Begriff des Dämonischen scheint deshalb so unannehmbar, weil wir unentwegt bemüht sind, das zu leugnen, was er zum Ausdruck bringt. Er bedeutet einen harten Schlag gegen unseren Narzißmus. Wir sind »nette« Leute, und es mißfällt uns, genau wie es den kultivierten Bürgern Athens zu Lebzeiten des Sokrates mißfiel, wenn man uns in aller Öffentlichkeit daran erinnert, daß selbst unsere Liebe durch Machthunger, Zorn und Rachsucht motiviert ist. Ob wir das insgeheim vor uns selber zugeben oder nicht, spielt dabei keine Rolle. Wird das Dämonische verdrängt, so ist damit zu rechnen, daß es plötzlich in irgendeiner Form hervorbricht; im extremen Fall als Mord, als psychopathologische Quälerei oder in einer jener anderen Formen des Schreckens, die den Menschen des 20. Jahrhunderts nur zu bekannt sind. »Mögen wir auch erschauern«, schreibt Anthony Storr, »wenn wir in Zeitungen oder Geschichtsbüchern von den Greueltaten lesen, die der Mensch am Menschen begangen hat, so wissen wir doch tief in unserem Innern, daß jeder von uns die Impulse in sich trägt, die zum Mord, zum Peinigen anderer Menschen und zum Krieg führen[5]«. In einer repressiven Gesellschaft bringen einzelne Menschen, Repräsentanten des Dämonischen ihrer Zeit, stellvertretend für die Gesellschaft diese Grausamkeiten durch Taten an den Tag.

Gewiß, wir versuchen, das Dämonische zu vergessen. Als Präsident Johnson in seiner Botschaft über die Lage der Nation vom Januar 1968 darauf hinwies, daß eines seiner Ziele darin bestehe, Verbrechen und Gewalttätigkeit von der Straße zu verbannen, erntete er damit einen enthusiastischen Applaus, den bei weitem größten Applaus, zu dem es während seiner einstündigen Rede kam. Als der Präsident indessen auf Ziele wie die Schaffung eines neuen und besseren Systems der Wohnraumverteilung und die Verbesserung der Beziehungen zwischen den Rassen zu sprechen kam, spendete ihm nicht ein einziger im ganzen Kongreß Beifall. Wir beklagen die destruktive Seite des Dämonischen; aber wir schließen die Augen vor der Tatsache, daß wir mit der destruktiven Seite nur fertig werden können, wenn es uns gelingt, ebendiese Macht in konstruktive Aktionen zu verwandeln.

Vor lauter Eifer, die Banden von der Straße zu bekommen, vergißt man, ihnen zu sagen, wohin sie gehen sollen. Das Dämonische lauert überall in unseren Städten. Es erschreckt uns in Gestalt einer einzelnen Gewalttat, während wir durch die Straßen New Yorks gehen; es schockiert uns in Gestalt der Rassenunruhen in Newark und Detroit. Ganz gleich wieviele Bürger und Kongreßabgeordnete die Gewalttätigkeit der Black-Power-Bewegung beklagen mögen: Wir können sicher sein, daß die unterdrückte Macht sich gewaltsam befreien wird, wenn sie keine Chance hat, sich konstruktiv zur Geltung zu bringen. Gewalttätigkeit ist die »Besessenheit vom Dämon« in ihrer klarsten Form. Wir leben in einem Zeitalter des Übergangs, in dem die normalen Wege zur Nutzbarmachung des Dämonischen verleugnet werden. Und für solche Zeiten ist es charakteristisch, daß sich das Dämonische in der destruktivsten Form offenbart.
Als hervorragendes Beispiel für die Gefahren, denen man sich aussetzt, wenn man das Dämonische außer acht läßt, sei der Aufstieg Hitlers genannt. Die Unfähigkeit Amerikas und der westeuropäischen Nationen, das Dämonische zu begreifen, machte unfähig, die Bedeutung Hitlers und der Nazis realistisch einzuschätzen. Ich erinnere mich noch sehr gut an jene Zeit zu Beginn der dreißiger Jahre, als Hitler an die Macht kam. Die Liberalen in Amerika, zu denen auch ich gehörte, und bis zu einem gewissen Grade ebenso die Liberalen in Europa, glaubten in jenen Tagen so fest an den Frieden und die Brüderlichkeit in der Welt, daß sie Hitler und die destruktiv-dämonische Realität, die er repräsentierte, nicht einmal zur Kenntnis nehmen konnten. Es war ganz einfach unvorstellbar, daß Menschen in unserem zivilisierten zwanzigsten Jahrhundert so grausam sein konnten. Die Berichte in den Zeitungen mußten falsch sein. Der Fehler bestand darin, daß wir uns durch unsere Überzeugungen blind machen ließen. Wir hatten keinen Platz für das Dämonische. Wir glaubten, daß die Welt irgendwie unseren Überzeugungen entsprechen müsse, und der ganze Bereich des Dämonischen wurde ausgeklammert. *Die Weigerung oder Unfähigkeit, das Dämonische zu erkennen, ist selbst ein Ausdruck des Dämonischen; sie macht uns zu Komplicen der vom Dämon der Destruktion Besessenen.*

Die Leugnung des Dämonischen ist letztlich eine Selbstkastration in bezug auf die Liebe und eine Selbstvernichtung, was den Willen betrifft. Sie führt zu jenen pervertierten Formen der Aggression, die wir in unseren Tagen zur Genüge erlebt haben, zu einer Aggression, die als Folge der Verdrängung verstanden werden muß.

Das Dämonische in der Psychotherapie der Primitiven

In der Psychotherapie der Primitiven lassen sich außerordentlich interessante und aufschlußreiche Methoden der Auseinandersetzung mit dem Dämonischen beobachten. Dr. Raymond Prince, ein Psychiater, der jahrelang unter den Eingeborenen von Yorubaland (Nigeria) lebte, filmte eine faszinierende Zeremonie, die ich hier zur Veranschaulichung schildern möchte.
Wenn der Heilkundige des Stammes Mitglieder der Gemeinde von dem befreien soll, was wir psychologische Probleme nennen würden, nimmt das ganze Dorf teil. Nach dem üblichen Ritual des Knochenlesens und einer Zeremonie, die dem Zweck dient, das jeweilige Problem – Impotenz, Depression oder was es sonst sein mag – auf eine Ziege zu übertragen, die dann (als »Sündenbock«) feierlich geschlachtet wird, nehmen alle Dorfbewohner an einem wilden Tanz teil, der sich über mehrere Stunden hinzieht. Dieser Tanz ist der Hauptteil der Heilung. Entscheidend ist dabei, daß sich *der Eingeborene, der geheilt werden will, im Tanz mit der Figur identifiziert, von der er glaubt, daß sie eine dämonische Macht auf ihn ausübt.*
Ein Mann in Dr. Prince' Film, dessen Problem sexuelle Impotenz war, zog die Kleider seiner Mutter an und tanzte geraume Zeit herum, *als ob er sie wäre.* Das zeigt uns, daß die Eingeborenen wußten, daß die Impotenz eines solchen Mannes etwas mit seiner Beziehung zur Mutter zu tun hat; er steht in einem zu starken Abhängigkeitsverhältnis zu ihr, was er vor sich selber leugnet. Voraussetzung für die »Heilung« ist daher, daß

er sich mit diesem dämonischen Zug in seinem Innern auseinandersetzt und mit ihm fertig wird. Daß man die Mutter braucht und sich an sie klammert, ist eine Erfahrung, die jeder macht; sie ist von entscheidender Bedeutung für das Überleben des Kindes und stellt überdies eine wichtige Quelle unserer Zärtlichkeit und Sensibilität in späteren Jahren dar. Wenn ein Mensch das Gefühl hat, diese innere Bindung sei zu groß oder er müsse sie aus irgendeinem Grunde unterdrücken, projiziert er sie nach außen: *die Frau, mit der er ins Bett geht, ist der böse Mensch, der Teufel, der ihn zu kastrieren droht.* So kommt es, daß er impotent wird, sich gleichsam selbst entmannt.

Ein solcher Mann ist »besessen« von Frauen, und er sieht sich außerstande, sich aus dieser Besessenheit zu befreien. Das Dämonische liegt in seiner eigenen krankhaften inneren Beziehung zur Mutter. In seinem wilden Tanz fordert er das Dämonische heraus, heißt er es willkommen. Er bietet dem Teufel nicht nur die Stirn, sondern erkennt ihn an, begrüßt ihn, identifiziert sich mit ihm, assimiliert und integriert ihn als einen konstruktiven Teil seiner selbst – und wird auf diese Weise einerseits sanftmütiger und sensibler, andererseits sexuell aggressiv und potent.

In Dr. Prince' Film über den Heilungstanz der Eingeborenen sehen wir überdies ein knapp zwanzigjähriges Mädchen, das Probleme mit der männlichen Autorität hatte und sich »besessen« fühlte. Während des zeremoniellen Tanzes trägt sie Hut und Mantel des britischen Steuereintreibers der Gegend, offenkundig das Symbol ihres dämonischen Autoritätsproblems. Es ist zu erwarten, daß sie sich nach der heilenden Trance der Zeremonie sicherer fühlte, besser mit Autoritäten fertig wurde und fähig war, sich in der sexuellen Liebe einem Mann rückhaltloser hinzugeben.

Beide, der Mann wie das Mädchen, identifizierten sich mutig mit dem, was sie befürchteten und was sie zuvor so hartnäckig zu verleugnen versucht hatten. Das Prinzip, das dahinter steht, heißt: *Identifiziere dich mit dem, was dich verfolgt, und zwar nicht, um es abzuschütteln, sondern um es in das eigene Ich aufzunehmen; denn es kann nichts anderes sein als ein zurückgewiesenes Element deiner selbst.* Der Mann identifiziert sich mit seiner femininen Komponente; er wird nicht homosexuell, sondern heterosexuell potent. Wenn er mit dem Hut und dem Kleid einer Frau und das Mädchen mit Hut und Jacke des Beamten tanzt, könnte man denken, daß man einen Film über eine Maskerade sieht. Aber das ist keineswegs der Fall: Auf den Gesichtern der Dorfbewohner entdeckt man nicht die leiseste Andeutung eines Lächelns. Sie sind gekommen, um eine wichtige Zeremonie für Mitglieder ihrer Gemeinde zu begehen, und sie nehmen bis zu einem gewissen Grade teil an dem tranceartigen Zustand, der die »Patienten« überkommt. Durch die Unterstützung der Gemeinde werden das Mädchen und der Mann ermutigt, das Dämonische »herauszufordern«. Dieser Unterstützung des Einzelnen, der seinem »Dämon« entgegentritt, durch die Nachbarn, die Freunde und die Dorfgemeinschaft kommt besondere Bedeutung zu. Man kann sich schwerlich vorstellen, wie die beiden ohne die Teilnahme und die stille Unterstützung durch die Gruppe den Mut hätten aufbringen sollen, dem Dämonischen die Stirn zu bieten. Die Gemeinde schafft eine Welt des zwischenmenschlichen Vertrauens, in der man zum Kampf gegen die negativen Mächte antreten kann.

Mann und Mädchen identifizieren sich mit einem Menschen, der jeweils dem anderen Geschlecht zugehört. Das erinnert uns an Jungs Gedanken, die Schattenseite des Ichs, die verleugnet wird, repräsentiere jeweils das andere Geschlecht (die *anima* im Falle des Mannes und im Falle der Frau den *animus*). Besonders interessant ist, daß dieser Begriff *animus* einerseits ein Gefühl der Unseligkeit, eine gewalttätige, böswillige Absicht (Animosität) bezeichnet und andererseits die Bedeutung des Verbs *animare* –beseelen, beleben – enthält. All diese Begriffe haben ihre Wurzel in dem lateinischen *anima* – Geist oder Seele. Die Erkenntnis, die darin zum Ausdruck kommt, läßt sich auf die folgende Formel bringen: Der verleugnete Teil des Ich ist die Quelle von Feindseligkeit und Aggression; gelingt es jedoch, ihn mit Hilfe des Bewußtseins in das System des Ichs zu integrieren, so wird er zur Quelle der Energie und des Geistes, die den Menschen beseelen.

Man nimmt das Dämonische in sich auf oder man wird von ihm besessen. Es gibt nur eine Möglichkeit, die dämonische Besessenheit zu überwinden: Man muß sie gleichsam selber in Besitz nehmen, indem man sich offen mit ihr auseinandersetzt, mit ihr fertig wird, sie in das eigene Ich integriert. Dieser Prozeß bringt manchen Gewinn. Er stärkt das Ich, weil er integriert, was zuvor ausgeklammert war. Er überwindet die »Spaltung«, die lähmende Ambivalenz innerhalb des Ich. Und er macht den Menschen »humaner«, weil er der Selbstgerechtigkeit und der erhabenen Gleichgültigkeit ein Ende bereitet, hinter denen sich der Mensch, der das Dämonische leugnet, für gewöhnlich verschanzt.

In einer solchen Therapie wird der Patient von krankhaften Bindungen an die Vergangenheit und – wie im Falle des Mannes sehr deutlich wird – von den Bindungen an die Mutter *befreit*. Dies hängt zusammen mit der Tatsache, daß die Teufel in der Psychotherapie ebenso häufig wie in Psychologie und Legende als *weiblich* betrachtet werden. Die Furien der alten Griechen waren weiblich; die Gorgonen waren weiblich. In seinen umfassenden Untersuchungen über die Mythologien der Welt führt Joseph Campbell eine lange Reihe von weiblichen Gottheiten und Gestalten der Mythologie in allen Kulturen auf, die als dämonisch betrachtet werden. Er ist der Meinung, daß diese Gottgestalten Erdgöttinnen sind und mit der Fruchtbarkeit zu tun haben; sie repräsentieren die »Mutter Erde«. Von einem anderen Gesichtspunkt aus betrachtet, könnte man, wie ich meine, sagen, daß das Weibliche deshalb so oft als dämonisch gesehen wird, weil jeder Mensch, ganz gleich, ob männlich oder weiblich, sein Leben mit einer starken Bindung an die Mutter beginnt. Diese »biologische Einbettung« in die Frau, die ihn unter dem Herzen trägt, stellt eine Bindung dar, die der Mensch überwinden muß, wenn er sein eigenes Bewußtsein entwickeln und in seinen Handlungen autonom werden will, wenn er, mit anderen Worten, sich selber besitzen will. Hat er sich jedoch von dieser Bindung befreit und seine Autonomie erklärt, so muß er sich aufs neue bewußt dem Dämonischen zuwenden. Die Abhängigkeit, in die er sich damit begibt, ist die gesunde Abhängigkeit des reifen Mannes.

Schließlich sei noch auf eine bemerkenswerte Parallele zwischen der Erfahrung der beiden Patienten, von denen die Rede war, und dem Thema dieses Buches hingewiesen. Für den männlichen Patienten steht am Anfang ein Problem der sexuellen Liebe – er hat keine Erektion. Am Ende der Behandlung ist sein Wille geweckt: Er überwindet die passive Abhängigkeit von der Mutter und ist in der Lage, sich selbst zu behaupten. Er ist potent. Für das Mädchen indessen steht am Anfang offenkundig ein Problem des Willens – sie ist nicht in der Lage, sich Autoritäten gegenüber zu behaupten. Am Ende der Behandlung ist sie, wie man hoffen kann, fähig, einen Mann mit größerer Hingabe zu lieben. Liebe und Wille stehen demnach in einer Wechselbeziehung. Das eine stärken heißt das andere stärken.

Zur Geschichte des Dämonischen

Es ist an der Zeit, die Bedeutung des Dämonischen noch ein wenig mehr auszuleuchten. Im alten Griechenland waren die Begriffe des *daimon* und des *theos* auswechselbar. Überdies war die Bedeutung des Wortes *daimon* der des Wortes Schicksal sehr ähnlich. Wie dieses Wort Schicksal, so wurde auch *daimon* von Homer und den Autoren vor Plato niemals im Plural benutzt[6]. So wie ich ein »Schicksal« habe, habe ich auch einen »Daimon«, der sich auf die Lebensbedingungen bezieht, denen wir unterworfen sind. Die entscheidenden Fragen lauten: In welchem Maße sind diese Bedingungen auf eine äußere Macht zurückzuführen, die auf uns einwirkt? (Die Meinung, daß es sich um eine solche äußere Macht handelt, war besonders unter den älteren Schriftstellern verbreitet) In welchem Maße gehen sie auf eine Macht innerhalb der Psyche des Einzelnen zurück? (Die Ansicht, daß sie auf eine solche innere Macht zurückgeht, herrschte bei den späteren griechischen Rationalisten vor.) Heraklit etwa verkündete, daß der Dämon des Menschen sein Charakter sei.

Es war Aeschylos, jener Dichter, der die alten Mythen und religiösen Vorstellungen im Sinne des neuen griechischen Selbstbewußtseins umdeutete, der den gordischen Knoten durchschlug. Er schuf einen Begriff des Dämonischen für den griechischen

Bürger, der ein bemerkenswert hohes Maß an Verantwortung für die Zivilisation und für sich selbst entwickeln mußte. In seiner Tragödie »Die Perser« läßt Aeschylos die Königin jene Wahnvorstellungen des Xerxes beschreiben, die Persien zugrunde gerichtet haben, und sie schreibt diese Wahnvorstellungen einem »Daimon« zu. Hier wird der Mensch als passives Opfer des Dämons gesehen. Der Geist des Darios indessen sagt, als er von dem Versuch des Xerxes hört, den Bosporus mit einer Kette zu schließen (ein Akt anmaßenden Stolzes): »Ach, es war ein grauser Dämon, der ihm die Vernunft benahm!« Das ist etwas anderes. Hier läßt die dämonische Macht den Einzelnen nicht mehr nur zu ihrem Opfer werden, sondern wirkt auf seine Psyche ein; sie trübt seine Urteilskraft, erschwert es ihm, die Wirklichkeit zu sehen, überläßt jedoch *ihm* die Verantwortung für die Tat. Wir haben es hier mit dem uralten Dilemma der persönlichen Verantwortlichkeit des Einzelnen zu tun, für das, was das Schicksal ihm auferlegt hat, einzutreten. Der tragische Held bei Aeschylos behauptet sich autonom, ohne Rücksicht auf die Natur der Dinge, und geht deshalb zugrunde. Tod, Schwäche, Zeit, das sind die natürlichen Realitäten, die uns umgeben und uns, wenn die Zeit gekommen ist, untergehen lassen.

Schon bei Aeschylos ist das Dämonische sowohl *subjektiv* wie *objektiv*. Das Problem besteht immer wieder darin, beide Seiten des Dämonischen, die Phänomene der inneren Erfahrung des Einzelnen zu sehen, ohne unsere Beziehung zur Natur, zum Schicksal und zum Grund unseres Seins hinwegzupsychologisieren. Betrachtet man das Dämonische ausschließlich objektiv, so läuft man Gefahr, in einen Aberglauben abzugleiten, in dem der Mensch nichts anderes ist als das Opfer äußerer Mächte. Versteht man es hingegen als rein subjektive Macht, so interpretiert man das Dämonische psychologisch; alles hat die Tendenz, Projektion zu sein und immer oberflächlicher zu werden; man büßt die Kraft der Natur ein und läßt die objektiven Bedingungen der Existenz wie Schwäche und Tod außer acht. Dieser Weg führt zu solipsistischer Simplifizierung. Fallen wir einem solchen Solipsismus anheim, so verlieren wir auch unsere letzte Hoffnung. Die Größe des Aeschylos besteht darin, daß er beide

Seiten des Dämonischen so klar sieht und zur Geltung bringt.
Gegen Ende der *Eumeniden* läßt er Athene dem Volk sagen:
»Nicht obrigkeitslos noch Tyrannenknecht zu sein
Rat Bürgern ich als ihres Strebens höchstes Ziel,
Und – nicht die Furcht ganz fortzubannen aus der Stadt.
Denn wer der Menschen, der nichts fürchtet, bleibt gerecht?[7]«
Gegen Ende jenes glanzvollen fünften Jahrhunderts vor Christi war das Dämonische zum Protektor der rationalen Autonomie des Menschen geworden. Es war der Helfer des Menschen in seinem Ringen um Selbstverwirklichung. Es warnte ihn, wenn er Gefahr lief, seine Autonomie zu verlieren. Sokrates, der überragende Exponent dieser Betrachtungsweise, war weit davon entfernt, ein simpler Rationalist zu sein, aber er konnte sich seine rationale Autonomie bewahren, weil er akzeptierte, daß ihre Basis in einem überrationalen Bereich lag. Aus diesem Grunde triumphierte er über Protagoras. Sokrates glaubte an das Dämonische. Er nahm sowohl Träume als auch das Orakel von Delphi ernst. Er schloß weder die Augen noch verlor er den Mut angesichts dämonischer Phänomene wie der Pest in Athen im Jahre 431 vor Christi und des Krieges mit Sparta. Die Philosophie des Sokrates hatte dämonische Quellen, die sie vor der Dürre des Rationalismus bewahrten, während die Ansichten des Protagoras daran krankten, daß sie die dynamischen irrationalen Kräfte in der menschlichen Natur außer acht ließen. Die Philosophie des Protagoras, die auf der Vorstellung basierte, daß »der Mensch das Maß aller Dinge ist«, geriet, wie Dodds schreibt, »bemitleidenswert« optimistisch, und er muß als unglücklicher Mann gestorben sein, als der Krieg zwischen Athen und Sparta begann[8].
Den Menschen der modernen Aufklärung bereitete der sokratische Dämon erhebliches Kopfzerbrechen. Es ist faszinierend zu lesen, was ein Erbe des Zeitalters der Vernunft wie Thomas Jefferson von der Tatsache hält, daß Sokrates sich »von einem schützenden Dämon raten und führen ließ«. Von ihm stammt die bedauernde, wenn auch von unserem Standpunkt aus absurde Bemerkung: »Wie viele unserer weisesten Männer glauben immer noch an die Realität dieser Eingebung, obgleich sie in allen anderen Dingen durchaus vernünftig sind[9].« Und auch John

Quincy Adams stand vor einem Rätsel: »Es ist schwer zu sagen, ob dies [der sokratische Dämon] eine Folge des Aberglaubens war oder ob er in Metaphern sprach ... Die von ihm angeführten Beispiele der Situationen, in denen er die Stimme hörte, lassen kaum vermuten, daß er damit die Stimme der Vernunft oder des Gewissens meinte[10].«
Nein, Sokrates meinte weder das eine noch das andere, und Jefferson und Adams konnten nicht übersehen, daß ihm nichts ferner lag als Aberglaube. Wenn er auch nicht in Metaphern sprach, so sprach er doch in Symbolen. Denn allein in der Sprache des Symbols und des Mythos lassen sich solche fundamentalen archetypischen Erfahrungen zum Ausdruck bringen, die den ganzen Menschen betreffen. Das Dämonische gehört zu jenen Erfahrungen, die eine diskursive, rationale Sprache nie ganz erfassen kann. Deshalb bediente sich Plato immer dann der Sprache des Symbols und des Mythos, wenn nur diese Sprache ausdrücken konnte, was er meinte: Daß Gott jedem Menschen einen Dämon beigegeben hat und daß dieser Dämon den Menschen an das Göttliche bindet. Für uns, die wir in der Zeit nach der Aufklärung und nach Freud leben, ist es einfacher zu verstehen, was Sokrates tatsächlich meinte, wenn wir das Es erforschen und die »dunklen« und irrationalen Quellen nicht nur der Inspiration und der schöpferischen Kraft, sondern aller menschlichen Handlungen kennen.
Die griechische Vorstellung vom Dämon beinhaltet die *Vereinigung von Gut und Böse*. Der Dämon ist die Brücke zwischen dem Göttlichen und dem Menschlichen und hat an beidem teil. Mit seinem Dämon in Einklang leben (Eudämonismus) ist zwar schwierig, aber lohnend. Das Dämonische ist der natürliche Trieb in seiner nacktesten Form, ein Trieb jedoch, den der Mensch, der sich dessen bewußt ist, bis zu einem gewissen Grade assimilieren und dirigieren kann. Das Dämonische zerstört rein rationalistische Pläne und eröffnet dem Menschen schöpferische Möglichkeiten, von denen er zuvor nicht wußte, daß er sie besaß. Es findet bei Plato eine Veranschaulichung im Bild der mächtigen, schnaubenden Pferde, die der Mensch nur unter Aufwand all seiner Kräfte in Zaum halten kann. Und dieses ewige Bemühen bedeutet für den Menschen eine nie versiegende Quelle

von Formen und Möglichkeiten, die ihn mit Ehrfurcht und Freude erfüllen.

In der hellenistischen und der christlichen Ära wurde die Kluft zwischen der guten und der bösen Seite des Dämons tiefer. Die Bewohner des Himmels trennten sich nunmehr in zwei Lager – in das der Teufel und das der Engel, wobei die ersteren mit dem Satan, die letzteren mit Gott verbündet sind. Es scheint, daß diese Entwicklung ihren Ursprung in der Erwartung hatte, daß eine solche Spaltung es dem Menschen leichter machen werde, den Teufeln entgegenzutreten und sie zu überwinden.

Gleichzeitig aber bedeutet diese Spaltung das Ende der klassischen Vorstellung vom *Sein* als einem Miteinander guter und destruktiver Möglichkeiten. Hier liegt der Ursprung von Rilkes Problem: Werden die Teufel vertrieben, so ergreifen auch die Engel die Flucht. Das Wort Satan oder Teufel geht auf das griechische Wort *diabolos* zurück. Das zu diesem Substantiv gehörende Verb *dia-ballein* bedeutet interessanterweise »in Stücke reißen«. Und noch interessanter ist, daß das Wort »diabolisch« das Antonym zu »symbolisch« ist. »Symbolisch« kommt von *sym-ballein,* was so viel bedeutet wie »zusammenwerfen«, vereinigen. Diese beiden Worte sind ungeheuer aufschlußreich im Hinblick auf eine Ontologie von Gut und Böse. Das *Symbolische* zieht zusammen, bindet, integriert; das *Diabolische* dagegen desintegriert, reißt auseinander. Sowohl das eine wie das andere ist im Dämonischen enthalten.

Ursprünglich ein Erzengel, bekommt Satan den besonderen Namen »Widersacher«; er ist es, der Eva im Garten Eden und Jesus auf dem Berge in Versuchung führt. Bei genauerem Hinsehen jedoch zeigt sich, daß Satan weit mehr ist als nur der Widersacher. Satan bediente sich der Schlange – eines eindeutig dämonischen Elements der Natur. Im Garten Eden ist Satan die Verkörperung der dämonischen Lust und des Strebens nach Macht durch Erkenntnis, die den Menschen unsterblich werden läßt »wie Gott«. Gott tadelte Adam und Eva dafür, daß sie vom Baume der Erkenntnis von Gut und Böse gegessen hatten, und er befürchtete, daß sie nun auch vom Baum des ewigen Lebens essen würden. Dieses Drama im Garten Eden und das Drama der Versuchungen Jesu auf dem Berge sind symbolische Verge-

genwärtigungen des dämonischen Dranges nach Wollust und Macht, und Satan ist das Symbol, das diesen dämonischen Drang verkörpert.
Satan, Luzifer und die übrigen dämonischen Gestalten, die alle irgendwann einmal Erzengel waren, sind psychologisch notwendig. Sie *mußten* erfunden, *mußten* geschaffen werden, um das menschliche Handeln und die menschliche Freiheit möglich zu machen. Ohne sie würde es kein Bewußtsein geben. Denn jeder Gedanke zerstört, indem er schafft. Das eine denken, heißt, das andere ausklammern; das eine bejahen, heißt, das andere verneinen. Denn das Bewußtsein funktioniert nach dem Entweder-Oder-Schema; es ist ebenso destruktiv wie konstruktiv. Ohne Rebellion kein Bewußtsein.
Deshalb wäre der Gedanke, daß Satan oder die anderen »Widersacher« durch eine schrittweise Entwicklung zur Vollendung hin überwunden werden können, selbst dann keine konstruktive Idee, wenn die Möglichkeit dazu gegeben wäre. Und eine solche Möglichkeit besteht offenkundig nicht. Die Heiligen redeten keinen Unsinn, wenn sie sich als die größten Sünder bezeichneten. Den aus dem Bereich der Technologie stammenden Begriff der Perfektion auf die Ethik übertragen, heißt, ihn verzerren.
Die Schwierigkeit bei diesem kosmischen Plan, und es ist eine erhebliche Schwierigkeit, besteht darin, daß die Engel so sanfte und uninteressante Geschöpfe sind. Sie sind *per definitionem* geschlechtslos. Sie wirken nicht selten wie Cupido, das heißt, wie Eros in seiner kümmerlichsten Gestalt. Sie scheinen in erster Linie die Funktion zu haben, als eine Art himmlischer Postboten umherzufliegen und Botschaften zu übermitteln. Sieht man von einigen Erzengeln wie Michael ab, so sind sie verhältnismäßig machtlose Wesen. Für mich jedenfalls sind Engel immer nur als dekorative Beigabe zum Weihnachtsfest von Interesse gewesen.
Sind Engel also langweilig? Ja – bis sie fallen! Ein gefallener Engel fasziniert uns plötzlich. Der aus dem Himmel vertriebene Luzifer wird zum dynamischen Helden von Miltons *Verlorenem Paradies*. Ein unabhängiger, selbstbewußter Engel, der nicht bereit ist, sich zu unterwerfen, erweckt unsere Aufmerksamkeit, ja, unsere Bewunderung.
Der gefallene Engel gewinnt einen Teil der Kraft des Dämoni-

schen zurück, einer Kraft, die im Dualismus, dessen es angesichts der desintegrierenden Mythologie der alten heidnischen Welt bedarf, aufgegeben wird. Rilke hat also durchaus recht, wenn er weder auf seine Engel *noch* auf seine Teufel verzichten will; denn beide sind notwendig. *Beide zusammen machen das Dämonische aus.* Und wer wollte behaupten, daß die Teufel für Rilkes Dichtung nicht mindestens so wichtig sind wie die Engel?

Die strenge Einteilung in Teufel und Engel wurde während des ganzen Mittelalters beibehalten. Die Menschen des Mittelalters waren fasziniert von ihren »Dämonen«, und zwar selbst dann, wenn sie sie verdammten. Wie wären sonst all die lachenden und düster dreinschauenden Tiergestalten zu erklären, die an den Wänden ihrer Kathedralen zu sehen sind? Die Künstler, die sie in Stein meißelten, müssen das Dämonische gekannt haben. Die Menschen des Mittelalters waren geradezu stolz auf die »dämonischen« Züge ihres Wesens. Das hinderte sie freilich nicht daran, in den Religionskriegen ihre jeweiligen Feinde als Genossen des Teufels zu verdammen. Es scheint, daß der Mensch zu allen Zeiten die Neigung hatte, den Außenseiter, den Fremden, den anderen als den Bösen hinzustellen und sich selbst einen Platz unter den Engeln zuzuweisen.

Die Wiederentdeckung des Dämonischen als einer Macht, die sich nicht an den Maßstäben von Gut und Böse messen läßt, geht auf den antirationalen Geniekult gegen Ende des 18. Jahrhunderts zurück. Sie war Ausdruck einer fundamentalen Abkehr von der Aufklärung und den bürgerlich-militaristischen Ordnungsbegriffen sowie des Protests gegen die moralistische und intellektualistische Theologie der Zeit[11].

Auch Goethe fühlte sich zeitlebens vom Dämonischen fasziniert und befaßte sich intensiv mit diesem Problem. Das Dämonische ist für ihn nicht *nur* Natur, sondern zugleich Schicksal. Es führt den Menschen zu bedeutsamen Begegnungen – wie der seinen mit Schiller –, und es bringt große Männer hervor. Goethe sagt von sich selber, daß er das Dämonische bereits in einem sehr frühen Stadium seiner Entwicklung entdeckt habe und daß sein besonderes Schicksal entscheidend davon bestimmt worden sei. Im 20. Buch von Dichtung und Wahrheit heißt es über das Dämonische:

»Er glaubte in der Natur, der belebten und unbelebten, der beseelten und unbeseelten, etwas zu entdecken, das sich nur in Widersprüchen manifestierte und deshalb unter keinen Begriff, noch viel weniger unter ein Wort gefaßt werden könnte ... Nur im Unmöglichen schien es sich zu gefallen und das Mögliche mit Verachtung von sich zu stoßen. Dieses Wesen, das zwischen alle übrigen hineinzutreten, sie zu sondern, sie zu verbinden schien, nannte ich dämonisch, nach dem Beispiel der Alten und derer, die etwas Ähnliches gewahrt hatten[12].«

Für Goethe waren Musik und Dichtung, Religion und die patriotische Begeisterung der Freiheitskriege, Napoleon und Lord Byron gleichermaßen dämonisch. Gegen Ende von *Dichtung und Wahrheit* heißt es:

»Obgleich jenes Dämonische sich in allem Körperlichen und Unkörperlichen manifestieren kann, ja bei den Tieren sich aufs merkwürdigste ausspricht, so steht es vorzüglich mit dem Menschen im wunderbarsten Zusammenhang und bildet eine der moralischen Weltordnung wo nicht entgegengesetzte, doch sie durchkreuzende Macht, so daß man die eine für den Zettel, die andere für den Einschlag könnte gelten lassen ... Am furchtbarsten aber erscheint dieses Dämonische, wenn es in irgendeinem Menschen überwiegend hervortritt. Während meines Lebensganges habe ich mehrere teils in der Nähe, teils in der Ferne beobachten können. Es sind nicht immer die vorzüglichsten Menschen, weder an Geist noch an Talenten, selten durch Herzensgüte sich empfehlend; aber eine ungeheure Kraft geht von ihnen aus, und sie üben eine unglaubliche Gewalt über alle Geschöpfe, ja sogar über die Elemente, und wer kann sagen, wie weit sich eine solche Wirkung erstrecken wird[13]?«

Zwar fasziniert Goethe das Dämonische, aber er zollt ihm weder blinde Bewunderung wie die Romantiker, noch verdammt er es wie die Rationalisten. Er entwickelte eine Art Aristokratie des Dämonischen. Einige Menschen sind in starkem Maße durch das Dämonische geprägt, andere nicht. In seiner Ähnlichkeit mit dem »Dionysischen« Nietzsches und dem *élan vital* Bergsons ist das Dämonische nicht-rational. Große Menschen, die in hohem Maße durch das Dämonische geprägt sind, sind so lange unbesiegbar, bis sie – was unvermeidlich ist – von ihrer Hybris dazu getrieben werden, die Natur selbst anzugreifen. Napoleon wurde nicht von den Russen bezwungen, sondern von den Russen und ihrem Winter. Wir haben es hier mit einem Beispiel des dem Dämonischen adäquaten Wollens zu tun: Was die Russen nicht mit eigener Kraft vollbringen konnten, das schafften sie, indem sie ihren Willen in Übereinstimmung brachten mit der Natur, der Größe ihres Landes; Kooperation zwischen Mensch und Natur, Mensch und Schicksal.

Unter den zeitgenössischen Denkern ist es in erster Linie Paul Tillich, der unsere Aufmerksamkeit auf das Dämonische gelenkt hat. Das ist der Grund für das große Interesse, das ihm Psychiater und Psychologen entgegenbringen. Ich wurde einmal von von einer schizophrenen Frau konsultiert, die ein Jahr zuvor unmittelbar vor einem seelischen Zusammenbruch gestanden hatte. Sie war zu Paul Tillich gegangen und hatte ihm von ihren »Dämonen« erzählt. Mit größter Gelassenheit hatte er gesagt: »Jeden Morgen zwischen sieben und zehn Uhr lebe ich mit den Dämonen.« Diese Worte hatten ihr sehr geholfen, und ich glaube, sie haben entscheidend dazu beigetragen, daß sie am Leben blieb. Tillichs Bemerkung hatte ihr vor Augen geführt, daß ihre inneren Erfahrungen sie keineswegs zu einer Fremden unter den Menschen machten. Sie begriff, daß ihr Problem ein menschliches Problem war, das sich nur graduell von den Problemen anderer unterschied; damit eröffnete sich für sie wieder die Möglichkeit einer Kommunikation mit ihrer Welt und den Menschen ihrer Umgebung.

Freud führte uns in das dantische Purgatorium der dämonischen Mächte und überschüttete uns mit empirischen Daten, die beweisen, welche Bedrohung diese Mächte darstellen, die zu Perversion, Neurosen, Psychosen und Wahnsinn führen können. Es ist klar, daß eine konstruktive Psychotherapie nicht darin bestehen kann, daß man der Versuchung nachgibt, dem Dämonischen einfach deshalb auszuweichen, weil es gefährlich ist. Derlei Methoden zur Lösung psychischer Probleme führen allein zur »Anpassung« und damit zur Langeweile. Kein Wunder, daß Patienten Neurose und Psychose der »Normalität« vorziehen; denn ihrer vom Durchschnitt abweichenden Existenz fehlt es zumindest nicht an Vitalität und Kraft.

Im Wort »Schicksal« ist das Dämonische bei Freud ebenso enthalten wie in den Begriffen der Libido, des Thanatos und des Triebes. Jeder einzelne dieser Begriffe impliziert, daß Mächte in uns wohnen, die von uns Besitz ergreifen, uns zu Werkzeugen der Natur machen können. Die Libido zum Beispiel kann dem Menschen alle möglichen Fallen stellen; sie kann ihn, noch während er sich in dem Gefühl sonnt, diesmal der Versuchung widerstanden zu haben, packen und ihn gegen seine Überzeugung in den Dienst der unpersönlichen Zwecke der Arterhaltung stellen. Wird man mit derlei unausweichlichen psycho-biologischen Phänomenen nicht fertig, so führt das zu pathologischen Erscheinungen. Dieser Gedanke Freuds ist realistisch, scharfsinnig und konstruktiv; man muß ihn vor dem Hintergrund der viktorianischen Trennung zwischen Ich und Natur sehen, um seine volle Tragweite zu erfassen. Das Dämonische ist in den Freudschen Begriffen ›enthalten‹. Es ist der Eros, der dann als unser Verbündeter im Kampf gegen den Todesinstinkt und für das Leben auf den Plan tritt, wenn die Libido der Zerstörung zutreibt. Eros muß in der Gestalt des Dämonischen auftreten, um den Sieg davonzutragen. Hierin liegt Freuds klares Bekenntnis zum Eros als Dämon.

Prof. Morgan stellt Freuds rigorose und unsentimentale Auffassung von der Liebe der Auffassung jener Denker gegenüber, die dem modernen Menschen illusorische Verheißungen machen. »Keine Frommsche ›Liebeskunst‹ ... keine liberal-utilitaristische Technologie ... wird den Frieden auf Erden bringen, dem guten Willen unter den Menschen zum Sieg verhelfen [nach Freuds Auffassung]. Der Grund ist ebenso simpel wie elementar: Wir Menschen tragen in uns den Keim zu unserer eigenen Zerstörung. Wir müssen ebenso hassen wie lieben, und unser Wille, uns selbst und unsere Mitmenschen zu zerstören, ist nicht schwächer als der, sie zu erzeugen und zu schützen[14].«

Liebe und Dämonie

Jeder Mensch sehnt sich in seiner Einsamkeit nach der Vereinigung mit einem anderen Menschen. Er sehnt sich danach, teilzuhaben an einer Beziehung, die über ihn selbst hinausreicht. Für gewöhnlich versucht er, seine Einsamkeit durch irgendeine Form der Liebe zu überwinden.
Der Psychotherapeut Otto Rank sagte einmal, daß alle Frauen, die zu ihm gekommen seien, unter der mangelnden Aggressivität ihrer Ehemänner gelitten hätten. Mag diese Feststellung auch allzu sehr nach Vereinfachung klingen, so ist sie in einem Punkte doch überaus aufschlußreich: Unsere sterile Kultivierung des Sexuellen kann uns so willkürlich und gleichgültig machen, daß der Geschlechtsakt jegliche Kraft verliert und die Frau nicht mehr die vitale elementare Lust des Außer-sich-Seins, des Hingerissen-Werdens verspürt. Der »Liebesbiß« – jene Geste der Feindseligkeit und Aggression, zu der es gewöhnlich im Augenblick des Orgasmus kommt, die jedoch auch den ganzen Liebesakt begleiten kann, hat eine konstruktive psychophysische Funktion.
Selbstbehauptung, die Fähigkeit, auf den eigenen Füßen zu stehen, und Selbstbewußtsein machen es dem Menschen erst möglich, sein Ich in Beziehung zu anderen zu setzen. Man muß etwas zu geben haben und fähig sein, es zu geben. Natürlich besteht die Gefahr einer übersteigerten Selbstbehauptung. Aber dieser Gefahr kann man nicht ausweichen, indem man auf jegliche Selbstbehauptung verzichtet. Denn ist man unfähig, sich selbst zu behaupten, so ist man auch unfähig, an einer echten Beziehung teilzuhaben. Eine dynamische, dialektische Beziehung ist ein kontinuierlicher Prozeß des Gebens und Nehmens, in dessen Verlauf man sich zur Geltung bringt, eine Reaktion des andern spürt, darauf in der Selbstbehauptung vielleicht ein wenig zu weit geht, das »Nein« des anderen fühlt, zurückweicht ohne aufzugeben, eine neue Form der Teilhabe sucht und schließlich den Weg findet, der dem Wesen des anderen am ehesten entspricht. Auf diese Weise wird das Dämonische zu einer konstruktiven Kraft. Diese Behauptung der eigenen Individualität in der Beziehung zu einem anderen Menschen birgt zwar die Gefahr einer

Ausbeutung des Partners; aber ohne sie ist keine lebendige Beziehung möglich.

In richtiger Dosierung ist das Dämonische der Drang, sich dem anderen zu öffnen, das Leben durch das Sexuelle zu steigern, schöpferisch zu wirken; es ist die Freude oder einfach die Gewißheit darüber, daß wir etwas bedeuten, daß wir auf andere einwirken, sie formen, eine Macht ausüben können, die nachweisbar bedeutsam ist. Es vermittelt uns die Gewißheit, daß wir einen Wert haben.

Wenn das Dämonische ausschließlich die Oberhand gewinnt, so ist die Einheit des Ichs und die Beziehung zum Partner zerstört – eine Tatsache, die sich in Sätzen andeutet wie: »Ich hatte die Gewalt über mich verloren; ich handelte wie in einem Traum; ich wußte nicht mehr, daß ich es war.«

Die im letzten Kapitel erwähnte Frau, die sich in den Automechaniker verliebt hatte, berichtete mir, ihr Mann sei Abend für Abend »mit einem Sünderblick im Hause herumgeschlichen« und habe darauf gewartet, daß sie zu ihm ins Bett käme. Bei allem Mitgefühl für die kümmerliche Lage ihres Mannes können wir verstehen, daß für die Frau mit ihrem Bedürfnis nach Hingabe die erotische Aggressivität des Mechanikers, die durch derlei Ambivalenz nicht gehemmt war, eine große Erleichterung bedeutete.

Biologisch gesehen, findet das Dämonische im Manne seinen deutlichsten Ausdruck in der Erektion – einem Phänomen, das für die Frau, deren Interesse bereits geweckt ist, schon als solches einen verführerischen erotischen Zauber hat. (Ist ihr Interesse noch nicht geweckt, so fühlt sie sich durch dieses Phänomen abgestoßen, was wiederum nichts anderes bedeutet, als daß die phallische Erektion eine emotionale Macht ausübt.) Welche Bedeutung die phallische Erektion als dämonisches Symbol bereits für die alten Griechen hatte, geht aus der Tatsache hervor, daß sie ihre Vasen mit Bildern tanzender Satyrn schmückten, die sich ohne Ausnahme durch stolze Erektionen auszeichnen. Eine ähnlich dämonische Bestätigung, wie sie die Fähigkeit zur Erektion für den Mann darstellt, liegt für die Frau in der Fähigkeit, den Mann vorbehaltlos zu begehren, ihn haben zu wollen und ihn auf subtile Weise wissen zu lassen, daß sie ihn haben will.

Mann und Frau brauchen diese Selbstbestätigung, um die Kluft zu überbrücken, die sie trennt, und um die angestrebte Vereinigung herbeizuführen.

Nichts liegt mir ferner, als eine Rückkehr zur primitiven Sexualität zu fordern. Ebensowenig geht es mir darum, den noch kindlichen Mann und die noch kindliche Frau zu trösten, die Aggression als unverhohlenes Beharren auf Forderungen an den sexuellen Partner deuten. Wenn ich von Aggression spreche, so meine ich damit eine Bestätigung des Ichs, die nicht in der Schwäche, sondern in der Stärke wurzelt und untrennbar verknüpft ist mit Sensibilität und Zärtlichkeit.

Menschen, die sich in psychotherapeutische Behandlung begeben, überrascht immer wieder, daß sie plötzlich ein Gefühl der Liebe für ihren Partner verspüren, nachdem sie ihren Zorn, ja ihren Haß auf den Ehepartner eingestanden und diesen während der Sitzung ausgiebig beschimpft haben. Patienten, die zunächst halb bewußt entschlossen sind, die negativen Gefühle, die sie für ihren Partner hegen, zu verbergen, merken nach einer Weile, daß sie mit ihrer Aggression zugleich die Liebe für den Partner verdrängen.

Hier wird mehr sichtbar als die Tatsache, daß das menschliche Bewußtsein von Polaritäten geprägt ist: Das Positive kann erst zur Geltung kommen, wenn auch das Negative zu Wort kommt. Diese Beobachtung veranlaßt den Psychoanalytiker, das Negative in der Hoffnung zu analysieren, daß dann das Positive von selbst zum Vorschein kommen wird. Hier liegt der konstruktive Wert der Anerkennung des Dämonischen und der Auseinandersetzung mit ihm. Denn wir erinnern uns: »Eros ist ein Dämon«, Eros hat nicht nur mit Liebe zu tun, sondern ebenso mit Haß; er ist der Energiespender, der Störenfried gleichsam, der uns wachhält. Eros ist der Feind des Nirwana, des windstillen Friedens. Haß und Liebe sind keine polaren Gegensätze; sie gehören, besonders in einer Zeit des Übergangs wie der unseren, zusammen.

Ein häufig diskutiertes Drama der letzten Jahre, *Wer hat Angst vor Virginia Woolf?*, stellt einen dreistündigen Kampf dar, in dessen Verlauf sich zwei Ehepartner gegenseitig seelisch abschlachten.

Welchem Umstand verdankt das Stück seine faszinierende Kraft? Ich glaube, der Tatsache, *daß es die dämonischen Wünsche, Gedanken und Gefühle freilegte, die in jeder Ehe eine Rolle spielen, in unserer bürgerlichen Gesellschaft jedoch stets geleugnet werden.* Die beiden Hauptfiguren George und Martha verspüren zwar ein gewisses Maß an Liebe füreinander, aber sie fürchten sich davor, ebenso wie sie sich vor ihrer Zärtlichkeit fürchten. In dieser Hinsicht stellt das Stück ein scharfsinniges Porträt des modernen westlichen Menschen dar. Denn wir fürchten uns sowohl vor unseren dämonischen Neigungen als auch vor unseren zärtlichen Gefühlen; wobei dämonische Neigungen und zärtliche Gefühle natürlich zwei Aspekte ein und derselben Sache sind. Zärtliche Liebe erfordert Konfrontation mit dem Dämonischen. Zärtlichkeit und das Dämonische scheinen Gegensätze zu sein, aber wer das eine leugnet, der verliert auch das andere.

Wir brauchen uns nur an die schauerlichen Vorkommnisse im griechischen Drama zu erinnern – Medea tötet ihre Kinder, Ödipus blendet sich, Klytämnestra ermordet ihren Gatten, um dann selber von ihrem eigenen Sohn ermordet zu werden –, um zu erkennen, daß das Dämonische zum Wesen der großen klassischen Werke gehörte, die, wie Aristoteles sagt, ihr Publikum durch Mitleid und Furcht läuterten. Das haarsträubende Ereignis selbst fand in den griechischen Dramen freilich stets hinter der Bühne statt und wurde dem Publikum durch Schreie und entsprechende Musik vermittelt. Das hat verschiedene Vorzüge: Zum einen entspricht es dem Umstand, daß sich das Dämonische in unserem Leben für gewöhnlich in der Tat gleichsam hinter der Bühne vollzieht, das heißt, im Bereich des Vorbewußten und des Unbewußten. Wir ermorden den Kollegen nicht, mit dem wir uns in der Ausschußsitzung streiten; wir malen uns nur aus, wie er, vom Herzschlag getroffen, tot umfällt. Zum anderen waren die Griechen weder an der Barbarei noch am Melodrama als solchem interessiert. Sie wußten, daß das eine wie das andere das Kunstwerk zerstört. Der Dramatiker mußte in seinem Werk die *Bedeutung* des Mordes sichtbar machen. Nicht hingegen die Emotion als solche wachrufen.

Ich meine, daß einer der wichtigsten Gründe für die Blüte der griechischen Kultur in dem Mut und der Bereitschaft der Griechen zu finden ist, dem Dämonischen die Stirn zu bieten. Die Griechen bekannten sich zur Leidenschaft, zum Eros und zum Dämonischen, das mit Leidenschaft und Eros untrennbar verknüpft ist. Sie weinten, sie liebten und sie töteten mit Hingabe. In der Welt der alten Griechen ist es gerade der *starke* Mensch – wie Odysseus oder Prometheus –, der weint. Auf Grund ihrer Fähigkeit, sich unmittelbar mit dem Dämonischen auseinanderzusetzen, statt es, wie der moderne Mensch, zu leugnen und zu verdrängen und sich damit selbst zu kastrieren, waren die Griechen davon überzeugt, daß das Wesen der Tugend eines Mannes darin besteht, daß er sich verantwortungsbewußt zu seinen Leidenschaften bekennt, statt von ihnen übermannt zu werden.

Was bedeutet es, dem Dämonischen die Stirn zu bieten? William James erfaßte bereits vor einem dreiviertel Jahrhundert, worin das Wesen des Dämonischen besteht und wie man damit fertig wird. »Es ist also die Schlechtigkeit selbst, der die Tat ihre schwindelerregende Faszination verdankt. Man schaffe das Verbot ab, und der Reiz ist dahin. In meinen Universitätstagen warf sich einmal ein Student aus dem Vorhallenfenster eines College-Gebäudes und kam dabei fast zu Tode. Ein anderer Student, der mit mir befreundet war, kam auf seinem Weg in die Vorlesungen täglich an diesem Fenster vorbei und fühlte sich jedesmal versucht, die Tat nachzuahmen. Da er Katholik war, erzählte er seinem Beichtvater von dieser Versuchung. »Wenn du es unbedingt tun mußt, dann mußt du es eben tun. Also geh hin und tue es«, sagte der Beichtvater. Und schon war die Versuchung endgültig überwunden. Dieser Beichtvater wußte, wie einem verwirrten Geist zu helfen war[15].

An dieser Stelle möchte ich ein Beispiel aus meiner psychotherapeutischen Praxis anführen, das den Zustand der Besessenheit zeigt, der gemeinhin nicht mit dem Dämonischen in Zusammenhang gebracht wird: Ich meine den Zustand der Einsamkeit. Ein Patient litt unter häufigen Anfällen akuter Einsamkeit, die sich zur Panik steigerten. In einem solchen Zustand der Panik verlor er das Orientierungsvermögen, büßte den Zeitsinn ein und stumpfte für die Dauer des Anfalls in allen Reaktionen auf die Umwelt völlig ab. Die Geisterhaftigkeit dieser Einsamkeit zeigte sich darin, daß sie augenblicklich verschwinden konnte, wenn der Patient das Klingeln eines Telefons oder Schritte auf dem Flur hörte. Er versuchte verzweifelt, diese Attacken abzuwehren, was nur zu verständlich ist, da akute Einsamkeit die qualvollste Art von Angst ist, unter der ein Mensch leiden kann. Immer wieder berichten uns Patienten, daß solche Angst einen körperlichen Schmerz in der Brust verursacht, daß sie wie ein Rasierklingenschnitt in der Herzgegend wirkt und dem von ihr heimgesuchten Menschen überdies das Gefühl eines Kindes gibt, das in einer leeren Welt lebt, in der außer ihm keine Seele existiert.

Mein Patient versuchte, sich mit allen Mitteln abzulenken, zu arbeiten oder ins Kino zu gehen, wenn das Gefühl der Einsamkeit in ihm aufstieg. Aber was er auch tat, die Bedrohung ließ sich nicht vertreiben. Arbeitete er, so hörte er ein teuflisches Lachen hinter sich, das ihn an die Vergeblichkeit seiner Mühe erinnerte. Früher oder später mußte er erschöpfter als zuvor aufgeben, und sofort fiel ihn die Einsamkeit wieder an. Saß er im Kino, so wurde ihm unweigerlich bei jedem Wechsel der Szene erneut bewußt, daß der nagende Schmerz zurückkommen werde, sobald er wieder auf der Straße war.

Eines Tages jedoch kam er zu mir und berichtete, daß er eine überraschende Entdeckung gemacht habe. Da er wußte, daß ihm die Flucht ohnehin nie geholfen hatte, hatte er zum erstenmal gar nicht erst den Versuch unternommen, das aufsteigende Gefühl der Einsamkeit abzuwehren. Wenn sich nichts dagegen tun ließ, warum sollte er sich dann nicht damit abfinden, sich dem Gefühl zuzuwenden, statt sich von ihm abzuwenden. Erstaunlicherweise überwältigte ihn die Einsamkeit nicht mehr, als er ihr die Stirn bot. Ja, sie schien sich sogar zu verlieren. Diese Beobachtung machte ihn mutiger, und er begann, die Einsamkeit herauszufordern, indem er sich Situationen ausmalte, in denen er sich in der Vergangenheit besonders einsam gefühlt hatte. Und er rief Erinnerungen in sich wach, die bis dahin mit Sicherheit eine Panik ausgelöst hätten. Aber seltsam, die Einsamkeit hatte ihre Macht verloren. Das Gefühl der Panik meldete sich selbst dann nicht, wenn er es bewußt zu provozieren suchte. Und je mehr er die Einsamkeit herausforderte, desto unmöglicher wurde es ihm, sich auch nur vorzustellen, wie sie ihm je so unerträgliche Qualen hatte bereiten können.

Der Patient hatte entdeckt, daß er nur dann eine akute Einsamkeit fühlte, wenn er auf der Flucht vor ihr war. Wenn er, um es bildhaft zu sagen, dem »Teufel« entgegentrat, verschwand dieser. Die Flucht ist eine Reaktion, die die Macht des Dämonischen festigt, den Menschen mit Zwangsvorstellungen heimzusuchen. Angst (oder Einsamkeit) behält die Oberhand, solange wir auf der Flucht sind.

Die Angst (oder die Einsamkeit als die qualvollste Form der Angst) überwältigt den Menschen in dem Maße, in dem er die Orientierung in der objektiven Welt verliert. Die Welt verlieren heißt das Ich verlieren und umgekehrt. Die Funktion der Angst ist es, die Ich-Welt-Beziehung zu zerstören, das Opfer in Raum und Zeit orientierungslos zu machen. Und solange diese Desorientierung andauert, verbleibt der Mensch im Zustand der Angst. Wenn nun der Mensch seine Orientierung wiederfindet, wozu ihm, wie zu hoffen ist, die Psychotherapie verhilft, und sich wieder unmittelbar zur Welt in Beziehung setzt, überwindet er die Angst. Meine leicht anthropomorphe Terminologie geht auf meine Arbeit als Psychotherapeut zurück und ist an dieser Stelle durchaus angebracht. Wenngleich der Patient und ich uns völlig darüber im klaren sind, daß es eine symbolische Sprache ist, deren ich mich bediene (die Angst *tut* nichts, genau wie die Libido und der Sexualtrieb nichts *tun*), so ist es doch häufig eine Hilfe für den Patienten, wenn er sich vorstellt, daß er gegen einen »Widersacher« kämpft. Denn dann braucht er nicht ewig darauf zu warten, daß der Therapeut die Angst weganalysiert, sondern kann bei seiner eigenen Behandlung mitwirken, indem er, wenn die Angst beginnt, selbst praktische Schritte unternimmt, die zum Beispiel darin bestehen können, daß er sich die Frage stellt, was in der Realität oder in seiner Phantasie der Desorientierung, die die Angst ausgelöst hat, vorausgegangen ist. Er öffnet nicht nur die Türen jener Kammer in seinem Innern, in der die Geister sich versteckt halten, er kann auch häufig dazu beitragen, daß er die Orientierung in seinem praktischen Leben wiederfindet, indem er neue Beziehungen zu anderen Menschen anknüpft und eine neue Arbeit findet, die ihn interessiert.

Im Hinblick auf meinen Patienten sei nun die Frage gestellt, worin die konstruktive Seite jenes Dämonischen besteht, das ihn mit dem quälenden Gefühl der Einsamkeit heimsuchte. Als sensibler, begabter Mensch war er in praktisch allen Bereichen der menschlichen Erfahrung bemerkenswert erfolgreich gewesen, nur nicht in der Sphäre persönlicher Intimität. Es fehlte ihm weder an Einfühlungsvermögen noch an Zärtlichkeit. Aber er war daran gescheitert, diese Fähigkeiten für die Beziehung zu anderen Menschen nutzbar zu machen. Er war unfähig gewesen, sich anderen gegenüber zu öffnen, sich ihnen zu nähern, ihre Gefühle zu teilen und sich so mit ihnen zu identifizieren, daß die Basis für eine dauerhafte Beziehung gegeben gewesen wäre. Was ihm fehlte und was er brauchte, das war die Fähigkeit, potentielle Möglichkeiten in einer Liebesbeziehung zur Geltung zu bringen, in der aktive Bemühung um das Wohlergehen des anderen, um die Teilhabe an den Gefühlen des Mitmenschen ihren Ausdruck finden würden. Die konstruktive Seite des Dämonischen bestand, um es auf die einfachste Formel zu bringen, in dieser Möglichkeit zur aktiven Liebe.

Fünftes Kapitel
Die Integration des Dämonischen

Wie soll man wissen, ob unter dem Wirrwarr der Stimmen, die jeden von uns bedrängen, tatsächlich die Stimme des *Daimon* ist? Diese Frage läßt sich nicht länger hinausschieben. Innere »Stimmen«, ob sie nun als wirkliche Stimmen oder als metaphorische erfahren werden, sind bekanntermaßen unzuverlässig; sie können einem alles erzählen. Es gibt viele Menschen, die Stimmen hören, aber es gibt selten eine Heilige Johanna. Wie etwa steht es mit unseren schizophrenen Patienten, die von ihren Stimmen aufgefordert werden, New York zu zerstören?
Wie läßt sich verhindern, daß die Theorie des Dämonischen zum Anarchismus führt? Und wie wird der einzelne vor selbstgerechter Arroganz bewahrt? Wie kam es, daß der wilde Tanz der Yoruba nicht einfach ein Ausdruck dämonischer Besessenheit, sondern ein integrierendes Erlebnis war?
Es ist schön und gut, wenn Sokrates verkündet, sein Dämon fordere ihn dazu auf, der Störenfried des Staates zu sein und dem Gericht zu trotzen. Mag sein, daß diese Haltung in der Tat ein Zeichen der Integrität und der Aufrichtigkeit ist. Doch Hegel weist darauf hin, daß Sokrates, wie alle Helden, die neue Welten entstehen lassen und damit die alte Welt der Auflösung preisgeben, als ein Zerstörer betrachtet wurde; daß er für eine neue Form stand, die die bestehende Welt untergrub und überwand[1].
Sokrates steht also – laut Hegel – für eine *neue Form*. Das heißt, er überläßt uns nicht einfach dem Nihilismus. Und im Hinblick auf die Hinrichtung des Sokrates durch die athenischen Bürger fügt Hegel hinzu, daß es eine *Macht* in diesen Bürgern war, die sie antrieb, Sokrates zu bestrafen. Dieser Antagonismus, der niemals ganz vermieden werden kann, unterstreicht unsere Pflicht, Kriterien zur Beurteilung des Dämonischen in uns selbst zu entwickeln.

Dialog und Integration

Das wichtigste Kriterium, um das Dämonische vor der Anarchie zu bewahren, ist der *Dialog*. Hier nun gewinnt die Methode des zwischenmenschlichen Dialogs, die im alten Griechenland von Sokrates entwickelt wurde und noch heute, nach vierundzwanzig Jahrhunderten, von beinahe jedem Psychotherapeuten der Gegenwart praktiziert wird, eine wachsende Bedeutung und wird zu mehr als einer bloßen Technik. Denn Dialog impliziert, daß der Mensch in Beziehung zum Mitmenschen tritt. Bereits die Tatsache ist bemerkenswert, daß ein Dialog überhaupt möglich ist, daß es uns unter günstigen Umständen möglich ist, einander zu verstehen, dort zu stehen, wo der andere steht. Jede Kommunikation setzt eine Gemeinschaft voraus, die ihrerseits einen Austausch auf der Ebene des Bewußtseins zwischen den Menschen, die die Gemeinschaft bilden, bedeutet. Dabei handelt es sich um einen Austausch, der nicht abhängig ist von den Launen des einzelnen sondern einen wesentlichen Bestandteil der Struktur der zwischenmenschlichen Beziehungen darstellt.
Aus diesem Grunde ist es so wichtig für die Yoruba-Eingeborenen, daß sie im Tanz von der ganzen Gemeinde unterstützt werden. Der Tanz vertieft die Verbindung des einzelnen zu seinen Nachbarn und Freunden, während die Besessenheit durch den Dämon mehr und mehr von der Gemeinde isoliert. Der Tanz rückt das Dämonische in den Bereich des Persönlichen und des Bewußten. Die Besessenheit indessen beläßt das Dämonische in der Sphäre des Unbewußten und löst eine ganze Kette neuer Verdrängungen aus. Das integrierte Dämonische drängt den Menschen zu einer universalen Bedeutungsstruktur hin, wie im Dialog deutlich wird. Die Besessenheit dagegen setzt voraus, daß das Dämonische unpersönlich bleibt. Das integrierte Dämonische ist transrational, die Besessenheit durch den Dämon ist irrational und blockiert rationale Prozesse. Im ersteren Falle wird die Energie des Dämonischen dem Ich verfügbar; im Falle der Besessenheit wird das Dämonische auf eine Person oder einen Gegenstand außerhalb des Ichs *projiziert*.
Ein weiteres wichtiges Element, das der Tendenz des Dämoni-

schen zur Anarchie entgegenwirkt, ist das ihm eigene Element der Selbstkritik. Sich von seinem Dämon leiten lassen setzt eine fundamentale Demut voraus. Die eigenen Überzeugungen zeichnen sich stets durch ein gewisses Maß an Blindheit aus. Die entscheidende Illusion liegt darin, daß man in dem Glauben handelt, illusionslos zu sein. In der Tat sind einige Gelehrte der Ansicht, daß das griechische »Erkenne dich selbst« nichts anderes besagt als: »Erkenne, daß du nur ein Mensch bist«. Das aber impliziert, daß die bereits in der Kindheit auftauchende Neigung, Gott zu spielen, und der kontinuierliche Anspruch, behandelt zu werden, als ob man Gott sei, aufgegeben werden müssen.

Was Freud zum Problem des Widerstands und der Verdrängung sagt, macht die ungeheure Schwierigkeit der Aufgabe sichtbar, vor die das »Erkenne dich selbst« den Menschen stellt. Auch Sartres Begriffe der Unaufrichtigkeit *(mauvaise foi)* und der Aufrichtigkeit *(bonne foi)* veranschaulichen das Dilemma. Wie sollen wir uns selbst gegenüber aufrichtig sein, wenn jede unserer Handlungen und Überzeugungen durch ein Element der Selbstverzerrung gekennzeichnet ist. Wer glaubt, »aufrichtig« zu sein, ist damit »unaufrichtig«; aufrichtig im Sinne Sartres ist man nur, wenn man weiß, daß man unaufrichtig ist, wenn man also weiß, daß die eigenen Wahrnehmungen und Vorstellungen durch ein Element der Verzerrung und Illusion gekennzeichnet sind. Das moralische Problem besteht nicht einfach darin, daß man an Überzeugungen glaubt und diesen Überzeugungen gemäß handelt, wobei Überzeugungen unter Umständen dominierender und destruktiver sein können als rein pragmatische Positionen. Das moralische Problem besteht vielmehr in dem beharrlichen Streben, *zu eigenen Überzeugungen zu gelangen und gleichzeitig zuzugeben, daß sie stets ein Element der Selbstvergrößerung und der Verzerrung enthalten werden*. Hier spielt das sokratische Prinzip der Demut eine entscheidende Rolle, und zwar für den Psychotherapeuten ebenso wie für jeden moralischen Bürger.

Ein letztes Kriterium für die Gültigkeit des Dämonischen als Richtschnur ist die Frage, die bereits in der Definition des Dämonischen impliziert ist, von der wir ausgehen: Führt der vom

Dämonischen gewiesene Weg zur *Integration* des einzelnen? Führt er – zumindest potentiell – zur Stärkung des *zwischenmenschlichen Elements im Leben dieses einzelnen?* Und im Leben jener Personen, die für diesen einzelnen von Bedeutung sind? Eng damit verbunden ist ein Kriterium, das für jedes Werturteil entscheidend ist, – das Kriterium der Universalität: Würde die vom Dämonischen vorgeschriebene Handlungsweise, wenn andere Menschen (im Prinzip die ganze Menschheit) sie sich zu eigen machten, zu einer Verstärkung des zwischenmenschlichen Elements führen?

Es mag an dieser Stelle hilfreich sein, sich vor Augen zu führen, was geschieht, wenn das Dämonische *nicht* im Dialog erfahren wird. Beispiele dafür liefert jede Nation, die sich im Kriegszustand mit einer anderen befindet. Bleibt die Konfrontation mit dem Dämonischen innerhalb des eigenen Ichs und innerhalb der eigenen Gruppe aus, so wird dieses Dämonische auf den Feind projiziert. Er wird in diesem Falle nicht mehr als eine Nation mit eigenen Sicherheits- und Machtbedürfnissen betrachtet, sondern als das Böse, die Personifikation des Teufels. Die *eigenen* dämonischen Tendenzen werden ihm angelastet. (In Amerika wird dieser Vorgang durch unsere Neigung begünstigt, uns als Menschen zu betrachten, die ein Europa der Ungerechtigkeit, der Armut, Sünde und Grausamkeit verlassen haben, um auf dieser Seite des Atlantiks eine Gesellschaft aufzubauen, die die Verkörperung der Gerechtigkeit, der Güte, des Wohlstands und der brüderlichen Liebe ist.) Hier liegt der Grund für unsere Neigung, jeden Kommunisten als Teufel zu betrachten, uns selbst dagegen mit Gott zu identifizieren, zu meinen, keine Kriege, sondern ausschließlich Kreuzzüge zu unternehmen. In diesem Lande galten zunächst die Russen, dann die Japaner und schließlich die Mitglieder des Vietcong als Verkörperung des Bösen: Hinter jedem Baum witterten wir einen Kommunisten. Der Feind wird zum Träger jener Elemente, die wir in uns selber verdrängen. Wir bekämpfen unsere Widersacher und merken dabei nicht, daß wir im Grunde unser eigenes Ich bekämpfen. Eine solche Projektion des Dämonischen auf den Gegner setzt eine Selbstgerechtigkeit voraus, die Verhandlungen beinahe unmöglich macht: mit dem Teufel verhandeln, heißt, ihn als ebenbürtig anerkennen; dies aber bedeutet wiederum, daß man ihm im Grunde bereits nachgegeben hat.

Die nächste Stufe in dieser Psychologie des Krieges ist dadurch gekennzeichnet, daß *Einbildungskraft und Sehvermögen ausgeschaltet werden*. Die Regierung, welchen Landes auch immer, bietet Klischee auf Klischee an, von denen eines immer dürftiger ist als das vorhergehende. Während die Menschen einerseits nicht an diese Klischees glauben, schließen sie sich andererseits in einer Verschwörung zusammen, die mit blindem Glauben derlei Phrasen auf ihre Fahnen geschrieben hat. Dann ist es den Menschen unmöglich, sich eine Lösung auch nur vorzustellen. Zwischen Intentionen und Intentionalität klafft ein Abgrund.

Dieser Prozeß macht das Dämonische wiederum unpersönlich. Der gesamte Bereich des Dämonischen wird unserer Kontrolle entzogen; das Dämonische wird wieder zu dem, was es ursprünglich war, zu einem ziellosen, unbewußten Drang. Damit werden wir nicht nur zu Werkzeugen der Natur, sondern zu ihren *blinden* Werkzeugen. Dieser Vorgang wird durch den Mechanismus des *circulus vitiosus* gefördert, der für ganze Nationen ebenso charakteristisch sein kann wie für Neurotiker. Wir lernen nichts aus der Erfahrung; wir treffen Entscheidungen, die offenkundig unserem eigenen Interesse widersprechen; und wenn sie uns nicht weiterführen, so scheuen wir nicht davor zurück, sie in selbstzerstörerischer Manier noch einmal zu treffen. Unserer Einsicht und Sensibilität beraubt, stampfen wir geradeaus wie die Dinosaurier der Urzeit, ohne zu sehen, wohin uns unsere Dinosaurier-Schritte führen.

Stadien des Dämonischen

Vom Kind wie vom Erwachsenen wird das Dämonische ursprünglich als zielloser Drang zur Behauptung des eigenen Ichs erfahren. Schon der erste Schrei des Neugeborenen ist in dieser Hinsicht symbolträchtig genug. Er ist die Antwort auf das erste, was das Leben bereithält, auf den Schlag, der vom Geburts-

helfer verabreicht wird. Aber nicht nur unmittelbar nach der Geburt, auch in den ersten Wochen meines Lebens reagiere ich noch wahllos auf jeglichen Reiz. Ich schlage um mich, wenn ich zornig bin, und fuchtele mit den Armen, wenn ich ein Hungergefühl verspüre und gefüttert werden will, kurz, ich benehme mich wie ein »kleiner Diktator«, um mit Auden zu sprechen. Wenig später beginne ich die Erfahrung zu machen, daß einige meiner auf diese Weise geäußerten Forderungen erfüllt werden, andere dagegen nicht. Mein blindes Verlangen wird nun in wachsendem Maße gefiltert durch die Erfahrung, daß nur bestimmte Verhaltensweisen zur Erfüllung meiner Wünsche führen. Damit beginnt der lange Prozeß der Akkulturation der dämonischen Impulse. Ich werde in eine bestimmte soziale Gruppe hineingeboren, und ich würde ohne diese Gemeinschaft keine fünf Stunden überleben, mag es auch Monate, wenn nicht Jahre dauern, bis mir diese Tatsache voll bewußt wird. So laut mein Protest anfangs auch sein mag, ich brauche die Mutter und die anderen Menschen meiner Umgebung. Das Dämonische tritt im Zusammenhang der sozialen Gruppe zutage. In welchem Maße wird es gegen die Mitglieder dieser Gruppe eingesetzt werden, sei es um sie anzugreifen oder um sie zu zwingen, sich meinen Bedürfnissen und Wünschen zu beugen? Und in welchem Maße wird es der Zusammenarbeit dienen?
Auch bei Erwachsenen bleibt die Tendenz erhalten, das Dämonische als blinden Drang, als pure Selbstbehauptung zu erleben. Bevor es zu Massenausschreitungen kommt, muß der Massengeist aufgestachelt werden. In einer Masse haben wir das angenehme Gefühl absoluter Sicherheit. Wir geben unser individuelles Bewußtsein dem Gruppengeist preis. Wir fühlen uns wie in einer rauschhaften Trance oder unter Hypnose. So zivilisiert der einzelne sich auch vorkommen mag und so sehr er die Gewalttätigkeit der anderen auch beklagen mag, er muß dennoch zugeben, daß auch er selber zu dieser Gewalttätigkeit fähig ist oder, wenn er es nicht ist, daß dann irgend etwas Wichtiges in seinem Charakter unterdrückt wird. Der Reiz der Preisgabe des Ich an die Masse liegt in der Erregung ohne individuelles Bewußtsein – keine Entfremdung mehr, kein Gefühl der Isolation und überdies die Befreiung von der ermüdenden Last persön-

licher Verantwortung. All das wird vom Gruppengeist übernommen, jener fiktiven Größe, die für den kleinsten gemeinsamen Nenner steht. Das macht den Reiz, ja gelegentlich den grausigen Spaß des Krieges und der Massenaufstände aus. Der Krieg nimmt dem einzelnen die persönliche Verantwortung für das Dämonische ab; die Tat wird *anonym*. In einer Gesellschaft wie der unseren, die das Dämonische unterdrückt, wird dieser Zustand der Anonymität um der primitiven Sicherheit willen, die er bietet, begrüßt.

Das Dämonische und das Anonyme

Damit kommen wir zur Beziehung zwischen dem Dämonischen und jenem besonderen Problem des modernen Menschen der westlichen Welt, das sich aus der Tendenz ergibt, in der Herde unterzugehen, der Macht des *man* zu unterliegen. »Das Dämonische ist Anonymität«, stellt Paul Ricoeur fest[2]. Das unpersönliche Dämonische macht uns anonym. Die Natur macht keinen Unterschied zwischen mir und irgendeinem des Lesens und Schreibens unkundigen Bauern, der genau wie ich ihr Werkzeug ist, der sich paart und Nachkommen zeugt, um den Fortbestand der Gattung zu sichern, und der hinreichend Leidenschaft entwickeln kann, um sich lange genug am Leben zu halten, um der Natur als Erzeuger dienen zu können.

In unserer bürgerlichen industrialisierten Gesellschaft kann der Mensch dem Dämonischen am ehesten dadurch entgehen, daß er sich in der Herde verliert. Diese Reaktion löst das Dämonische gleichsam auf. Millionen von Amerikanern sitzen zur gleichen Zeit vor den Bildschirmen und sehen die gleichen Morde und Gewalttaten. Wir leisten Dienst in der Armee und töten, und zwar nicht für uns selbst, sondern für unser Land und für die »Freiheit«. Dieser Konformismus und diese Anonymität befreien uns von der Last der Verantwortung für unsere eigenen dämonischen Wünsche und garantieren gleichzeitig, daß diese Wünsche befriedigt werden. Überdies sorgen sie dafür, daß *das*

Dämonische unpersönlich bleibt. Daraus folgt, daß die dämonischen Kräfte nicht mehr für die individuelle Integration verfügbar sind. Der Preis, den der einzelne für diesen Vorgang bezahlt, ist der Verlust der Chance, die eigenen Fähigkeiten auf eigene, unverwechselbare Weise zu entwickeln.
Diese Verbannung des Dämonischen in den Bereich des Unpersönlichen hat ernste und zerstörerische Auswirkungen. In New York City empfindet man es nicht merkwürdig, daß die in Einzimmerwohnungen von der Außenwelt abgeschlossen lebenden, anonymen Menschen so oft in Gewaltverbrechen verwickelt und der Rauschgiftsucht verfallen sind. Der anonyme einzelne in New York ist nicht etwa *allein*. Er sieht tagtäglich Tausende von anderen Menschen und kennt all die Berühmtheiten, die auf dem Weg über den Bildschirm in sein Zimmer kommen. Er kennt ihre Namen, ihr Lächeln, ihre Eigenarten. Sie tummeln sich in »Seid-nett-zueinander-Stimmung« auf dem Bildschirm, der den Betrachter einlädt, sich ihnen anzuschließen. Er kennt sie alle. *Aber ihn selber kennt niemand.* Sein Lächeln wird von niemandem gesehen; seine Eigenarten sind für niemanden wichtig; sein Name ist unbekannt. Er bleibt der Fremde, der von Zehntausenden von anderen anonymen Fremden in Untergrundbahnen hinein- und aus Untergrundbahnen hinausgeschoben wird. Eine Tragödie der Entpersönlichung. Die schwerste Strafe, mit der Jahwe die Angehörigen seines Volkes belegen konnte, bestand darin, daß ihr Name ausgelöscht wurde.
Dieses Unbekannt-Sein, dieses Allein-Sein des anonymen Menschen verwandelt sich in Einsamkeit, die dann zur dämonischen Besessenheit werden kann. Denn seine Zweifel an sich selbst – »da ich bei niemandem ein Gefühl erwecken kann, existiere ich im Grunde nicht« – nagen an ihm. Er lebt und atmet in einer tückischen Einsamkeit. Es kann nicht überraschen, daß er eines Tages zu einem Gewehr greift und es auf irgendeinen Passanten richtet, auf einen Menschen, der für ihn ebenfalls anonym ist. Und es kann genauso wenig überraschen, daß die Jugendlichen, die in ihrer Gesellschaft nichts als anonyme Niemande sind, sich auf den Straßen zu gewalttätigen Aktionen zusammenrotten, um damit zu erreichen, daß man sie zur Kenntnis nimmt.
Die Einsamkeit und ihr Stiefkind, die Entfremdung, können zu

Formen dämonischer Besessenheit werden. Sich dem unpersönlichen Dämonischen ergeben, heißt, in eine Anonymität gedrängt werden, die ebenfalls unpersönlich ist.

Eine andere Form des unpersönlichen Dämonischen begegnet in dem sonderbaren Phänomen der Maskeraden und Maskenbälle. Hier haben wir es mit der *Kultivierung* der Faszination des Dämonischen in der Anonymität zu tun. Wir wissen nicht, wer die Person ist, die uns zum Tanz auffordert oder die wir zum Tanz auffordern. Für einen Augenblick sind wir von der tatsächlich oft hinderlichen Pflicht entbunden, unser Verhalten zu kontrollieren. Die Maskerade, der Karneval und der Fasching sind Anlässe, zu denen uns die Gesellschaft erlaubt, vorübergehend zur Freiheit des Dämonischen in der Anonymität zurückzukehren. Der Karneval vor der Fastenzeit bietet für die Menschen eine willkommene Gelegenheit, sich Luft zu machen; ähnlich wie die dionysischen Feste für die alten Athener, ist der Karneval eine Art Katharsis-Erlebnis. Zum Wesen des erregenden Vergnügens solcher Feste der Ungezwungenheit gehört es, daß sie zeitlich begrenzt und von der Gemeinschaft sanktioniert sind, sowie daß jedermann an ihnen teilnimmt. Als Oasen der rückhaltlosen Hingabe an das Dämonische sind derlei Maskenbälle ohne die Gemeinschaftskatharsis und die Billigung der Gesellschaft nicht denkbar.

Das nächste Stadium sowohl in der Entwicklung des Kindes als auch im Hinblick auf die unmittelbare Erfahrung des Erwachsenen ist dadurch gekennzeichnet, daß das Dämonische persönlich gemacht wird. Menschlich sein, heißt, auf der Grenze zwischen dem Anonymen und dem Persönlichen existieren. Wenn es uns gelingt, das Dämonische zu kanalisieren, können wir einen höheren Grad der Individualität erreichen. Die Aufgabe des Menschen besteht darin, das Dämonische in die eigene Persönlichkeit zu integrieren. Die Verwandlung des Anonymen in Persönliches erfordert, daß man der Tendenz des Dämonischen, den Menschen in die Anonymität zu treiben, widersteht. Voraussetzung dafür ist die Entwicklung unserer Fähigkeit, das Schema von Reiz und Reaktion zu durchbrechen. Gelingt uns das, so können wir bis zu einem gewissen Grade selber bestimmen, worauf wir reagieren und worauf nicht. Eine strenge

Erziehung kann, zumal wenn traumatische Erlebnisse damit verbunden sind, dazu führen, daß die dämonischen Impulse blockiert werden. Damit ist die Voraussetzung für eine spätere dämonische Besessenheit geschaffen, die sich schließlich in einer Explosion Luft macht. Denn diese Impulse schlafen nicht. Wenn sie nicht positiv zum Ausdruck gebracht werden können, brechen sie explosionsartig hervor oder werden auf den jeweiligen Feind projiziert. Es kommt darauf an, die dämonische Macht zu integrieren, ohne die eigene Spontaneität zu zerstören. Dies aber ist möglich in der neuen Bewußtseinsdimension, von der hier jetzt die Rede ist.

Dann wird das Dämonische zum persönlichen Daimon, zu jener besonderen Seinsweise, die mein eigenes Zentrum und meine Individualität ausmacht.

Die Erkenntnis jedoch, daß es in der Tat rationale Kriterien zur Beurteilung des Dämonischen gibt, darf uns nicht darüber hinwegtäuschen, daß es unmöglich ist, das Dämonische je restlos rational zu machen. Das Dämonische wird stets durch das Paradoxon geprägt sein, daß es gleichzeitig potentiell schöpferisch und zerstörerisch ist. Damit sind wir bei der wichtigsten und zugleich schicksalhaftesten Frage angelangt, mit der die moderne Psychotherapie konfrontiert ist. Von dieser Frage hängt der dauerhafte Erfolg und damit die Existenz der Psychotherapie ab. Viele Therapeuten, die bewußt oder unbewußt dem Dilemma des Dämonischen auszuweichen suchen, manipulieren den Patienten. Sie passen den Patienten vordergründig an die Gesellschaft an, legen ihm gewisse »Verhaltensweisen« nahe, stutzen ihn für die Kultur zurecht. Rilke hat also recht: Wer seine Teufel preisgibt, der wird auch seine Engel verlieren.

Das Dämonische als ein Teil des Eros, sowohl der Liebe als auch dem Willen zugrundeliegend, wird zum Störenfried unseres Bewußtseins, indem es uns von einem Dilemma in das andere führt. Die Vertiefung und Erweiterung des Bewußtseins, die wir in der Psychotherapie suchen, besteht nicht in der Auflösung dieser Dilemmata, einer Lösung, die es ohnehin nicht gibt, sondern in der Konfrontation und der Auseinandersetzung damit, durch die wir eine höhere Stufe der persönlichen und zwischenmenschlichen Integration erreichen.

Das Dämonische und das Wissen

Wissen ist ein anderer Ausdruck für das Dämonische. Die Aura mystischer Emanationen, mit der der Physiker, der Psychiater oder der Psychologe von den meisten Menschen umgeben wird, setzt sich aus Ehrfurcht und Argwohn zusammen. Sie ist der Niederschlag eines uralten Glaubens, dem nicht nur Primitive, sondern alle Menschen seit den Anfängen der Geschichte huldigen. Es ist der Glaube, daß Wissen eine dämonische Macht über andere Menschen verleiht. Verfüge ich über besondere Kenntnisse hinsichtlich deiner Person und deiner Welt, über die du nicht verfügst, so habe ich Macht über dich. In dieser Vorstellung ist der primitive Glaube lebendig, daß mir Wissen eine besondere magische Kraft verleiht. Die verbreitete Feindseligkeit gegenüber Psychiatern, Psychologen und insbesondere Psychoanalytikern (die, wie Freud sagt, die Dämonen herausfordern müssen, weshalb es denn auch ein Wunder wäre, wenn sie ungeschoren davonkämen) geht zum Teil auf diese tiefsitzende Furcht zurück. Viele Menschen haben das Gefühl, daß Leute, die diese Berufe ausüben, Kenntnisse über Leben und Tod haben, über die andere nicht verfügen. Daraus erklärt sich die Neigung, sie an einem Tag wie Götter anzubeten und schon am nächsten wie den Teufel zu hassen.
Wissen ist überdies eine Quelle der Freiheit und Sicherheit für uns. »... und die Wahrheit wird euch frei machen[3].« In unserem Eifer, Wissen zu erwerben, haben wir uns jedoch allzu einseitig an das Prinzip gehalten: je mehr Wissen, desto besser. Wir haben darüber vergessen, daß die Anhäufung von Wissen durchaus zwei Seiten hat, daß Wissen auch gefährlich sein kann.
Psychoanalytiker können es sich am wenigsten leisten, dies zu übersehen. Die Patienten kommen augenscheinlich zur Behandlung, um etwas über sich selbst zu erfahren. Aber wehe dem Therapeuten, der das für bare Münze nimmt! Widerstand und Verdrängung machen die Angst und den Schmerz sichtbar, die solche Enthüllungen über das eigene Ich begleiten. Widerstand und Verdrängung sind Zeichen des unabweisbaren Bedürfnisses, sich vor der Wahrheit über die eigene Person zu verbergen.

Immer wieder stellt sich die Frage: *Wieviel Selbsterkenntnis kann ein Mensch ertragen?*
Ödipus ist der Prototyp des Menschen, der Wissen über sich selbst erlangt und dafür den äußersten Preis zahlt. Er ist sich der Bedrohlichkeit dieses Wissens durchaus bewußt. Er fürchtet sich vor dem Wissen, aber er will es dennoch haben, auch wenn Tiresias ihn vor den Folgen des Wissens warnt. Die Frage, um die das Drama kreist, lautet: Soll Ödipus wissen, was er getan hat? Soll Ödipus wissen, wer er ist und woher er stammt? Man braucht nicht erst Freud zu bemühen, um zu wissen, daß jedermann im Geiste, wenn nicht gar in Wirklichkeit tut, was Ödipus getan hat. Nicht zuletzt die Nation gibt ihm durch Krieg und organisierte Gewalt gleichsam die stellvertretenden Mittel dazu in die Hand. Der Unterschied zwischen Ödipus und dem Rest der Menschheit besteht letztlich nur darin, daß Ödipus erkannte, was er getan hatte, und sich seiner Tat stellte. Selbst seine Gemahlin Iokaste ist mit den anderen der Meinung, daß es das beste für ihn sei, wenn er unwissend bleibe. Sie warnt ihren Mann davor, Träume ernst zu nehmen und zu viel nachzudenken. Als sie schließlich ahnt, was geschehen ist (und es ist wichtig, sich stets vor Augen zu halten, daß sie die Wahrheit noch *nicht* wußte, als sie Ödipus riet, von der Suche nach seinem Ursprung abzulassen), ist sie verzweifelt.
Doch Ödipus ist gerade deshalb ein Held, weil er nicht bereit ist, sich von Tiresias, seiner Gemahlin, Gott oder irgendeinem anderen Wesen davon abhalten zu lassen, Wissen über sich selbst zu erlangen. Er ist der Held, weil er seine eigene Realität ins Auge faßt. Gewiß, er schreit auf vor Schmerz darüber. Aber er ist entschlossen, die ganze Wahrheit herauszufinden. Das macht aus dem verhältnismäßig glücklichen und erfolgreichen König einen blinden, reizbaren alten Mann, der im Exil von Kolonos lebt. *Aber er verfügt über das Wissen.* Und dieser Mut zu wissen ist das Zeichen des Menschen, der das Rätsel der Sphinx lösen kann, das Zeichen dessen, *der weiß, was der Mensch ist.*
Im Laufe der Jahrhunderte haben die Menschen immer wieder versucht, einander durch Mythen diesen Zusammenhang zwischen dem Wissen und dem Dämonischen vor Augen zu führen. In Goethes *Faust* ist der Held von einem so unbezähmbaren Wis-

sensdurst erfüllt, daß er dem Teufel seine Seele verkauft, um Wissen zu erlangen. Was uns Goethe damit sagen will, ist dies: Wer einem solch unstillbaren Wissensdrang nachgibt, der ist bereits des Teufels. Adam und Eva wurden aus dem Garten Eden vertrieben, weil sie vom Baume der Erkenntnis gegessen hatten und damit Wissen besaßen; dieses Wissen aber macht sie den Göttern gleich. Der Mythos erklärt, daß Bewußtsein das Dämonische in sich trägt.

Je klarer wir das Dämonische erkennen und anerkennen, desto eher werden wir in der Lage sein, das Wissen, das wir erwerben, zu unserem eigenen Wohl und zum Wohl der Menschheit einzusetzen.

Die Benennung des Dämonischen

Wir kommen nunmehr zu der positiven, heilenden Rolle des Wissens in bezug auf das Dämonische. »Am Anfang war das Wort«, und das Wort hat stets in einer faszinierenden und komplexen Beziehung zum Dämonischen gestanden. Im Hinblick auf den Hang des Alkoholikers, seinem Problem auszuweichen, indem er es mit allen möglichen Worten bezeichnet, nur nicht mit dem treffenden, spricht William James in den prägnanten Sätzen, die diesem Kapitel vorangestellt wurden, von dem heilenden Effekt, der sich zeigt, wenn der Patient es wagt, sein Problem beim rechten Namen zu nennen. »Die Bemühung, durch die es ihm gelingt, sich des richtigen *Namens* beharrlich bewußt zu bleiben, offenbart sich als der moralische Akt, durch den er gerettet wird[4].«

Der Mensch überwindet das Dämonische dadurch, daß er es beim Namen nennt. Auf diese Weise gibt er dem, was zuvor nichts als ein drohendes, unpersönliches Chaos war, einen *persönlichen Sinn*. Wir brauchen uns nur daran zu erinnern, wie wichtig es von alters her für die Vertreibung des Dämons war, daß man seinen *Namen* wußte. So ruft Jesus im Neuen Testament: »Beelzebub!«, und augenblicklich verläßt der Teufel den

Unglückseligen, der von ihm besessen war. Im Mittelalter galten jene Priester als erfolgreiche Teufelsaustreiber, die in der Lage waren, den Namen des Dämons zu erraten, den es nur auszusprechen galt, um den bösen Geist zu bannen.

Namen sind heilig. In der Genesis betraut Gott den Menschen mit der Aufgabe, die Tiere zu benennen. Im alten Israel war es den Juden nicht gestattet, den Namen Gottes auszusprechen: Jahwe oder Jehova bedeutet: »kein Name«. Mit diesem Wort verwies man auf Gott, ohne seinen Namen zu nennen.

Einer der frühesten und faszinierendsten Berichte vom Kampf mit dem Dämonischen und von der Bedeutung der Namen ist die Geschichte von Jakobs Kampf mit dem »Engel« im 32. Kapitel des Buches der Genesis. Der Anlaß für diesen Kampf war die Feindschaft zwischen Jakob und seinem Bruder Esau. Jakob hatte gehört, daß sein Bruder mit vierhundert Mann im Anmarsch sei. Bei diesem Vorgang spielt das Problem der Haßliebe zwischen den Brüdern ebensosehr eine Rolle wie das Problem des Willens. Überzeugt, daß er am nächsten Tage besiegt werden würde, war Jakob zunächst versucht zu kapitulieren. Dieses Problem des Willens wurde durch Schuldgefühle noch gravierender. Jahre zuvor hatte er Esau listig um das Geburtsrecht betrogen. Die Geschichte veranschaulicht, wie Schuld und Angst zum Konflikt mit dem Dämonischen führen. Die Konfliktsituation wird bereits ansichtig in der äußeren Erscheinung der Brüder. Esau ist dunkel und behaart, er ist der Barbar, der Jäger, der Ausländer. Jakob dagegen ist hellhäutig, er ist der Bauer, der säende Landmann.

Jakob nahm seine beiden Frauen und seine Kinder, führte sie über den Fluß und blieb allein zurück, um sich auf die entscheidende Prüfung vorzubereiten, die ihn am nächsten Tage erwartete. »Da rang ein Mann mit ihm, bis die Morgenröte anbrach«, berichtet die Genesis. Die Identität des Widersachers bleibt, wie es für solche Situationen typisch ist, unklar. Ist es ein *subjektives* eigenes Vorurteil, mit dem er ringt? Ist es ein Phantasiegebilde? Oder Angst? Oder ist es das Schicksal, der drohende Tod, etwas, das Jakob nicht selber verursacht hat, sondern das ihm das Leben aufzwingt und mit dem er fertig werden muß? Es ist eindeutig beides, das Subjektive wie das Objektive.

In der Geschichte bleibt die Identität des Widersachers mehrdeutig. Nur eines steht außer Frage: Je weiter man liest, desto mehr nimmt der Widersacher die Züge eines Gottes an, bis er gegen Ende des Kampfes ausdrücklich Gott genannt wird. Dieser Mensch-Gott hat einen ähnlichen Zwischenstatus wie der griechische Weltschöpfer Eros, der an Sterblichkeit und Unsterblichkeit zugleich teilhat.

Als dieser Dämon sah, daß er Jakob nicht überwinden konnte, »schlug er ihn auf das Gelenk seiner Hüfte, und das Gelenk der Hüfte Jakobs wurde über dem Ringen mit ihm verrenkt«. Aber Jakob gab nicht auf. Schließlich sagte der Dämon: »Laß mich gehen, denn die Morgenröte bricht an.« Aber Jakob antwortete: *»Ich lasse dich nicht, du segnest mich denn.«* – Jakob, der Beharrliche, der Vater seines Stammes, der nicht fragt, ob Gott *geruht*, ihn zu segnen, der die Segnung nicht *erfleht*, sondern sie *fordert*. Im weiteren Verlauf der Geschichte zeigt sich, welche Bedeutung den Namen zukommt! Der Dämon fragt: »Wie heißest du?« Als er den Namen gehört hat, verkündet er: »Du sollst nicht mehr Jakob heißen, sondern Israel; denn du hast mit Gott und mit Menschen gekämpft und hast gewonnen.« Jakob, der sich in diesem kritischen Augenblick über die Regeln der Höflichkeit und der Etikette hinwegsetzt, fordert: »Sage doch, wie heißest du?« Das Dämonische des Widersachers wird in der Tatsache ansichtig, daß er die Frage zurückgibt und immer noch nicht bereit ist, seine Identität preiszugeben: »Warum fragst du, wie ich heiße?« Dann segnet er Jakob. Die Verwandlung, die Jakob in diesem Kampf mit dem Dämonischen durchmacht, wird besiegelt durch den neuen Namen Israel – Der mit Gott Kämpfende[5].

Bevor Jakob den Ort des Kampfes verläßt, tut er etwas, das aufs neue die Bedeutung des Namens und des Dämonischen veranschaulicht. Er ändert den *Namen* der Stelle, an der die Begegnung stattgefunden hat. »Und Jakob nannte die Stätte Pniel; denn, sprach er, ich habe Gott von Angesicht gesehen, und doch wurde mein Leben gerettet.« Hier zeigt sich noch einmal die bestätigende Wirkung, die das Dämonische auf uns ausübt; dem älteren hebräischen Glauben nach bedeutete es für den Menschen den Tod, wenn er Gott sah. Jakob bricht mit dieser Tradition. Seine Beharrlichkeit führt dazu, daß er Gott nicht nur sieht, sondern mit ihm ringt. Und er überlebt dennoch. Verstehen wir das Dämonische als den Kampf des Menschen mit Mächten, die aus dem eigenen Unbewußten stammen, so wird uns begreiflich, wie dieser Konflikt für Jakob genau in dem Augenblick akut wurde, da der Kampf mit Esau bevorstand. Das Dämonische offenbart sich bereitwilliger, wenn wir mit einem inneren Problem ringen. Es ist der Konflikt, der die unbewußten Dimensionen näher an die Oberfläche bringt, dorthin, wo sie erschlossen werden können. Der Konflikt setzt die Notwendigkeit eines Wandels voraus, einer Veränderung innerhalb des Menschen. Der Mensch kämpft gleichsam um ein neues Leben. Dieser Vorgang öffnet die Pforten zur schöpferischen Aktivität. Jakob ist der Prototyp des im religiösen Sinne schöpferischen Menschen.

Aber die Geschichte hat noch einen weiteren verblüffenden Aspekt. Jakob wird das Gelenk seiner Hüfte verrenkt, das heißt, er wird zum Krüppel gemacht. Wir erfahren, daß er die Stätte des Kampfes hinkend verließ. Die Parallele zum geschlechtlichen Verkehr ist unübersehbar. Der Schlag trifft Jakob an der Hüfte. Der Orgasmus ist durch eine Mischung von Schmerz und Ekstase gekennzeichnet, durch eine Hingabe des Ichs, die häufig mit einem Gefühl verbunden ist, als werde einem ein Stück aus der Mitte der Lenden gerissen. Diese Erfahrung jedoch kennzeichnet nicht nur den Liebesakt, sondern das schöpferische Erlebnis schlechthin, den schöpferischen Augenblick, sei es in der Kunst, im Denken, im Bereich des Ethischen oder, wie im Falle Jakobs, in dem des Religiösen. Das schöpferische Erlebnis nimmt das Ich des Menschen ohne Rest in Anspruch und provoziert eine Anstrengung und einen Grad der Bewußtheit, von denen er bis dahin nicht wußte, daß er sie aufbringen könnte, und die ihn zum Gezeichneten, zum Krüppel machen. Die Vollendung des schöpferischen Werks bedeutet für den einzelnen eine große Erleichterung und eine stärkere Ausprägung seiner individuellen Persönlichkeit. Aber sie macht ihn zugleich zum Gezeichneten. Van Gogh war ein Gezeichneter; Nietzsche war ein Gezeichneter und Kierkegaard war ein Gezeichneter. Die Gefahr für den schöpferischen Menschen erwächst aus der erhöhten Bewußtheit. Kein Mensch soll je Gott sehen und dennoch weiterleben. Jakob sah Gott – er mußte ihn sehen –, und wenn er am Leben blieb, so doch als Gezeichneter. Hier tritt die Paradoxie des Bewußtseins zutage. Wieviel Bewußtheit vom eigenen Selbst kann ein Mensch ertragen? Führt die schöpferische Arbeit nicht an die Grenzen des Bewußtseins, und treibt sie nicht über diese Grenze hinweg? Und erfordert dies alles nicht eine Anstrengung und einen Mut, die die menschliche Kraft übersteigen? Die Grenzen des Bewußtseins werden aber auch zugänglicher, so daß sich diejenigen, die nachfolgen, an den Grenzen niederlassen können. Hier liegt das Geheimnis. Die Erklärung scheint zu sein, daß der schöpferische Mensch sich weiter von der Unschuld des Kindes oder der Reinheit Adams und Evas entfernt als der unschöpferische. Im schöpferischen Akt vergrößert sich die Kluft zwischen dem »Essentiellen« und dem »Existentiellen«.

Ein gesteigertes Bewußtsein, wie es der wahrhaft schöpferische Akt voraussetzt, läßt den schöpferischen Akt Hand in Hand gehen mit der Schizophrenie. William Blake, Nietzsche, Kierkegaard, Ibsen, Paul Tillich und andere Menschen, die Gott herausgefordert haben, liefern Beispiele für diese Tatsache. Das alles wird unmittelbar ansichtig in der Geschichte des Mannes, der »mit Gott und mit Menschen gekämpft« und gesiegt hat. Selbstbehauptung und Hingabe sind gleichermaßen notwendig für den Menschen, der an die Grenze vordringen will. Und wenn dieses Unternehmen auch zu echter Selbsterkenntnis führen kann, so macht es doch zugleich zum Gezeichneten.

Die Benennung des Dämonischen in der Therapie

Eine ebenso eindeutige wie interessante Parallele zur geschilderten Benennung des Dämonischen begegnet in der modernen medizinischen und psychologischen Therapie. Irgendwann hat gewiß jeder von uns schon einmal erlebt, welche Erleichterung es bedeutet, wenn man wegen irgendeiner lästigen Krankheit zum

Arzt geht und dort den *Namen* des Übels erfährt, von dem man geplagt ist. Der Arzt nennt den Virus, den Keim oder das Krankheitsbild beim Namen und schafft damit die Basis für einige erklärende Worte zu dem Fall.
Unsere Erleichterung hängt dabei keineswegs allein davon ab, ob der Arzt eine rasche Heilung voraussagen kann oder nicht. Ja, sie ist selbst unabhängig davon, ob er die Krankheit überhaupt für heilbar hält.
Die Erleichterung erwächst vielmehr daraus, daß man der *dämonischen Welt der Krankheit mit Hilfe der Namen die Stirn bietet*. Der Arzt kennt in diesem Purgatorium mehr Namen als ich und fungiert daher als mein Führer auf dem Weg in die Hölle. Die Diagnose kann als unsere moderne Form der Anrufung des drohenden Dämons betrachtet werden. Die rationale Information über die Krankheit ist nicht etwa unwichtig; aber die rationalen Daten, die mir vermittelt werden, fügen sich zu etwas zusammen, das bedeutsamer ist als die Information selbst. Die Gesamtheit solcher Daten wird für mich zum Symbol für die Hinwendung zu einer neuen Lebensweise. Die Namen sind Symbole für eine bestimmte Haltung, die ich gegenüber dieser dämonischen Situation des Krankseins einnehmen muß; die gestörte Gesundheit läßt einen Mythos (einen umfassenden Lebensplan) erkennbar werden, der mir sagt, wie ich von jetzt an mein Leben orientieren und ordnen muß. Das gilt für eine Erkältung, die zwei Wochen dauert, ebenso wie für eine Tuberkulose, die für zwölf Jahre krank macht. Nicht die *Quantität* der Zeit ist entscheidend, sondern die *Qualität* des Lebens. Kurz, das Bild, nach dem ich mich selber identifiziere, verändert sich in der Begegnung mit dem Mythos, der das Dämonische in den natürlichen Krankheitsprozessen abbildet. Überwinde ich die Krankheit, so werde ich bis zu einem gewissen Grade ein neues Wesen sein, und es wäre nur recht und billig, wenn man mich in eine neue Gemeinschaft aufnähme und mir einen neuen Namen gäbe[6].
Deutlicher noch als in der Medizin tritt dieses Phänomen in der Psychotherapie zutage. Viele Therapeuten betrachten es mit Allen Wheelis als ihre Aufgabe, das Unbewußte beim Namen zu nennen. Und es gibt wohl keinen Therapeuten, der nicht stündlich aufs neue beeindruckt ist von der seltsamen Macht, die die

Namen psychischer »Komplexe« oder Verhaltensschemata auf den Patienten ausüben. Es ist erstaunlich zu sehen, wie die bloße Nennung gewisser Losungsworte durch den Therapeuten – »introvertiert«, »extravertiert«, »Widerstand« oder »Minderwertigkeitskomplex« – dem Patienten bereits zu helfen scheint. Er entspannt sich und wirkt, als habe er damit schon etwas überaus Wertvolles bekommen. Man könnte die Psychoanalyse oder die Psychotherapie in der Tat treffend karikieren mit der Erklärung, daß der Patient Geld zahlt, um dafür gewisse scheinbar magische Worte zu hören, und daß er das Gefühl hat, für sein Geld reichlich entschädigt zu sein, wenn ihm ein paar esoterische Begriffe serviert werden. Die Erleichterung, die ihm dadurch verschafft wird, wirkt tatsächlich wie das Ergebnis einer »Magie« der Worte. Derlei Definitionen freilich, die den Feinden der Psychoanalyse so leicht von den Lippen gehen, laufen eben auf eine Karikatur der Therapie hinaus; mit echter Therapie haben sie nichts zu tun.

Man hat gesagt, daß sich der Patient erleichtert fühlt, weil er durch die »Benennung« seiner Leiden von der Verantwortung befreit wird, indem diese Verantwortung einem technischen Prozeß angelastet wird; nicht der Patient trägt die Schuld, sondern das »Unbewußte«. Es läßt sich nicht leugnen, daß in dieser Behauptung ein Körnchen Wahrheit steckt. Die meisten Patienten übernehmen zuviel Verantwortung für die falschen Dinge und nicht genug Verantwortung für das, was sie wirklich beeinflussen können. Überdies wird dem Patienten durch die Benennung das Gefühl vermittelt, ein Verbündeter der »Wissenschaft« zu sein. Wichtig ist nicht zuletzt, daß der Patient sich nicht mehr isoliert fühlt, da er weiß, daß alle möglichen Menschen das gleiche Problem haben wie er. Die Benennung des Übels gibt ihm die Gewißheit, daß der Psychotherapeut ein Interesse an ihm nimmt und bereit ist, ihm als Führer durch das Purgatorium zu dienen. Benennt der Therapeut das Problem, so ist es, als ob er sagt: »Ihr Problem kann erkannt werden; es hat Ursachen. Sie haben die Möglichkeit, sich von ihm zu lösen und es aus der Distanz zu betrachten.«

Hier aber liegt zugleich die größte Gefahr für die Therapie. Sie besteht darin, daß die Benennung nicht als Hilfsmittel zur

Veränderung benutzt wird, sondern als Ersatz für diese Veränderung. Diagnosen, Namen und Gespräche über Symptome können dem Patienten ein momentanes Gefühl der Sicherheit vermitteln, das ihn von der Notwendigkeit entbindet, den Willen einzusetzen. Dieser Entwicklung kommt die ausgeprägte Neigung des modernen Menschen zur Intellektualisierung entgegen, zum Gebrauch der Worte als Ersatz für Gefühl und Erfahrung. Das Wort droht das Dämonische stets in demselben Maße zu *verhüllen*, wie es das Dämonische *enthüllt*.

Auch andere Formen der Therapie, einschließlich der Lobotomie, können das Dämonische aus dem Weg räumen. Dr. Jan Frank, der dreihundert Patienten vor und nach der Lobotomie untersucht hat, führt ein aufschlußreiches Beispiel an. »Einer meiner Patienten«, so schreibt er, »ein schizophrener Arzt, klagte vor der Operation über einen ständig wiederkehrenden Alptraum, in dem er umgeben von wilden Tieren inmitten einer Arena stand. Nach der Lobotomie brüllten die Traumlöwen nicht mehr; statt ihn zu bedrohen, suchten sie jetzt still das Weite[7].« Dieses Beispiel weckte in mir ein vages Unbehagen, und ich erkannte sehr bald den Grund für dieses Gefühl: Was sich hier still davonmachte, war eine für das Leben dieses Mannes außerordentlich wichtige Potentialität, deren Verlust ihn eindeutig ärmer machte.

Eine Therapie, die das Dämonische betäubt, die es einschläfert oder die unmittelbare Konfrontation mit ihm auf andere Weise verhindert, ist keineswegs erfolgreich. Sie muß vielmehr als gescheitert betrachtet werden. In der *Orestie* des Aischylos werden die Erinnyen oder Dämonen als die Störer des Schlafes bezeichnet. Sie treiben den Orestes, nachdem er seine Mutter getötet hat, in einen vorübergehenden Wahnsinn. Denkt man jedoch über den Vorgang nach, so kommt man zu der Erkenntnis, daß etwas ungeheuer Wichtiges verloren gegangen wäre, wenn Orestes in jenem Monat, der auf den Mord folgte, geschlafen hätte. Schlaf ist erst möglich, wenn dem Schema von Schicksal, Schuld und persönlicher Verantwortung entsprochen und damit die Basis für eine neue Integration geschaffen ist.

Als Orestes freigesprochen ist, verlangt Apollo die Vertreibung der Erinnyen, jener Dämonen, die für den Geist des Zorns, der

Rache und der Vergeltung stehen. Apollo spricht als Repräsentant der hochgeachteten Rationalität. Er vertritt die logische Abwägung, die anerkannten Formen und Maßstäbe und die zivilisierte Beherrschung. Er verlangt, daß die primitiven, archaischen Erinnyen, die Repräsentanten des irrationalen Es, die die Menschen zur Nacht heimsuchen und sie weder schlafen noch ruhen lassen, für immer aus dem Land verbannt werden.

Apollo sieht jedoch nicht, und das muß Athene ihm erst bewußt machen, daß er in seiner intellektuellen Distanz genau so grausam und unversöhnlich sein kann wie die Furien in ihrer primitiven Wut. Athene, die die entgegengesetzten Pole in ihrem eigenen Ich versöhnt (was durch den Umstand symbolisiert wird, daß sie »in keiner Mutter Schoßes Dunkelheit genährt« ward), läßt eine tiefere Weisheit erkennen, als sie Apollos Verlangen zurückweist:

»Doch denen [den Erinnyen] bleibt der Anspruch, nicht leicht abweisbar;
Und geht für sie nicht diese Sache siegreich aus,
Befällt das Land hier, als ein Gift aus ihrer Brust
Zu Boden träufelnd, unerträglich grause Pest.
So steht es damit; beides: daß sie bleiben, ist,
Wie weg sie senden, leidig, ganz unmöglich mir[8].«

In Athenes Haltung kommt eine psychotherapeutische Einsicht zum Ausdruck, über die zwar Freud verfügte, die sich jedoch in unserer Zeit leider immer noch nicht durchgesetzt hat: Verdrängen wir das Dämonische, so werden wir erleben, daß es irgendwann wieder auftaucht und uns »krank« macht. Verdrängen wir es hingegen nicht, so müssen wir um einen neuen Grad des Bewußtseins ringen, um in der Lage zu sein, es zu integrieren und damit die Gefahr abzuwenden, von seiner unpersönlichen Macht überwältigt zu werden.

Die Hinnahme des Dämonischen jedoch eröffnet im Drama des Aischylos zugleich die Möglichkeit zu einer Entwicklung des menschlichen Verstehens und Mitfühlens, ja sie hebt die Betroffenen sogar auf eine höhere Stufe der ethischen Sensibilität. Athene veranlaßt die Erinnyen, in Athen zu bleiben und die Rolle der geachteten Wächterinnen der Stadt zu übernehmen. Es folgt jener altehrwürdige symbolische Akt, der die Geburt jeder neuen Daseinsform begleitet: *Die Erinnyen erhalten einen neuen Namen.* Sie werden von nun an als die Eumeniden – die »Wohlgesinnten« – bezeichnet.

Damit kommen wir zum letzten Sinn des Dämonischen im Dialog. Was meinten die Alten mit dem »*Wort*«, das Macht über das Dämonische hat? Sie bezogen sich damit auf den Logos, die Fähigkeit des Menschen zur Formgebung, die der Fähigkeit zur Sprache und zum Dialog zugrundeliegt. »Im Anfang war das Wort« ist eine Aussage, die im empirischen wie im theologischen Sinne gültig ist. Denn der Anfang des Menschen als eines seiner selbst bewußten Wesens ist gekennzeichnet durch die Möglichkeit zur Sprache. Wir erkennen, daß einige der wichtigen Funktionen der Therapie auf fundamentalen Prinzipien der Sprachstruktur basieren. Das *Wort* enthüllt das Dämonische, zwingt es an die Oberfläche, wo wir ihm unmittelbar gegenübertreten können. Das *Wort* gibt dem Menschen Macht über das Dämonische.

Dieses *Wort* wird in seinen ursprünglichen, wirkungsmächtigen Formen durch Symbole und Mythen vermittelt. Man darf nicht vergessen, daß jeder Heilprozeß ein Mythos ist, eine Art und Weise, das eigene Ich und den eigenen Körper in Beziehung zur Welt zu betrachten und zu beurteilen. Solange meine Krankheit nicht das Bild, das ich von mir selbst habe, den *Mythos,* den ich von mir selbst habe, verwandelt, wird es mir nicht gelingen, aus dem Trauma der Krankheit neue Einsichten hinsichtlich meiner selbst und meiner Möglichkeit der Selbstverwirklichung im Leben herauszudestillieren, und ich werde nichts erreichen, was man zu Recht als »Heilung« bezeichnen könnte.

Wir haben gesehen, daß das Dämonische als etwas *Un*persönliches beginnt. Ich werde getrieben durch die nachdrücklichen Forderungen der Keimdrüsen und des Temperaments. Das zweite Stadium ist geprägt durch eine Vertiefung und Erweiterung des Bewußtseins, durch die ich meine dämonischen Impulse in den Bereich des *Persönlichen* integriere. Ich verwandle die Wollust in das Motiv dafür, mit der Frau, die ich begehre und erwähle, den Liebesakt zu vollziehen und von ihr geliebt zu werden. Doch damit sind wir noch nicht am Ende. Das dritte Stadium besteht in einem mehr gefühlsmäßigen Begreifen der Körper als Körper (um eine physische Analogie zu benutzen) und des tieferen Sinnes, der der Liebe im menschlichen Leben zukommt (um eine psychologische und ethische Analogie zu verwenden). Das Dämonische treibt uns demnach zum Logos hin. Je besser ich mit meinen dämonischen Tendenzen fertig werde, desto eindeutiger werde ich einer universalen Wirklichkeitsstruktur gemäß denken und leben. Diese Bewegung auf den Logos zu ist *über*persönlich. Das heißt, wir entwickeln uns von einer unpersönlichen zu einer persönlichen und schließlich zu einer überpersönlichen Bewußtseinsdimension hin.

Zweiter Teil
Der Wille

Sechstes Kapitel
Der Wille in der Krise

Der Freund, mit dem ich zu Mittag aß, wirkte deprimiert. Es dauerte nicht lange, bis er damit herauskam, daß ihm unentwegt etwas im Kopf herumging, was sich am Wochenende zugetragen hatte. Seine drei Kinder, das jüngste zwölf, das älteste dreiundzwanzig Jahre alt, hatten Stunden darauf verwandt, ihm klarzumachen, daß ihn die Hauptschuld, wenn nicht gar die alleinige Schuld, an ihren Problemen träfe. Das Fazit ihrer Vorwürfe war, daß er es in seinem Verhältnis zu ihnen an klaren Entscheidungen habe fehlen lassen, daß er nicht entschlossen genug gewesen sei und die Dinge nicht fest genug im Griff gehabt habe. Mein Freund, ein sensibler, phantasiebegabter Mann, der in seinem Leben und seinem Beruf durchaus erfolgreich war, war von seinen Eltern streng erzogen worden. Daher war es für ihn klar, daß er seine eigenen Kinder niemals nach jenen viktorianischen Prinzipien erziehen konnte, bei denen »Willenskraft« eine so zentrale Rolle spielte. Andererseits hielten weder er noch seine Frau besonders viel von jener übertriebenen Freizügigkeit, die im erzieherischen Bereich um sich griff, als die viktorianische Strenge aus der Mode kam. Während unseres Gespräches wurde mir aufs neue mit aller Schärfe bewußt, daß heutzutage fast alle Eltern unter der quälenden Unruhe und Verwirrung zu leiden haben, die der Frage meines Freundes zugrunde lag: »Wie kommt man als Vater oder Mutter zu Entscheidungen über die eigenen Kinder? Wie soll ein Vater seinen Willen zur Geltung bringen?«
Von dieser Krise des Willens ist der »Normale« genauso betroffen wie der »Neurotiker«. In dieser Beziehung ist der Patient in der gleichen Lage wie der Psychiater oder Psychologe. Der Mann, von dem ich sprach, war kein Patient, der sich wegen einer Neurose in Behandlung begeben hätte. Er empfand ganz einfach das Dilemma, Ausdruck eines psychischen Umbruches, dem Wille und Entscheidung, in der Übergangszeit, in

der wir leben, unterworfen sind. Die traditionelle Basis unserer Fähigkeit zum Wollen und zur Entscheidung ist unwiderruflich zerstört. Ironie des Schicksals, fehlt es uns ausgerechnet in diesem erstaunlichen Zeitalter, in dem die Macht so sehr gewachsen ist und Entscheidungen so notwendig und schicksalhaft geworden sind, an einer neuen Basis für den Willen.

Der Verlust persönlicher Verantwortung

Eines der größten Verdienste Sigmund Freuds besteht darin, daß er das Sinnlose und Selbstbetrügerische der viktorianischen »Willenskraft« entlarvte. Diese »Willenskraft« wurde von unseren Vorfahren im 19. Jahrhundert als Fähigkeit angesehen, mit deren Hilfe man Entschlüsse faßte, um dann das Leben nach den rationalen und moralischen Prinzipien auszurichten, die die Kultur vorschrieb. Ich halte die Entlarvung dieser Auffassung für die vielleicht größte Leistung Freuds. Es war die Erforschung der negativen Effekte dieser Willenskraft, die Freud auf das stoßen ließ, was er das »Unbewußte« nannte. Er entdeckte jene Bereiche, in denen Motive und Verhaltensweisen, ob sie sich nun auf die Erziehung von Kindern, den Liebesakt, die Durchführung von Geschäften oder die Planung von Kriegen beziehen, durch unbewußte Impulse und Ängste sowie durch eine Vielzahl körperlicher Triebe und instinktiver Kräfte bestimmt werden. Nicht der »Wille«, sondern »Wunsch« und »Trieb« bestimmen uns. Freud prägte ein neues Bild des Menschen, das das emotionale, moralische und intellektuelle Bild, das der Mensch der westlichen Welt traditionell von sich hatte, zutiefst erschütterte. Seine unbestechliche Analyse ließ keinen Zweifel darüber bestehen, daß der »Wille«, wie ihn die bürgerliche Gesellschaft der Jahrhundertwende verstand, nichts anderes war als ein Netz von Heuchelei und Selbstbetrug. Freuds Diagnose der negativen Seite des konventionellen Begriffs der »Willenskraft« traf ins Schwarze.

Hand in Hand mit der Entwicklung, die auf diese Weise ein-

geleitet wurde, begann jedoch zwangsläufig eine Unterminierung des Willens und der Entscheidungskraft sowie eine Unterhöhlung des individuellen Verantwortungsgefühls. Es entstand das Bild eines determinierten Menschen, der nicht mehr der *Treibende*, sondern der *Getriebene* war. Der Mensch wird, um mit Freud zu sprechen, vom Unbewußten gelebt. »Ich habe mir schon einmal die Freiheit genommen«, so heißt es bei Freud, »Ihnen vorzuhalten, daß ein tief wurzelnder Glaube an psychische Freiheit und Willkürlichkeit in Ihnen steckt, der aber ganz unwissenschaftlich ist und vor der Anforderung eines auch das Seelenleben beherrschenden Determinismus die Segel streichen muß[1].«
Wie immer es um die theoretische Wahrheit einer solchen Position bestellt sein mag, die praktische Bedeutung war außerordentlich. Diese Position kommt der besonders seit der Mitte des 20. Jahrhunderts unter den modernen Menschen weit verbreiteten Neigung entgegen, den Menschen als das passive, willenlose Produkt des mächtigen Molochs der psychischen Triebe aufzufassen. (Und der ökonomischen Mächte, wie Marx mit einer Analyse demonstriert hatte, die der Freuds an Brillanz in nichts nachsteht.)
Ich behaupte nicht, daß Freud und Marx diesen Verlust des individuellen Willens und der individuellen Verantwortlichkeit »verursacht« haben. Wie alle großen Männer *reflektierten* sie, was aus den Tiefen ihrer Kultur emporstieg, um dann das, was sie vorfanden, zu deuten und zu formen. Wir brauchen ihren Interpretationen dessen, was sie fanden, nicht zuzustimmen. Wir können jedoch nicht leugnen, *daß* sie etwas fanden. Wir können Freuds Entdeckungen nicht ignorieren oder beiseiteschieben, ohne uns von unserer eigenen Geschichte loszulösen, unser eigenes Bewußtsein zu verstümmeln und unsere Chance zu verwirken, die Krise zu überwinden und zu einer neuen Ebene des Bewußtseins und der Integration vorzustoßen. Das traditionelle Bild, das der Mensch von sich selber hatte, ist endgültig verloren. Uns bleibt angesichts dieser Zerstörung unserer stolzen »Willenskraft« nur die Wahl, entweder klein beizugeben oder die Integration des Bewußtseins auf neuen Ebenen zu verwirklichen. Die Krise unseres Willens besteht darin, daß wir derzeit zwischen den beiden Möglichkeiten gefangen sind.

Das Dilemma, das aus der Untergrabung des Willens erwächst, ist in Freuds eigenem Bereich, dem Bereich der Psychoanalyse, zu einem heiklen Problem geworden. Der Analytiker Allan Wheelis trifft dieses Problem sehr genau, wenn er schreibt: »Unter den Intellektuellen gilt der Gebrauch des Begriffs ›Willenskraft‹ als das wohl eindeutigste Zeichen von Naivität. Es ist unmodern geworden, einen neurotischen Zustand ohne fremde Hilfe überwinden zu wollen; denn je stärker der Wille, desto wahrscheinlicher ist es, daß er als »Manöver der Angstabwehr« abgestempelt wird. Das Prestige des Willens ist auf das Unbewußte übergegangen. Wie das Schicksal des einzelnen früher durch den Willen bestimmt wurde, so wird es heute durch das Verdrängte determiniert... Mit dem Willen ist auch der Mut abgewertet worden; denn Mut kann allein im Dienste des Willens existieren und kann schwerlich höher eingeschätzt werden als dasjenige, in dessen Dienst er steht[2].«
Unsere Neigung, uns als die Produkte eines Determinismus zu betrachten, kommt nicht zuletzt in der Überzeugung des zeitgenössischen Menschen zum Ausdruck, ein hilfloses Objekt wissenschaftlicher Kräfte in Gestalt der Kernenergie zu sein. Diese Hilflosigkeit findet ihr eindrucksvolles Symbol in der Atombombe, der sich der typische Bürger machtlos ausgeliefert fühlt. Viele Intellektuelle sahen dies kommen und stellten auf ihre Weise die Frage, »ob der moderne Mensch verloren sei«. Entscheidend aber ist, daß im gegenwärtigen Jahrzehnt alle Menschen, soweit sie nur ab und zu vor dem Bildschirm sitzen oder ins Kino gehen, sich dieses Problems bewußt sind. In einem vor kurzem entstandenen Film wird das ohne Umschweife ausgesprochen: »Das Atomzeitalter hat dem Menschen den Glauben geraubt, auf das, was mit ihm geschieht, irgendeinen Einfluß nehmen zu können[3].« Tatsächlich kann man sagen, daß der eigentliche Kern der »Neurose« des modernen Menschen darin besteht, daß seine Fähigkeit, sich als verantwortlich zu empfinden, untergraben ist, und sein Wille und seine Kraft, Entscheidungen zu treffen, erschöpft sind. Der Verlust des Willens ist weit mehr als nur ein ethisches Problem: Der moderne Mensch ist häufig genug überzeugt, daß er selbst dann nichts erreichen würde, wenn er tatsächlich seinen »Willen« oder was immer er

dafür halten mag, einsetzte. Diese innere Erfahrung der Ohnmacht ist es, die unser kritisches Problem ausmacht.

Der Widerspruch im Willen

Einige Leser werden mir entgegenhalten, daß der Mensch sowohl hinsichtlich seiner individuellen Möglichkeiten als auch in bezug auf die kollektive Unterwerfung der Natur heute mehr Macht hat als je zuvor. Die Betonung der Macht, über die der Mensch verfügt, ist nichts als die Kehrseite dessen, was ich als *Widerspruch* im Willen bezeichne. So wie der einzelne sich machtlos und von Zweifeln geplagt fühlt, was seine eigenen Entscheidungen betrifft, so ist er zugleich überzeugt, daß er, der moderne Mensch, alles bewerkstelligen kann. Gott ist tot. Und sind wir nicht selber Götter? Haben wir die Genesis nicht aus eigener Kraft wiederholt, indem wir in unseren Laboratorien und über Hiroshima den Atomkern gespalten haben? Natürlich haben wir es anders herum gemacht: Gott hat das Chaos geordnet, wir haben die Ordnung in ein Chaos verwandelt. Und es gibt wohl nur wenige Menschen, die im verborgensten Winkel ihres Herzens nicht erschauern bei dem Gedanken, daß wir nicht in der Lage sein könnten, das Chaos wieder zu ordnen, ehe es zu spät ist.
Das erregende Gefühl jedoch, an der Schwelle eines neuen Zeitalters zu stehen, eines Gartens Eden, in dem keine Schlange ihr Unwesen treiben wird, sorgt dafür, daß unsere Angst zerstreut wird. Wir werden mit Werbung bombardiert, die uns einhämmert, daß uns jedes Flug-Ticket und jede Lebensversicherungs-Police eine neue Welt eröffnet. Stündlich führen uns Werbesendungen in Rundfunk und Fernsehen vor Augen, welch ungeheure Macht uns die Computer zur Verfügung stellen, die Techniken der Massenkommunikation, die neuen Möglichkeiten der Elektronik, die die Wellen unseres Gehirns verändern und uns auf eine neue Weise sehen und hören lassen werden, die Kybernetik. Weiterhin wird uns die Macht vor Augen geführt, die

im garantierten Einkommen liegt; in der jedermann zugänglichen Kunst; in den neuen und immer phantastischeren Formen der Lehrmaschinen; im LSD, das »das Bewußtsein erweitert« und Dinge ermöglicht, die einst die Hoffnung der Psychoanalytiker waren und die jetzt, dank einer zufälligen Entdeckung, durch die Hilfe von Drogen mühelos und rasch verfügbar sind; in der Entwicklung von Plastikorganen, durch die verbrauchte Herzen und Nieren ersetzt werden und so weiter und so weiter. Und es nimmt nicht wunder, daß sich der Zuhörer oder Zuschauer gelegentlich fragt, ob er der Gesalbte ist, der Glückliche, dem all diese Segnungen zugutekommen, oder ob er nichts anderes als eine leichte Beute ist. Und natürlich ist er beides.
Fast all diesen phantastischen Verheißungen von Macht und Freiheit ist gemeinsam, daß sie dem Bürger, dem all das zugedacht ist, eine *passive* Rolle vorschreiben. Nicht nur auf dem Sektor der Werbung, sondern genauso auf denen der Erziehung, der Gesundheit und der Drogen wird durch die neuen Erfindungen etwas *mit* uns und etwas *für* uns getan. Unsere Rolle besteht darin, uns zu fügen, die Segnungen entgegenzunehmen und dankbar zu sein. In besonderem Maße gilt dies für die Bereiche der Atomenergie und der Weltraumforschung, die zu einer Vereinigung unserer Erde mit neuen Planeten führen kann. Als Individuen haben wir mit all diesen Errungenschaften nichts anderes zu tun, als über anonyme, labyrinthische Kanäle unsere Steuern abzuführen und die Raumflüge auf dem Bildschirm zu beobachten.
Der Ausdruck, mit dem wir die Erkundung neuer Welten durch Drogen oder »Happenings« umschreiben, lautet: »to turn on« [»einschalten«]. Das Positive an diesem Ausdruck besteht darin, daß durch ihn mit einem überkommenen Irrglauben Schluß gemacht wird; mit dem Glauben nämlich, daß ich »Herr meiner Gefühle« bin, daß nichts geschehen kann, solange ich es nicht selber kraft meiner calvinistischen Entschlossenheit und meiner Muskeln herbeiführe – eine voluntaristische Arroganz, die unseren Erlebnishorizont radikal einengt und unsere Gefühle zu ersticken droht. Der Ausdruck »to be turned on« [»eingeschaltet werden«] verweist auf die Spontaneität, mit der man sich stimulieren, packen, öffnen läßt. Aber es ist kein Zufall, daß wir

den gleichen Ausdruck benutzen, wenn wir das Licht, unser Auto oder unser Fernsehgerät »einschalten«. Der Widerspruch ist offenkundig: Wir entwickeln uns von der traditionellen »Willenskraft« und der strengen Selbstkontrolle, die die nüchterne industrielle Zivilisation hervorgebracht hat, gegen die die Hippies mit Recht aufbegehren, zu einer »Freiheit« hin, die vielleicht gar keine Erweiterung des Bewußtseins bedeutet, sondern vielmehr unsere Verwandlung in das Abbild der Maschine. Es gibt Leute, die LSD für das Heilmittel gegen die erdrückende Unpersönlichkeit der mechanistischen Zivilisation halten. Das Wesen der Maschine besteht darin, daß sie etwas für uns tut, indem sie zwischen uns und der Natur steht. Und haben das Rauschgift und die Maschine nicht gemeinsam, daß sie uns passiv machen? *Unser sonderbares Dilemma ist dadurch gekennzeichnet, daß die gleichen Prozesse, die den modernen Menschen so mächtig machen – die phantastische Entwicklung der Atomenergie und anderer technischer Möglichkeiten – zugleich für unsere Machtlosigkeit verantwortlich sind.* Die Untergrabung unseres Willens ist unausweichlich. Und wenn man uns immer wieder sagt, daß der Wille nichts als eine Illusion sei, so scheint das nur eine Wiederholung des ohnehin offenkundigen Sachverhalts. Wir sind, wie Laing sagt, in einer »Hölle frenetischer Passivität« gefangen.

Unser Dilemma wird noch verschärft durch die Tatsache, daß wir im gleichen Augenblick, da wir angesichts des Molochs jener unpersönlichen Macht, die uns umgibt und prägt, unsere eigene Ohnmacht am deutlichsten fühlen, dennoch die Verantwortung für sehr wichtige und erfolgreiche Entscheidungen übernehmen sollen. Man denke etwa an das Problem, das die Zunahme der Freizeit mit sich bringt. Wer nur noch vier oder sechs Stunden am Tag arbeitet, wird damit vor die Notwendigkeit gestellt, Entscheidungen zu treffen. Bereits jetzt gibt es Belege dafür, daß Menschen, die nicht in der Lage sind, die dadurch entstehende Leere auf sinnvolle Weise zu füllen, einer Apathie verfallen, die zu Impotenz, Süchtigkeit und selbstzerstörerischer Feindseligkeit führt. Oder man denke an die Verhütungsmittel, besonders die nachträglich wirkenden, die derzeit entwickelt werden. Sie bedeuten für den einzelnen im Prinzip die totale Freiheit der Wahl. Aber diese Freiheit eröffnet sich ausgerechnet zu einem Zeitpunkt, da die Werte, die für gewöhnlich die Basis einer Wahl darstellen, im Chaos versinken; zu einer Zeit also, da Gesellschaft, Familie und Kirche als äußere Leitinstanzen im sexuellen Bereich so gut wie bankrott sind. So begrüßenswert diese neue Freiheit ist, die Last, die sie dem einzelnen aufbürdet, ist erdrückend.

Als weiteres Beispiel sei die Widersprüchlichkeit auf dem Sektor der körperlichen Gesundheit angeführt. Der rapide Ausbau der medizinischen Techniken bei fortschreitender Spezialisierung führt beinahe unausweichlich dazu, daß der Patient zum *Objekt* der Heilung wird, daß er zum Telefon eilt, nicht um seinen Arzt wegen irgendeiner Krankheit zu konsultieren, sondern um ihn zu fragen, welchen Spezialisten er an diesem Morgen aufsuchen oder in welche Klinik er sich begeben soll. Je unpersönlicher und Kafkaesker dieser Prozeß wird, desto mehr schrumpft die Verantwortlichkeit des Patienten. Und das alles ereignet sich zu einem Zeitpunkt, da die Krankheiten des Patienten *immer persönlicher* werden. Wie Herzleiden und Altersschwäche betreffen diese Krankheiten nicht spezifische Funktionen im Körper, sondern den ganzen Menschen. Die »Heilung« oder die erfolgreiche Behandlung dieser Krankheiten setzt die Erweiterung und Vertiefung des Bewußtseins des Patienten in bezug auf seinen Körper sowie seine aktive Beteiligung an der eigenen Gesundung voraus.

Besonders seit man in der Lage ist, körperliche Organe durch künstliche zu ersetzen und der nervlichen Erschöpfung Herr zu werden, sind wir der Möglichkeit, die Länge des eigenen Lebens selber zu bestimmen, ein gutes Stück nähergekommen. Die Frage: »*Willst* du leben, und wenn ja, wie lange?« – die sich bisher angesichts der Möglichkeit des Selbstmordes als metaphysische Frage stellte, könnte nunmehr für jeden von uns zur praktischen Entscheidung werden. Nach welchen Kriterien sollen die Mediziner entscheiden, wie lange sie das Leben der Menschen erhalten sollen? Häufig entzieht man sich der Antwort dadurch, daß man die Frage den Philosophen oder Theologen überläßt. Aber wo sind die Philosophen, die uns helfen? Die Philosophie im akademischen Sinne gilt als ebenso »tot« wie Gott[4]. Wir stellen fest, daß wir zwar ein ansehnliches Maß materiellen Wohl-

stands ererbt haben, aber kaum Werte [und Mythen und Symbole, aus denen die Werte erwachsen], die Basis für eine verantwortungsbewußte Entscheidung sein könnten.
Friedrich Nietzsche, der bereits in der Gründerzeit mit erstaunlicher Klarheit sah, was auf uns zukam, war einer der ersten, die verkündeten, daß Gott tot sei. Aber im Gegensatz zu unseren zeitgenössischen Verkündern des Ablebens Gottes wagte er es, die Konsequenzen ins Auge zu fassen. »Was taten wir, als wir diese Erde von ihrer Sonne losketteten? ... Wohin bewegen wir uns? Fort von allen Sonnen? Stürzen wir nicht fortwährend? Und rückwärts, seitwärts, vorwärts nach allen Seiten? Gibt es noch ein Oben und ein Unten? Irren wir nicht wie durch ein unendliches Nichts? Haucht uns nicht der leere Raum an? Ist es nicht kälter geworden? Kommt nicht immerfort die Nacht und mehr Nacht? Gott ist todt[5]!« Mit tiefer Ironie legt Nietzsche diese Beschreibung der totalen Desorientierung des Ich und der daraus folgenden Lähmung des Willens einem Irren in den Mund. »Dies ungeheure Ereignis ist noch unterwegs und wandert«, sagt der Irre am Ende dieser Parabel. Jetzt sind wir unmittelbar mit dem Ereignis konfrontiert; und es ist in der Tat ungeheuer. Der Mensch steht an einem Punkt, an dem er die Geburt einer neuen Welt erleben oder die entscheidende Rolle bei der Zerstörung der Menschlichkeit spielen kann.
So erwächst die Krise des Willens nicht aus der Gegenwart oder der Abwesenheit von Macht in der Welt des einzelnen. Sie erwächst vielmehr aus dem Widerspruch zwischen Macht und Machtlosigkeit, dessen Folge eine Lähmung des Willens ist.

Der Fall John

Unsere klinische Arbeit bietet eine Reihe von Analogien zu dieser Krise des Willens und wirft Licht auf unser allgemeines Problem. Mein Kollege Dr. Sylvano Arieti weist in einem wichtigen Aufsatz über die Katatonie, die er als Willensstörung, nicht als motorische Störung auffaßt, darauf hin, daß der unter Spannungsirresein Leidende sich in seiner pathologischen Welt innerlich in der gleichen Sackgasse befindet wie wir in unserer realen Welt. Das Problem des Kranken ist ein Problem der *Werte* und des *Willens*, und seine Immobilität ist Ausdruck des Widerspruchs, den er erlebt.

Dr. Arieti beschreibt einen Patienten, den man zu ihm geschickt hatte, weil er unter ständig wiederkehrenden Angstzuständen litt, die sich von Mal zu Mal steigerten. John – so hieß der Patient – war Katholik; er war ein intelligenter Mann in den Dreißigern, der einen freien Beruf ausübte. Die Angst, unter der er litt, erinnerte John an eine schwere Katatonie, die er zehn Jahre zuvor durchgemacht hatte. Er begab sich in Behandlung, weil er verhindern wollte, daß sich das, was er damals erlebt hatte, wiederholte. Im folgenden zitiere ich einige Auszüge aus Arietis Bericht, und zwar mit besonderer Berücksichtigung jener Passagen, die sich auf die frühe katatonische Episode beziehen[6].

»John, der drei Geschwister hatte, erinnerte sich, daß er bereits in seiner frühen Kindheit von Angstzuständen heimgesucht worden war. Er erinnerte sich, wie sehr er seine Tante, bei der er aufgewachsen war, gebraucht hatte. Diese Tante hatte die Angewohnheit, sich in seiner Gegenwart zu entkleiden. Damit weckte sie bei ihm Gefühle, in denen sich Erregung und schlechtes Gewissen mischten. Zwischen dem 9. und dem 10. Lebensjahr versuchte er, eine homosexuelle Beziehung mit einem Freund anzuknüpfen. Danach stiegen gelegentlich homosexuelle Wünsche in ihm auf und es kam zu der üblichen Masturbation ... Seine besondere Bewunderung galt den Pferden, weil ›ihre stattlichen Körper so herrliche Exkremente absondern‹[7].

Er war ein guter Schüler. Nach der Pubertät entwickelte er ein starkes Interesse für religiöse Probleme und spielte mit dem Gedanken, in ein Kloster zu gehen. Auf diese Weise hoffte er, seinen Geschlechtstrieb beherrschen zu lernen. Mit diesem Wunsch nach Beherrschung bezog er in gewisser Weise eine Gegenposition zu einer seiner Schwestern, deren Sexualleben durch eine ausgeprägte Neigung zur Promiskuität gekennzeichnet war. ... Nach seiner Collegezeit faßte er den Entschluß, das Sexuelle möglichst restlos aus seinem Leben zu verbannen. Überdies entschloß er sich, seine Ferien auf einer Farm für junge Männer zu

verbringen, wo er Bäume fällen konnte. Auf dieser Farm jedoch litt er unter Angstzuständen und Depressionen. Er verspürte eine wachsende Abneigung gegen die übrigen jungen Männer, die ihm ungehobelt und ordinär vorkamen. Er fühlte sich völlig erschlagen. Während der Therapie erinnerte er sich, daß er eines Nachts zu sich selbst gesagt hatte: ›Ich halte es einfach nicht mehr aus. Warum bin ich so? Warum habe ich eine solche Angst, ohne einen Grund dafür nennen zu können? Ich habe in meinem ganzen Leben nichts Unrechtes getan.‹ Aber er tröstete sich immer wieder mit dem Gedanken, daß sein Leiden vielleicht Gottes Willen entspräche. Seine Zwangsvorstellungen gewannen immer mehr Herrschaft über ihn. Er ›zweifelte an seinen Zweifeln und zweifelte an den Zweifeln, die er an seinen Zweifeln hatte‹. Eines Tages bemerkte er in seiner panischen Angst, daß zwischen dem, was er tun wollte, und dem, was er tatsächlich ausführte, eine Diskrepanz bestand. ... Sein Verstand funktionierte normal, und er merkte, was geschah; aber er erkannte, daß er keinerlei Kontrolle über seine Handlungen hatte. Er hatte das Gefühl, ein Verbrechen zu begehen oder gar jemanden töten zu können. Er sagte sich: ›Ich will weder in dieser Welt noch in jener zu den Verdammten gehören. Ich versuche, gut zu sein, und ich kann es nicht. Das ist ungerecht. Ich könnte für ein Stück Brot einen Menschen umbringen.‹
Dann entwickelte sich bei ihm das Gefühl, daß jede seiner Bewegungen oder Handlungen, nicht nur für ihn selbst, sondern für das ganze Feriencamp zu einer Katastrophe führen könnte. Er schützte also die ganze Gruppe, wenn er jedes Handeln vermied. Er spürte, daß er zum Hüter seiner Brüder geworden war. Die Angst wurde so übermächtig, daß er zu keiner Bewegung mehr fähig war. Er fühlte, daß er erstarrte, und sah sich, nach seinen eigenen Worten, ›statuenhafte Haltungen einnehmen‹. Er hatte nur ein Ziel: Selbstmord. Besser sterben als Verbrechen begehen. Er stieg auf einen hohen Baum und sprang hinunter. Aber er landete mit leichten Quetschungen im Krankenhaus. Von nun an bewegte er sich überhaupt nicht mehr. Er war wie eine Statue aus Stein[8]. Während der Behandlung machte John 71 Selbstmordversuche. Trotz seines katatonischen Zustands kam es gelegentlich zu impulsiven Handlungen. So zerriß er

zum Beispiel die Zwangsjacke und flocht ein Seil daraus, an dem er sich aufhängen wollte.

Als Dr. Arieti ihn fragte, warum er immer wieder versuchen müsse, sich selber umzubringen, gab er zwei Gründe an: Zum ersten wollte er sich von dem Gefühl der Schuld befreien und verhindern, daß er Verbrechen begehe. Der zweite Grund indessen war seltsamer; nur durch den Selbstmord glaube er, seine Immobilität überwinden zu können. *Das heißt, Selbstmord begehen bedeutete Leben; der Selbstmord war der einzige Akt des Lebens, der ihm geblieben war.*

Eines Tages fragte ihn sein Arzt: ›Sie wollen sich umbringen. Gibt es überhaupt nichts im Leben, was sie gern tun möchten?‹ Mit größter Anstrengung stieß John hervor: ›Essen. Ich will essen.‹ Der Arzt ging mit ihm in das Selbstbedienungs-Restaurant für Patienten und forderte ihn auf: ›Essen Sie, was Sie wollen.‹ Augenblicklich lud sich John eine gewaltige Mahlzeit auf seinen Teller und verschlang sie mit Heißhunger.«

Ohne weitere Details des Falles ausbreiten zu wollen, möchte ich an dieser Stelle drei Dinge hervorheben. Zum ersten den homosexuellen Reiz, dem John auf der Farm ausgesetzt war. Zum zweiten die Flucht und das religiöse Gefühl. Und zum dritten den Zwangsmechanismus und die Tatsache, daß die Angst, die zunächst nur mit jenen Handlungen verbunden war, die mit sexuellen Gefühlen zu tun hatten, nach und nach von praktisch jeder Handlung provoziert wurde. Jede Handlung wurde mit einem Gefühl der Verantwortlichkeit belastet und damit zum moralischen Problem gemacht. Jeder Schritt wurde als Wert und nicht als Faktum betrachtet. Arieti berichtet, daß Johns »Gefühle an jenes Gefühl der kosmischen Kraft oder der negativen Allmacht erinnerten, das andere unter Katatonie Leidende haben, die glauben, daß durch ihr Handeln die Zerstörung des Universums bewirkt werden könnte[9]«.

Wir haben es im Falle Johns mit einem extremen Willenskonflikt zu tun, der aufs engste verknüpft ist mit den Wertvorstellungen, zu denen er sich bekannte. Mir scheint, daß der Frage des Arztes, ob er nicht irgendeinen Wunsch habe, besondere Bedeutung zukommt, da sie zeigt, wie wichtig es ist, den einfachen Wunsch herauszufinden, den Punkt, von dem jeder Willensakt seinen Ausgang nimmt. Arieti weist darauf hin, daß es durchaus verständlich ist, wenn derjenige, der wie John eine ungeheure Verantwortung trägt, in Passivität versinkt. »Der Patient folgt Befehlen, weil diese Befehle von anderen gewollt sind, und aus diesem Grunde trägt er nicht die Verantwortung für sie.« Dieses Phänomen findet seine Parallele in der Tatsache, daß in unserem chaotischen Zeitalter Menschen von einer Apathie befallen werden, die der Erstarrung Johns vergleichbar ist, und sich unbewußt nach jemandem sehnen, der ihnen die Verantwortung abnimmt.

Ein Patient wie John befindet sich in einem »Zustand, in dem die Willensäußerung verbunden ist mit einem krankhaft gesteigerten Wertgefühl, so daß die quälende Verantwortung den Höhepunkt ihrer Intensität erreicht, wenn der Patient bereits einer minimalen Bewegung, die er ausführt, die Macht zuschreibt, die Welt zu zerstören«. »Diese Vorstellungen des psychotischen Geistes«, so fährt Arieti fort, »entbehren heute, da der Druck auf einen Knopf Wirkungen von kosmischen Ausmaßen haben kann, leider nicht einer gewissen Aktualität! Nur das unermeßliche Verantwortungsgefühl des Menschen, der unter Spannungsirresein leidet, konnte diese bis heute noch unvorstellbare Möglichkeit einschließen[10].«

Anders als bei John sucht bei relativ normalen Menschen der bedrängte Wille Zuflucht bei Kompromissen, die vorübergehend Lebensfähigkeit verheißen. So begegnen wir in Zeiten einer Willenskrise dem Dilemma des *Protests*. Als ich vor einiger Zeit Dozenten verschiedener Fakultäten nach der Einstellung der Studenten in ihren Universitäten zum Vietnam-Krieg fragte, antworteten sie, daß sich ihre Studenten in bezug auf den Krieg nicht in ein »Pro«- und ein »Kontra«-Lager teilten, sondern in das Lager der Protestierenden und das der gegen die Protestierer Protestierenden. Ein solches Protestieren hat durchaus seine konstruktive Seite, da sich in ihm der Wille gleichsam negativ zum Ausdruck bringt: Wenn ich auch keine detaillierte Vorstellung davon habe, *wofür* ich bin, so weiß ich doch, *wogegen* ich bin. In der Tat ist die Fähigkeit des Kindes von zwei oder drei Jahren, sich den Eltern gegenüber negativ, das heißt ablehnend zu verhalten, überaus wichtig, da sich in diesem Verhalten der menschliche Wille zum erstenmal dokumentiert. *Bringt sich der Wille jedoch ausschließlich als Protest zum Ausdruck, so bleibt er abhängig von dem Gegenstand des Protests.* Protest ist halb entwickelter Wille. Abhängig wie das Kind von seinen Eltern borgt er sich seinen Impetus von seinem Feind. Auf diese Weise wird der Wille mehr und mehr seines Inhalts beraubt. Man ist stets der Schatten seines Widersachers, auf dessen Aktion man wartet, um selber agieren zu können. Früher oder später wird der Wille auf diese Weise ausgehöhlt und kann sodann zum Rückzug gezwungen werden.

Und dieser Rückzug zeigt sich darin, daß *die Schuld nach außen projiziert wird.* Jeder Krieg bietet Beispiele für dieses unbewußte Eingeständnis der Unfähigkeit, das Dämonische zu integrieren. So gaben Außenminister Rusk und die Regierung dem Vietcong die Schuld an der Eskalation des Krieges, während der Vietcong und jene Bürger der USA, die gegen den Krieg sind, Rusk und der amerikanischen Regierung die Schuld anlasteten. Die selbstgerechte Sicherheit, die dadurch erreicht wird, daß man dem anderen die Schuld gibt, bewirkt eine vorübergehende Befriedigung. Der Preis jedoch, den wir für diese Sicherheit zahlen, ist hoch. Abgesehen davon, daß ein solches Verhalten eine grobe Vereinfachung unserer historischen Situation bedeutet, *überlassen wir damit stillschweigend unserem Widersacher die Macht zur Entscheidung.* Schieben wir dem Feind die Schuld zu, so impliziert dies, daß der Feind die Freiheit zur Entscheidung und zum Handeln hat, nicht aber wir; uns bleibt nichts anderes, als *auf ihn zu reagieren.* Dieses Faktum wiederum zerstört unsere eigene Sicherheit. Denn auf lange Sicht haben wir dem Feind wider unsere Absicht alle Trümpfe überlassen. Das bedeutet eine weitere Unterminierung unseres Willens. Hier offenbart sich der gegen die eigenen Interessen gerichtete Effekt aller psychischen Defensivität: *sie überläßt automatisch dem Widersacher die Macht.*

Bei derlei unbefriedigenden Verhaltensweisen bekommt die Aktivität des Willens mehr und mehr tautologischen und wiederholenden Charakter und geht schließlich in Apathie über. Wenn aber diese Apathie nicht in einen Impetus zur Erlangung eines höheren Bewußtseinszustandes verwandelt werden kann, der den Betroffenen in die Lage versetzt, das Problem, mit dem er konfrontiert ist, anzupacken, so setzt dieser Betroffene seine Fähigkeit zum Wollen als solche aufs Spiel. Wer in einem solchen Zustand der Willenslähmung der Apathie entgehen will, der muß sich früher oder später die Frage stellen: Gibt es in mir selbst etwas, das diese Lähmung bewirkt oder fördert?

Der Wille in der Psychoanalyse

Wie stehen Psychologie und Psychoanalyse zur Krise des Willens? Wir haben bereits auf Freuds Zerstörung der viktorianischen »Willenskraft« als einen Ausdruck jener Unterminierung des Willens hingewiesen, die für unser ganzes Zeitalter kennzeichnend ist. Und wir haben ebenfalls angedeutet, daß die Psychoanalytiker selbst besorgt sind über das Dilemma, das für uns aus dieser Willenskrise erwächst. Nachdem Wheelis in dem oben zitierten Aufsatz die These vertreten hat, daß wir auf Kosten der Entscheidungsfähigkeit zum Determinismus gekommen sind, fährt er fort: »Die entscheidende Bedeutung des Willens liegt in der Tatsache, daß ... [er] bei der Umwandlung des Gleichgewichts in einen Prozeß der Veränderung dennoch der bestimmende Faktor sein kann[11].«
Nachdenkliche Vertreter aller Zweige der Psychologie und auch anderer Disziplinen wie etwa der Philosophie und der Theologie haben mit Nachdruck die Frage aufgeworfen, welche Auswirkungen die Psychoanalyse selbst auf den Willen des Patienten hat. Einige von ihnen kommen zu einer negativen Antwort. »Die Psychoanalyse erzieht systematisch zur Unentschlossenheit«, sagt Silvan Tomkins, Professor in Princeton und an der University of the City of New York. Ähnlich wie Tomkins vertreten auch andere die Ansicht, daß die Psychoanalyse der Neigung des modernen Menschen, seine Autonomie aufzugeben, entgegenkommt.
Einige Jahre lang häuften sich Anzeichen dafür, daß die Theorie und Praxis der Psychoanalyse in eine Krise zu geraten drohten.

Ein Ausdruck dieser Krise, die heute niemand ignorieren kann, ist die Tatsache, daß sich selbst einige Exponenten unter den orthodoxen Freudianern gegen die Psychoanalyse wenden[12]. Was sie zu sagen haben, erinnert sehr an die »Gott-ist-tot«-Klage mancher zeitgenössischen Theologen. Und in der Tat, der Gott der Psychoanalyse mag wirklich tot sein, insofern nämlich, als er, wie der Gott der Theologen, falsch begriffen worden ist.
Eine der zentralen Ursachen für diese Krise ist die Unfähigkeit der Psychoanalyse, das Problem des Willens und der Entscheidung zu lösen. Denn wenn der totale Determinismus, den Freud in der Theorie vertrat, in der Praxis herrschte, wäre die Psychoanalyse nicht in der Lage, auch nur einen einzigen Menschen zu heilen. Das gleiche gilt für das Gegenteil: Bei einem totalen Indeterminismus, das heißt, wenn wir die Freiheit hätten, uns durch einen Silvestereinfall oder einen Neujahrs-Entschluß zu ändern, würde niemand daran denken, sich in psychotherapeutische Behandlung zu begeben. Aus der Praxis wissen wir indessen, daß die Probleme der Menschen hartnäckig, widerspenstig und beschwerlich sind. Aber wir wissen auch, daß die Menschen sich ändern *können*. Deshalb müssen wir weiter herauszufinden suchen, was sie verändert.
Die Vertreter der konventionellen Psychologie neigten überdies dazu, unabhängig davon, was der einzelne Psychologe von seinem eigenen ethischen Verhalten dachte, sich die Einstellung zu eigen zu machen, daß man sich als Psychologe nur mit dem befassen sollte, was determiniert ist und in einem deterministischen System begreifbar ist. Diese Einstellung führte zu Scheuklappen. Wir formten unsere Patienten gleichsam nach dem Bilde dessen, was wir uns zu sehen erlaubten. In der Psychologie herrschte die Tendenz, das Problem der Macht, insbesondere das der irrationalen Macht, zu verdrängen. Wir nahmen die aristotelische Vorstellung, der Mensch sei ein vernunftbegabtes Tier, zu wörtlich, wenn wir davon ausgingen, daß er *nur* dies sei und daß Irrationalität nichts anderes sei als eine zeitweilige Abweichung vom Normalen. Die Abweichung galt es dann durch eine angemessene Erziehung oder, in schwereren Fällen, durch eine Umerziehung der gestörten Gefühle zu überwinden. Die Unterdrückung des Problems der Macht, das übrigens sowohl in Al-

fred Adlers Psychologie als auch in Freuds Vorstellungen zum Kannibalismus der Primitiven und zum Aggressionstrieb seine Rolle spielt, machte es der Psychologie um so leichter, den Willen außer acht zu lassen und an einem theoretischen Determinismus festzuhalten, da die kritischsten dämonischen Effekte des Determinismus damals noch nicht offen zutage traten[13].
In der Psychoanalyse und in der Psychotherapie jedoch, wo es die Therapeuten mit lebenden, leidenden Menschen zu tun hatten, wurde das Problem der Untergrabung des Willens und der Entschlußkraft immer kritischer. Denn sowohl in der Theorie als auch in der Praxis der Psychoanalyse und der meisten anderen Formen der Psychotherapie spielten die passiven Tendenzen des Patienten zwangsläufig eine bedeutende Rolle. Wie Otto Rank und Wilhelm Reich bereits in den zwanziger Jahren erkannten, gab es in der Psychoanalyse selbst Tendenzen, die an ihrer Lebenskraft zehrten und nicht nur die Realität, mit der die Psychoanalyse zu tun hat, sondern ebenso die Kraft und die Bereitschaft des Patienten zum Wandel beeinträchtigten. In den frühen Tagen der Psychoanalyse, als Enthüllungen aus dem Bereich des Unbewußten noch einen deutlichen »Schockwert« hatten, trat dieses Problem nicht so deutlich in Erscheinung. Heute indessen, da die meisten unserer Patienten – im Gegensatz zu den Hysterikern, mit denen sich Freud in seiner Frühphase beschäftigte – unter Zwangspsychosen und -neurosen der einen oder anderen Art leiden, da jedermann weiß, was ein Ödipuskomplex ist, und da unsere Patienten mit einer Freiheit über sexuelle Probleme sprechen, die die Patienten Freuds zutiefst schockiert hätte (und in der Tat ist das Reden über den Sex die einfachste Art, echte *Entscheidungen* im Hinblick auf Liebe und sexuelle Begegnungen zu vermeiden), ist das Dilemma, das aus der Unterminierung des Willens und der Entscheidungskraft erwächst, nicht mehr zu umgehen. So hängt der »Wiederholungszwang«, ein Problem, dem mit den Mitteln der klassischen Psychoanalyse nie beizukommen war, meiner Ansicht nach aufs engste mit dieser Krise des Willens zusammen.
Auch andere Formen der Psychotherapie entgehen nicht dem Dilemma der Psychoanalyse, das darin besteht, daß der Praxis der Psychotherapie gewisse Elemente eigen sind, die den Patien-

ten dazu einladen, die Position einer sich selbst entscheidenden Instanz aufzugeben. Dies trifft nicht nur für die automatischen, unterstützenden Elemente in der Therapie zu; auch die Versuchung, die Verantwortung für die eigenen Probleme überall zu suchen, nur nicht bei sich selbst, eine Versuchung, der Patient wie Therapeut allzu leicht erliegen, wirkt in diese Richtung. Gewiß, Psychotherapeuten jeder Provenienz und Schule sind sich darüber im klaren, daß der Patient früher oder später irgendwelche Entscheidungen treffen muß; daß er lernen muß, einige Verantwortung für sich selbst zu übernehmen. Theorie und Technik des größten Teils der Psychotherapie jedoch basieren auf entgegengesetzten Prämissen.

Illusion und Wille

Psychologen und Psychoanalytiker haben die Möglichkeit des freien Willens und der freien Entscheidung wiederholt in Abrede gestellt. Der Freudianer Robert Knight, zum Beispiel, ist der Ansicht, daß die Freiheit der Wahl, über die ein Mensch verfügt »... nicht das geringste zu tun hat mit dem freien Willen als einem Prinzip, das das menschliche Verhalten bestimmt, sondern vielmehr eine subjektive Erfahrung darstellt, die selbst kausal determiniert ist[14]«. In dem Aufsatz, in dem Knight diese These vertritt, gebraucht er das Wort Freiheit ausschließlich in Anführungszeichen, um, wie es scheint, zu demonstrieren, daß diese Freiheit eine Illusion ist. Die Freiheit der Wahl und die Verantwortung sind Illusionen, die in zurückliegenden Umständen ihre Ursache haben und ihrerseits wiederum zur Ursache künftiger Handlungen werden.

Als *Therapeuten* aber – und damit stoßen wir auf eine eindeutige Inkonsequenz – konnten die Analytiker nicht umhin, anzuerkennen, daß der Akt des Wählens für den Patienten von zentraler Bedeutung war. Freud bezog als Psychotherapeut eine Position, die seiner eigenen Theorie auf eine radikale und erstaunliche Weise widersprach. In »Das Ich und das Es« schreibt

er, daß die Analyse »die krankhaften Reaktionen nicht unmöglich machen, sondern dem Ich des Kranken die *Freiheit* schaffen soll, sich so oder anders zu entscheiden[15]«.
Wheelis charakterisiert das Dilemma, in dem sich der Psychotherapeut befindet, mit den folgenden Worten:
»Es kann geschehen, daß sich der Therapeut gegen Ende der Analyse bei dem Wunsch nach mehr »Schwung«, mehr »Entschlossenheit« des Patienten ertappt. Nicht selten führt dieser Wunsch zu Bemerkungen an die Adresse des Patienten wie: »Der Mensch muß sich selbst helfen«, »ohne Fleiß kein Preis« oder »Sie müssen versuchen«. Solche Interventionen werden nur selten in den Bericht über den betreffenden Fall aufgenommen; denn häufig fühlt sich der Analytiker nicht recht wohl bei solchen Appellen an die Willenskraft; er hat das Gefühl, ein Mittel eingesetzt zu haben, an das er im Grunde nicht glaubt und das überflüssig gewesen wäre, wenn er nur geschickter analysiert hätte[16].«
So gerieten die Psychoanalytiker in die ebenso seltsame wie ungewöhnliche Situation, zu glauben, daß der Patient die Illusion der Freiheit brauche, um sich verändern zu können, und daß es daher ihre Aufgabe sei, diese Illusion zu kultivieren oder zumindest zu berücksichtigen. Die Paradoxie, mit der Knights Umschreibung des Problems den Leser konfrontiert, wird treffend charakterisiert von zwei Rezensenten, die ich im folgenden zitieren möchte. »Im Verlaufe der Psychotherapie wächst beim Patienten das Gefühl der Freiheit, so daß erfolgreich analysierte Menschen berichten, daß sie sich freier fühlen, als es vor der Behandlung der Fall gewesen sei. Wenn diese Freiheit illusionär ist, besteht der Zweck der Therapie oder zumindest das Resultat der erfolgreichen Therapie in der Wiederherstellung einer Illusion, obgleich die meisten Therapeuten der Ansicht sind, daß die erfolgreiche Therapie die Genauigkeit erhöht, mit der der Patient sich selbst und seine Welt wahrnimmt[17].« Einige Psychoanalytiker geben in der Tat offen zu, daß sie eine Illusion kultivieren, und unternehmen den Versuch, dieses Phänomen in ihrer Theorie rational zu erklären[18].
Man führe sich einmal vor Augen, was das bedeutet. Wir erfahren, daß eine *Illusion* von größter Bedeutung für die Verände-

rung der Persönlichkeit ist; daß nicht (oder nur theoretisch) die Wahrheit, sondern eine Illusion von entscheidender Relevanz für die Handlungsweise des Patienten ist. Das heißt, man fordert uns auf, nach einer Illusion, statt nach Wahrheit zu streben. Man verlangt von uns, an Definitionen der Welt zu glauben, an die wir uns im Leben nicht halten können, wenn wir – wie Wheelis mit Recht sagt – nicht in eine passive Impotenz abgleiten wollen, die zu Apathie und Depression führt.
Ich brauche wohl kaum im einzelnen auszuführen, warum dieser Versuch der Befreiung unhaltbar ist. Nicht einmal wir Psychoanalytiker könnten mit einer solchen Illusion leben; denn wie soll man sich (wenn man kein extrem pathologischer Fall ist) engagieren, wenn man schon im voraus weiß, daß man sich für eine Illusion engagiert? Überdies muß man sich, wenn die Patienten der Illusionen bedürfen, darüber im klaren sein, daß es unendlich viele Möglichkeiten der Illusion gibt. Wer also soll entscheiden, unter *welche* Illusion der jeweilige Patient sein Leben stellen soll? Sollen wir uns für die Illusion entscheiden, die »funktioniert«? Wenn ja, so war unsere Vorstellung von der Wahrheit falsch; denn wenn die Illusion wahrhaft funktioniert, kann sie nicht völlig illusionär sein. In der Tat ist die Aussage, daß die Illusion für den Wandel entscheidend ist, ihrem Wesen nach antirational (und damit antiwissenschaftlich), denn sie impliziert, daß es im Bereich des Verhaltens irrelevant ist, ob eine Vorstellung wahr oder falsch ist. Dies jedoch kann nicht einfach hingenommen werden. Ist es wahr, so muß ein Kern von Wahrheit in dem sein, was wir »Illusion« nennen, und ein Kern von Illusion in dem, was wir als Wahrheit bezeichnen.
Von anderer Seite wurde eine andere Lösung des Problems angeboten. Ausgehend von dem Gedanken, daß Freiheit und Wille ihren Platz in der psychoanalytischen Theorie der Persönlichkeitsstruktur haben müssen, haben die späteren »Ich«-Analytiker wie Hartmann, Rapaport und andere den Begriff der »Autonomie des Ich« entwickelt. Dem Ich wird demnach die Freiheit der Wahl zugeschrieben. Das Ich aber ist *per definitionem* ein *Teil* der Persönlichkeit, und es stellt sich die Frage: Wie kann ein *Teil* frei sein? Rapaport hat einen Aufsatz über die »Autonomie des Ich« verfaßt, Jung schrieb einmal ein Kapitel über

»Die Autonomie des Unbewußten«, und wir könnten, anknüpfend an Walter B. Cannon, einen Aufsatz über »Die Autonomie des Körpers« zu Papier bringen. Jeder dieser Aufsätze würde eine Teilwahrheit enthalten. Aber hätte nicht jeder von ihnen zugleich einen entscheidenden Mangel? Weder das Ich, noch der Körper, noch das Unbewußte kann »autonom« sein. Sie können nur als Teile einer Totalität existieren, und diese Totalität ist es, auf der Wille und Freiheit basieren müssen. Ich bin überzeugt, daß die Aufteilung der Persönlichkeit in Ich, Überich und Es entscheidend dazu beigetragen hat, daß das Problem des Willens für die orthodoxe Psychoanalyse unlösbar geblieben ist.
Wir wissen aus unserer psychoanalytischen Praxis, daß alle Aspekte der Person des Patienten durch einen Mangel an Freiheit gekennzeichnet sind. Davon betroffen sind sein Körper (muskuläre Inhibitionen), wie das, was man die unbewußte Erfahrung (Verdrängung) nennt, wie auch seine Beziehungen zu anderen Menschen (er ist sich der anderen in demselben Maße unbewußt, in dem er sich selber unbewußt ist). Wir wissen zudem aus Erfahrung, daß der Patient, dem die Psychotherapie zur Freiheit verholfen hat, ungehemmter in seinen körperlichen Bewegungen, freier in seinen Träumen und spontaner in seinen unkalkulierten, unabsichtlichen Beziehungen zu anderen Menschen wird. Daraus folgt, daß Autonomie und Freiheit nicht die Domäne eines besonderen Teils des Organismus sein können, sondern eine Qualität des totalen Ich sein müssen. Ich werde an späterer Stelle, im Zusammenhang mit der Erörterung des Begriffs der Intentionalität, zeigen, daß Wille und Entscheidungskraft untrennbar verknüpft sind mit Es, Ich und Überich, um die Freudschen Begriffe zu übernehmen. Mit jeder Entscheidung gehen sehr wichtige Prozesse Hand in Hand, die allem vorausgehen, was man als »Ich-Funktion« bezeichnen könnte. Bettelheim hat, meiner Ansicht nach, völlig recht, wenn er betont, daß ein starkes Ich nicht die Ursache, sondern das Ergebnis von Entscheidungen ist.
Ist nicht der Begriff der »Autonomie des Ich«, mit dem ein bestimmter Teil oder ein bestimmtes Organ der Persönlichkeit zum Sitz der Entscheidungskraft gemacht wird, genauso problematisch wie der alte Begriff des »freien Willens«? Entkleidet man

diesen Begriff seines intellektualistischen Beiwerks, so bleibt etwas, das jener Theorie Descartes' nicht unähnlich ist, derzufolge die Zirbeldrüse, ein zwischen Körper und Kopf an der Basis des Gehirns lokalisiertes Organ, der Sitz der Seele sei. Wohlgemerkt, die Psychoanalyse des Ichs hat durchaus ihre positive Seite, indem sie das intensive Interesse des zeitgenössischen Menschen an den Problemen der Autonomie, der Steuerung des Ichs und der Entscheidungsfreiheit reflektiert. Aber sie krankt zugleich an ebenden Widersprüchen, mit denen diese Probleme uns zwangsläufig konfrontieren.

Psychoanalyse und Psychologie offenbaren in allen ihren Erscheinungsformen das Dilemma des Willens und der Entscheidung, in dem der zeitgenössische Mensch der westlichen Welt steckt. Mit der für ihn charakteristischen Redlichkeit gibt Freud offen zu, daß er versucht, den Patienten die Freiheit der Wahl zu geben, obwohl er weiß, daß dies in krassem Gegensatz zu zu seiner eigenen Theorie steht. Er verlor nicht den Mut angesichts des Widerspruchs, und er wartete auch nicht mit einer simplifizierenden Lösung des Problems auf. Aber je weiter die Entwicklung unserer Kultur seit Freud fortschritt, desto geringer ist die Möglichkeit geworden, mit diesem Widerspruch zu leben.

In dem vorliegenden Buch biete ich eine Lösung für dieses Problem an. Sie basiert auf meiner Überzeugung, daß wir bisher eine Dimension der menschlichen Erfahrung außer acht gelassen haben, die für den menschlichen Willen wichtig, ja entscheidend ist. Die im folgenden zitierte Passage von Hudson Hoagland veranschaulicht das Dilemma:

»Nehmen wir an, ich sei ein allmächtiger Physiologe, der Physiologie und Chemie vollkommen beherrscht und die molekularen Vorgänge in Ihrem Hirn in jedem Augenblick überschaut. Mit diesem Wissen ausgerüstet, kann ich präzise voraussagen, was Sie aufgrund der Mechanismen, die in Ihrem Gehirn ablaufen, tun werden, da Ihr Verhalten, das bewußte und verbale Verhalten eingeschlossen, absolut den neuralen Funktionen entspricht. Dies gilt jedoch nur, wenn ich meine Voraussage vor Ihnen verheimliche. Teile ich Ihnen dagegen mit, was ich aufgrund meiner umfassenden Kenntnis Ihres Gehirns über Ihr künftiges Tun weiß, so habe ich die Physiologie Ihres Gehirns durch diese Information bereits verändert. Das wiederum versetzt Sie in die Lage, sich ganz anders zu verhalten, als ich vorausgesagt habe. Müßte ich versuchen, von vornherein die Wirkung dessen, was ich Ihnen vorhersage, in Betracht zu ziehen, so wäre ich dazu verdammt, mich endlos im Kreise zu drehen, in dem Bemühen, Rücksicht zu nehmen auf die Auswirkungen der Rücksichtnahme auf die Auswirkungen der Rücksichtnahme auf die Auswirkungen der Rücksichtnahme[19].«

Mit Bewußtheit und Bewußtsein – das heißt mit dem Wissen – kommen Elemente ins Spiel, die eine Voraussage unmöglich machen. Und der Mensch ist ein Wesen, das mit Nachdruck auf Wissen besteht. Die damit verbundene Veränderung des Bewußtseins hat ihre Quellen sowohl außerhalb wie innerhalb der Person, Kräfte, die den Einzelnen von der Welt her beeinflussen, wirken zusammen mit dem Verhalten des Menschen, der auf diese Kräfte *reagiert*. Wir können festhalten, daß Bewußtheit nach Hoagland die Bewußtwerdung vergessener und begrabener Ereignisse aus der Kindheit und anderer unterbewußter Erlebnisse, die in der Therapie zutage treten, einschließt.

Damit sind wir, um an dieser Stelle ein wenig vorzugreifen, beim Problem der *Intentionalität* im Gegensatz zur bloßen *Intention*. Die Intentionalität liegt dem Willen und der Entscheidung zugrunde, macht sie erst möglich. Es kann keinen Zweifel darüber geben, warum diese Intentionalität in der westlichen Geschichte stets vernachlässigt wurde. Seit der Trennung von Verstehen und Wollen durch Descartes vollzog sich die Entwicklung der Wissenschaft auf der Basis dieser Dichotomie. Stets versuchten wir, davon auszugehen, daß »Fakten« über die Menschen getrennt werden könnten von ihrer »Freiheit«, daß Wissen getrennt werden könne von Wollen. Insbesondere seit Freud ist dies nicht mehr möglich – selbst wenn Freud seinen eigenen Entdeckungen zum Trotz an der alten Dichotomie in der wissenschaftlichen Theorie festhielt. Die Intentionalität schließt zwar einen deterministischen Einfluß nicht aus, läßt jedoch das ganze Problem des Determinismus und der Freiheit in einem neuen Licht erscheinen.

Siebtes Kapitel
Wunsch und Wille

Wir können uns nicht einfach abfinden mit den Widersprüchen, die wir in Psychologie und Psychotherapie entdeckt haben. Auch können wir Willen und Entscheidung nicht dem Zufall überlassen. Wir können uns bei unserer Arbeit nicht von der Hoffnung leiten lassen, daß der Patient irgendwann aus Langeweile, Nachlässigkeit oder Überdruß in eine Entscheidung hineinschlittern wird; daß der Patient diesen oder jenen Schritt unternehmen wird aus dem Gefühl, der Therapeut habe dann eine gute Meinung von ihm. Ich bin der Meinung, daß wir Entscheidung und Willen wieder in das Zentrum unseres Interesses rücken müssen. Dabei kann es sich nicht darum handeln, den freien Willen gegen den Determinismus auszuspielen oder das zu leugnen, was Freud als unbewußte Erfahrung bezeichnet. Diese deterministischen »unbewußten« Faktoren spielen ohne Zweifel ihre Rolle; kein Mensch, der als Therapeut tätig ist, wird dies leugnen können[1].
Es geht hier nicht darum, gegen die zahllosen deterministischen Mächte zu Felde zu ziehen, die auf jeden Menschen einwirken. Wir wollen uns einen klaren Blick bewahren, indem wir von Anfang an zugestehen, daß der Determinismus gewisse nützliche Seiten hat. Einer dieser Vorteile besteht darin, daß der Glaube an den Determinismus – nicht anders als der Glaube an den Calvinismus, den Marxismus oder den Behaviorismus – den Menschen zum Verbündeten einer mächtigen Bewegung macht. Ein weiterer Wert besteht darin, daß der Determinismus den Menschen von den meisten der zahllosen kleinlichen und weniger kleinlichen Probleme befreit, die tagtäglich bewältigt werden müssen; sie alle werden gleichsam im vorhinein geregelt. Ein dritter Vorteil ist, daß man durch den Glauben an den Determinismus die eigene Unsicherheit überwindet: seiner selbst sicher, kann man voranstürmen. So gesehen bewirkt der Determinismus eine Erweiterung des menschlichen Erfahrungshorizonts, in-

dem er die Probleme gleichsam auf eine tiefere Ebene stellt. Bleiben wir jedoch unserer Erfahrung treu, so müssen wir unsere Freiheit auf eben dieser Ebene finden.
Diese Paradoxie schließt ein für allemal aus, daß man von einem »totalen Determinismus« sprechen kann, ohne sich dabei in einen logischen Widerspruch zu verwickeln. Denn wer vom »totalen Determinismus« spricht und die Energie aufbringt, zu beweisen, daß es ihn gibt, der beweist damit nichts anderes, als daß er über eine Freiheit verfügt, die ihrerseits das, was er eigentlich beweisen sollte, als Irrtum entlarvt.
Das zeigt sich besonders anschaulich in der Therapie: So sehr der Patient auch das Opfer von Mächten sein mag, deren er sich nicht bewußt ist – er orientiert sich, indem er eben diese deterministischen Mächte in seinem Leben offenbart und erforscht, an den Tatsachen und trifft damit eine Wahl, so unbedeutend sie auch scheinen mag; er erfährt ein gewisses Maß an Freiheit, so begrenzt sie auch sein mag. Damit ist keineswegs gesagt, daß wir den Patienten zu Entscheidungen »drängen«. Ja, ich bin sogar überzeugt, daß der Therapeut der Gefahr, den Patienten in die eine oder andere Richtung zu drängen, nur dadurch entgehen kann, daß er dem Patienten vor Augen führt, welche Kräfte des Willens und der Entscheidung dem Patienten selbst zu Gebote stehen. Das potentielle Bewußtsein des Patienten –, so lautet meine These –, daß die breite, vielschichtige und vielgestaltige Erfahrung *seine eigene* Erfahrung ist, bringt in jedem Augenblick unweigerlich ein Element der Entscheidung ins Spiel.
Die Aufgabe, der wir uns in den folgenden Kapiteln zu widmen haben, besteht darin, diese Probleme zu untersuchen. Wir werden uns zunächst mit der Wechselbeziehung zwischen Wille und Wunsch beschäftigen und uns dann der tieferen Bedeutung des Wunsches zuwenden. Der nächste Schritt wird in einer Analyse der *Intentionalität* bestehen. Und schließlich werden wir das, was wir gelernt haben, auf die Praxis der Therapie anwenden. Die Frage, die all diesen Erörterungen zugrunde liegt, lautet: Können solche Untersuchungen zu neuen Einsichten hinsichtlich der Bedeutung des menschlichen Wollens und zu einer neuen Basis für die Lösung der Probleme des Willens und der Entscheidung führen?

Das Ende der Willenskraft

Um es gleich zu sagen: Die Begriffe »Willenskraft« und »Freier Wille« sind, gelinde gesagt, zweifelhaft und wären vielleicht nicht einmal mehr hilfreich, wenn man sie noch benutzen könnte. Der Begriff »Willenskraft« brachte das arrogante Bemühen des Menschen des Viktorianischen Zeitalters zum Ausdruck, seine Umgebung zu manipulieren und die Natur genau wie sich selbst und sein eigenes Leben als Objekte mit eiserner Faust zu beherrschen. Diese Art des »Willens« wurde dem »Wunsch« entgegengesetzt und dazu benutzt, den »Wunsch« zu leugnen. Der viktorianische Mensch versuchte, wie sich Ernest Schachtel ausgedrückt hat, zu leugnen, daß er je ein Kind gewesen war. Er versuchte, irrationale Neigungen und sogenannte infantile Wünsche zu verdrängen, da er sie für unvereinbar hielt mit dem Bild, das er von sich selbst als einem erwachsenen und verantwortungsbewußten Menschen hatte. Die Willenskraft diente demnach der Unterdrückung des Bewußtseins körperlicher und sexueller Triebe und feindseliger Impulse, die nicht in das Bild des beherrschten, ausgeglichenen Ich paßten.

Nicht selten habe ich an Patienten die Beobachtung gemacht, daß die Betonung der »Willenskraft« eine Abwehrreaktion gegen die eigenen verdrängten, passiven Wünsche ist, die stark an die Wirkungsweise des Willens um die Zeit der Jahrhundertwende erinnert. Der Wille diente zur Abweisung des Wunsches. Klinisch gesprochen, führt dieser Prozeß zu einer immer größer werdenden gefühlsmäßigen Leere, zu einer fortschreitenden inneren Aushöhlung. Dies bedeutet eine Verarmung der Einbildungskraft und des intellektuellen Erlebens, eine Vereitelung und Erstickung der Sehnsüchte ebenso wie der Wünsche. Wir alle wissen, welches Maß an Ressentiment, Bestrafung, Feindseligkeit und Selbstverachtung mitsamt den einschlägigen klinischen Symptomen das Resultat dieser repressiven Willenskraft sein kann.

Eine Frau Ende Zwanzig – wir wollen sie, da ich später auf sie zurückkommen werde, Helen nennen – berichtete mir, als sie zu mir kam, um sich therapeutisch behandeln zu lassen, daß ihr

Leitsatz stets gewesen sei: »Wo ein Wille, da ist auch ein Weg«. Dieser Leitsatz schien dem leitenden Posten, den sie bekleidete und der neben einer Menge Routinearbeit auch wichtige Entscheidungen von ihr verlangte, ebenso angemessen wie ihrer Herkunft. Sie stammte aus einer typischen Familie des gehobenen Mittelstandes von New England. Auf den ersten Blick machte sie durchaus den Eindruck einer »willensstarken« Person. Das einzige Problem war, daß sie ein zwanghaft promiskuitives Sexualleben führte. Sie schien unfähig, nein zu sagen. Was immer der Grund war, dieses Symptom, das ohne Zweifel durch die Tatsache verstärkt wurde, daß sie ein hübsches Mädchen war, stand, wie ihr nicht verborgen bleiben konnte, im krassen Widerspruch zu ihrer »Willenskraft«. Außerdem wurde sie gelegentlich von einer wahren »Freßsucht« befallen. In solchen Fällen pflegte sie, auf die Gefahr hin, mit Magenschmerzen und einer Schlankheitsdiät dafür büßen zu müssen, alles in sich hineinzuschlingen, was die andern beim Frühstück auf ihren Tellern gelassen hatten. Was ihren Beruf betraf, so zeigten sich ähnliche Symptome des »Getriebenseins«. Sie arbeitete oft 14 Stunden ohne Unterbrechung und hatte dennoch nie das Gefühl, weitergekommen zu sein. Es zeigte sich bald, daß sie, trotz ihres oberflächlichen gesellschaftlichen Erfolgs, ein zutiefst einsamer und isolierter Mensch war. Sie hatte Sehnsucht nach der Mutter, wenn sie sich daran erinnerte, wie sie als kleines Mädchen mit der Mutter in der Sonne gesessen hatte. Sie träumte, daß sie nach Hause ging und an die Tür klopfte, daß aber ihre Mutter, die ihr öffnete, sie nicht wiedererkannte und ihr die Tür vor der Nase zuschlug. Tatsache war, daß die Mutter nach der Geburt des Mädchens unter einer schweren Depression gelitten und mit Unterbrechungen mehrere Jahre in einer Nervenklinik gelegen hatte. Was in der Patientin zum Vorschein kam, war also ein einsames, bemitleidenswertes Kind, überwältigt von der Sehnsucht nach etwas, das es nie gehabt hatte. Es schien offensichtlich, daß die starke Betonung der »Willenskraft« nichts anderes war als ein verzweifelter Versuch, die Symptome ihrer unerfüllten kindlichen Bedürfnisse zu kompensieren, als eine Strategie, die es ihr ermöglichen sollte, trotz des schmerzlichen Verlangens weiterzuleben. Es ist nicht überraschend, daß die Symptome, die sich bei ihr konstatieren ließen, zwanghafter Natur waren. Wir haben es hier mit dem typischen Fall eines Willens zu tun, der zur selbstzerstörerischen, gegen die eigene Person gerichteten Kraft wird. Das Leben belehrte sie (um an ihren eigenen Leitsatz anzuknüpfen): Wo solche Sehnsüchte und unerfüllten Bedürfnisse sind, da ist der Wille gerade *nicht* der Weg.

Darüber hinaus ist festzuhalten, daß ihr Problem nicht in einer bloßen *Verachtung* der Eltern bestand, wie sie häufig im Verhalten Jugendlicher zum Ausdruck kommt. Wäre das der Fall gewesen, so hätte sie damit bewiesen, daß der »Wille« – wenn auch auf eine negative Weise – immer noch aktiv war, und es wäre nicht allzu schwer gewesen, ihr zu helfen. Das Problem unserer Patientin war ernster: Sie litt unter einer Leere, einem inneren Vakuum und dem Verlangen, etwas zu füllen, was seit ihrer Kindheit stets leer geblieben war. Solche Probleme können zu einer kritischen Apathie führen, wenn der »Wille« zerbricht, bevor das Verlangen zum Bewußtsein gebracht und bis zu einem gewissen Grade integriert ist. Das frühe Trauma lehrte Helen schon in ihrer Kindheit, daß sie ihren Wünschen entsagen mußte, um dadurch einer Verzweiflung zu entgehen, die sie vermutlich in eine Psychose getrieben hätte. Das Mittel, mit dem sie dies erreichte, war die »Willenskraft«. Aber die Neurose pflegt sich in solchen Fällen genau dort zu rächen, wo das Problem seinen Ursprung hat.

Freud und der Wille

Die Psychoanalyse verdankt ihre Existenz dem Scheitern des Willens. Es ist nicht verwunderlich, daß Freud, der ständig vor Augen hatte, wie in der Welt, in der er lebte, der Wille regelmäßig in den Dienst der Verdrängung gestellt wurde, seine Psychoanalyse als ein Anti-Willen-System entwickelte. Bei Freud wird, wie Paul Ricoeur sich ausdrückt, das Phänomen des Willens zermalmt von der Dialektik von Instinkt einerseits und Autorität in Form des Überichs andererseits. Freuds Beobach-

tung, daß der Wille von drei Dingen beherrscht wird – dem Es, dem Überich und der äußeren Welt – bedeutet, daß der Wille verloren ist; und wenn nicht verloren, so doch seinen Beherrschern machtlos ausgeliefert. Da Helen den Erfolg in der Welt dringend brauchte, hatte sie ein funktionierendes Gewissen. Aber Welt, Es und Überich machten ihren Leitsatz »Wo ein Wille ist, da ist auch ein Weg« zu einer traurigen Farce und provozierten in ihr ein quälendes masochistisches Schuldgefühl.
Freud sah im Willen keine positive, bewegende Kraft mehr, sondern ein Werkzeug im Dienste der Verdrängung. Ja, er betrachtete den »Willen« als den Teufel des ganzen Systems, weil dieser Wille die negative Funktion hat, Widerstand und Verdrängung ins Werk zu setzen.
Welches sind die Quellen dieser Destruktion des Willens in Freuds Theorie? Die eine Quelle ist offenkundig: Freuds präzise klinische Beobachtung. Eine zweite Quelle ist kultureller Art. Freuds Theorie stand im Einklang mit der Entfremdung, die sie beschreibt, war Ausdruck dieser Entfremdung. Man darf nicht vergessen, daß Freud in dem, was er dachte und schrieb, eine entfremdete Kultur reflektierte. Wie ich bereits an anderer Stelle angedeutet habe, war die Überbetonung der Willenskraft in jener Zeit Teil jenes Prozesses der Aufsplitterung, der bereits den kulturellen Zusammenbruch ahnen ließ, zu dem es dann in der Tat 1914 kam. Die Überbetonung der Willenskraft hat ihre Parallele in der zunehmenden Erstarrung des »Willens«, zu der es beim Zwangsneurotiker kommt, bevor das ganze System zusammenbricht.
Ein dritter Grund liegt darin, daß Freud den Willen ausmanövrieren mußte, weil sein wissenschaftliches Modell es verlangte. Er hatte das Ziel und den Wunsch, eine deterministische Wissenschaft nach dem Vorbild der Naturwissenschaft des 19. Jahrhunderts zu entwickeln. Deshalb brauchte er ein quantitatives System, in dem das Gesetz von Ursache und Wirkung herrschte.
Der vierte Grund schließlich für Freuds Bestreben, den Willen zu zerstören, war der gleiche, aus dem wir heute daran interessiert sind, ihn auf eine andere Weise wiederzuentdecken. Es ging Freud darum, die menschliche Erfahrung zu vertiefen und die Phänomene auf eine Ebene zu rücken, die der Würde des Men-

schen und dem Respekt vor dem menschlichen Leben angemessen war. Denn der Begriff der »Willenskraft«, wie er von Freuds Zeitgenossen verwandt wurde, implizierte, daß jeder Mensch »Herr seines Schicksals« war und durch einen in der Silvesternacht oder beim Sonntags-Gottesdienst gefaßten Entschluß den gesamten Ablauf seines Lebens bestimmen konnte. Das heißt, dieser Begriff setzte im Grunde das Leben herab, beraubte es seiner Würde und brachte eine Geringschätzung der menschlichen Erfahrung gegenüber zum Ausdruck.

Wir sollten keinen Anstoß daran nehmen, daß einige dieser Gründe Freuds – zum Beispiel die beiden letzten – widersprüchlich sind. Es gehörte zu den Zeichen seiner Größe, daß Freud mit solchen Widersprüchen leben konnte. Man könnte sich durchaus vorstellen, daß er einem diesbezüglichen Vorwurf mit den Worten Walt Whitmans begegnet wäre: »Ich widerspreche mir selbst? Nun gut, ich widerspreche mir selbst.«

Der Wunsch

Während Freud gegen die »Willenskraft« zu Felde zog, ließ er den »Wunsch« stark in den Vordergrund treten. Nicht der »Wille« ist es, der uns bewegt, sondern der »Wunsch«. Immer wieder wies er darauf hin, daß nur der Wunsch unseren geistigen Apparat in Bewegung setzen könne. Da es uns darum geht, die Implikationen des Wunsches zu beleuchten, mag es hilfreich sein, darauf hinzuweisen, daß auch in anderen mehr oder weniger deterministischen psychologischen Systemen der Wunsch als eine »Kraft« gilt. Im Behaviorismus, Hullscher Prägung zum Beispiel, taucht der »Wunsch« auf, als das Verlangen und das Bedürfnis, Spannungen zu reduzieren, was überraschenderweise an Freuds Definition der Lust als Reduktion von Spannung erinnert. Die üblichen, auf Anpassung und Entfaltung gerichteten Wünsche – man wünscht zu »überleben« und »lange zu leben« – werden von den Wissenschaften vom Menschen im allgemeinen als gegeben vorausgesetzt.

Angesichts der Tatsache, daß wir immer noch dazu neigen, den Begriff »Wunsch« auszuhöhlen, indem wir ihn zu einer Konzession an unsere Unreife oder unsere infantilen »Bedürfnisse« machen, sei hier sogleich und mit Nachdruck darauf hingewiesen, daß der Wunsch durchaus auch in Prozessen eine Rolle spielt, die weit über das Residuum der Kindheit hinausreichen. Die Korrelate des »Wunsches« lassen sich in allen Naturphänomenen bis hin zur Atomreaktion nachweisen. Wir begegnen ihnen zum Beispiel in dem, was Alfred North Whitehead und Paul Tillich die Negativ-Positiv-Bewegungen in allen Partikeln der Natur nennen. Man denke etwa an den Tropismus, die natürliche Tendenz biologischer Organismen zur sogenannten Krümmungsbewegung. Begnügen wir uns jedoch damit, den »Wunsch« als mehr oder weniger blinde und unwillkürliche Bewegung eines Teilchens auf ein anderes hin oder eines Organismus auf den anderen hin zu definieren, so müssen wir damit zwangsläufig zu der pessimistischen Auffassung Freuds gelangen, daß alle Organismen vom »Todesinstinkt« beherrscht sind, das heißt, daß sie die unausweichliche Tendenz haben, in den Bereich des Unorganischen zurückzukehren. Ist der Wunsch tatsächlich *nur eine Kraft*, so befinden wir uns alle auf einer Pilgerfahrt, die unweigerlich beim Zustand des unorganischen Steins endet.

Aber auch das Element der *Bedeutung* spielt beim Wunsch eine Rolle. Erst das besondere Neben- und Miteinander von Kraft und Bedeutung konstituiert den menschlichen Willen. Dieses Element der »Bedeutung« ist zweifellos auch in Freuds Begriff des Wunsches enthalten, wenn seine Worte auch den Anschein erwecken, als sei der Wunsch nichts anderes als eine blinde Kraft. Allein die Tatsache, daß Freud im Willen nicht bloß einen gezielten Drang sah, sondern zugleich einen Bedeutungsträger, ermöglichte es ihm, diesen Begriff so erfolgreich für die Deutung insbesondere von Phantasiefolgen, freien Assoziationen und Träumen nutzbar zu machen.

Die ersten Wochen im Leben eines Kindes sind dadurch gekennzeichnet, daß es seinen Mund wahllos und blind jeder Brustwarze und jedem Sauger entgegendrängt. Mit dem Aufkommen und der Entwicklung des Bewußtseins jedoch und der Fähigkeit, sich selbst als Subjekt in einer Welt von Objekten zu erleben, bilden sich neue Fähigkeiten heraus. Besondere Bedeutung kommt dabei der Fähigkeit zu, Symbole zu verwenden und sich mit Hilfe symbolischer Bedeutungen auf das Leben zu beziehen. Von diesem Augenblick an ist der Wunsch mehr als nur ein blinder Drang. Die Brustwarze wird zur Brust. Das Wort ›Brustwarze‹ ist die anatomische Bezeichnung für einen Teil des Körpers, der uns die Rationen gibt, die wir zum Überleben benötigen. Das Wort ›Brust‹ dagegen ist ein Symbol, das ein umfassendes Erlebnis zum Ausdruck bringt – das Erlebnis der Wärme, der Vertrautheit, ja der Schönheit und der Möglichkeit der Liebe, die mit der Betreuung des Kindes durch seine Mutter verknüpft sind.

Ich bin mir durchaus der Schwierigkeiten bewußt, die diese Dimension der symbolischen Bedeutung für eine naturwissenschaftliche Erforschung des Menschen mit sich bringt. Dennoch bleibt uns nichts anderes übrig, als den Menschen, unser Studienobjekt, so zu nehmen, wie wir ihn vorfinden – als ein Geschöpf, das sich in symbolischen Bedeutungen, die seine Sprache ausmachen, auf sein Leben bezieht. Aus diesem Grunde ist es methodologisch ungerechtfertigt und empirisch ungenau, den Wunsch zu einer bloßen Kraft zu machen. Von dem Augenblick an, da der Mensch ein Bewußtsein entwickelt, sind *Wünsche nie mehr bloße Bedürfnisse.* Von der einen Frau fühle ich mich sexuell angezogen, von der anderen nicht. Entscheidend ist dabei niemals die Menge an Libido, die ich aufgespeichert habe, sondern vielmehr meine erotische »Kraft«, die durch die Bedeutung kanalisiert und geformt wird, die die erstere Frau für mich hat. Zwei Ausnahmen freilich sind zu berücksichtigen. Die erste Ausnahme bilden künstliche Situationen. Eine solche Situation ist etwa gegeben, wenn Soldaten für zwölf Monate in der Arktis stationiert sind, so daß bestimmte Aspekte der Erfahrung für sie ganz einfach bewußt ausgeklammert werden. Bei der zweiten Ausnahme geht es um Menschen, die, wie unsere Patientin Helen, durch ihren Sexualtrieb wahllos zu jedem beliebigen Mann oder jeder beliebigen Frau hingetrieben werden. In diesem Falle jedoch haben wir es mit einem Zustand zu tun, der eindeutig als pathologisch zu definieren ist; und es ist ein wichtiger Beweis für die Richtigkeit meiner Behauptung, daß eine Sexualität, die keinerlei Auswahl des Partners kennt, dem Wesen des Wunsches in einem entscheidenden Punkt widerspricht. Ich weiß nicht, was Ludwig XVI. verschwieg, als er sagte: »Mir ist jede Frau recht, vorausgesetzt, daß sie gebadet ist und beim Zahnarzt war.« Aber eines weiß ich genau: Wenn Menschen, die weder Könige noch extrem psychisch Gestörte sind, sexuelle Beziehungen mit irgendeinem leichtfertigen Geschöpf haben, dem sie, sagen wir, ganz zufällig oder beim Karneval begegnet sind, so pflegen sie dieses Geschöpf – wenn auch vielleicht nur in ihrer Phantasie – nachträglich mit Tugenden oder besonderen Attributen auszustatten, die für sie in irgendeiner Weise bedeutsam sind. Auch der *Abscheu* ist Ausdruck eines für den Menschen bedeutsamen Wunsches oder, genauer gesagt, einer Enttäuschung. Selbst der Ekel, der sich nach einer beinahe völlig anonymen sexuellen Beziehung einstellen kann, beweist die Richtigkeit der These, die hier vertreten wird. Die Erfahrungen, die ich als Therapeut sammeln konnte, deuten darauf hin, daß der Mensch das Wesen, mit dem er geschlechtliche Beziehungen hat, auf irgendeine Weise persönlich machen muß, wenn er sich nicht selbst entpersönlichen will.

Daraus folgt, daß alle Diskussionen und Methoden in der Therapie, die auf Vorstellungen wie der »Kontrolle der Es-Impulse« oder der »Integration der Primärprozesse« basieren, der Sache nicht gerecht werden. Gibt es überhaupt so etwas wie einen Primärprozeß? Nur in ernsten pathologischen Fällen oder in unserer eigenen abstrahierenden Theorie. Wir haben es nicht mit Organismen zu tun, die durch primäre Prozesse und die Kontrolle über sie gekennzeichnet sind, sondern mit menschlichen Wesen, deren Erfahrung Wünsche, Triebe und Bedürfnisse umfaßt, die diese Menschen – und wir, wenn wir sie verstehen können – in ihrer symbolischen Bedeutung erleben und zur Kenntnis nehmen. *Nicht die Es-Impulse sind es, die beim Neurotiker gestört sind, sondern die symbolischen Bedeutungen.*

Der Wunsch des Menschen ist mehr als ein Drang, der seinen Ursprung in der Vergangenheit hat, mehr als der Ausdruck primitiver Bedürfnisse, die nach Befriedigung verlangen. Er enthält zugleich ein Element der Selektivität. In einem symbolischen

Prozeß, an dem sowohl die Erinnerung als auch die Einbildungskraft teilhat, wird im Wunsch das gestaltet, was wir von der Zukunft erhoffen. Der Wunsch ist der Beginn einer Orientierung auf die Zukunft hin. Er ist das Eingeständnis, daß wir die Zukunft so oder so *haben wollen*. Er ist die Fähigkeit des Menschen, tief in sich selbst hineinzuhorchen und sich der Sehnsucht nach einer veränderten Zukunft bewußt zu werden. Ich sage, wohlgemerkt, daß der Wunsch der *Beginn* ist, nicht etwa das Ende. Ich bin mir durchaus des Phänomens der »Wunscherfüllung« bewußt, des Wunsches als Ersatz für den Willen und so weiter. Ich behaupte, daß es keinen Willen gibt, wenn nicht zuvor der Wunsch existiert. Der Wunsch ist gekennzeichnet durch ein *progressives* Element, ein Element gleichsam der Orientierung nach vorn, wie durch einen *regressiven* Pol, eine Kraft, die den Menschen sozusagen von hinten antreibt. Der Wunsch ist also dadurch geprägt, daß sich in ihm Bedeutung und Kraft begegnen. So wird verständlich, warum William Lynch den Wunsch als den »menschlichsten Akt« bezeichnet[2].

Die Unfähigkeit zu wünschen

In den letzten Jahren hat sich eine ganze Reihe von Vertretern der Psychiatrie und verwandter Gebiete intensiv mit dem Problem des Wünschens und des Wollens befaßt. Dieser Umstand läßt darauf schließen, daß in unseren Tagen ein starkes Bedürfnis nach neuen Informationen über dieses Problem besteht.
In seinen scharfsinnigen Analysen des Zusammenhangs zwischen Literatur und Tiefenpsychologie entwickelt William Lynch die These, daß das *Ausbleiben des Wunsches* Krankheit verursacht. Er ist der Ansicht, daß das eigentliche Problem darin besteht, die Fähigkeit der Menschen zum Wünschen zu steigern. Er definiert den Wunsch als das »Ausmalen eines positiven Bildes in der Phantasie[3]«. ›Wünschen‹ ist ein transitives Verb – das Wünschen involviert eine *Tat*. Der Wunsch enthält ein autonomes Element, das Lynch zu einem Akt der Einbildungskraft in

Beziehung setzt: »Jeder echte Wunsch ist ein schöpferischer Akt[4]«. Diese Ansicht findet, wie ich meine, in der Therapie ihre Bestätigung. Es ist in der Tat ein positiver Schritt, wenn der Patient aufgrund eines Gefühls mit Nachdruck behaupten kann: »Ich *wünsche* dieses oder jenes.« Damit wird letztlich der unterschwellige, unartikulierte Konflikt, für den es charakteristisch ist, daß der Betroffene keine Verantwortung übernimmt, sondern von Gott und den Eltern erwartet, daß sie in einem telepathischen Akt seine Wünsche lesen, zu einem offenen, gesunden Konflikt über die Frage, was der Patient eigentlich will. Ausgehend von dem theologischen Schöpfungsmythos sagt Lynch: »Gott frohlockt, wenn sich der Mensch zu einem eigenen Wunsch durchringt[5].«

Lynch weist überdies auf etwas hin, das für gewöhnlich übersehen wird, auf die Tatsache nämlich, daß der Wunsch in der zwischenmenschlichen Beziehung Gegenseitigkeit voraussetzt. Der Verstoß gegen dieses Gesetz, um den es in zahllosen Mythen geht, führt zum Untergang. Das Leben des Peer Gynt in Ibsens gleichnamigem Drama ist erfüllt von Wünschen und von Handlungen, die diesen Wünschen entsprechen. Aber seine Wünsche haben nichts zu tun mit dem jeweiligen Gegenüber, sie sind absolut egozentrisch. In dem Märchen *Dornröschen* versuchen die jungen Prinzen, das Dornengebüsch zu durchdringen, um das schlafende Mädchen zu wecken und zu retten, »bevor die Zeit reif ist«. Sie wollen mit diesem Verhalten Liebe erzwingen, bevor das Mädchen bereit ist; sie folgen einem Wunsch, der nicht auf Gegenseitigkeit beruht. Sie streben die Erfüllung ihrer Sehnsüchte und Bedürfnisse an, ohne in Beziehung zu treten mit dem Du.

Ich möchte mich an dieser Stelle zunächst mit zwei vorläufigen Definitionen begnügen. *Der Wille ist die Fähigkeit, das eigene Ich so zu organisieren,* daß eine Bewegung in eine bestimmte Richtung oder auf ein bestimmtes Ziel hin erfolgen kann. *Der Wunsch ist das imaginative Spiel mit der Möglichkeit* eines Aktes oder Zustands.

Ehe wir uns jedoch im folgenden komplizierteren Fragen zuwenden, müssen wir zweierlei tun. Als erstes müssen wir in groben Zügen eine Dialektik der Wechselbeziehungen von Wille und Wunsch skizzieren. Auf diese Weise sollen einige der phänomenologischen Aspekte aufgezeigt werden, die in Betracht zu ziehen sind. Man kann sagen, daß der »Wille« und der »Wunsch« hinsichtlich ihrer Funktionsweise polare Gegensätze bilden. Der »Wille« erfordert Ich-Bewußtsein; der »Wunsch« dagegen nicht. Der »Wille« impliziert die Möglichkeit einer Entweder-Oder-Wahl; der »Wunsch« nicht. Der »Wunsch« gibt dem »Willen« Wärme, Inhalt, Vorstellungskraft, Leichtigkeit, Frische und Reichtum. Der »Wille« wiederum gibt dem »Wunsch« Richtung und Reife. Der »Wille« schützt den »Wunsch« vor zu großen Risiken, aber ohne den »Wunsch« verliert der »Wille« seinen Impetus, seine Lebensfähigkeit, und er läuft Gefahr, am Widerspruch mit sich selbst zu scheitern. »Wille« ohne »Wunsch« ist das Kennzeichen des vertrockneten, viktorianischen, neopuritanischen Menschen. »Wunsch«-»Wille« indessen ist das Kennzeichen des getriebenen, unfreien, infantilen Menschen, der leicht zum Roboter werden kann.

William James und der Wille

Aber noch ein zweites bleibt zu tun, ehe wir uns dem Problem der Intentionalität zuwenden: Wir müssen unser Augenmerk William James zuwenden, jenem amerikanischen Psychologen und Philosophen, der sein Leben lang mit dem Problem des Willens kämpfte. Seine Erfahrung wird aufschlußreich sein für das folgende Kapitel.
James litt an schwerer Depression. Jahrelang war er nahe daran, Selbstmord zu begehen. Sein ganzes Leben war gekennzeichnet durch Wankelmut und die Unfähigkeit, sich zu entscheiden. In seinen letzten Lebensjahren, als er ständig mit dem Gedanken spielte, seine Lehrtätigkeit an der Harvard-Universität aufzugeben, schrieb er an einem Tag »abdanken«, am nächsten »nicht abdanken« und dann am dritten wieder »abdanken« in sein Tagebuch. Wenn es ihm immer wieder so schwer wurde, sich zu einer Entscheidung durchzuringen, so hing das mit seinem in-

neren Reichtum zusammen und mit den zahllosen Möglichkeiten, die für ihn in jeder Entscheidung enthalten waren.
Aber gerade seine Depressionen waren es, jene Zustände, in denen er häufig genug nach einem Grund suchte, der ihn veranlassen konnte »zu wünschen, auch nur vier Stunden länger zu leben«. Wir verstehen, warum James gezwungen war, sich so intensiv mit dem Willen zu beschäftigen. Und gerade in seinem *Kampf gegen diese Depressionen lernte er sehr viel über das Wesen des menschlichen Willens.* Er glaubte – und als Therapeut bin ich der Meinung, daß er in diesem Punkte recht hatte –, daß es seine Entdeckung der Fähigkeit zum Wollen war, die ihn in die Lage versetzte, trotz der Depressionen, der ständigen Schlaflosigkeit, der Augenkrankheit, der Rückenschmerzen usw. bis zum Tode im Alter von 68 Jahren ein so unermeßlich fruchtbares Leben zu leben.
James beginnt sein 1890[6] veröffentlichtes berühmtes Kapitel über den Willen damit, daß er das *Wünschen* kurz und bündig beiseite schiebt als das, was wir tun, wenn wir etwas begehren, was nicht zu erlangen ist. Dem setzt er das *Wollen* entgegen, wozu es kommt, wenn das Erreichen des Ziels in unserer Macht steht. Begehren wir etwas in dem Gefühl, es unmöglich erlangen zu können, so *wünschen* wir einfach. Mir scheint, daß diese Definition eine der Stellen im Werk von William James markiert, an denen der Viktorianismus des Verfassers durchschimmert; Wünsche werden als irreal und kindisch betrachtet. Es ist offenkundig, daß kein Wunsch schon in dem Augenblick erfüllt sein kann, da wir ihn zum ersten Mal wünschen. Er *wird* erst dadurch möglich, daß wir ihn auf mannigfache Weise wünschen. Erst dadurch, daß wir ihn, möglichst über eine längere Zeit hin, von dieser und jener Seite betrachten, entwickeln wir die Kraft und den Mut, *dafür zu sorgen, daß er Wirklichkeit wird.*
Über den Willen führt James weiter aus: Zunächst gibt es einen »primären« Typus, der durch die Tatsache charakterisiert ist, daß er nicht eine ganze Serie von Entscheidungen erfordert. Wir fassen den Entschluß, unser Hemd zu wechseln oder etwas auf ein Stück Papier zu schreiben, und indem wir damit beginnen, löst sich eine ganze Reihe von ideomotorischen Bewegungen aus. Dieser »primary will« setzt die Abwesenheit jeglichen Konflikts

voraus. James versucht hier, Spontaneität miteinzubeziehen. Er wendet sich gegen die viktorianische »Willenskraft«, die ihn in seinem eigenen Leben schmählich im Stich gelassen und ihm jene Lähmung eingebracht haben muß, die sich in seinen Depressionen ausdrückte. Insbesondere der Psychoanalyse ist es zu danken, daß wir heutzutage sehr viel mehr über diese sogenannte »Konfliktlosigkeit« wissen und mit Sicherheit sagen können, daß Zustände, die konfliktlos erscheinen, in Wahrheit außerordentlich vielschichtig sind.

Im weiteren Verlauf kommt James auf den »gesunden Willen« zu sprechen, den er als Aktion definiert, die der Einsicht folgt. Die Einsicht erfordert einen klaren Begriff und setzt sich aus Motiven zusammen, die im richtigen Verhältnis zueinander stehen – ein Bild, das ziemlich rationalistisch ist. In seinen Ausführungen über den ungesunden Willen konzentriert er sich zu Recht auf den *blockierten Willen*. Zur Veranschaulichung führt er unter anderem den Zustand an, in dem wir uns befinden, wenn unser Blick unscharf ist und wir unfähig sind, unsere Aufmerksamkeit auf einen Punkt zu richten. »Wir starren mit leerem Blick vor uns hin und tun nichts.« Die Objekte des Bewußtseins dringen nicht weiter in uns ein. Müdigkeit und Erschöpfung sind die Merkmale dieses Zustands; »und es kommt zu einer Apathie, die jenem Zustand ähnelt, den man Abulie nennt und der Symptom einer Geisteskrankheit ist[7]«. Es ist interessant, daß diese Apathie für James ausschließlich Symptom einer Geisteskrankheit ist. Ich dagegen halte sie für den chronischen psychischen Zustand der Gesellschaft unserer Tage.

Es stellt sich die Frage: Wie ist es zu erklären, daß mich etwas nicht *interessiert*, berührt, packt? Und James kommt auf das zentrale Problem des Willens, das Problem der Aufmerksamkeit, der Attention. Analysieren wir den Willen mit allen Mitteln, die die moderne Psychoanalyse für uns bereithält, so sehen wir uns auf die *Attention* oder die *Intention* als den Kern des Willens verwiesen. Die Leistung, die der Willensakt darstellt, ist im Grunde eine Leistung der Attention oder Aufmerksamkeit. Die Anstrengung, die mit dem Wollen verknüpft ist, besteht in der Bemühung um ein klares Bewußtsein, das heißt, in der Bemühung um eine Konzentration der Aufmerksamkeit. Der

Typus des angepaßten Menschen bedarf keiner großen Anstrengung; wohl aber Helden und Neurotiker. Dieser Gedanke führt James zur ebenso überraschenden wie scharfsinnigen Feststellung einer Identität von *Glaube, Aufmerksamkeit und Willen:*
»Kurz, Wille und Glaube, die eine gewisse Beziehung zwischen den Objekten und dem Ich beinhalten, sind zwei Namen für ein und dasselbe psychische Phänomen[8].«
»Die knappste Formel für diesen Zusammenhang wäre vielleicht, daß unser Glaube und unsere Aufmerksamkeit identisch sind[9].«
»Wir wissen, was es heißt, an einem kalten Morgen in einem ungeheizten Zimmer aus dem Bett zu steigen, und wie sich alles in uns gegen diese Prüfung sträubt. Wahrscheinlich haben die meisten Menschen schon einmal an einem solchen Morgen eine Stunde lang dagelegen, ohne sich zu dem notwendigen Entschluß durchringen zu können. Wir denken daran, daß wir zu spät kommen werden, daß die Pflicht uns ruft, und wir sagen uns: ›Ich *muß* jetzt einfach aufstehen. Es ist eine Schande‹, und so weiter. Aber das warme Bett ist zu herrlich und die Kälte draußen zu grausam, und schon ist die Entschlußkraft wieder dahin. Und sooft die Entscheidung ganz nahe scheint, wird sie weiter hinausgezögert. Wie schaffen wir es unter diesen Umständen, jemals aus dem Bett zu gelangen? Ich darf wohl von mir selber auf meine Mitmenschen schließen und sagen, daß wir zumeist ohne Kampf und Entschluß aufstehen. Wir haben plötzlich ganz einfach das Gefühl, aufstehen zu müssen. Und glücklicherweise setzt unser Bewußtsein für einen Augenblick aus; wir vergessen Wärme und Kälte; wir verfallen in eine Art Träumerei, die mit den Ereignissen des Tages zusammenhängt und in deren Verlauf uns plötzlich der Gedanke durch den Kopf schießt: ›Hoppla! Ich darf nicht länger liegen bleiben‹ – ein Gedanke, der in diesem günstigen Moment keine entgegengesetzten und lähmenden Ideen in uns provoziert und folglich sofort die angemessenen automatischen Reaktionen auslöst. Was unsere Aktivität lähmt, ist das deutliche Bewußtsein der Wärme und der Kälte während der Zeit des Kampfes[10].«
In dem Augenblick, so schließt James, da die Inhibition aufhört, tut der ursprüngliche Gedanke seine Wirkung, und wir stehen auf.

Wir wollen uns, um der Sache auf den Grund zu gehen, an James' eigenes Beispiel halten. Wir stellen fest, daß er in dem Augenblick, da er auf den Kern des Willensproblems stößt, zu einer bemerkenswerten Aussage kommt. Er schreibt: »Wir haben plötzlich ganz einfach das Gefühl, aufstehen zu müssen.« Das heißt, er überspringt das ganze Problem. Es kommt überhaupt nicht zum Entschluß, sondern »glücklicherweise« setzt unser Bewußtsein für einen Augenblick aus.

Was aber, so frage ich, hat es mit diesem Aussetzen des Bewußtseins auf sich? Gewiß, der lähmende Zwang der Ambivalenz wich. Aber das ist eine negative Feststellung, die nichts darüber aussagt, warum alles andere geschah. Wir können uns kaum damit begnügen, hier von einem bloßen »günstigen Moment« oder einem »Zufall« zu sprechen, wie es James tut. Basiert unser Wille tatsächlich auf der bloßen Gunst des Augenblicks oder dem »Zufall«, so ist unser Haus auf Sand gebaut, und der Wille entbehrt jeglicher Basis.

Damit will ich freilich nicht behaupten, daß James' Beispiel nichts aussagt. Es enthält durchaus eine Aussage, und zwar eine sehr wichtige: Es zeigt den *Bankrott der viktorianischen Willenskraft*. Diese viktorianische Willenskraft verwandelte alles in ein rationalistisches, moralistisches Problem: Erliegt man der Versuchung, im warmen Bett zu bleiben, so ist das schändlich; denn es widerspricht dem Drang des sogenannten »Überichs«, »anständig« zu sein, das heißt aufzustehen und zu arbeiten. Freud befaßte sich ausgiebig mit der Selbsttäuschung, die dieser Auffassung der »Willenskraft« zugrunde liegt, und mir scheint, daß er sie ein für allemal widerlegt hat. Das zitierte Beispiel zeigt James' eigenen Kampf gegen die lähmenden Auswirkungen des Viktorianismus, der dazu führte, daß man das Ziel für eine egozentrische Demonstration des eigenen Charakters mißbrauchte, wobei das wirkliche moralische Problem völlig im Hintergrund verschwand.

Kehren wir zu unserer entscheidenden Frage zurück: Was also hat es mit jenem Aussetzen des Bewußtseins auf sich? James sagt uns nur, »wir verfallen in eine Art Träumerei, die mit den Ereignissen des Tages zusammenhängt«. Hier also liegt unser Geheimnis! Die Psychotherapie liefert uns eine Vielzahl von Daten

über diese »Träumerei«, die James nicht zur Verfügung standen – und ich bin keineswegs der Ansicht, daß wir in sie »verfallen«.
Um der Klarheit willen möchte ich an dieser Stelle nicht verschweigen, wo meiner Ansicht nach die Schwächen von James' Willensbegriff liegen. Ich behaupte, daß James, genau wie die zeitgenössische Psychologie, eine bestimmte Dimension der Erfahrung unberücksichtigt läßt. Die Lösung des Problems liegt nicht in James' Bewußtseinsanalyse noch in Freuds Analyse des Unbewußten, sondern in einer Dimension, die das Bewußte wie das Unbewußte, das Erkennen wie das Wollen einschließt.
Dieser Dimension, die man mit dem Wort Intentionalität bezeichnet hat, wollen wir uns nunmehr zuwenden.

Achtes Kapitel
Intentionalität

> Lernen ist nicht die *Akkumulation* von Wissensfragmenten. Es ist ein *Wachsen*, bei dem jeder Akt des Erkennens den Lernenden entwickelt und ihn damit in die Lage versetzt, immer komplexere Objektivitäten zu konstituieren – dem Wachsen des Objekts im Hinblick auf seine Komplexität entspricht dabei das subjektive Wachsen der Fähigkeit.
>
> – Husserl, in der Interpretation von Quentin Lauer

Im Verlaufe der Beschäftigung mit der tieferen Bedeutung des Willens fiel uns immer wieder ein sonderbares Phänomen auf. Ein Wunsch enthält mehr als das, was man auf den ersten Blick wahrnimmt. Dieses wird impliziert, wenn Lynch davon spricht, daß im Wünschen ein »autonomes« Element enthalten ist, oder wenn er und Farber vom Verhältnis des Wunsches zur Einbildungskraft und zur Spontaneität sprechen. Eine besondere Rolle spielt das dort, wo von der *Bedeutung* des Wunsches die Rede ist, von jenem Aspekt des Wunsches, der in der Sprache, Kunst und anderen Symbolen zum Ausdruck kommt.

Ich meine das Phänomen der *Intentionalität*. Unter Intentionalität verstehe ich die Struktur, die der Erfahrung ihre Bedeutung gibt. Sie ist nicht identisch mit den Intentionen. Sie macht vielmehr die Fähigkeit des Menschen aus, Intentionen zu haben. Sie ist unsere imaginative Mitwirkung an den Möglichkeiten des kommenden Tages, aus der das Bewußtsein unserer Fähigkeit erwächst, uns selber und den Tag wechselseitig zu formen, zu gestalten und zu verwandeln. Die Intentionalität ist ein Kernstück des Bewußtseins. Und ich bin der Meinung, daß sie zu-

gleich der Schlüssel zum Problem des Wunsches und des Willens ist.
Zunächst die Frage: Was bedeutet der Begriff? Wir wollen ihn in zwei Stufen definieren. Zunächst sei auf die Tatsache verwiesen, daß unsere Intentionen entscheidend sind für die Art und Weise, wie wir die Welt wahrnehmen. Heute nachmittag, zum Beispiel, will ich mir ein Haus in den Bergen anschauen. Nehmen wir zunächst an, ich suche nach einer Unterkunft, die Freunde von mir für den Sommer mieten könnten. In diesem Fall werde ich herauszufinden suchen, ob das Haus solide und gut gebaut ist, ob es genug Sonne bekommt und ob es auch alles andere bietet, was zu einem erholsamen Aufenthalt gehört. Betrachte ich das Haus dagegen als Häusermakler, so werde ich es daraufhin untersuchen, ob es sich hübsch zurechtmachen läßt und ob es einen nennenswerten Gewinn abwerfen wird. Handelt es sich um das Haus von Freunden, die ich besuche, so werde ich meine Aufmerksamkeit den Zeichen der Gastfreundschaft widmen, die es trägt — seiner Veranda und den Sesseln, die unserer Plauderei am Nachmittag zugute kommen könnten. Findet in dem Haus eine Cocktailparty mit Freunden statt, die mir bei einer Party in meinem eigenen Haus die kalte Schulter gezeigt haben, so fallen mir besonders Dinge ins Auge, die ich in meiner Hütte schöner finde oder die meinen Neid erregen. Und suche ich schließlich das Haus auf, um es zu malen, so wird mir auffallen, wie es sich an den Hang des Berges zu klammern scheint und wie sich die Linie des Dachs bis zu den Gipfeln hinauf und bis in den Grund des Tals fortzusetzen scheint; in diesem Falle ist mir das Haus sogar lieber, wenn es baufällig und verkommen ist, weil dadurch meine künstlerischen Möglichkeiten größer werden.
In jedem dieser fünf Fälle geht der Reiz von ein und demselben Haus aus, und immer ist es ein und derselbe Mensch, der auf diesen Reiz reagiert. Dennoch haben das Haus und das Erlebnis des Hauses von Mal zu Mal eine völlig veränderte Bedeutung.
Damit jedoch ist erst die eine Seite der Intentionalität charakterisiert. Die andere Seite ist dadurch gekennzeichnet, daß sie in der Tat zugleich vom Objekt her kommt. Die Intentionalität ist

die Brücke zwischen Subjekt und Objekt. Sie ist die Bedeutungsstruktur, die es uns als Subjekten möglich macht, die objektive Außenwelt zu sehen und zu verstehen. In der Intentionalität ist die Dichotomie zwischen Subjekt und Objekt teilweise überwunden.

Die Wurzeln der Intentionalität

Der Begriff der Intentionalität scheint mir so wichtig und wird von der zeitgenössischen Psychologie so vernachlässigt, daß man mir gestatten möge, ein wenig bei ihm zu verweilen. Es waren arabische Philosophen, die im frühen Mittelalter westliche Denker mit diesem Begriff vertraut machten, ehe er in der mittelalterlichen Philosophie Europas eine zentrale Rolle spielte, und zwar als Begriff zur Bezeichnung einer Erkenntnislehre, einer Theorie, die darüber Auskunft gibt, wie wir die Realität erkennen.
Einen großen Schritt weiter bringt uns Immanuel Kants »Zweite kopernikanische Revolution« im modernen Denken. Für Kant war der Geist nicht einfach wie ein passiver Lehmkloß, in dem sich die Wahrnehmungen einprägen, oder etwas, das nichts anderes tut als Fakten absorbieren und klassifizieren. Er vertritt vielmehr die Ansicht, daß sich die Objekte selbst der Art und Weise unseres Verstehens anpassen. Ein gutes Beispiel dafür bietet die Mathematik. Die mathematischen Formeln sind Konstruktionen unseres Geistes; aber die Natur paßt sich ihnen an, »reagiert« auf sie. Anderthalb Jahrhunderte nach Kant sollte Bertrand Russell sagen: »Die Physik ist nicht deshalb mathematisch, weil wir so viel über die physische Welt wissen, sondern weil wir so wenig über sie wissen; allein ihre mathematischen Eigenschaften sind es, die wir entdecken können[1].« Kants revolutionäre Leistung besteht darin, daß er dem menschlichen Geist die aktive, gestaltende Teilhabe am Wissen zuschreibt.
In der letzten Hälfte des 19. Jahrhunderts wurde der Begriff der Intentionalität von Franz Brentano neu aufgegriffen, des-

sen eindrucksvolle Vorlesungen an der Wiener Universität sowohl Freud als auch Husserl besuchten. Nach Brentano ist das Bewußtsein definiert durch die Tatsache, daß es etwas *intendiert*, auf etwas gerichtet ist, was außerhalb seiner selbst liegt; daß es *das Objekt intendiert*. Auf diese Weise gibt die Intentionalität dem Bewußtsein einen bedeutungsvollen Inhalt.

Wenngleich Freud, soweit mir bekannt ist, Brentano an keiner Stelle erwähnt, steht außer Zweifel, daß er mehr war als irgendein anonymer Besucher der Vorlesungen des Philosophen. Es gibt Beweise dafür, daß Freud sich aktiv an Brentanos Kursen beteiligt und auch einmal ein Empfehlungsschreiben von ihm erhalten hat. Wenn Freud den Begriff der Intentionalität nicht ausdrücklich erwähnt, so mag dies seinen Grund darin haben, daß er für seine Psychoanalyse eine naturwissenschaftliche Form der Psychologie entwickeln wollte und daß die ausdrückliche Einbeziehung der Intentionalität – des »missing link« zwischen Geist und Körper – ein solches Vorhaben außerordentlich erschweren, wenn nicht gar unmöglich machen muß.

Edmund Husserl, der Schüler Brentanos, der zum Begründer der modernen Phänomenologie werden sollte, bezog den Begriff auf die Gesamtheit unseres Wissens. Bewußtsein, so lehrt er, existiert niemals in einem subjektiven Vakuum; es ist stets Bewußtsein *von* etwas. Das Bewußtsein ist nicht nur nicht zu trennen von seiner objektiven Welt; es konstituiert seine Welt. Daraus ergibt sich der Schluß, daß die Bedeutung eine Intention des Geistes ist. Der Akt des Bewußtseins selbst ist ein kontinuierliches Gestalten und Umgestalten unserer Welt. Das Ich ist untrennbar verbunden mit den Objekten und umgekehrt. Das Ich hat Teil an der Welt und beobachtet sie zugleich. Das Ich läßt sich nicht ohne die Welt vorstellen, die Welt nicht ohne das Ich. Damit ist freilich nicht gesagt, daß wir nicht vorübergehend die subjektive oder objektive Seite unserer Erfahrung ausklammern können. Wenn ich mein Haus vermesse, um schätzen zu können, wieviel Farbe ich benötige, wenn ich es neu streichen will, oder wenn ich mein Kind endokrinologisch untersuchen lasse und die Testergebnisse bekomme, klammere ich fürs erste meine Gefühle aus: es geht mir zunächst ausschließlich darum, die Meßergebnisse so klar wie möglich zu verstehen. *Danach* jedoch muß

mein Verantwortungsbewußtsein diese objektiven Fakten wieder in den Zusammenhang stellen, in dem sie für mich Bedeutung haben; sei dieser Zusammenhang nun der Plan, mein Haus zu streichen, oder der Wunsch, für die Gesundheit meines Kindes zu sorgen. Ich glaube, daß einer der gravierendsten Fehler der Psychologie darin besteht, einen Teil der Erfahrung auszuklammern und ihn nicht wieder in den Kontext einzubeziehen.
Einen Schritt weiter noch ging schließlich Heidegger, indem er Husserls Begriff von der Aura platonischer Idealisierung befreite und ihn auf die Totalität des fühlenden, wertenden, handelnden Menschen anwandte. Er tat dies mit Hilfe des Begriffs der Sorge. Das »Sein des Daseins« ist die Sorge, sagt Heidegger immer wieder. Wo das nicht der Fall ist, so könnten wir aufgrund unserer therapeutischen Beobachtungen von Zuständen des Konformismus und der Entpersönlichung hinzufügen, verliert der Mensch das Sein, das heißt, er verliert seine Potentialitäten. Zwischen dem Heideggerschen Begriff der Sorge und dem Begriff der Intentionalität besteht eine enge innere Beziehung.
Ich habe versucht, den Begriff der Intentionalität zu definieren, und dabei betont, daß er sowohl das Erkennen als auch das Gestalten der Realität umfaßt und daß Erkennen und Gestalten in diesem Sinne untrennbar miteinander verknüpft sind. Vom Standpunkt der Intentionalität aus ist die morgendliche Träumerei im Bett, von der James spricht, durchaus vernünftig, und sein plötzliches Aufstehen ist keineswegs ein glücklicher Zufall, sondern ein verständlicher und verläßlicher Ausdruck seiner Verbundenheit mit den Tagesereignissen. Es ist James' imaginative Beteiligung am Tag und dessen Ereignissen, die ihn aufstehen läßt.

Beispiele aus der Psychoanalyse

Im folgenden möchte ich einige Beispiele für das Problem der Intentionalität aus dem Bereich der Psychoanalyse geben. Man denke etwa an jene Patienten, die nicht in der Lage sind, etwas

Offenkundiges wahrzunehmen. Weil die *Intentionalität sie gefangen hält* und nicht weil etwas mit ihren Augen nicht in Ordnung ist oder weil ihre Nervenfunktionen gestört sind, versagen diese Patienten.

Einer meiner Patienten berichtete schon in der ersten Sitzung, daß seine Mutter, während sie mit ihm schwanger ging, den Versuch einer Abtreibung unternommen habe. Nach seiner Geburt überließ sie ihn für zwei Jahre einer altjüngferlichen Tante, um ihn dann in einem Waisenhaus unterzubringen. Obwohl sie ihm versprochen hatte, ihn jeden Sonntag zu besuchen, ließ sie sich nur selten in dem Waisenhaus sehen. Hätte ich ihm – in dem naiven Glauben, ihm damit helfen zu können – gesagt: »Ihre Mutter haßte Sie«, so hätte er meine Worte wohl gehört, aber sie hätten vermutlich keinerlei Bedeutung für ihn gehabt. Gelegentlich geschieht es sogar, daß ein solcher Patient das Wort – in unserem Falle etwa »hassen« – nicht einmal hört, und zwar auch dann nicht, wenn der Therapeut es mehrfach wiederholt. Wäre mein Patient Psychologe oder Psychiater gewesen, er hätte vielleicht geantwortet: »Das alles scheint zu besagen, daß meine Mutter mich nicht wollte, mich nicht liebte, aber mit diesen Worten kann ich einfach nichts anfangen.« Diese Antwort wäre keine Ausflucht, kein Versuch, sich vor mir zu verstecken. Es ist vielmehr ganz einfach so: *Der Patient kann es sich nicht erlauben, das Trauma wahrzunehmen, bevor er nicht bereit ist, diesem Trauma gegenüber einen Standpunkt zu beziehen.*

Diese Erfahrung ist wohl niemandem von uns fremd: Wir fühlen, daß wir unseren Posten verlieren werden, daß jemand, den wir lieben, vom Tod bedroht ist. Aber wir sagen uns tief in unserem Innern: »Ich weiß, *später* werde ich es sehen können, aber jetzt kann ich es nicht sehen.« Das heißt nichts anderes als: »Ich weiß, daß es wahr ist, aber ich kann vor mir selber nicht zugeben, daß ich es sehe.« Die Welt kann erdrückend sein, wenn wir weder in der Lage sind, uns einem traumatischen Ereignis zu stellen, noch fähig zu verhindern, daß wir es zur Kenntnis nehmen müssen. Eine der Reaktionen auf ein solches Dilemma ist Schizophrenie. Manchmal macht der Therapeut den Fehler, dem Patienten eine offenkundige Wahrheit einhämmern zu wollen, die einzugestehen der Patient bis dahin nicht in der Lage war.

So kann er zum Beispiel immer wieder versuchen, einer Frau vor Augen zu führen, daß sie ihr Kind nicht liebt. In solchen Fällen geschieht es nicht selten, daß der Patient – falls er überhaupt bereit ist, noch weiter in therapeutischer Behandlung zu bleiben – eine andere, vermutlich sogar schlimmere Sperrung, die ihn vor der Welt abschirmt, entwickelt.

Die Intentionalität setzt eine so enge Beziehung zur Welt voraus, daß wir nicht in der Lage wären, weiter zu existieren, wenn wir uns nicht zeitweise vor der Welt abschirmen könnten. Man sollte dieses Phänomen nicht einfach mit dem mißbilligenden Begriff des »Widerstands« kennzeichnen. Es liegt mir fern, die Tatsache des Widerstands, wie sie unter anderem von Freud beschrieben wird, in Zweifel zu ziehen. Es geht mir vielmehr um ein umfassenderes, strukturelles Phänomen. Jede Intention, sagt Merleau-Ponty, ist eine Attention (Aufmerksamkeit), und Aufmerksamkeit heißt: Ich kann[2]. Wir sind daher unfähig, einer Sache Aufmerksamkeit zu schenken, solange wir nicht in irgendeiner Weise fähig sind, im Hinblick auf diese Sache die Erfahrung des »Ich kann« zu machen.

Das gleiche Prinzip gilt für die Erinnerung. Häufig brauchen Patienten ein oder zwei Jahre der psychoanalytischen Behandlung, ehe sie sich an irgendein augenfälliges Ereignis aus ihrer Kindheit erinnern können. Erinnern sie sich dann plötzlich, so heißt das natürlich nicht, daß ihr Gedächtnis besser geworden ist. Der Grund liegt vielmehr darin, daß sich das Verhältnis des Patienten zu seiner Welt gewandelt hat. Das ist im allgemeinen darauf zurückzuführen, daß seine Fähigkeit, dem Therapeuten und damit auch sich selber zu vertrauen, gewachsen ist oder daß seine neurotische Angst aus irgendwelchen anderen Gründen zurückgegangen ist. Sein Verhältnis zur Intentionalität – im Gegensatz zu seiner bloß bewußten Intention, die vermutlich von Anfang an da war – hat sich verändert. *Die Erinnerung ist eine Funktion der Intentionalität.* In dieser Hinsicht verhält es sich mit der Erinnerung wie mit der Wahrnehmung; der Patient kann sich erst dann an etwas erinnern, wenn er bereit ist, sich diesem Etwas zu stellen. »Das Zurückholen von Kindheitserinnerungen«, sagt Franz Alexander, »ist nicht die Ursache, sondern das Ergebnis der Analyse[3].«

All dies hängt zusammen mit der Untrennbarkeit von Wissen und Wollen, von Erkennen und Erstreben. Ein Umstand, der nirgends so deutlich wird wie in der Psychotherapie. Patienten begeben sich in therapeutische Behandlung, weil ihnen bewußt ist, daß sie in ihrem Leben nicht handeln können, da sie nicht *wissen*, da sie sich der Impulse aus ihrem »Unterbewußtsein« nicht bewußt sind, ihre eigenen Mechanismen nicht kennen, sich niemals des Ursprungs dieser Mechanismen in ihrer Kindheit bewußt geworden sind usw. Beläßt man es als Therapeut dabei, so liegen solche Patienten acht oder neun Jahre auf der Couch, ohne jemals zu handeln, da sie noch nicht genug wissen. Eine Psychoanalyse, die dieser Tatsache nicht Rechnung trägt, wird, um mit Silvan Tomkins zu sprechen, zur »systematischen Schule der Unentschlossenheit«.

Ebenso falsch freilich ist es, sich als Therapeut, wie es die Repräsentanten verschiedener Schulen in letzter Zeit gefordert haben, genau entgegengesetzt zu verhalten und dem Patienten die »Wirklichkeit« zu erläutern und ihn dazu zu bringen, der so erläuterten Wirklichkeit entsprechend zu handeln. Denn damit wird der Therapeut zum Seelenpolizisten der Gesellschaft, der die Funktion hat, dem Patienten dabei zu helfen, sich den Sitten und Gebräuchen unserer besonderen historischen Epoche anzupassen. Sitten, von denen man, wenn sie überhaupt noch lebensfähig sind, nur sagen kann, daß sie von überaus zweifelhaftem Wert sind. Es gibt nur eine Möglichkeit, den einen wie den anderen Fehler zu vermeiden, nämlich das Problem durch die Berücksichtigung der Intentionalität in ein neues Licht zu rücken.

Meiner Ansicht nach sollte es die Funktion der Psychoanalyse sein, von der »Intention« zur tieferen, umfassenderen organischen Dimension der »Intentionalität« vorzudringen. War es schließlich nicht stets die Aufgabe der Psychoanalyse, zu demonstrieren, daß es niemals eine durch und durch bewußte Intention geben kann, daß wir – ob wir nun Mörder im buchstäblichen Sinne des Wortes sind oder nicht – stets von den »irrationalen«, dämonischen, dynamischen Mächten der »dunklen« Seite des Lebens getrieben werden, von denen bei Schopenhauer und Nietzsche ebenso wie bei Freud die Rede ist? Die Auffassung der Überlegung als Handlungsmotiv wurde von Freud widerlegt. Was wir auch tun, immer spielt unendlich viel mehr mit als unsere »rationalen« Gründe und Rechtfertigungen. Die Psychoanalyse liefert Daten, aus denen sich die Notwendigkeit einer Unterscheidung zwischen Intention und Intentionalität ebenso ablesen läßt wie die Notwendigkeit, das Verbindende zwischen beiden zu berücksichtigen.

Es gilt nunmehr, innezuhalten und das, was ich über das Wesen der Intentionalität gesagt habe, abzusetzen von dem, was die Vertreter des Purpusivismus über das Wesen der Zielstrebigkeit und die Vertreter des Voluntarismus über das Wesen des Wollens sagen. Intentionalität ist eine Form der Erkenntnislehre, Purpusivismus und Voluntarismus dagegen sind es nicht. Im Gegensatz zur Zielstrebigkeit und zum Wollen im Sinne des Voluntarismus schließt die Intentionalität eine *Reaktion* ein. Die Intentionalität hat nichts Solipsistisches. Sie beinhaltet eine positive Reaktion des Menschen auf die Struktur seiner Welt. Die Intentionalität schafft aber erst die Basis für Zielstreben und voluntatives Verhalten.

Es mag sein, daß ein Patient die *voluntative* Intention hat, pünktlich bei mir zur Behandlung zu erscheinen, mir von diesem oder jenem wichtigen Erlebnis zu erzählen, das er gehabt hat, und sich zu entspannen und völlig aufrichtig zu sein. Seine unbewußte Intention dagegen kann es sein, mir zu gefallen, indem er die Rolle des »guten Patienten« spielt, mich mit großartigen freien Assoziationen zu beeindrucken oder meine ungeteilte Aufmerksamkeit dadurch zu erzwingen, daß er beschreibt, welche katastrophalen Dinge er sich selber oder anderen antun könnte. Die Intention ist ein psychischer Zustand: ich kann darauf aus sein, dies oder das zu tun. Die Intentionalität ist das, was sowohl den bewußten wie den unbewußten Intentionen zugrundeliegt. Das Wort Intentionalität bezieht sich auf einen Seinszustand. Es beinhaltet die *Totalität* der Ausrichtung eines Menschen auf die Welt. Ein besonders interessanter Fall für den Psychotherapeuten liegt dann vor, wenn eine starke bewußte Intention den Weg zur Intentionalität des Patienten blockiert und ihn daran hindert, zu den tieferliegenden Dimensionen seiner Erfahrung vorzustoßen. Der im Bett liegende William James, der mit seiner viktorianischen Willenskraft ringt und solange gelähmt ist, bis er den Kampf aufgibt, stellt ein eindrucksvolles Beispiel dafür dar. Solange er auf diese Art kämpfte, konnte er sicher sein, daß er entscheidungs- und damit handlungsunfähig blieb.

Der Begriff der Intentionalität, wie ich ihn verstehe, umfaßt mehr als die Ebene der unmittelbaren Bewußtheit. Er schließt spontane körperliche Elemente ein sowie andere Dimensionen, die gewöhnlich als »unbewußt« bezeichnet werden. Das hat positive wie auch negative Implikationen. Zum Beispiel ist es im Augenblick meine Intention, Gedanken, die mir wichtig scheinen, in eine lesbare Form zu kleiden und das Kapitel, an dem ich gerade arbeite, in nicht allzu ferner Zukunft zum Abschluß zu bringen. Aber solange ich nicht an einer *Intentionalität* teilhabe, die über diese Intention hinausgeht, das heißt, solange ich nicht darauf aus bin, so gut und so richtig zu schreiben wie möglich, werde ich nichts Interessantes zustande bringen. Die Gedanken, die ich dann zu Papier bringe, werden weder wirklich wichtig noch originell sein. Denn in meinem Eifer, das Kapitel abzuschließen, werde ich neue Ideen, die vielleicht in mir aufsteigen, neue Einsichten und Formeln, die aus vorbewußten und unbewußten Dimensionen der Erfahrung an die Oberfläche drängen, von vornherein abwehren. Die Intention entspricht dem bewußten Zielstreben. Die Psychoanalyse indessen, deren Ziel die Erforschung der *Tiefen*dimension ist, läßt es nicht bei dieser einfachen Intention bewenden, sondern erweitert den Begriff, der ursprünglich nur ein bewußtes Zielstreben bezeichnet, zu einem Begriff, der sich auf den organischen, fühlenden, wünschenden Menschen in seiner Totalität bezieht, auf den Menschen, der das Produkt seiner Vergangenheit ist und sich zugleich auf die Zukunft hinbewegt. Die Psychoanalyse hebt die Intention auf die breitere organische Ebene der Intentionalität.

Wir haben gesagt, daß die Intentionalität dem Wünschen und Wollen zugrunde liegt. Psychoanalytisch gesprochen, bildet die Intentionalität das Gefüge, innerhalb dessen sich Verdrängung und Abwehr bewußter Intentionen vollziehen. Freud stellte – man vergleiche seine Definition des Begriffs der »freien Assoziation« – unmißverständlich fest, daß Assoziationen keineswegs zufällig sind, wenn es auch so scheinen mag. Bei der freien Assoziation verdanken die Erinnerungen, Gedanken und Phantasiefolgen, die in den Patienten aufsteigen, ihre Form, ihre Struktur der Tatsache, daß sie *seine* Phantasiefolgen, *seine* Assoziationen sind, die *seiner* spezifischen Art, die Welt zu sehen, und *seinen* Problemen entsprechen. Erst später ist der Patient selber in der Lage, den Sinn, der in den scheinbar zufälligen, zusammenhanglosen Aussagen steckt, die er gemacht hat, zu entdecken und zu verarbeiten. *Die freie Assoziation ist eine Technik, mit deren Hilfe man über die bloß bewußte Intention hinausgeht und sich der Sphäre der Intentionalität anvertraut.* In diesem Bereich der Intentionalität stößt man auf den tieferen Sinn dessen, was der Patient durch freie Assoziationen aussagt, und zugleich auf die Gründe dafür, daß der Patient das, was in diesen Aussagen zutage tritt, zunächst verdrängt hat. Ich bin der Überzeugung, daß die Psychoanalyse im allgemeinen und Freuds Forschungen im besonderen mit der Zeit zu einer Vertiefung unseres Verständnisses der Intentionalität führen werden.

Wahrnehmung und Intentionalität

Vor mir auf dem Schreibtisch liegt ein Blatt Papier. Habe ich vor, ein paar Notizen für mein Manuskript auf dieses Papier zu schreiben, so fällt mir ins Auge, daß es noch unbeschrieben ist. Habe ich die Absicht, ein Flugzeug für meinen Enkel daraus zu falten, so sehe ich die Festigkeit des Papiers. Will ich indessen darauf zeichnen, so fällt mir seine rauhe, körnige Struktur auf, die meinem Zeichenstift entgegenkommt. In allen drei Fällen ist es ein und dasselbe Blatt Papier, das auf dem Schreibtisch liegt. Und in allen drei Fällen ist es ein und derselbe Mann, der darauf reagiert. Dennoch sehe ich drei vollkommen verschiedene Blätter. Es wäre natürlich unsinnig, in diesem Zusammenhang von »Verzerrung« zu sprechen. Wir haben es hier ganz einfach mit einem Beispiel für die unendliche Mannigfaltigkeit von Bedeutungen zu tun, die ein bestimmtes Ereignis, ein bestimmtes Schema von Reiz und Reaktion haben kann.

Intention ist das Hinwenden der Aufmerksamkeit auf etwas. In diesem Sinne wird die Wahrnehmung von der Intentionalität gesteuert. Dieser Sachverhalt läßt sich durch die Tatsache veranschaulichen, daß das Bewußtsein durch eine Konstellation aus Gegenstand und Vorder- bzw. Hintergrund bestimmt ist. Richte ich meinen Blick auf den Baum, so ist der Berg der Hintergrund. Richte ich meinen Blick dagegen auf den Berg, so verhält es sich umgekehrt: der Berg wird zum Gegenstand und das übrige zum Vordergrund. Der selektive Entweder-Oder-Charakter ist ein Aspekt der Intentionalität. Ich kann meinen Blick nicht auf das eine richten, ohne mir gleichzeitig zu versagen, das andere anzusehen. ›Ja‹ zu einer Sache sagen, heißt, ›nein‹ zu einer anderen sagen. Diese Tatsache zeigt, wie das Bewußtsein durch den Konflikt geprägt ist. Der Konflikt, der wesentlicher Bestandteil der Intentionalität ist, ist der Beginn des Wollens. Und der Beginn des Wollens ist in der Struktur des Bewußtseins selbst gegenwärtig.

Aber es ist an der Zeit, festzustellen, daß dieser Prozeß der Selektion – ich schaue hierhin und nicht dorthin – nicht einfach darin besteht, daß ich meine Nacken- und Augenmuskeln anspanne, um den Kopf zu drehen und dem Blick die gewünschte Richtung zu geben. Der Prozeß, der hier abläuft, ist weit komplizierter und interessanter: Das Objekt wird *konzipiert*, um *perzipiert* werden zu können. Die verblüffend enge Wechselbeziehung zwischen meiner subjektiven Erfahrung und dem, was in der objektiven Welt vorgeht, ist dadurch gekennzeichnet, daß ich etwas erst dann *perzipieren* – wahrnehmen – kann, wenn ich es *konzipiert* – erfaßt, vorgestellt – habe. Professor Donald Snygg weist darauf hin, daß die Angehörigen einer primitiven Gesellschaft unfähig waren, das Schiff des Captain Cook zu sehen, wenn es in ihren Hafen segelte, weil sie kein Wort, kein Symbol für ein solches Schiff hatten[4]. Ich weiß nicht, was sie sahen – eine Wolke vielleicht oder ein Tier. Sie sahen das, wofür sie ein Symbol hatten. Die Sprache oder der Symbolisierungsprozeß ist das Mittel, mit dessen Hilfe wir *konzipieren* oder erfassen, um *perzipieren* oder wahrnehmen zu können.

Wenn die Intentionalität in der Tat eine wichtige Rolle bei der Wahrnehmung spielt, dann ist es um so beklagenswerter, daß diese Dimension in den einschlägigen psychologischen Studien bisher ausgeklammert blieb. Statt sie bewußt außer acht zu lassen, sollten wir die eigene Intentionalität unmittelbar einbeziehen. Das bedeutet, wir müssen die Voreingenommenheit des Experimentierenden in Betracht ziehen. Robert Rosenthal hat nachgewiesen, in welchem Maße die Erwartungen, die »Intentionen« des Experimentierenden die Ereignisse beeinflussen[5]. Zugleich gilt es, bei jedem Experiment die Intentionalität der beteiligten Menschen in Betracht zu ziehen. Was steht hinter den Intentionen der Kollegen, die an unserem Experiment teilnehmen? Wie ist es um die Intentionalität der Versuchspersonen im Klassenzimmer bestellt, mit denen man einen Test durchführt? Es ist wahrhaft verblüffend, daß wir diesen Dingen bisher offenbar keinerlei Bedeutung beigemessen haben.

Fest steht, daß ich, sooft ich in psychologischen Studien lese, den Eindruck habe, daß der Psychologe etwas ganz anderes untersucht als das, was er zu untersuchen glaubt. Er wird erst dann wirklich wissen, worauf seine Arbeit hinausläuft, wenn er in der Lage ist, die Situation der beteiligten Personen im Hinblick auf ihre Intentionalität zu klären.

Damit kommen wir zum Problem des Verhältnisses von Körper und Intentionalität. Bevor wir uns diesem Problem jedoch zuwenden, muß ein verbreitetes Mißverständnis aus dem Weg geräumt werden. Intentionalität darf nicht verwechselt werden mit Introspektion. Intentionalität bedeutet nicht Selbstbeobachtung mit dem Ziel, dieses oder jenes im eigenen Inneren zu entdecken. Nicht von Selbstbeobachtung, die mich in ein Objekt verwandelt, ist die Rede. Die verbreitete Tendenz, Intentionalität mit Introspektion in Zusammenhang zu bringen, dokumentiert aufs neue, wie schwer es uns fällt, die auf Descartes zurückgehenden Gewohnheiten zu überwinden, alles in Objekt und Subjekt aufzuteilen. Die Intentionalität kommt im Handeln zum Ausdruck. Nicht indem ich mich beobachte, offenbare ich mich, sondern indem ich handle.

Körper und Intentionalität

Der bürgerliche Mensch der Gründerzeit benutzte seinen Willen zur Unterdrückung dessen, was er als die »niederen« körperlichen Begierden bezeichnete. Ein Mensch von Entschlußkraft jedoch kann ohne Zweifel nur der sein, der seine körperlichen Begierden berücksichtigt. Die Ausführungen zum Thema des ›Wunsches‹ im vorausgehenden Kapitel lassen deutlich werden, daß die körperlichen Wünsche mit dem Willen in Einklang gebracht werden müssen, wenn das eine nicht das andere blockieren soll. Intentionalität ist mit dem Körper durch muskulare, neurale und Drüsenprozesse verbunden. Wenn wir wütend sind und zuschlagen wollen, steigert sich die Adrenalin-Sekretion. Wenn wir Angst haben und fliehen wollen, wird der Herzschlag rascher. Wenn wir sexuell erregt sind und Geschlechtsverkehr wollen, kommt es zum Blutandrang in unseren Genitalorganen. Wenn ein Patient in einer Sitzung aufgrund einer Sperrung unfähig ist, sich seiner Wünsche und seiner Intentionalität im allgemeinen bewußt zu werden, so tut der Psychotherapeut gut daran, ihm zunächst dabei zu helfen, sich seiner körperlichen Gefühle und seines momentanen körperlichen Zustands bewußt zu werden.
Welche Bedeutung William James dem Körper beimaß, geht daraus hervor, daß er immer wieder auf die Bedeutung der körperlichen Empfindungen hinwies und die Gefühle als die Wahrnehmung von Veränderungen im Körper betrachtete. Dieses intensive Interesse am Körper entspricht der Beschäftigung seines Zeitgenossen Freud an den Problemen der Sexualität und des Instinkts. Bei beiden Forschern wird das Bemühen des Menschen der Jahrhundertwende sichtbar, *mit einem Körper fertigzuwerden, von dem ihn die Kultur seiner Zeit entfremdet hatte.* Beide indessen sahen im Körper ein Werkzeug, ein Instrument, ohne zu merken, daß dies ein Ausdruck ebenjener Entfremdung war, die sie zu überwinden suchten.
Als ich vor zweieinhalb Jahrzehnten an Tuberkulose erkrankt war, entdeckte ich, daß meine ererbte »Willenskraft« sonderbar unwirksam war. Die einzige Heilmethode, die man damals

kannte, hieß Bettruhe und sorgfältig dosierte Bewegung. Wir konnten unsere Gesundung nicht durch den Willen herbeiführen. Dem Typus des »Willensstarken« ging es, wenn er an Tuberkulose erkrankt war, im allgemeinen am schlechtesten. Ich fand indessen heraus, daß ich den Heilungsprozeß entscheidend vorantreiben konnte, wenn ich gleichsam in meinen Körper hineinhorchte. Solange ich sozusagen eine Antenne für meinen Körper hatte, solange ich »hören« konnte, daß ich erschöpft war und mehr Ruhe brauchte, oder fühlte, daß mein Körper kräftig genug für mehr Bewegung war, verbesserte sich mein Zustand. Verlor ich dagegen dieses Bewußtsein meines Körpers (ein Zustand, der dem ähnlich ist, in dem sich Patienten befinden, wenn sie dem Psychoanalytiker während der Sitzung mitteilen, sie seien nicht »auf Draht«), so ging es mir schlechter. Denen, die mir entgegenhalten, das alles sei doch eine reichlich poetische und »mystische« Einstellung für einen Schwerkranken, sei gesagt, daß es dabei für mich um Leben und Tod ging. Und soweit ich weiß, machten die anderen Patienten damals die gleiche Erfahrung. Dieses körperliche Bewußtsein stellt sich manchmal ganz spontan ein, wenngleich das keineswegs notwendig so ist. »Der Wille ist ein Hinhorchen«. Dieser Satz von Pfanders läßt insbesondere an das »Hinhorchen« auf den Körper denken. In unserer Gesellschaft bedarf es oft einer erheblichen Anstrengung, wenn man seinen Körper »hören« will; einer kontinuierlichen »Offenheit« für jeden Fingerzeig des Körpers. In den vergangenen Jahren hat die Arbeit der Joga-Lehrer einen ständig wachsenden Kreis von Menschen mit der Wechselbeziehung zwischen der Fähigkeit, in den Körper hineinzuhorchen, und dem psychischen Wohlbefinden vertraut gemacht. Es gibt ein Wollen, das nicht *gegen* das körperliche Verlangen gerichtet ist, sondern dem Körper *entspricht*, ein Wollen von innen heraus, das auf Teilhabe ausgerichtet ist, statt auf Widerstand.

Der Wille wird nach Aristoteles durch den Wunsch in Bewegung gesetzt. Die Tatsache, daß meine Wünsche in meinem Körper gefühlt und erfahren werden, die Tatsache, daß sie *verkörperte* sind, bedeutet, daß ich mich ihnen nicht entziehen kann. Das heißt, wenn ich einen Wunsch habe, so kann ich nicht umhin, mit einem Wollen darauf zu reagieren, mag dieses Wollen auch darin zum Ausdruck kommen, daß ich leugne, diesen Wunsch zu haben. Völlige Gleichgültigkeit ist nur möglich, wenn wir unseren Körper ausschalten können. Daraus folgt, daß die Leugnung der Bewußtheit von Wünschen für gewöhnlich eine Vergewaltigung des Körpers bedeutet.

Mein Körper ist ein Ausdruck der Tatsache, daß ich ein Individuum bin. Ich bin ein Körper, der sich als individuelle Einheit von allen anderen unterscheidet. Man kann sich dem anderen psychisch anpassen, ihm im ideellen Bereich entsprechen. Im Bereich *des Körperlichen* indessen sind siamesische Zwillinge selten. Der Patient, der nicht in der Lage ist, sich als körperlich getrennt von einem anderen Menschen – etwa von seiner Mutter – zu erfahren, ist im allgemeinen ein ernster pathologischer Fall; er leidet nicht selten an Schizophrenie. Der Umstand, daß mein Körper eine Einheit im Raum ist, diese Bewegung im und jene Beziehung zum Raum einnimmt, macht ihn zum lebenden Symbol für die Tatsache, daß ich nicht umhin kann, auf die eine oder andere Weise »Farbe zu bekennen«. Der Wille ist, wie Paul Ricoeur sagt, der *verkörperte* Wille[6]. Daher verwundert es nicht, daß sich so viele Ausdrücke, die mit dem Willen zu tun haben, auf unsere körperliche Haltung beziehen: Wir sagen, daß wir »einen Standpunkt einnehmen«; »eine Orientierung suchen«; »eine Position beziehen«. Und bezeichnen den einen als »aufrecht« und »gerade«, den andern als »Kriecher« und »krummen Hund«.

Interessanter noch ist der Körper als *Sprache* der Intentionalität. Er bringt die Intentionalität nicht nur zum Ausdruck; *er teilt sie mit*. Betritt ein Patient mein Sprechzimmer, so drückt sich seine Intentionalität in seinem Gang, seinen Gebärden aus. Neigt er sich mir zu oder neigt er sich von mir weg? Spricht er mit halb verschlossenem Mund? Was sagt seine Stimme, wenn ich nicht auf die Worte, sondern allein auf den Tonfall achte? Nicht nur in der psychotherapeutischen Sitzung, auch im täglichen Leben hat unsere Kommunikation, in weit stärkerem Maß, als uns bewußt ist, den Charakter des Tanzes. Die Bedeutung teilt sich mit in den Formen, die wir unentwegt durch unsere körperlichen Bewegungen entstehen lassen.

Carl Rogers und seine Mitarbeiter vermitteln in ihren Berichten über Patienten, die sich über Monate hin ausschließlich durch die Sprache des Körpers mitteilen konnten oder wollten, ein anschauliches Bild des Zusammenhanges von Intentionalität und Körper. Eugene Genlin, zum Beispiel, schildert seine Erfahrungen bei der psychotherapeutischen Behandlung eines feindseligen Patienten, der kein Wort sprach[7]. Zuerst ergriff der Patient sofort die Flucht, wenn Dr. Genlin erschien. Später verging einige Zeit, ehe er davonlief, und schließlich blieb er neben Genlin stehen, bis die »Sitzung« beendet war. Das kurze Flackern in den Augen eines solchen Patienten in Augenblicken der Angst, das Beben der Lippen an der Schwelle des Lachens oder Weinens, all das spricht eine Sprache, die bedeutsamer sein kann und gewiß beredter ist als die meisten ausgesprochenen Worte. Das teilt zweifellos weit mehr mit als die klugen Worte des intellektuellen Patienten, der monatelang daherredet, um auf diese Weise zu vermeiden, daß ihm seine elementaren Gefühle bewußt werden.

Wille und Intentionalität

Die Trennung von Intention und Tat, die sich bis in unsere Sprache hinein verfolgen läßt, ist künstlich und steht nicht in Übereinstimmung mit der menschlichen Erfahrung. Die Tat ist in der Intention enthalten, die Intention in der Tat.
Professor Paul Ricoeur führt das folgende Beispiel an[8]. Ich unternehme eine Reise. Die Reise ist nicht nur etwas Objektives – so als sei ich bereits am Ziel. Sie ist zugleich ein Projekt, das von mir ausgeführt wird, eine Möglichkeit, die von mir, soweit es in meiner Macht steht, verwirklicht werden muß. Ricoeur weist darauf hin, daß wir es beim Planen einer solchen Reise mit Zukunftsstrukturen zu tun haben, aber es wäre unrichtig, wollte man deshalb geringschätzig von einer »bloß« subjektiven Angelegenheit sprechen. Die Reise ist nicht weniger objektiv, weil sie mit der Zukunft zu tun hat. Es ist eine ungerechtfertigte Vereinfachung, wenn Wittgenstein und die Positivisten – auch die Behavioristen müssen in dieser Hinsicht eingeschlossen werden –

die Welt ausschließlich aus objektiven Fakten aufbauen. Das »Ich kann« ist durchaus Teil der Welt. Diese Feststellung ist für die Psychotherapie besonders wichtig. Denn die Patienten kommen zu uns, weil sie nur »Ich kann nicht«, nicht aber »Ich kann« sagen können. Um das »Ich kann nicht« zu verstehen, müssen wir zugleich das »Ich kann« dahinter sehen, dessen Negation es ist.
Nicht von ungefähr hat das Wort »will« im Englischen nicht nur die Bedeutung »Wille, wollen«; es ist vielmehr gleichzeitig das Wort, mit dessen Hilfe die Futurformen gebildet werden. Wille und Intentionalität sind aufs engste mit der Zukunft verknüpft. Die Hoffnungslosigkeit vieler Patienten, die in Depression, Verzweiflung, dem Gefühl des »Ich kann nicht« und der damit verbundenen Hilflosigkeit zum Ausdruck kommt, kann als Unfähigkeit gedeutet werden, eine Zukunft zu sehen oder aufzubauen[9].
In der Intentionalität und im Willen macht der Mensch die Erfahrung seiner Identität. »Ich« ist das »Ich« von »Ich kann«. Descartes hatte Unrecht mit seinem berühmten Satz: »Ich denke, also bin ich«; denn die Identität ergibt sich nicht aus dem Denken als solchem und mit Sicherheit nicht aus der Intellektualisierung. Descartes' Satz läßt die wichtigste Variable unberücksichtigt. Er springt vom Gedanken unmittelbar zur Identität über, obwohl dazwischen die Variable des »Ich kann« liegt. Kierkegaard machte sich über Hegels ähnlich vereinfachende und intellektualistische Ansicht, daß die Potentialität in die Aktualität übergeht, lustig, wenn er schreibt, daß zwischen Potentialität und Aktualität die Variable der Angst liege. Die Potentialität, so könnte man sagen, wird als etwas Eigenes erfahren – als meine Kraft, meine Angelegenheit –, und daraus folgt, daß es bis zu einem gewissen Grade von mir abhängt, von meinem Einsatz, meinem Zögern, ob sie in Aktualität übergeht oder nicht. Die menschliche Erfahrung ist durch die folgenden Stufen gekennzeichnet: »Ich erfasse – ich kann – ich will – ich bin.« Das »Ich kann« und das »Ich will« sind entscheidend für die Erfahrung der eigenen Identität. Diese Feststellung bewahrt den Therapeuten vor der irrigen Annahme, daß der Patient *zunächst* ein Gefühl der Identität entwickelt und *erst dann* handelt. Das

Gegenteil trifft zu: er macht die Erfahrung der Identität, indem er handelt oder zumindest die Möglichkeit zum Handeln sieht.

Ich habe an anderer Stelle darauf hingewiesen, daß Angst und Potentialität zwei Seiten ein und derselben Erfahrung sind[10]. Wenn der Jugendliche die Möglichkeit zum Geschlechtsverkehr in sich zu spüren beginnt, bedeutet das für ihn nicht nur einen Reiz und gesteigertes Gefühl des Eigenwerts, sondern zugleich ein ganz normales Gefühl der Angst. Denn diese Potentialität bringt es mit sich, daß er von nun an mit einem komplizierten System von Beziehungen konfrontiert ist, in dem er sich als Handelnder zurechtfinden muß. Wer sich der eigenen Potentialitäten bewußt wird, macht dabei normalerweise die Erfahrung einer konstruktiven Angst. Die Intentionalität ist die konstruktive Nutzung einer normalen Angst. Habe ich einige Hoffnung und die Möglichkeit, meinen Kräften gemäß zu handeln, so schreite ich zur Tat. Wird indessen die Angst übermächtig, so schwinden meine Möglichkeiten zum Handeln. Daher sagt Paul Tillich zu Recht, daß die übermächtige Angst die Intentionalität zerstört. Diese übermächtige Angst ist die Angst vor dem »Nichts«. Und ohne Intentionalität sind wir in der Tat »nichts«.

Im weiteren Verlauf seiner Ausführungen kommt Tillich auf den Zusammenhang zwischen Intentionalität und Vitalität sowie zwischen Intentionalität und Mut zu sprechen. »Die Vitalität des Menschen steht zu seiner Intentionalität in Korrelation; sie sind gegenseitig voneinander abhängig. Das macht den Menschen zum vitalsten aller Wesen. Er kann jede gegebene Situation in jeder Richtung transzendieren, und diese Möglichkeit treibt ihn ständig dazu, über sich hinauszugehen. Vitalität ist die Macht, sich zu transzendieren. Je mehr Macht der Selbsttranszendenz ein Wesen hat, desto mehr Vitalität hat es. Die Welt der technischen Schöpfungen ist der sichtbarste Ausdruck der Vitalität des Menschen und seiner unendlichen Überlegenheit über die tierische Vitalität. Nur der Mensch hat vollständige Vitalität, weil er allein vollständige Intentionalität hat... Wenn die Korrelation von Vitalität und Intentionalität recht verstanden wird, kann man die biologische Interpretation des Mutes innerhalb der Grenzen ihrer Gültigkeit annehmen[11].«

Übermächtige Angst zerstört die Fähigkeit, die eigene Welt wahrzunehmen, zu erfassen, sie zu gestalten und umzugestalten. So ist es zu verstehen, wenn Tillich sagt, sie zerstöre die Intentionalität. Im Zustand tiefer Angst können wir weder hoffen noch planen noch schöpferisch sein. Wir ziehen uns in das Gehege eines begrenzten Bewußtseins zurück und haben nur den einen Wunsch, uns über die Runden zu retten, bis die Gefahr vorüber ist. Intentionalität und Vitalität stehen in einer Wechselbeziehung zueinander aufgrund der Tatsache, daß sich die Vitalität eines Menschen nicht nur als biologische Kraft zum Ausdruck bringt, sondern gleichzeitig als ein Gestalten und Umgestalten der Welt durch eine Vielfalt schöpferischer Akte. Der Grad der Intentionalität eines Menschen kann so als identisch betrachtet werden mit dem Grad seines Mutes. Tillich verweist auf den griechischen Begriff »Arete«, der eine Verbindung von Kraft und sittlichem Wert beinhaltet. Und er verweist auf das lateinische Wort *virtus*, das eine ähnliche Vereinigung von männlicher Kraft und moralischer Größe bezeichnet. »Vitalität und Intentionalität sind in diesem Ideal menschlicher Vollkommenheit vereint, das von Barbarei und Moralismus gleich weit entfernt ist[12].«

Ausgehend von dem Ursprung des Wortes selbst können wir schließlich noch einen Schritt weiter gehen und Intentionalität in Beziehung setzen zu der »Intensität« der Erfahrung. Es fehlt nicht an Versuchen, die umschreiben sollen, was wir im Bereich der Psychologie unter Vitalität verstehen. Man hat dabei Worte wie »Lebendigkeit« und so weiter bemüht, ohne je überzeugt zu sein, daß damit bereits viel gesagt war. Ich meine, daß uns die Intentionalität ein Kriterium für die Definition des psychologischen Begriffs der Vitalität liefert. Der Grad der Intentionalität kann die Lebendigkeit eines Menschen definieren, den potentiellen Grad seines Engagements und – wenn es um einen Patienten geht – seine Fähigkeit, die Therapie aufrechtzuerhalten.

Neuntes Kapitel
Die Intentionalität in der Therapie

> Weder im theoretischen noch im praktischen Bereich intervenieren oder verwenden wir uns für jene Menschen, die keinen Sinn für das Risiko oder für ein gefährliches Leben haben.
>
> – William James

Wenn wir uns im folgenden der Psychotherapie zuwenden, so hat das zwei Gründe:
Zunächst wollen wir herausfinden, wie Intentionalität und Wille nutzbar gemacht werden können, wenn wir in der Klinik mit Menschen, die unter psychischen Problemen leiden, zu tun haben. Danach wollen wir sehen, was praktische Beispiele zur Beantwortung der Frage beitragen können, die immer noch außerordentlich wichtig ist: Was sind Intentionalität und Wille? Wir dürfen vermuten, daß die Psychotherapie eine Fülle von Daten bereithält, die uns Auskunft darüber geben, wie Wunsch, Wille und Intentionalität von lebenden, fühlenden, leidenden Menschen erfahren werden.
Es mag sein, daß ich mit meinen Ausführungen über die Intentionalität – gegen meine Intention – den Eindruck erweckt habe, als gäbe es eine ideale Art des Wollens, ein Wollen durch Partizipation, das für den Menschen ein harmonisches Verhältnis zu seinem Körper und der Welt bedeutet. Wie steht es mit dem *Willenskonflikt?* Kein Zweifel, dieser Konflikt ist nicht ausgeräumt. Ein Umstand, aus dem sich für uns die Notwendigkeit ergibt, zu einem weiteren Bereich vorzustoßen. Der einfache, einfältige Mensch kennt diesen Konflikt kaum, der Held jedoch und der Neurotiker kennen ihn nur zu gut – so etwa drückte sich William James aus. Die Neurose kann definiert werden als ein Konflikt zwischen zwei Arten der *Nicht-Erfüllung* des

eigenen Ichs. Ob man – um noch einmal James' Beispiel zu erwähnen – im Bett bleibt, weil es warm ist, oder ob man aufsteht, um seinen noblen Charakter zu demonstrieren: sein Format vergrößert man weder durch das eine noch durch das andere. Wäre James mein Patient gewesen und hätte er mir zu Beginn einer Sitzung erzählt, in welchen Konflikt ihn die Notwendigkeit gebracht habe, sich aus dem Bett zu erheben, ich hätte ihm ohne Zögern – stillschweigend oder ausdrücklich – zugestimmt: Es ist in der Tat schön, an einem kalten Morgen in einem warmen Bett liegen zu bleiben. Überdies (und das gehört vielleicht mehr zur Sache) vermittelt es einem das befriedigende Gefühl, die eigene Autonomie gegen eine unerbittliche Gesellschaft verteidigt zu haben, die von einem verlangt, daß man aufsteht und arbeitet. Nur indem wir den *unmittelbaren* Wunsch zugeben und bejahen, ist es uns möglich, zu den *wahren* Wünschen, das heißt zu den Ereignissen des Tages, vorzudringen.

Wenn die Therapie die Intentionalität des Patienten deutlich macht, verlegt sie den Kampf auf das wahre Schlachtfeld. Dann hilft sie dem Patienten, den Konflikt in einem Bereich auszutragen, in dem eine echte Erfüllung möglich ist. Sie macht das Ringen zu einem Kampf zwischen echter Erfüllung und Nichterfüllung. Der Wachtraum von den Möglichkeiten des Tages, in den William James verfiel, zeigt, daß er auf der Ebene der Intentionalität ein Mann war, der sich offensichtlich durch ein leidenschaftliches Interesse am Leben und an den Möglichkeiten, die dieses Leben für ihn beinhaltete, auszeichnete.

Als Therapeut habe ich die Aufgabe, mir der Intentionalität des Patienten in jedem Augenblick so bewußt zu sein, wie das nur möglich ist. Und wenn in einer Sitzung, wie das häufig der Fall ist, eine Krise auftritt, ist es meine Aufgabe, die Intentionalität der Krise so herauszulocken, daß auch der Patient nicht umhin kann, sich ihrer bewußt zu werden. Die Bewältigung dieser Aufgabe bereitet nicht selten erhebliche Schwierigkeiten.

Der Fall Preston

Die Sitzung, aus der im folgenden einige Teile wörtlich wiedergegeben werden (die Sitzung wurde auf Tonband aufgenommen), fand im siebten Monat der psychoanalytischen Behandlung statt. Der Patient, ein Schriftsteller, zu dessen Symptomen eine ziemlich konstante und gelegentlich außerordentlich schwere »Schreibsperrung« gehörte, war ein geistig differenzierter und begabter Mann von vierzig Jahren. Er war bereits fünf Jahre in psychoanalytischer Behandlung gewesen, ehe er zu mir kam.
Die vorausgehende Behandlung hatte gewisse Erfolge erzielt. So war er inzwischen in der Lage, einer ständigen Arbeit nachzugehen, nachdem er zuvor ausschließlich vom Geld gelebt hatte, das seine Frau mit in die Ehe gebracht hatte. Dennoch litt er nach wie vor unter schweren Angstzuständen, Depressionen und sexuellen Problemen. (Aus Gründen, die ich hier nicht weiter erörtern will, hatte der Psychoanalytiker, von dem er zuvor behandelt worden war, diese Leiden für unheilbar gehalten.) Als er sich, einen Monat nachdem er sich im Zustand einer qualvollen, lähmenden Spannung und Verzweiflung von meinem Vorgänger getrennt hatte, schriftlich an mich wandte, erklärte ich mich einverstanden, seine Behandlung zu übernehmen.
Eines sei vorweg gesagt: Ich glaube heute, einer der Gründe dafür, daß die Psychoanalyse in einer Reihe von Fällen nicht in der Lage ist, auf den Grund der Probleme von Menschen wie Preston vorzudringen, liegt darin, daß die Intentionalität des Patienten nicht erfaßt wird. Dies hat zur Folge, daß der Patient sich nie ganz preisgibt, nie ganz *in* der Analyse ist.
Fünf Monate bevor die Sitzung stattfand, von der hier die Rede ist, war Preston im höchsten Grade beunruhigt in eine Sitzung gekommen, weil er seit Wochen vergeblich versucht hatte, einen wichtigen Aufsatz zum Abschluß zu bringen. Ich gewann damals den Eindruck, daß er verzweifelt nach Hilfe suchte, variierte daher, wie ich es oft tue, meine Methode und steuerte unmittelbar auf das praktische Problem seiner Schreibsperrung zu, indem ich ihn fragte, was geschähe, wenn er hinter seiner Schreibmaschine sitze usw. Nach jener Sitzung war er in sein Arbeits-

zimmer zurückgegangen und hatte den nach seiner Meinung besten Artikel geschrieben, der ihm je gelungen war. Ich erwähne diesen Vorfall, weil er vermutlich etwas mit den bewußten *Intentionen* zu tun hatte, im Gegensatz zur *Intentionalität* während der Sitzung, von der nunmehr die Rede sein soll.
Er kam herein, warf sich auf die Couch und seufzte hörbar.
Preston: »Ich hab noch nie so fest gesessen mit meiner Schreiberei wie jetzt. Einfach zu blöd ... eine ganz simple Sache, an der ich sitze. Ein anspruchsloses, kleines Stück. Ich komme keinen Schritt weiter ... Die schlimmste Sperrung seit, ich weiß nicht wann, seit ich überhaupt schreibe ... Ich sitze vor einem Haufen Papier. [*Gesten.*] Hängt eindeutig mit meiner seelischen Verfassung zusammen ... Nicht mit dem Werk ... Mit Zauberei hats wohl kaum zu tun ... Scheint nichts anderes zu sein als ein Ausdruck meiner Perversität ... Irgendwas muß geschehen ... das bedeutet, ich muß heut nachmittag ins Büro zurück ... obwohl ich es nicht wollte. Ich habe andere Dinge zu tun ... muß spätestens morgen abend fertig sein ... Letzter Termin ... Ist schwer ... verstehe gar nicht, warum es mir so besonders schwer fällt [*Pause*] Ich weiß nicht, ob ich einfach so weiter darüber reden soll oder aufhören damit, zu anderen Dingen kommen.
Therapeut: Entscheiden Sie selbst, tun Sie, was Sie möchten.
Preston: [*Seufzt tief*] Ich bin so dran gewöhnt, hier den Regisseur zu spielen ... Vielleicht tue ich's nur, um nicht über andere Dinge zu sprechen. Ich kann bei all dem mein Verhalten nicht kontrollieren. Als ich heute morgen anfing, war ich in guter Verfassung, hatte Lust, das Stück zu schreiben ... Und peng! jetzt wächst der Druck natürlich wie verrückt ... ich weiß nicht, was ich tun soll ... hm ... ich weiß nicht, ob ... ich drüber reden soll ... Ist gar keine große Sache ... wissen Sie ... bloß ein kleines Stück.«
Seine Stimme klang gleichgültig, indifferent. Er öffnete kaum den Mund beim Sprechen. Nach einigen Seufzern fuhr er fort: »Letzte Nacht hatte ich ein paar Träume. Ich erinnere mich nicht mehr daran, aber ich erinnere mich, daß ich fast ... wenn ich mich erinnert hätte, wäre irgend etwas durchbrochen worden ... Ich wäre zu mir selbst durchgedrungen ... eine dünne Wand ... warum kann ich sie nicht durchbrechen ... Bevor ich hereinkam,

dachte ich ... hinter mir steht soviel Gewohnheit, hinter meiner Krankheit, wissen Sie, daß jedes Mal, wenn ich weiterzukommen scheine, etwas zu sehen scheine, oder wenn etwas sich verändert – dann ist es wie ein Nadelstich in einen dieser Reifen, die sich selbst wieder abdichten ... Irgend etwas muß geschehen ... Meine Angst wird immer größer ... Den ganzen Tag über war ich in Hochspannung ... Ich versuche sie zu neutralisieren ... Ich habe masochistische Phantasien ... Wenn ich versuche zu schreiben, stehe ich alle fünf Minuten auf, gehe zur Toilette, hole mir einen Drink ... ich habe inzwischen einen solchen Stapel Seiten ... *[Gesten]* ... irgendwie würde sich die Sache von selbst schreiben ... Ich habe immer Schwierigkeiten mit dem Anfang ... später wird es dann anders ... es interessiert mich nicht ... ich denk nicht drüber nach ... hat mich übler erwischt als je zuvor ... ist eine Gewohnheit ... ich habe kein Interesse daran.«

Während der ersten fünfzehn Minuten dieser Sitzung sagte ich fast nichts. Ich versuchte, ganz naiv und einfach herauszuhören, was diese Mitteilungen bedeuteten. Was will er? Worauf will er heute morgen hinaus? Suchte er Hilfe wie in der Sitzung vor fünf Monaten, an die ich mich erinnert fühlte? Aus dem gleichgültigen Tonfall schloß ich, daß dies nicht der Fall sei. Dennoch ließ sich nicht leugnen, daß seine Erregung echt wirkte. Will er, daß seine Arbeit mit Hilfe irgendeiner Zauberei zu Ende geführt wird? Einiges an seinem Lebensstil schien für diese Annahme zu sprechen. In der zweiten Woche der Analyse berichtete er – es war der erste Traum, von dem er mir erzählte –, er habe geträumt, er sei in einem Krankenhaus gewesen, wo man ihm ein Wahrheitsserum gegeben habe. Zunächst habe es nicht gewirkt. Dann habe er sich plötzlich schwindelig gefühlt und er und der Wärter hätten geglaubt, daß es doch wirke. Gegen Ende des Traumes jedoch habe er befürchtet, daß »das, was zutage kommen würde, nicht das sei, was sie hören wollten«. An diesen Traum, wie gesagt, fühlte ich mich in diesem Augenblick erinnert. Ich schloß, daß er sich auf eine masochistische Weise »schwindelig« machen mußte, um der Magie teilhaftig zu werden. Ich bezweifelte jedoch, damit bereits das Entscheidende herausgefunden zu haben. Interessanterweise hat er im Traum gefürchtet, daß das, was herauskommen würde, nicht übereinstimmen könnte mit dem, was sie hören wollten. Daraus ging für mich hervor, daß nicht die Magie das Problem war, sondern das, »was herauskommen würde« – seine verborgene Haltung gegenüber den »sie« (zu denen vor allem ich gehörte, der ich ihm im Traum das Serum verabreicht hatte). Damit kam seine Intentionalität zum Vorschein. Und die Tatsache, daß sie sich in einem Traum offenbarte, das heißt, unter Umständen, die eine bewußte Verzerrung weitgehend ausschlossen, machte die Sache für mich um so aufschlußreicher.

Während ich ihm jetzt zuhörte, erinnerte ich mich an die Art und Weise, wie er hereingekommen war und sich auf die Couch geworfen hatte. Sein Verhalten hatte mir, ohne daß ich mir dessen zunächst recht bewußt gewesen war, den Eindruck vermittelt, daß er zornig war. Dieser Eindruck wurde durch seine Sprechweise bestätigt. Er schien mit zusammengebissenen Zähnen zu sprechen, seine Lippen bewegten sich kaum. Das alles führte bei mir zu der Hypothese, daß er wütend war, genauer gesagt, wütend auf mich.

Wenn die Intentionalität Wut ist oder eine Negation anderer Art, so ist eine rationale Erörterung damit *per definitionem* ausgeschlossen. Die verbale Interpretation als solche ist nicht geeignet, die Intentionalität zutage zu fördern. Preston verglich sich bezeichnenderweise mit einem Reifen, der sich selbst abdichtet. Mit Stichen, welcher Art sie auch sein möchten, war ihm nicht beizukommen. Man konnte damit rechnen, daß jeder Einstich augenblicklich abgedichtet wurde.

Ich mußte Preston statt dessen dazu bringen, daß er seine Wut auf mich *erlebte*, daß er sie mit mir auslebte.

Es kam zu folgendem Dialog zwischen Preston und mir:

Therapeut: Was Sie mir seit Beginn der Sitzung gesagt haben, bedeutet, daß sich die Sache von selbst schreiben wird ... Sie haben nichts damit zu tun ... Sie überlassen alles mir ... Sie fragen mich sogar, ob Sie darüber sprechen sollen ... Sie stehen außerhalb der Sache ... Sie können nichts daran machen ...

Preston: [Pause] Es ist etwas, über das ich keine Kontrolle habe ... Ein großer Teil meines Lebens hat keine Mitte ... Meine eigene Mitte funktioniert nicht. Natürlich habe ich die Sache von mit weggeschoben. Ich kann nichts dafür sagen... *[Seine Erregung steigert sich, als ich seine Worte nicht aufgreife.]* Ich kann nichts daran ändern.

Ich spürte, daß der Hinweis auf die Mittelpunktlosigkeit seines Lebens ein Köder war, mit dem er mich in eine Diskussion verwickeln wollte. Ich antwortete bloß: »Ja.«

Preston: Ich kann's nicht!... Es ist keine Absicht, keine Strategie.... Ich hab hinter meiner Schreibmaschine gesessen und gearbeitet... Ich habe versucht und versucht... Verdammt noch mal. Was, zum Teufel, soll ich tun?... Die Sache, an der ich arbeite, ist nicht schwierig... Ich habe gearbeitet – der Stoff hat mich nicht abgeschreckt... er war nicht stumpfsinnig – ich wußte, was ich zu sagen hatte... ich kannte meine Sprache... ich wußte, wie ich zu urteilen hatte... ich saß an der Schreibmaschine, und nichts kam, nichts, nichts, nichts! Vor mir türmte sich ein solcher Stapel Papier – alles Variationen über ein und dieselben Worte... Also! *[Sehr laut]* Was, zum Teufel, soll ich tun?
Therapeut: Das ist eine Frage an mich, nicht wahr?
Preston: Natürlich!
Therapeut: Sie fragen mich – damit allein schon schieben Sie die Sache von sich weg. *[Pause]*
Preston: Na schön, also los... Ich fühle mich außerordentlich gereizt... Oh je!... Ich habe keine Lust zu reden... ich hab das Gefühl, in der Falle zu sitzen... ich habe Lust, jemanden umzubringen...
Therapeut: Sie sind wütend.
Preston: Ja, ich weiß.
Therapeut: Wütend auf mich.
Preston: Ja, das stimmt.
Therapeut: Vor ein paar Minuten haben Sie gesagt, daß Sie's nicht schaffen, weil Sie keinen Willen haben. Aber der Grund dafür, daß Sie keinen Willen haben, ist, daß Sie sich aus der Sache herausziehen. Sie haben nichts damit zu tun. Das Stück wird sich von selbst schreiben. Wer soll es schreiben, wenn kein Mensch an der Schreibmaschine sitzt?

Preston: Ich habe nicht den Willen, mich in das Stück hineinzuversetzen. Bewußt schon, aber der Wille ist eben unbewußt. Vorgestern nacht hatte ich bewußt vor, mit einem bestimmten Mädchen zu schlafen. [Er bezieht sich darauf, daß er zwei Nächte zuvor impotent gewesen war.]
Therapeut: In der gestrigen Sitzung haben Sie mir allerdings gesagt, daß Sie *nicht* mit ihr hätten schlafen wollen.
Preston: Na ja, ich meine, ich dachte, daß ich es wollte ... Oder ich hätte wollen sollen – oh, mein Gott, ich weiß nicht! [Nach der Theorie, daß Angriff die beste Verteidigung ist, ändert er seine Taktik.] Seit dem vergangenen Herbst habe ich mich nicht ein bißchen geändert. Mit geht's genauso schlecht – so schlecht wie an dem Tag, als ich zum ersten Mal zu Ihnen kam.

Es wird dem Leser nicht entgangen sein, worauf ich mit meinen Fragen abzielte. Ich wollte ihn mit der Fiktion konfrontieren, daß »die Sache sich selbst schreiben« werde, daß er »nichts damit zu tun« habe. Ich beleuchtete seine *Intentionen,* um zu bewirken, daß er den Konflikt zwischen diesen *Intentionen* und seiner *Intentionalität* erlebte. Er war an jenem Morgen vermutlich mit der Intention gekommen, sich von mir bei der Überwindung seiner »Schreibsperre« helfen zu lassen. Aber von Beginn der Sitzung an fiel der klare Widerspruch zwischen seiner indifferenten Haltung und Stimme einerseits und der Tatsache, daß er wirklich litt und in einem ernsten Problem steckte, andererseits ins Auge. Diese beiden Phänomene widersprachen einander hinsichtlich der Intention. Aber sie mußten irgendeinen gemeinsamen Nenner haben und zudem beide Teile einer Intentionalität sein, worin diese Intentionalität auch immer bestehen mochte. Die Sitzung, soweit sie bisher geschildert wurde, stand ganz im Zeichen dieses Konflikts zwischen Intention und Intentionalität. Auf meine Frage: »Wer soll die Sache schreiben, wenn niemand an der Schreibmaschine sitzt?« hätte er im Grunde antworten müssen: »Sie, Mr. May, werden sie für mich schreiben« (auf irgendeine magische Weise veranlassen, daß sie geschrieben wird). Aber diese Antwort wäre so offenkundig absurd gewesen, daß er sie nicht aussprach. Als der Konflikt klar zutage trat, machte Preston statt dessen jene faszinierende Aussage über den Willen.

Hätte ich das alles mit ihm diskutiert, wären wir ins Abstrahieren geraten und hätten an der entscheidenden Sache vorbeigeredet. Sieht man die Sache indessen im Zusammenhang, so springt der Widerspruch zwischen dem, was er bewußt zu wollen glaubte (Intention) und seinem »eigentlichen Willen« (Intentionalität) ins Auge. Intelligente Menschen wie Preston warten während der Psychoanalyse oft affektiv mit erstaunlichen Einsichten auf, ohne sich auch nur im geringsten über die Bedeutung dessen, was sie sagen, im klaren zu sein. Ich meine, sein Satz »Der Wille ist sowieso völlig unbewußt«, ist eine solche Aussage.

Wenn mir der Leser vorhielte, ich hätte dem Mann »eine Falle gestellt«, so würde ich antworten: Ja, genau das habe ich versucht. Ich habe versucht, dem Konflikt eine Falle zu stellen und ihn so ans Tageslicht zu bringen. Wäre meine Hypothese falsch gewesen, hätte also Preston keinen Zorn auf mich gehabt, meine Sätze hätten keinerlei Wirkung gezeigt. Er hätte nicht reagiert. Oder er hätte mir ganz einfach erklärt, daß ich im Irrtum sei, und dann vielleicht gesagt, was wirklich in ihm vorging. Auch mit noch tieferer Verzweiflung und Hoffnungslosigkeit hätte er reagieren können. Irrt sich der Therapeut hinsichtlich der Intentionalität des Patienten, so hat dies zur Folge, daß das therapeutische Gespräch einfach zu nichts führt.

In dem Augenblick, da Preston den Bewußtseinskonflikt in der ganzen Tragweite erlebte, erhob er wütend Anklage gegen mich. Er wirft mir vor, ihm nicht im geringsten geholfen zu haben, und gibt mir zu verstehen, daß seine Lage noch genauso trostlos sei wie zu Beginn der Behandlung. Dieser Zornausbruch überraschte mich nicht. Prototyp hierfür ist der Zorn des Ödipus auf Tiresias, dessen Stimme den Konflikt des Königs offenkundig werden läßt.

Unser Gespräch setzte sich, laut Tonband, folgendermaßen fort:

Therapeut: Nun, eines steht fest, Sie sind wütend auf mich. Machen Sie kein Hehl daraus.
Preston: Nein, das nicht. Nun ja, vielleicht doch... Ist doch egal, verdammt nochmal! Ich bin fertig, ich bin am Ende. Ich bin verbraucht. Ich schaff's nicht. Dieser Job hängt für mich an einem

seidenen Faden. Ich werde diesen Job verlieren. Ich werde Ihre Rechnung nicht bezahlen können. Ich werde Ihnen sagen: »Ich konnte Ihre Sache nicht machen, ich bin neurotisch.« Sie werden froh sein darüber. Auf geht's, zurück in die intellektuellen Salzminen.
Therapeut: Und damit haben Sie sich dann gewaltig an mir gerächt, oder? Sie gehen vor die Hunde ... Werden zum Gammler ... Sind zu nichts fähig ... Können meine Rechnung nicht bezahlen.
Preston: So hab' ich's nicht gemeint. Das ist nicht wahr. Nichts von dem, was ich sage, ist wahr. Und deshalb ist alles so verdammt frustrierend ...
Therapeut: Eines ist ohne Zweifel wahr: Sie sind wütend auf mich. Sie sind wütend, seit Sie zur Tür hereinkamen. Ihre Wut ist der Grund dafür, daß Sie nicht schreiben, daß Sie verkrampft sind.
Preston: Warum bin ich wütend? *Worauf* bin ich wütend? *Was heißt,* ich bin wütend? Was für einen Sinn hat es, wütend zu sein? ... Ich werde nicht reden.
Therapeut: All diese Fragen interessieren nicht. Sie sprechen nicht – eine prächtige Methode, mir die Hände zu binden. Sie binden mir die Hände; das ist ihre Art, wütend zu sein.
Preston: Das sag ich Ihnen doch ... Und was jetzt?
Therapeut: Was erwarten Sie von mir?
Preston: Ich weiß nicht. Mein Zorn – wenn ich drüber nachdenke, verschwindet er.

Meine Frage: »Was erwarten Sie von mir?« ist, wie ich meine, in diesem Zusammenhang sehr wichtig. Sie gehört wie: »Was wollen Sie heute von mir?« oder ein wenig schockierender: »Warum sind Sie heute überhaupt gekommen?«, zu den Fragen, die ich häufig stelle, und nicht selten dann, wenn der Patient eine feindselige Frage an mich richtet. Auf diese Weise wird seine Intentionalität unmittelbar ansichtig gemacht. Hätte ich die Frage gestellt, bevor Preston sich seines Zorns voll bewußt gewesen wäre, hätte er sie mit einer Platitüde beiseite geschoben: Liegt es nicht schließlich auf der Hand, daß er von mir Hilfe bei der Überwindung seiner Schreibsperre erwartet? In dem Augenblick aber, da ich die Frage stellte, konnte er ihr nicht mehr ausweichen und es kam zum ersten echten Verzweiflungsausbruch der Sitzung.

Preston: Ich kann nichts machen, weil ich anfange zu denken ... Ich kann nicht ...

In diesem Augenblick der Verzweiflung schob ich eine knappe Interpretation ein.

Therapeut: Sie sagen mir, Sie können nichts daran ändern, daß es mit dem Schreiben nicht weitergeht. Sie sagen mir, daß Sie wütend sind, aber Sie können nichts dran machen, weil Sie denken. Nun, eines *können* Sie tun: Sie können mir etwas über ihre Gefühle sagen. Gestern haben Sie die meiste Zeit der Sitzung damit verbracht, mir zu erzählen, daß Sie krank bleiben müssen. Als Sie mir sagten, daß es mit Ihrer schriftstellerischen Arbeit nicht vorangehe, da sagten Sie im Grunde nur, daß Sie es nicht versucht haben. Sie standen alle fünf Minuten auf, um sich etwas zu trinken zu holen oder weiß Gott was zu tun. Heute höre ich nicht »Ich kann nicht«, sondern immer nur »Ich will nicht«. Ich will damit nicht sagen, daß Sie die Situation durch einen Willensakt ändern können – meine Güte; wenn es so einfach wäre, brauchten Sie nicht hier zu sein. Aber hinter ihrem »Ich kann nicht« wird ein wütender, hartnäckiger Kampf sichtbar. Ein Kampf, den Sie heute gegen mich führen. Aber auch gegen Ihren Vater. Was Sie mir vor wenigen Minuten gesagt haben, ist genau das, was Ihren Vater am meisten erzürnt hätte. Daß Sie Ihren Job verlieren, kein Geld haben, zum Gammler werden würden.

Als er mir antwortete, sprach er in einem völlig veränderten Ton. Die Gleichgültigkeit, die bis zu diesem Augenblick seine Sprechweise charakterisiert hatte, war verschwunden. Jetzt öffnete er den Mund beim Sprechen und wirkte durchaus ernst. Er wollte sich mitteilen.

Preston: Ich sagte, daß ich mich seit dem Beginn der Behandlung nicht verändert hätte. Das stimmt nicht. Ich habe mich

sehr verändert. Es sieht aus, als ob ich noch der gleiche sei. Warum? Weil der Konflikt sehr viel gefährlicher ist, als ich dachte. Der Grat, auf dem ich gehe, ist schmaler ... Jetzt sehe ich es; damals sah ich es nicht. Ich habe entdeckt, daß ich es brauche, daß Sie mich als einen Kranken betrachten. Genau in dem Augenblick, als Sie sich weigerten zu glauben, daß ich mich nicht ändern könnte, wurde ich wütend ... Oh ... oh ... so krank, krank [Der Ton läßt darauf schließen, daß er sich über sich selbst mokiert]. Sie haben kein einziges Wort gesagt ... Sie mußten mich als krank hinnehmen. Es war, als ob Sie sagten: »Alles horrender Quatsch.« ... Sie glaubten, daß ich es schaffen könnte. Ich wollte Sie glauben machen, daß ich nicht dazu in der Lage sei. Ich will es nicht schaffen. Es befriedigt mich nicht, meine Sache gut zu machen. Nur das Kranksein bringt Befriedigung. Ich bin ein Märtyrer!
Therapeut: Genau.
Preston: Ich bin ein Märtyrer, ich bin edel, empfindsam; ich kann es nicht. Das ist eine Tragödie. Wenn ich gestern sagte, daß ich impotent sein muß – das ist der Märtyrer den Mädchen gegenüber – impotent ... Jetzt bin ich in einer Situation, in der es nicht funktioniert. Ich habe das Bedürfnis, krank zu sein. Ich habe das Bedürfnis zu zeigen, daß ich nicht leben kann. Erfolg bedeutet für mich Tod. Gesundheit bedeutet für mich Tod. Sie können mich nicht hinauswerfen, können mich nicht im Stich lassen. Wie können Sie das einem kranken Menschen antun? Wäre ich unabhängig, nun, dann würden Sie mich hinauswerfen. »Verschwinden Sie aus meinem Zimmer, aus meinem Haus!« Ich wäre im Stich gelassen ... Ich gehörte nicht in die Welt.
Therapeut: Endlich ist es klar: Sie lassen sich selbst im Stich – Sie gehen mit sich um, als ob Sie nicht in die Welt gehörten. Genauso verhielt es sich mit dem Schreiben heute. Wenn Sie hierherkämen und sagten: »Ich habe hart gearbeitet, ich hab's geschafft«, was wäre Besonderes dabei? Aber wenn Sie sagen: »Ich bin zu absolut nichts fähig«, das ist eine *echte* Tragödie.
Preston: Deshalb bin ich so wütend, wenn Sie mein »Ich kann nicht« nicht hinnehmen. Ich war böse. Jetzt bin ich es nicht. Ich war es. Ich war so wütend, daß ich nicht sprechen konnte. Ich preßte meine Lippen aufeinander. Alles sonnenklar.

Therapeut: Ja, genau in dem Augenblick, als ich nicht bereit war, mich mit Ihrem »Ich kann nicht« abzufinden, packte Sie der Zorn.

Dieses Gespräch veranschaulicht, was im vorhergehenden Kapitel gesagt wurde: Der Psychotherapeut ist auf das »Ich kann« des Patienten aus, das sich hinter dem »Ich kann nicht« verbirgt. Ich impliziere natürlich nicht, daß dem Patienten bereits geholfen wird, wenn wir das, was den Bereich des »Ich kann« ausmacht, in Worte fassen. Ich behaupte nicht einmal, daß wir dies unbedingt tun sollten. Es kann lange dauern, bis das »Ich kann« zu einer praktischen Möglichkeit geworden ist und vom Patienten erkannt werden kann. Ich möchte lediglich feststellen, daß der Patient bis in alle Ewigkeit über das »Ich kann nicht« diskutieren und reden kann, ohne daß dieses Reden die Kraft hat, ihn zu ändern oder ihm auch nur eine emotionale Erleichterung zu verschaffen, solange nicht das »Ich kann« mit im Spiel ist. Das »Ich kann« ist es, was dem Reden über das »Ich kann nicht« Dynamik gibt, es zu einer schmerzhaften Angelegenheit macht und eine Motivation zur Veränderung schafft. Bleibt das »Ich kann« ausgeklammert, so ist das »Ich kann nicht« Resignation, die zwar zunächst eine gewisse bittersüße, wehmütige und romantisch-zynische Befriedigung verschaffen kann, aber bald zu einer absoluten Leere wird.
Wenn der Patient wahrhaft hilflos und verzweifelt wäre, würde ich ihn aus naheliegenden Gründen nicht auf diese Weise provozieren, zumal er in einem solchen Fall einer derartigen Provokation gar nicht bedürfte. Wichtig ist in unserem Zusammenhang, daß Preston das »Ich kann nicht schreiben« zu einer Strategie machte, mit deren Hilfe er mich unter Druck setzen wollte. Sein »Ich kann nicht schreiben« ist eine Tarnung für das wahre »Ich kann nicht« das, wie er später zugab, nichts anderes bedeutete, als »Ich kann es mir nicht leisten, gesund zu werden, weil man mich dann hinauswerfen, im Stich lassen, nicht lieben würde«. Es bedeutet zweifellos eine ernsthafte Bedrohung für den Patienten, wenn man an sein »Ich kann« glaubt, selbst dann, wenn dieser Glaube nichts mit Ermunterung oder moralischer Ermahnung zu tun hat, sondern schlicht und einfach mit der Er-

kenntnis, daß die Menschen sich allein in der Tat ändern und wachsen. Dies bedeutet nicht nur deshalb eine Drohung für den Patienten, weil er auf diese Weise verantwortlich gemacht wird. Die tiefere und tückischere Drohung besteht darin, daß der Patient keine Welt hat, auf die er sich ausrichten kann. Die Tatsache, daß ich nicht in die Welt passe, die er sein Leben lang unentwegt für sich gebaut hat, erschüttert seine Ich-Welt-Beziehung.
Im weiteren Verlauf der Sitzung kam es dann zu folgendem Ausbruch:

Preston: Ich habe mich verzweifelt bemüht zu sagen: »Ich bin krank.« Und *warum*? Was ich vorher zu sagen vergaß... Ich dachte zuerst daran, als Sie meinen Vater erwähnten. Warum hätte ich es verschweigen sollen! Ich sagte, daß die Sperrung, unter ich heute litt, nichts zu tun habe mit dem, was ich schreibe. Sie hat eindeutig damit zu tun. Das Stück, an dem ich arbeite, handelte von einem Vater, einer Mutter und einem Sohn, der gerade aus dem Krieg zurückgekehrt war. Der Sohn will, nachdem er zwei Tage zu Hause war, fortgehen; genau wie ich, als ich aus dem Krieg zurückkam. Der Vater ist ratlos, verkrampft. Der Sohn sagt zur Mutter: »Ich gehe fort; Vater hat niemals gesagt, daß er mich liebt«... Dann geht dem Sohn der Gedanke durch den Kopf, daß auch er selber einiges versäumt haben könnte, und er sagt: »Vater, ich liebe dich.« Der Vater ist zu zunächst abweisend, dann bricht er zusammen und sie umarmen sich. Ich tue, als ob ich es nicht will... Ich möchte, daß mein Vater sagt: »Ich liebe dich, Du wirst es schon schaffen.« *[Pause]* Ich möchte, daß mein Vater seinen Arm um mich legt und sagt: »Ich liebe Dich. Alles in Ordnung. Du kannst arbeiten, du kannst es wirklich... Du hast ein Recht zu leben.« Ich habe nicht die Zustimmung meines Vaters. Meine Mutter gab mir nach... machte sich Gedanken um mich... wenn das Verhältnis zwischen uns auch angespannt war. Aber mein Vater, nein... mein Vater sagte nur: »Laß die Finger von den Mädchen.« Mein Vater ließ mich nie ausgehen. Ich möchte, daß mein Vater sagt: »Du kannst. Du kannst!« Er sagte immer nur: »Du kannst nicht... Du wirst am Leben scheitern.«

Für den Rest der Sitzung sprach er von den Gefühlen, die er für Menschen hegte, die ihn nur wegen seines Ruhmes liebten, und von seiner widersprüchlichen Angst davor, daß man ihn nicht lieben werde, wenn dieser Ruhm noch wachse. Sein innerer Konflikt wird offenkundig in dem folgenden Satz, der in diesem Zusammenhang fiel: »Ich bin wie ein Spiegel – zwei Menschen, der eine schaut in die eine Richtung, der andere in die andere.«

Wie soll man zusammenfassen, was hier sichtbar wurde? Zunächst ist da die *bewußte Intention* des Patienten. »Ich kann aufgrund einer Sperrung nicht schreiben; diese Sperrung bewirkt, daß ich mich miserabel fühle.«

Damit kommen wir zu seiner Intentionalität, die besondere Art seiner Beziehung zu mir, die er – wenngleich unbewußt – zum Ausdruck brachte, als er in mein Sprechzimmer kam. Sie war gekennzeichnet durch einen gegen mich gerichteten Groll, ein aggressives Peitschenknallen, das er unabsichtlich in einem hübschen Symbol hörbar werden ließ: »Hier bin ich Theaterdirektor.« Der Zorn konkretisierte sich in seinem Bemühen, mich dazu zu bringen, die Initiative zu ergreifen, ihm die Last des Schreibens abzunehmen usw. Der Vergleich mit einem kleinen Kind drängt sich auf, das im Bett liegt und den Erwachsenen befiehlt, ihm zu dienen, und das wütend ist, weil das Versprechen, das ihm vermutlich die Mutter gegeben hat, nicht erfüllt wird. Der Zorn, der Preston beherrschte, hatte seinen Grund darin, daß ausgerechnet er mit seiner schriftstellerischen Arbeit nicht vorankam; eine demütigende Kränkung, da der Prinz schließlich in der Lage sein sollte, mit einer einzigen Bewegung des Zepters, der Feder, große Literatur hervorzuzaubern. Gewiß wäre er nicht in der Lage gewesen, das, was ich soeben beschrieben habe, in Worte zu fassen, wenn ich ihn zu Beginn der Sitzung darum gebeten hätte. Dennoch würde ich zögern, das alles »unbewußt« zu nennen. Es war gegenwärtig in der Sprache seiner Körperbewegungen, fand symbolischen Ausdruck in der Art und Weise, wie er sich mir gegenüber verhielt.

Aber dann trat etwas zutage, was man mit Fug und Recht unbewußt nennen kann. Ich meine das verdrängte Element in der Aussage, daß das Stück, von dem die Rede war, nichts zu tun habe mit seiner tiefen Verstimmung. Als ich mich weigerte, mich

mit dem »Ich kann nicht« abzufinden, stieg die verdrängte Erinnerung auf, und ihm wurde plötzlich bewußt, daß das Stück sogar sehr viel mit seinem Konflikt zu tun hatte. Und ohne Zweifel auch mit der Tatsache, daß er gerade an diesem Morgen die Sperrung erlebte. (»Wenn ich gut schreibe und Erfolg habe, wird mich mein Vater nicht lieben.«)
Im letzten Drittel der Sitzung schließlich tauchten die Probleme des innerseelischen Konflikts auf. Hinter seinem Zorn wurde das Verlangen nach Liebe sichtbar, die Angst, hinausgeworfen und im Stich gelassen zu werden. Man kann, besonders von Frauen, nur geliebt werden, wenn man krank oder in Not ist, wenn man ein Versager ist. Bei diesen innerseelischen Konflikten spielen genetische Faktoren, Kindheitserfahrungen usw. eine große Rolle; Faktoren also, die für den Psychoanalytiker von größtem Interesse sind, die aber in unserem Zusammenhang nicht zur Diskussion stehen. In diese Bereiche kann man nicht vordringen, ohne zuvor Wunsch und Willen erforscht zu haben; ohne zuvor die Intentionalität sichtbar gemacht zu haben.
Manche Leser mögen fragen, worin denn der Unterschied zwischen der Intentionalität und dem »Agieren« in der Psychotherapie bestehe. Und sie mögen weiter fragen, ob nicht die Betonung des Akts als eines festen Bestandteils der Absicht *[intent]* auf eine Empfehlung des »Agierens« hinauslaufe.
Das »Agieren« ist die Verwandlung eines Impulses (oder einer Absicht) in ein sichtbares Verhalten, mit dem Zweck, dem Erkennen auszuweichen. Das Erkennen der eigentlichen Bedeutung eines Wunsches oder einer Intention erschüttert die Ich-Welt-Beziehung eines Menschen für gewöhnlich mehr und schafft daher mehr Angst und Schmerz, als die Verwandlung eines Wunsches in ein körperliches Agieren, selbst wenn man dabei abgewiesen oder verletzt wird. Gelingt es einem, auf diese Weise das ganze Problem auf die Ebene des körperlichen Verhaltens zu beschränken, so hat das zumindest den Vorteil, daß man sich nicht mit dem weitaus schwierigeren Problem der Gefährdung der Selbstachtung konfrontiert sieht. Aus diesem Grunde spricht man von unbewußtem Agieren aufgrund verdrängter Impulse zu Recht bei infantilen, psychopathischen und soziopathischen Charaktertypen. Dieses Agieren findet nicht auf der Ebene des

Bewußtseins *[consciousness]* statt, sondern auf der der »Bewußtheit« *[awareness]*, die sich, wie ich weiter unten erläutern werde, als eine Fähigkeit definieren läßt, die der Mensch mit dem Tier gemeinsam hat und die eine primitive Vorstufe des Bewußtseins darstellt. Beim erwachsenen Patienten ist das unbewußte Agieren, die Ausdruckshandlung, im allgemeinen ein Versuch, sich des Wunsches oder der Intention unter Umgehung des Bewußtseins zu entledigen. Es ist nicht leicht, mit einer Intentionalität zu leben, ohne sie im unbewußten Agieren zum Ausdruck zu bringen. In einem Spannungsverhältnis zwischen Absicht und Handlung leben, heißt, mit der Angst leben. Deshalb versuchen Patienten, die nicht in die Handlung fliehen können, die Spannung dadurch aufzuheben, daß sie das Gegenteil tun und die ganze Intention als solche leugnen.

Der intellektuelle Patient bedient sich der Methode, die Intention zu vergeistigen und damit die ganze Erfahrung zu schwächen und auszuhöhlen. Wenn heutzutage ein Patient seinen Vater haßt und den Wunsch verspürt, ihn umzubringen, so weiß er im allgemeinen, daß er sich kein Gewehr zu besorgen und seinem Wunsch entsprechend zu handeln braucht. Macht er sich dann aber von der ganzen Sache frei, indem er sich sagt, »Solche Gedanken kommen jedem in der Psychoanalyse; das gehört ganz einfach zum Ödipuskomplex«, so führt dies nicht weiter, weil man immer und immer wieder darüber redet. Auf diese Weise erreicht man nur, daß sich die Abneigung verstärkt, sich mit dem wirklichen Problem auseinanderzusetzen, das der Vater darstellt. Ein solcher Patient löst die *Intentionalität* von der Erfahrung. Er schwächt sie so sehr, daß er im Grunde nicht intendiert. Er bewegt sich auf nichts zu und spricht über Dinge, die ihm gleichgültig sind. Gleichgültigkeit und Agieren aufgrund verdrängter Impulse sind die beiden entgegengesetzten Arten des Ausweichens vor dem Druck der Intentionalität.

Wir wollen, daß der Patient die Implikationen und die Bedeutung seiner Intentionen erlebt. Dieses »Erleben« schließt die Tat ein, wobei die Handlung freilich nicht als physische Handlung, sondern als Bewußtseinsakt zu verstehen ist. Wenn ich sage, daß die Intention einen Akt innerhalb des Bewußtseins einschließt, so bedeutet das zweierlei: Zum einen muß der Akt zusammen mit seinen gesellschaftlichen Implikationen als Teil meiner selbst gefühlt, erfahren und akzeptiert werden. Zum anderen werde ich auf diese Weise von der Notwendigkeit befreit, ihn körperlich zum Ausdruck zu bringen. Ob ich ihn dennoch durch mein Verhalten in der Welt zum Ausdruck bringe oder nicht, ist ein Problem, das auf einer anderen Ebene liegt. Habe ich meiner Intentionalität die Stirn geboten, so kann ich hoffen, die Entscheidung in der Welt außerhalb meiner selbst zu treffen.

Die Psychoanalyse bietet eine ideale Möglichkeit, Intentionen mitsamt den Aktionen und Bedeutungen, die sie implizieren, kennenzulernen, ohne daß der Patient sie in sichtbares Verhalten umwandeln muß. Gewiß der Therapeut geht das Risiko ein, daß es zu nachteiligem Sich-Ausleben kommt, denn wann immer der Patient echte Erfahrungen macht, ist damit ein Risiko verbunden. Wenn aber der Patient dadurch, daß er sich seines Wunsches, den Vater zu töten, bewußt wird, aus dem Gleichgewicht gerät, so kann und sollte seine Erregung für die *Veränderung seiner Beziehung zum Vater* nutzbar gemacht werden. Ein solcher Haß auf den Vater, verbunden mit dem Wunsch, ihn zu töten, entpuppt sich, meiner Erfahrung nach, bei Erwachsenen im allgemeinen als ein Ausdruck der Abhängigkeit vom Vater. Erkennt der Patient die Bedeutung dieses Gefühls und reagiert er den Affekt ab, so »tötet« er damit für gewöhnlich seine übertriebene Bindung an den Vater und gewinnt auf diese Weise eine größere emotionale Unabhängigkeit. Dieser Versuch einer Veranschaulichung klingt ohne Zweifel nach Simplifizierung, aber ich hoffe, daß er den Unterschied verdeutlicht zwischen dem Erkennen der Intention und dem psychopathischen Sich-Ausleben andererseits. Beide, der psychopathische Typus wie der bewußte, bemühen sich, der Konfrontation mit der Bedeutung ihrer Intentionalität auszuweichen. Die Beschäftigung mit der Intentionalität in der Psychoanalyse kann so zum Abbau des unbewußten Agierens aufgrund verdrängter Impulse führen.

Aber noch etwas anderes gilt es an dieser Stelle zu erwähnen. Die Intentionalität basiert auf einem Bedeutungszusammenhang *[meaning-matrix]*, der dem Patienten und dem Psychotherapeuten gemeinsam ist. Jeder Mensch, ob gesund oder krank, lebt in einem Bedeutungszusammenhang, den er bis zu einem gewissen Grade selber schafft – der also individuell ist –, den er jedoch innerhalb einer historischen und sprachlichen Situation schafft, die von anderen Menschen geteilt wird. Hier liegt der Grund dafür, daß der Sprache eine so wichtige Rolle zukommt. Sie ist das Milieu, in dem wir unseren Bedeutungszusammenhang finden und formen, ein Milieu, das wir mit unseren Mitmenschen gemeinsam haben. Die Sprache, sagt Binswanger, ist die geistige Wurzel jedes Menschen. Genauso läßt sich sagen, daß die Geschichte der kulturelle Körper jedes Menschen ist. Der Bedeutungszusammenhang macht das Gespräch, die Diskussion – sei sie nun wissenschaftlicher oder anderer Art – allererst möglich. Wir sind außerstande, den Bedeutungszusammenhang eines Patienten oder irgendeines anderen Menschen zu erfassen, solange wir objektiv außerhalb dieses Zusammenhanges stehen. Ich muß in der Lage sein, am Bedeutungszusammenhang meines Patienten teilzuhaben, aber gleichzeitig meinen eigenen Bedeutungszusammenhang zu bewahren, um interpretieren zu können, was der Patient tut. Das gleiche gilt für alle anderen Arten zwischenmenschlicher Beziehung. Freundschaft und Liebe erfordern, daß wir am Bedeutungszusammenhang des anderen teilhaben, ohne den eigenen aufzugeben. Auf diese Weise erfaßt, wächst, wandelt und läutert sich das menschliche Bewußtsein.

Stadien der Therapie

Der Prozeß der Therapie ist gekennzeichnet durch das Zusammenführen der drei Dimensionen: Wunsch; Wille; Entscheidung. Bewegt sich der Patient von einer Dimension zur nächsten, so verbindet sich die vorhergehende Dimension mit der neuen und bleibt auch in der nächstfolgenden gegenwärtig. Die Intentionalität indessen ist in allen drei Dimensionen gegenwärtig.
Nachdem wir uns mit dem Problem der Intentionalität auseinandergesetzt haben, gilt es nun, an das anzuknüpfen, was wir an anderer Stelle über den Wunsch, den Willen und die Ent-

scheidung ausgeführt haben. Denn erst die Beschäftigung mit der Intentionalität versetzt uns in die Lage, ganz zu verstehen, worum es bei Wunsch, Willen und Entscheidung geht. Wir wollen im folgenden neues Licht auf unser Problem werfen, indem wir Beispiele aus der praktischen Therapie auf allen drei Ebenen heranziehen.
Die erste Dimension, der *Wunsch,* ist der Ebene der Bewußtheit *[awareness]* zugeordnet, die der Mensch mit dem Tier teilt. Infantile Wünsche, körperliche Bedürfnisse und Begierden, Sexualität, Hunger und die ganze unendliche Skala von Wünschen, die jeder einzelne von uns kennt, spielen in praktisch allen Schulen, von der Psychotherapie Rogers bis hin zu den klassischen Freudianern, eine zentrale Rolle. Diese Wünsche können zu starken und manchmal traumatischen Ängsten und Ausbrüchen führen, wenn die Verdrängungen, die zur Blockierung der Bewußtheit geführt haben, zutage gefördert werden. Die Frage, wie wichtig und notwendig eine Demaskierung der Verdrängungen ist, wird von den Repräsentanten der verschiedenen Richtungen innerhalb der Psychotherapie sehr unterschiedlich beantwortet. Ich kann mir indes keine Psychotherapie vorstellen, die dem Problem der Bewußtheit nicht eine zentrale Stelle einräumt. Die Konditionierungstherapien, wie sie zum Beispiel von Wolpe und Skinner praktiziert werden, zielen nicht darauf ab, diese Aspekte der Bewußtheit sichtbar zu machen. Ich würde sie allerdings auch nicht als Psychotherapien bezeichnen, sondern sie – und das Wort Konditionierungstherapie deutet ja bereits in diese Richtung – dem Stichwort *Verhaltens*-Therapie subsumieren.
Wir wollen noch einmal auf den Fall Helen zurückkommen, von dem in unserem Kapitel über Wunsch und Willen die Rede war. Jene Patientin ist gemeint, die ihr starkes Verlangen nach Umarmung durch die Mutter hinter dem Leitsatz »Wo ein Wille ist, da ist auch ein Weg« zu verbergen suchte. Wir stellten fest, daß dieses Verlangen seinen Ursprung in den ersten beiden Lebensjahren hatte, in einer Zeit, da ihre unter Depressionen leidende Mutter in einer Nervenklinik leben mußte. Zu Beginn der Therapie war sich Helen dieses Verlangens nach der Liebe, der Zärtlichkeit und den streichelnden Händen der Mutter nicht bewußt. Sie war sich nur einer allgemeinen Depression und Trauer

bewußt, die unter der unruhigen Oberfläche ihres Lebens an ihr nagte. Die Bewußtwerdung und Anerkennung dieser in der Kindheit wurzelnden Wünsche, das Erleben dieser Wünsche in den therapeutischen Sitzungen führte bei ihr zu unverhohlener Verstimmung, Hilflosigkeit, einem Gefühl der Scham über ihre »Schwäche«, betonter Passivität, die mit Zornausbrüchen abwechselte usw. usw. Ich erwähne dies, um zu zeigen, daß die Bewußtmachung solch wichtiger, lang geleugneter Wünsche keineswegs einfach ist. Für den Patienten bedeutet das ein dramatisches Erlebnis, das ihn stark aus dem Gleichgewicht bringen kann. Daraus erklärt sich, daß es bei der Psychoanalyse nicht selten zu Regression kommt. Die Bewußtmachung dieser Wünsche diente auch keineswegs *nur* dem Zweck, »Dampf abzulassen« oder »den Affekt freizusetzen«, obgleich ich der Meinung bin, daß ein echtes Erleben der Affekte, zusammen mit den damit verbundenen Gefühlen des Schmerzes und der Trauer um die verlorene Vergangenheit, von entscheidender Bedeutung ist. Wichtiger indessen als die bloße Affektauslösung ist die Tatsache, daß die Wünsche auf eine Bedeutung verweisen. Helen begann zu entdecken, daß zwischen ihrer frustrierten Liebe zur Mutter und dem, was sie von ihren zahllosen Freunden erwartete, eine Verbindung bestand (»Wenn Mutter und Vater mir keine Liebe entgegenbringen wollen, werde ich ihnen zeigen, wie ich diese Liebe anderswo bekommen kann!«)

Es gibt indessen noch eine andere, in unserem kulturellen Milieu durchaus nicht seltene Reaktion auf Situationen, die der Helens vergleichbar sind. Sie sind dadurch gekennzeichnet, daß es das Ziel des Patienten ist, »nicht zu wollen«, zynisch oder verzweifelt jegliches Wünschen zu vermeiden. Solche Menschen leben nach Leitsätzen wie: »Es ist besser, nicht zu wollen«; »Will ich etwas, so setze ich mich damit einer Gefahr aus«; »Jeder Wunsch macht mich verwundbar«; »Habe ich nie einen Wunsch, so werde ich auch nie schwach sein«. Unsere Gesellschaft reagiert seltsam zwiespältig. Einerseits scheint sie zu verheißen, daß all unsere Wünsche in Erfüllung gehen werden. In ungeheuren Werbefeldzügen wird uns eingehämmert, daß wir über Nacht blond oder rothaarig werden können und daß jede Stenotypistin ihren Schreibtischstuhl zum Wochenende mit dem Sessel eines Düsenflugzeugs vertauschen kann, das sie auf die Bahama-Inseln bringt. Das ist der Mythos, daß wir alles bekommen werden, was wir uns nur wünschen können. Andererseits scheint in unserer Kultur eine sonderbare Vorsicht zu herrschen: »Du wirst nur dann in den Genuß all dieser Herrlichkeiten kommen, wenn du nicht zu viel *fühlst,* nicht zu viel willst.« Das Ergebnis ist, daß wir in völliger Passivität warten, bis uns der Genius der Technik, die wir weder vorantreiben noch beeinflussen, sondern nur *erwarten,* die angekündigten Segnungen zuteil werden läßt.

Wie immer man diesen Sachverhalt kulturgeschichtlich deuten mag, das Ergebnis ist das gleiche: Die Menschen tragen eine große Zahl von Wünschen mit sich herum, auf die sie passiv reagieren und die sie verbergen. Der Stoizismus unserer Tage ist nicht Ausdruck der Kraft, Wünsche zu überwinden, sondern sie zu verbergen. In unserer Kultur herrscht allenthalben die Tendenz, sich mit der Leugnung der Wünsche abzufinden, in dem Glauben, daß diese Verleugnung des Wunsches zu seiner Erfüllung führen wird. Und wenn der Leser auch in dieser oder jener Detailfrage anderer Meinung sein mag als ich, so steht doch fest, daß unser psychologisches Problem das gleiche ist: Es ist notwendig, dem Patienten dabei zu helfen, eine gewisse emotionale Lebensfähigkeit und Aufrichtigkeit zu erlangen, indem er seine Wünsche und seine Fähigkeit zum Wünschen zum Ausdruck bringt. Damit ist nicht der Endpunkt der Therapie charakterisiert, sondern ein entscheidender Ausgangspunkt.

Wir stellen fest, daß der *Körper* für das Wünschen von besonderer Bedeutung ist. Es ist kein Zufall, daß das Wort »Körper« im Verlauf unserer Erörterung dieser Dimension mehrfach gefallen ist. Die Wünsche und die Intentionalität, die dem Wünschen zugrunde liegt, werden in Gesten zum Ausdruck gebracht, in der besonderen Art zu sprechen und zu gehen, sich dem Therapeuten zuzuwenden oder abzuwenden. Derlei Gesten sprechen eine Sprache, die, weil sie unbewußt ist, präziser und aufrichtiger ist als jene Sprache, deren sich der Patient bewußt bedient.

Vom Wunsch zum Willen

Die zweite Dimension ist die Verwandlung der Bewußtheit *(awareness)* in das Bewußtsein, das heißt in jene Form der Bewußtheit, die der Mensch nicht mit dem Tier teilt. Bewußtsein haben bedeutet unter anderem, sich seiner eigenen Rolle bewußt sein. Auf der Ebene des Bewußtseins macht der Patient die Erfahrung, daß *er* es ist, der diese oder jene Wünsche hat; er erfährt, daß sein Ich eine Welt hat. Mache ich die Erfahrung, daß meine Wünsche nicht nur unkontrollierbare Impulse sind, die mich in die eine oder andere Richtung drängen, sondern daß *ich* es bin, der in dieser Welt steht, wo Kontakt, sexuelle Begegnung und eine Beziehung zwischen mir und anderen Menschen möglich sein können, so beginne ich zu erkennen, wie ich auf diese Wünsche Einfluß nehmen kann. Das wiederum gibt mir die Möglichkeit zur *Ein-Sicht*, zum »In-mich-Hineinschauen«, zur Betrachtung der Welt und anderer Menschen in bezug auf mich selber. Auf diese Weise wird einerseits der Zwang zur Verdrängung von Wünschen, der aus der Furcht erwächst, daß ihre Befriedigung ausbleibt, und andererseits der zwanghafte Drang zu ihrer blinden Befriedigung dadurch überwunden, daß ich selber an diesen auf Lust, Liebe, Schönheit oder Vertrauen basierenden Beziehungen beteiligt bin. Daraus ergibt sich für mich die Möglichkeit, mein eigenes Verhalten so zu verändern, daß der Weg zu solchen Beziehungen geebnet wird.
Der Gattungsbegriff für selbst-bewußte Intentionen aller Art ist für uns der Begriff des Willens. Dieser Begriff reflektiert das Element der Aktivität und der Selbstbehauptung, das solchen intentionalen Akten eigen ist.
Auf dieser Stufe tritt der Wille nicht als Verleugnung des Wunsches in Erscheinung, sondern als eine Kraft, die sich auf einer höheren Bewußtseinsebene mit dem Wunsch vereinigt.

Vom Wunsch und Willen zur Entscheidung

Die dritte Dimension im Prozeß der Therapie ist die der *Entscheidung* und der *Verantwortung*. Ich gebrauche diese Begriffe nebeneinander, um sie beide vom Begriff des Willens abzusetzen. Verantwortung impliziert Empfänglichkeit, einfühlendes Reagieren. Wie das Bewußtsein die dem Menschen vorbehaltene Form der Bewußtheit ist, so sind Entscheidung und Verantwortung spezifische Formen des Bewußtseins des Menschen, der auf dem Weg zur Selbstverwirklichung, zur Integration, zur Reife ist. Auch für diese Dimension gilt, daß sie nicht durch die Leugnung der Wünsche und des auf die Selbstbehauptung gerichteten Willens erlangt wird, sondern die beiden voraufgehenden Dimensionen in sich aufnimmt. Die *Entscheidung*, so wie wir diesen Begriff verstehen, läßt aus den beiden voraufgehenden Dimensionen ein Modell des Handelns und des Lebens entstehen, das durch die Wünsche autorisiert und bereichert, durch den Willen zur Geltung gebracht wird. Und das schließlich die anderen Menschen, die für das eigene Ich hinsichtlich der Verwirklichung langfristiger Ziele wichtig sind, berücksichtigen und für sie verantwortlich handeln läßt. Wäre dies nicht ohne weiteres einsichtig, es könnte an den Beispielen von Sullivans Theorie der Psychiatrie, von Bubers Philosophie und von Arbeiten vieler anderer veranschaulicht werden. Sie alle gehen davon aus, daß Wunsch, Wille und Entscheidung im Zusammenhang mit Beziehungen entstehen, von denen nicht nur die Selbstverwirklichung des einzelnen abhängt, sondern seine gesamte Existenz. Das klingt nicht nur wie eine Aussage, die in den Bereich des Ethischen gehört; es *ist* eine solche Aussage. Denn die Ethik hat ihre psychologische Basis in der Fähigkeit des Menschen, die konkrete Situation des unmittelbaren, egozentrischen Wunsches zu transzendieren; in der Fähigkeit, in den Dimensionen der Vergangenheit und der Zukunft zu leben, zum Wohle der Menschen und Gruppen, von denen eigene Befriedigung abhängig ist.
Professor Ernest Keen umschreibt das, was ich unter der dritten Dimension, der Entscheidung, verstehe, mit den folgenden Worten:

»Aus meinem Ich-Bewußtsein taucht die Erfahrung meiner selbst als eines ›wertenden Ichs‹ und eines ›werdenden Ichs‹ empor. Die Begriffe müssen hier vielleicht deshalb zwangsläufig weniger präzise sein, weil diese Erfahrung durch einen höheren Grad der Individualisierung gekennzeichnet ist. Dieses »Emportauchen« involviert eine Integration oder Synthese meiner körperlichen Bewußtheit und meines Ich-Bewußtseins oder, wie man auch sagen könnte, meines Wunsches und meines Willens. Die Reservierung einer zusätzlichen Ebene für das ganzheitliche Funktionieren des Seins eines Menschen im Austausch mit der Welt spiegelt nicht nur die dialektische Natur der »Entscheidung« wider, sondern überdies die wichtige Einsicht, daß das Intendieren mit dem Ganz-sein mehr ist als die Summe der Teile des Wünschens und Wollens. Eine »Entscheidung« ist weder ein Wunsch noch ein Willensakt, noch eine additive Kombination von Wunsch und Willen. Wenn ich etwas gegen meinen Willen wünsche, so ist das, wie wenn ich in Versuchung gerate, die Zuckerstange zu stehlen; will ich dagegen etwas gegen meinen Wunsch, so ist es, wie wenn ich leugne, Zuckerstangen zu mögen; entscheide ich mich für etwas, so ist das, wie wenn ich (für mich selber) zu Protokoll gebe, daß ich versuchen (oder nicht versuchen) werde, es zu bekommen. Daher ist die Entscheidung stets eine Verpflichtung. Sie trägt das Riskio des Scheiterns in sich, und sie ist ein Akt, der mein ganzes Sein einbezieht[1].«

Die menschliche Freiheit

Unsere letzte Frage betrifft das Verhältnis des menschlichen Willens zur Freiheit des Menschen.
Freud und die neuere Psychologie haben uns gelehrt, daß die Sphäre der Determiniertheit und der Notwendigkeit sehr viel größer ist, als wir bis dahin angenommen hatten. Wir sehen heute deutlicher als je zuvor, in welchem Maße wir von Dingen abhängig sind, auf die wir keinen Einfluß haben, und in welchem Maß wir von unbewußten Mächten in uns getrieben und geformt

werden. Wenn unsere Freiheit nur darin besteht, daß wir in den übriggebliebenen Bereichen, dem negativen Raum, den die Determiniertheit bisher gleichsam ausgespart hat, Entscheidungen treffen können, so befinden wir uns in der Tat in einer trostlosen Lage. Die Freiheit und die Möglichkeit der Wahl schrumpfen und werden zu Brosamen, die uns vom Tische herab zugeworfen werden, bis man neue Determiniertheiten entdeckt. Wille und Freiheit des Menschen werden unter diesen Umständen zur kindischen Absurdität.
Doch diese Vorstellung von Freiheit und Willen ist ebenso naiv wie primitiv. Fest steht seit Freud, daß die »erste Freiheit«, die naive Freiheit des Gartens Eden vor dem »Fall« ins Bewußtsein, oder die des Kleinkindes, das noch kein Bewußtsein erlangt hat, eine falsche Freiheit ist. Nicht anders verhält es sich mit unserem Kampf gegen die Maschine. Besteht unsere Freiheit in dem, was übrigbleibt, was die Maschine *nicht leisten* kann, so stehen wir von Anbeginn auf verlorenem Posten: sobald eine Maschine erfunden ist, die auch das noch *leisten* kann, sind wir am Ende. Freiheit kann niemals in der *Leugnung des Gesetzes* bestehen – so als ob unser »Wille« nur in einem vorläufig von der Determiniertheit ausgesparten Raum wirken könnte. Das Kennzeichen der menschlichen Freiheit ist Planung und Gestaltung, ist Vorstellungskraft und Wertung, ist *Intentionalität*.
Freiheit und Wille manifestieren sich nicht in der Verneinung der Determiniertheit, sondern in unserem spezifischen Verhältnis dazu. Freiheit, sagt Spinoza, ist die Anerkennung der Notwendigkeit[2]. Der Mensch zeichnet sich dadurch aus, die eigene Determiniertheit zu erkennen, sowie das Verhältnis zu dem, was ihn determiniert, zu bestimmen. Solange er nicht sein Bewußtsein aufgibt, kann und muß er sich entscheiden, wie seine Einstellung zur Notwendigkeit sein soll – zum Tod, zum Alter, zu der Begrenztheit seines Verstandes und zu seiner unausweichlichen Bedingtheit durch die eigene Herkunft. Erkennt er diese Notwendigkeit an? Setzt er sich gegen sie zur Wehr? Bejaht er sie? Bekennt er sich zu ihr? Alle diese Worte enthalten ein Element des Wollens. Und es sollte inzwischen klar geworden sein, daß der Mensch in seiner Subjektivität nicht einfach wie der Theaterkritiker »Außenstehender« sein kann, der die Notwen-

digkeit aus der Distanz betrachten und entscheiden könnte, was davon zu halten sei. Die Intentionalität ist bereits ein Element innerhalb der Notwendigkeit, in der sich der Mensch befindet. Die Freiheit liegt weder in unserem Triumph über die objektive Natur noch in dem engen Raum, der uns in unserer subjektiven Natur bleibt, sondern in der Tatsache, daß wir Menschen sind, die das eine wie das andere erfahren. *In unserer Intentionalität wird beides vereinigt, und indem wir beides erfahren, verändern wir bereits beides.*

Bei Nietzsche taucht immer wieder der Gedanke der Liebe zum Schicksal auf. Er meinte damit, daß der Mensch dem Schicksal unmittelbar entgegentreten kann, es kennen, herausfordern, ihm zürnen und es lieben kann. Und wenn es auch überheblich wäre zu behaupten, daß wir »Herr unseres Schicksals« seien, so brauchen wir deshalb nicht gleich Opfer des Schicksals zu sein. *Wir sind in der Tat die Mit-Schöpfer unseres Schicksals.*

Die Psychoanalyse erfordert, daß wir uns nicht mit den Intentionen oder den bewußten Rationalisierungen begnügen, sondern zur Intentionalität vordringen. Unser Bewußtsein kann niemals wieder auf jenen Stand zurückgedrängt werden, der auf dem Glauben basierte, daß etwas schon dadurch als notwendig wahr ausgewiesen ist, daß wir es bewußt denken. Bewußtsein ist eine unmittelbare Erfahrung, aber sein Inhalt muß vermittelt werden durch Sprache, Wissenschaft, Dichtung, Religion und so weiter.

Wir teilen mit William James die Probleme, die das Leben in einem Zeitalter des Übergangs zwangsläufig mit sich bringt. In einem Punkt aber gab es für James keinen Zweifel: selbst wenn man niemals etwas mit Sicherheit wissen kann und selbst wenn es absolute Antworten weder gibt noch je geben wird – man *muß* handeln. Nach fünf Jahren der Lähmung durch die eigenen Depressionen und der Unfähigkeit, selbst die einfachsten Dinge zu wollen, kam er eines Tages zu dem Schluß, daß er sich durch einen Akt des Willens zum Glauben an die Freiheit zwingen könne. Er *wollte* Freiheit. »Der erste Akt der Freiheit«, so schreibt er, »besteht darin, daß man sich für sie entscheidet.«[3] Er war später fest davon überzeugt, daß dieser Willensakt ihn befähigt hatte, mit seiner Depression fertigzuwerden und sie zu überwinden. Und eines zumindest beweist seine Biographie: Zu diesem Zeitpunkt begann für ihn ein Leben, das bis zu seinem Tode im Alter von 68 Jahren durch ein hohes Maß an Konstruktivität geprägt war.

Der Akt des Willens ist ein schöpferischer Akt; durch ihn wird etwas gestaltet, was nie zuvor existiert hat. Ein solcher Akt birgt Risiken, aber er bleibt unser einziger ursprünglicher Beitrag zur Welt.

Zehntes Kapitel
Das Verhältnis von Liebe und Willen

Es ist sonderbar, daß Schopenhauer, der oft als Menschenfeind bezeichnet wird, die sexuelle Leidenschaft als den Ausgangspunkt des Willens zum Leben aufgefaßt hat. Er bringt damit eine Wahrheit hinsichtlich des Verhältnisses von Liebe und Willen und der zwischen beiden bestehenden Wechselbeziehung zum Ausdruck, die im Gegensatz steht zu den konventionellen Vorstellungen des modernen Menschen. Macht, die wir fürs erste mit dem Willen gleichsetzen können, und Liebe, sogar geschlechtliche Liebe, werden als antithetisch verstanden. Ich glaube, daß Schopenhauer recht hatte mit der Ansicht, daß sie keine Gegensätze darstellen, sondern einander nahe verwandt sind.

Unsere Ausführungen über das Dämonische haben gezeigt, daß Selbstbejahung und Selbstbehauptung, beides eindeutige Aspekte des Willens, von großer Bedeutung für die Liebe sind. Wir behandeln Liebe und Willen in diesem Buch zusammen, weil sie auf eine Weise miteinander verknüpft sind, die entscheidend ist für das persönliche Leben jedes Einzelnen von uns, insbesondere aber für die Psychotherapie.

Beide, Liebe und Wille, sind Formen der Erfahrung, die auf eine Bindung gerichtet sind. Beide kennzeichnen einen Menschen, der sich einem anderen zuneigt, sich zu ihm hinbewegt, danach trachtet, in ihm ein Gefühl zu erzeugen, und sich öffnet, damit auch der andere in ihm ein Gefühl erwecken kann. Beide, Liebe und Wille, sind Weisen des Gestaltens, des Formens, des Sich-Beziehens auf die Welt und der Bemühung, auf dem Weg über Menschen, nach deren Interesse oder Liebe wir trachten, eine Antwort von der Welt zu bekommen. Liebe und Wille sind zwischenmenschliche Erfahrungen, aus denen die Macht erwächst, andere Menschen zu beeinflussen und durch sie beeinflußt zu werden.

Liebe und Wille als einander blockierende Kräfte

Die Wechselbeziehung zwischen Liebe und Willen wird überdies darin deutlich, daß beide ihre Wirksamkeit einbüßen, wenn das richtige Verhältnis zwischen ihnen nicht gewahrt bleibt. In diesem Falle können sie sich wechselseitig blockieren. Der Wille kann die Liebe blockieren. Das läßt sich besonders deutlich am Beispiel der »Willenskraft« des innengerichteten Menschentyps zeigen, wie er in Riesmans Untersuchungen dargestellt wird[1]. Dieser Typus, der nicht selten unter den mächtigen Industrie- und Finanzmagnaten der ersten Hälfte unseres Jahrhunderts zu finden war, liefert ein besonders anschauliches Beispiel dafür, welche Bedeutung man gegen Ende des viktorianischen Zeitalters der Willenskraft des Einzelnen beimaß[2]. Das war die Zeit, in der man von einer »unbezwingbaren Seele« sprechen und erklären konnte: »Ich bin der Herr meines Schicksals.« Wenn aber meine Seele tatsächlich unbezwingbar ist, so werde ich niemals wirklich lieben; denn Liebe bedeutet Eroberung aller Festungen. Und wenn ich um jeden Preis Herr über mein Schicksal sein will, werde ich mich nie ganz der Leidenschaft hingeben können, denn leidenschaftliche Liebe beinhaltet stets die Möglichkeit des Tragischen. Eros – wir haben in einem früheren Kapitel davon gesprochen – »bricht die Kraft der Glieder« und durchkreuzt alle klugen Pläne des Verstandes.

Ein Beispiel dafür, wie der Wille die Liebe zu blockieren vermag, erlebte ich beim Vater eines jungen, bei mir in Behandlung stehenden Studenten. Dieser Vater war Finanzchef eines großen Konzerns. Er rief mich an und sagte, die »Effektivität der Behandlung [seines Sohnes] müsse maximal sein«. Die Ausdrucksweise gab mir das Gefühl, in einer Aufsichtsratssitzung seiner Gesellschaft zu sein. So oft der Sohn während seines Studiums ein wenig kränkelte, flog der Vater sofort zu ihm, um die Sache in die Hand zu nehmen. Derselbe Vater wurde wütend, als er sah, wie sein Sohn auf dem Rasen vor dem Ferienhaus der Familie Hand in Hand mit einer Freundin saß und sie küßte. Beim Abendessen erzählte der Vater, daß er Verhandlungen geführt habe, bei denen es um den Ankauf der Firma eines

Freundes seines Sohnes gegangen sei, daß er jedoch, verärgert über das langsame Vorankommen der Gespräche, seine Partner *in spe* angerufen und ihnen mitgeteilt habe, er sei »nicht mehr interessiert an der Sache«. Er schien nicht zu sehen, daß er mit einer einzigen Handbewegung eine andere Firma in den Bankrott schickte. Dabei war dieser Vater ein sozialgesinnter Bürger, der in mehreren Kommissionen zur Beseitigung sozialer Mißstände den Vorsitz führte. Und es war ihm unbegreiflich, warum er, als er Finanzchef eines internationalen Konzerns war, von seinen Untergebenen insgeheim als die »übelste Type in ganz Europa« bezeichnet worden war. Die starke »Willenskraft«, mit der der Vater, wie er meinte, alle *seine* Probleme löste, blockierte gleichzeitig sein Empfindungsvermögen, nahm ihm die Fähigkeit, anderen Menschen, selbst oder vielleicht gar *besonders* seinem eigenen Sohn, *Gehör zu schenken*. Es ist nicht verwunderlich, daß der außerordentlich begabte Sohn dieses Vaters jahrelang in seinen Studien stagnierte, dann eine Zeitlang zum Beatnik wurde und sich schließlich nur unter Qualen dazu bereit fand, den Beruf seines Vaters zu ergreifen.

Als typischer Fall eines »innen-geleiteten« Menschen konnte der Vater meines Patienten die Probleme anderer jederzeit in die Hand nehmen, ohne echten Zugang zu finden. Er konnte sein Geld, nicht aber sein Herz geben. Er konnte *führen*, nicht aber *zuhören*. Die gleiche Art von »Willenskraft«, die er bei Börsengeschäften, Transport-Problemen, Kohlebergwerken und anderen industriellen Problemen so wirksam eingesetzt hatte, wollte er auch für die Bewältigung zwischenmenschlicher Probleme nutzbar machen. Der Mann mit Willenskraft, der sich selber manipulierte, untersagte es sich, zu erkennen, warum er andere nicht auf die gleiche Art manipulieren konnte. Diese Gleichsetzung des Willens mit persönlicher Manipulation ist der Irrtum, der den Willen in Gegensatz zur Liebe bringt.

Zahlreiche Erfahrungen aus der psychotherapeutischen Praxis sprechen für die Richtigkeit der These, daß die unbewußte Schuld, die solche Eltern tragen, weil sie ihre Kinder manipulieren, dazu führt, daß diese Eltern ein übertriebenes Bedürfnis entwickeln, die Kinder zu beschützen und sich ihnen gegenüber nachsichtig zu zeigen. Sie schenken ihren Kindern Autos, aber

sie vermitteln ihnen keine moralischen Werte. Sie ahnen, daß die Werte, auf denen ihre Willenskraft basiert, nicht mehr wirksam sind. Aber sie sind weder in der Lage, neue Werte zu finden, noch, den manipulierenden Willen aufzugeben. Und nicht selten scheinen die Väter davon auszugehen, daß ihr Wille für die ganze Familie ausreichen müsse.
Diese Überbetonung des Willens, die die Liebe blockiert, führt früher oder später zu einer Gegenreaktion, die ebenso falsch ist: zur Blockierung des Willens durch die Liebe. Diese Reaktion ist charakteristisch für die Kinder von Eltern des oben beschriebenen Typs. In einer Liebe, wie sie die Hippie-Bewegung propagiert, scheint dieser Irrtum am deutlichsten zutage zu treten. »Hippie-Liebe kennt keine Unterschiede«, heißt eines der Grundprinzipien der Bewegung. Die Hippie-Liebe fordert Unmittelbarkeit, Spontaneität und die emotionale Ehrlichkeit des flüchtigen Augenblicks.
Diese Züge der Hippie-Liebe sind nicht nur Ausdruck einer absolut verständlichen Reaktion auf den manipulierenden Willen der älteren Generation, sondern zugleich durchaus eigenständige Werte. Unmittelbarkeit, Spontaneität und Ehrlichkeit der Beziehung, das ist eine gesunde und wirksame Kritik an der zeitgenössischen bürgerlichen Liebe und der bürgerlichen Sexualität. Die Revolte der Hippies stellt einen wichtigen Beitrag zur Überwindung der manipulierenden Willenskraft dar, die die menschliche Persönlichkeit untergräbt.
Aber auch Ausdauer gehört zur Liebe. Die Liebe gewinnt an Tiefe, wenn die Liebenden miteinander über einen größeren Zeitraum hinweg Konflikte gemeinsam zu überwinden suchen. Eine dauerhafte und lebensfähige Liebeserfahrung ist ohne solche Begegnung in der Auseinandersetzung nicht denkbar. Liebe, die vom Willen getrennt ist, oder Liebe, die den Willen ausschaltet, ist durch eine Passivität gekennzeichnet, die weder Leidenschaft noch Wachstum mit einschließt. Solche Liebe tendiert daher zur Dissoziation. Sie ist unpersönlich, weil sie zu wenig unterscheidet. Unterscheiden bedeutet Wollen und Entscheiden; sich für den einen entscheiden aber heißt in jedem Fall, sich für den anderen *nicht* entscheiden. Diese Tatsache übersehen die Hippies. Die Unmittelbarkeit der Liebe, wie sie von der Hippie-Bewe-

gung gefordert wird, scheint zu einer Liebe zu führen, die flüchtig und vergänglich ist.

Spontaneität ist eine Wohltat, verglichen mit dem Fließband-Sex der künstlichen Atmosphäre des bürgerlichen Samstagabends, wogegen die Hippies rebellieren. Wie aber steht es um die Treue und jene Seiten der Liebe, die über den Augenblick hinausschweifen? Erotische Leidenschaft setzt nicht nur die Fähigkeit voraus, sich der Macht des unmittelbaren Erlebens hinzugeben, sich davon stimulieren zu lassen. Sie erfordert auch, daß man dieses Ereignis in sich aufnimmt und das eigene Ich ebenso wie die Beziehung zum Partner auf der neuen Bewußtseinsebene gestaltet und formt, auf die man durch das Ereignis gehoben wird. Dazu aber bedarf es des Willens. Der viktorianischen Willenskraft fehlte jede Sensibilität und Flexibilität, die zur Liebe gehört. Der Liebe der Hippies dagegen fehlt die Kraft zur Dauer, die den Willen voraussetzt. Dieser Umstand unterstreicht aufs neue, daß Liebe und Wille nicht voneinander zu trennen sind.

Ein letzter Beleg dafür, daß die Probleme der Liebe und des Willens zusammengehören, ist die Tatsache, daß die »Lösung« für beide Probleme in der gleichen Richtung gesucht werden muß. Weder mit dem Problem der Liebe noch mit dem des Willens kann man heute einfach dadurch fertig werden, daß man sich neuer Techniken bedient, die alten Werte aufpoliert, alte Gewohnheiten in gefälligere Formen kleidet oder zu ähnlichen Hilfsmitteln greift. Wir können nicht einfach ein altes Haus mit neuen Farben anstreichen. Die Fundamente sind zerstört, und wir können nur dann zu »Lösungen« kommen, wenn wir diese Fundamente erneuern.

Die Voraussetzung solcher »Lösungen« ist ein neues Bewußtsein, in dem Tiefe und Bedeutung der zwischenmenschlichen Beziehung einen zentralen Platz einnehmen. Ein solches Bewußtsein ist in einem Zeitalter des radikalen Übergangs unentbehrlich. Wenn äußere Leitlinien fehlen, verlegen wir unsere Moralität nach innen. Darin liegt eine neue Aufgabe für jeden verantwortungsbewußten Menschen. Wir müssen auf einer tieferen Ebene entdecken, was es heißt, menschlich zu sein.

Beispiel: Impotenz

Das Problem der sexuellen Potenz ist besonders interessant, weil es den Zusammenhang von Wille und Liebe unmittelbar zeigt. Impotenz ist ein sicheres Zeichen dafür, daß einer seinen Körper zu etwas zwingen will, nämlich, den Geschlechtsakt zu vollziehen, was dieser Körper nicht will. Oder anders ausgedrückt: Der Patient versucht, seinen Körper durch einen Willensakt zur Liebe zu veranlassen, wenn er selber *nicht* liebt. Man kann Potenz nicht durch den Willen erzwingen. Man kann nicht durch einen Akt des Willens erreichen, daß man liebt. Aber wir können den Willen haben, uns zu öffnen, an dem Erlebnis teilzuhaben, die Möglichkeit zur Wirklichkeit werden zu lassen. Impotenz hat ihren Grund nicht in der Intention, sondern in der Intentionalität. Denn wie die Sprache der Sexualität die Schwellung und Erektion des Penis beim Mann und die Erregung und Bereitschaft zum Geschlechtsverkehr bei der Frau ist, so ist die Sprache des Eros Phantasie, Einbildungskraft und erhöhte Sensibilität des ganzen Organismus. Wenn die tiefere, aber weniger laute Sprache des Eros auf taube Ohren stößt, übernimmt es die direktere, eindringlichere und deutlichere Sprache des Körpers, die Botschaft durch sexuelle Impotenz zu übermitteln.

Der im vorausgehenden Kapitel erwähnte Fall der Impotenz Prestons soll an dieser Stelle ein wenig ausführlicher geschildert werden, weil er geeignet scheint, dem Leser ein Bild sowohl von der Wirkungsweise der Impotenz als auch vom Gegensatz zwischen Eros und Sexualität zu vermitteln. In der erwähnten Sitzung fragte ich Preston, welche Vorstellungen *[fantasy]* an jenem Abend in seinem Kopf herumgegangen seien, während er sich ausgezogen habe, um mit dem Mädchen ins Bett zu gehen. Verständlicherweise war es schwierig für ihn, sich daran zu erinnern, weil diese Vorstellungen und die damit verbundenen Gefühle, Versuch, den Akt zu erzwingen, verdrängt werden mußten. Aber schließlich erinnerte Preston sich doch und schilderte folgende Vorstellungen: Die Vagina der Frau war eine Bärenfalle; sie würde seinen Penis in sich aufnehmen, ihn dazu bringen, sie zu schwängern, ihr ein Kind zu machen und ihn damit für immer einfangen. Während er in seiner Schilderung fortfuhr, wurde deutlich, daß er nicht nur das Gefühl gehabt hatte, von der Frau in eine Falle gelockt und – so widersprüchlich das klingen mag – von ihr verführt zu werden, statt sie selber zu verführen; er hatte die Situation zugleich als einen Ausdruck seines eigenen Gegensadismus ihr gegenüber empfunden, der sich darin zeigte, daß er ihre Erregung mehr und mehr steigerte, nur um sie zu enttäuschen. Seine Impotenz entpuppt sich also als Ausdruck der verleugneten symbolischen Bedeutungen, die in den halbbewußten Phantasien sichtbar werden. Derlei Phantasien entspringen keineswegs einer Laune. Sie sind vielmehr der exakte und notwendige Ausdruck einer Angst, eines Bedürfnisses, sich der Frau zu unterwerfen, und einer Rache an der Frau.

Einbildungskraft und Zeit

In anderen Sitzungen mit Preston offenbarte sich die positive Seite der Phantasie. Hier ein Beispiel:

Preston: Ich dachte nach über unser Gespräch, in dem es darum ging, daß ich jedes Erlebnis von mir fernhielt, hinter schützenden Mauern lebte. Dann rang ich mich zu einem Willensakt durch und sagte nur: »Solange du dich gegen alles abschirmst, wirst du unglücklich sein. Warum kannst du dich nicht einfach gehenlassen?« Ich tat es. Und plötzlich fing ich an, Beverley anziehend zu finden und die geschlechtliche Beziehung zu genießen. Aber ich hatte noch keine Erektion. Ich machte mir Sorgen. Dann dachte ich bei mir: Mußt du denn unbedingt jedesmal Geschlechtsverkehr haben? Nein. Und schon kam die Erektion.

Die normale sexuelle Beziehung, die die beiden von jetzt an miteinander hatten, war natürlich nicht die ganze Antwort auf das Problem Prestons. Die tieferen Gründe für einen Konflikt kamen in der zweiten Hälfte jener Sitzung ans Tageslicht, nachdem er gesagt hatte: »Ich kann es mir nicht leisten, Beverlys Liebe zu

verdienen.« Er kam auf seine Mutter und seine Schwester zu sprechen und rief plötzlich aus: »Ich kann ihnen nicht nachgeben. Ich muß mit ihnen abrechnen. Ich gebe nicht nach.« Hier offenbart sich ein neurotisches Problem, das gelöst werden muß. Aber die unbewußten Aspekte, die im zweiten Teil der Sitzung zutage traten, müssen im Zusammenhang gesehen werden mit dem, was er zu Beginn des Gesprächs den Akt des Willens nannte. Die beiden Pole des Problems stehen in einem dialektischen Verhältnis zueinander; das eine fördert das andere.
Wir können nicht durch Wollen erzwingen, daß wir lieben, aber wir können durch unseren Willen erreichen, daß wir dazu bereit sind; wir können die *Möglichkeit vorstellen*, die – wie Patienten bezeugen – die Räder in Bewegung setzt.
Damit kommen wir zum Problem der *Zeit*. Bei der Beschäftigung mit dem Problem der Impotenz stößt man immer wieder auf eine allzu vertraute Vorstellung: auf die zwanghafte Vorstellung des Betroffenen, unter Zeitdruck zu stehen. »Wir zogen uns *sofort* aus«, sagt der Patient. Oder: »Wir gingen *sofort* ins Bett, und ich war impotent.« Um uns selbst zu zwingen, etwas zu tun, was uns in einen tiefen inneren Konflikt verwickelt, handeln wir in zwanghafter Hast, versuchen wir, gleichsam in die Tat hineinzustürzen, um die verdrängten »Hunde« des Bewußtseins, die uns verfolgen, zu überlisten oder wenigstens einen Vorsprung ihnen gegenüber zu bekommen. »Wär's abgethan, so wie's gethan ist«, stellt Macbeth im kritischen Augenblick fest, »dann wär's gut, man thät' es eilig« (I,7).
Wir müssen uns beeilen, um zu vermeiden, daß uns etwas ins Bewußtsein eindringt, von dem wir auf einer anderen Ebene wissen, *daß* wir es wissen. Die Tatsache, daß viele Menschen sich keine *Zeit* lassen beim Kennenlernen des Partners, mit dem sie ein Verhältnis haben, ist ein allgemeines Symptom für die Malaise unserer Tage. Unter Anspielung auf die Hotels an den Autobahnen nennt John Galbraith unsere Gegenwart das Zeitalter des »Sex auf Abruf«.
Wir haben das Gefühl, unter einem Zwang zur Eile zu stehen, ohne uns recht darüber im klaren zu sein, daß es unsere eigene Angst ist, die uns treibt. Aber auch ein Element der Flucht steckt in dieser Eile. Wir hasten voran, um es geschafft zu haben, be-

vor unsere Phantasie uns einholt, bevor die Stimme des Konflikts so deutlich wird, daß es um die Erektion und den Wunsch, mit der Frau zu schlafen, geschehen ist. Die Hast, mit der man die sexuelle Liebe zu absolvieren trachtet, dient nicht selten dem Zweck, den Eros kurzzuschließen.

Wir kommen nunmehr zu dem fundamentalen Verhältnis von *Eros, Zeit und Einbildungskraft.* Eros braucht Zeit; Zeit, damit die Bedeutung des Ereignisses einsinken kann; Zeit, damit die Einbildungskraft wirken kann; Zeit, wenn nicht zum Denken, so doch wenigstens zum Erfahren und zum Voraussehen. Deshalb hat der Liebende das Bedürfnis, allein zu sein, allein umherzuwandeln, sich nicht auf irgendeine Arbeit zu konzentrieren. Er gibt dem Eros Zeit. Die Bedeutung, die der Zeit zukommt, unterscheidet den Eros von der Sexualität. Es mag manchmal so scheinen, als ob der Eros bereits mit dem ersten flüchtigen Anblick des Gegenübers zu wirken beginnt (denn Liebe auf den ersten Blick muß keineswegs immer Ausdruck einer Neurose oder der Unreife sein). Der plötzlich geliebte Mensch lockt ein facettenreiches Bild aus den Erlebnissen unserer Vergangenheit oder unserer Träume von der Zukunft hervor. Wir erleben den Menschen dann spontan in Beziehung zu unserem persönlichen »Lebensstil«, den wir unser Leben lang formen und mit uns tragen und dessen Umrisse in dem gleichen Maße an Schärfe gewinnen, wie wir uns selber erkennen. Der Integrationsprozeß indessen erfordert Zeit; Zeit, damit der Eros mit der Mannigfaltigkeit der Erinnerungen, Hoffnungen, Ängste und Ziele verwoben werden kann, aus denen sich das Bild zusammensetzt, in dem wir uns selber erkennen.

Die Vereinigung von Liebe und Willen

Die Aufgabe des Menschen ist es, Liebe und Willen zu vereinen. Beide werden nicht durch rein biologisches Wachsen und damit ohne unser Zutun vereint. Ihre Vereinigung ist vielmehr Teil der Entwicklung unseres Bewußtseins.

In der Gesellschaft hat der Wille die Tendenz, sich gegen die Liebe zu richten. Dieses Phänomen hat einen aufschlußreichen entwicklungsgeschichtlichen Hintergrund. Wir tragen in uns die Erinnerung an eine Zeit, da es eine Vereinigung zwischen uns und unserer Mutter gab, was sich in dem Erlebnis des Saugens an der mütterlichen Brust konkretisierte. Diese Zeit der frühen Kindheit war für uns zugleich die Zeit der Vereinigung mit dem Universum. Diese Vereinigung bedeutet Befriedigung, ruhige Heiterkeit und freudige Erregung. Sie wird vom Erwachsenen noch einmal erlebt in der Meditation des Zen-Buddhismus oder Hinduismus und mit Hilfe gewisser Drogen. Es ist eine Vereinigung mit dem Universum, wie sie der Mystizismus lehrt. Hier liegen die Wurzeln jener Vorstellungen vom idealen menschlichen Dasein, die in jedem Mythos vom Garten Eden, in jeder Geschichte vom Paradies und in jeder Utopie vom Goldenen Zeitalter wiederkehren. Unsere Bedürfnisse werden ohne unser bewußtes Zutun befriedigt, wie in der frühen Phase der Kindheit, da die Brust der Mutter uns mit allem versorgte, was wir – biologisch gesehen – brauchten. Wir sprechen in diesem Zusammenhang vom »ersten Frieden«, vom »ersten Ja«.

Aber dieser erste Frieden währt nicht ewig. Er geht verloren mit der Entwicklung des menschlichen Bewußtseins. Wir erkennen, daß wir anders sind als unsere Umgebung, geraten mit dieser Umgebung in Konflikt und werden uns der Tatsache bewußt, daß wir Subjekte in einer Welt von Objekten sind. Selbst die Mutter kann so zum Objekt werden. Damit ist die Trennung von Ich und Welt vollzogen. Mythologisch gesprochen ist dies die Zeit, da jedes Kind den »Fall« Adams nachvollzieht. Wir müssen die erste Freiheit aufgeben, wenn wir uns als Menschen entwickeln wollen. Und wenngleich wir den Verlust dieser Freiheit als Schuld empfinden, müssen wir diesen Verlust auf uns nehmen. Aber die erste Freiheit bleibt die Quelle aller Vollkommenheit, der Hintergrund aller Utopien, des unausrottbaren Gefühls, daß es irgendwo ein Paradies geben muß. Hier ist die Ursache unserer ewig schöpferischen und ewig zum Scheitern verurteilten Bemühungen um die Wiederherstellung eines Zustands der Vollkommenheit, wie wir ihn in den Armen der Mutter erlebt haben. Die Entwicklung des Bewußtseins macht uns eine Rückkehr zu diesem Zustand unmöglich, aber wir geben dennoch nicht auf. Immer wieder »fallen« wir, aber nach jedem Fall raffen wir uns wieder auf und sind aufs neue bereit, uns gegen unser Schicksal zu stemmen.

Aus diesem Grunde steht am Beginn des menschlichen Willens in seiner spezifischen Form immer ein »Nein«. Wir müssen, uns gegen die Umgebung stellend, zur Verneinung fähig sein; das Bewußtsein zwingt uns dazu. Arieti sagt, daß der Wille seine Quelle hat in der Fähigkeit »Nein« zu sagen. Das »Nein« ist der Protest gegen eine Welt, die wir nicht gemacht haben, und zugleich eine Bestätigung des eigenen Ichs beim Versuch, die Welt umzugestalten und zu reformieren. So gesehen ist der erste Akt des Wollens stets ein Akt, der *gegen* etwas gerichtet ist – gegen die ursprüngliche Vereinigung mit der Mutter. Kein Wunder, daß dieser Akt – wie im Garten Eden – mit einem Gefühl der Schuld und der Angst vollzogen wird oder – wie in der normalen Entwicklung – mit mancherlei Konflikten verbunden ist. Aber das Kind muß diesen Schritt tun, damit sich sein Bewußtsein entfalten kann.

Der Wille beginnt in der Opposition, er beginnt im »Nein«, in dem das »Ja« bereits vorhanden ist. Die Gefahr besteht darin, daß dieses Stadium der Entwicklung von den Eltern negativ gedeutet wird, daß sie in Zorn geraten, weil sie glauben, daß sich dieses ursprüngliche »Nein« des Kindes gegen sie persönlich richtet. Eine solche Reaktion kann vom Kind als Bedrohung seiner Entwicklung und seiner Autonomie empfunden werden. Das Kind kann dann in Versuchung geraten (und dieser Versuchung bis zu einem gewissen Grade sogar erliegen), aufzugeben und sich in die »Glückseligkeit« (die jetzt nur noch eine Glückseligkeit in Anführungszeichen ist) zurückzuziehen. Diese Reaktion entspricht dem wehmütigen, selbstzerstörerischen Verlangen neurotischer Erwachsener, in den Zustand der ursprünglichen Vereinigung zurückzukehren. Aber die Vergangenheit kann nicht wieder erweckt, nie wieder zur Wirklichkeit werden.

Aus diesem Grund kommt der Wiedervereinigung von Liebe und Willen eine so große Bedeutung zu. Der erste Akt des Willens muß die Zerstörung der ursprünglichen Glückseligkeit sein. Erst damit wird die Möglichkeit der Begegnung mit anderen

Menschen und der Welt auf einer neuen Ebene geschaffen; die Möglichkeit zur Autonomie, zur Freiheit als Ausdruck der Reife und zur Verantwortung. Der Wille schafft die Basis für eine reife Liebe. Wenn der Mensch nicht mehr danach trachtet, den Zustand der Kindheit wieder herzustellen, übernimmt er frei die Verantwortung für seine Entscheidungen. Der Wille zerstört die erste Freiheit nicht, die ursprüngliche Vereinigung, um für immer im Kampf mit dem Universum zu liegen. Wenn die erste Glückseligkeit der physischen Vereinigung zerbrochen ist, geht es darum, die psychische Glückseligkeit der Anknüpfung neuer Beziehungen zu erlangen. Beziehungen, die gekennzeichnet sind durch die Entscheidung, welche Frau man lieben, welchen Gruppen man sich zuwenden will, sowie durch das bewußte Bekenntnis zu solchen Neigungen.

Aus diesem Grund bezeichne ich die Verknüpfung von Liebe und Willen nicht als einen Zustand, der sich von selbst einstellt, sondern als eine Aufgabe, deren Erfüllung eine Leistung ist, die auf Reife, Integration und Ganzheit schließen läßt. Nichts von alledem ist ohne Bezug zum jeweiligen Gegenteil erreichbar. Die Entwicklung des Menschen vollzieht sich nie eindimensional. Aber all diese Dinge werden zu Prüfsteinen und Kriterien unserer Empfänglichkeit für die Möglichkeiten des Lebens.

Elftes Kapitel
Die Bedeutung der Sorge

> Nur der wahrhaft gütige Mensch weiß,
> wie man liebt und wie man haßt
>
> Konfuzius

Der Vietnam-Krieg ist durch ein seltsames Phänomen gekennzeichnet: Die Bilder von diesem Krieg, die Filme für das Fernsehen, die Fotos für die Zeitungen und Magazine, unterscheiden sich grundsätzlich von den Bildern, die wir von anderen Kriegsschauplätzen gewohnt waren. Keine Dokumente des Sieges mehr, kein Flaggenhissen, keine Triumphmärsche in den Straßen. Inmitten der täglichen Kriegsberichte, die sich weitgehend auf das Zählen der Toten und Verwundeten beschränken, weil es nichts anderes zu zählen gibt, springt etwas ins Auge, das weder Ausdruck eines Kalküls noch einer propagandistischen Tendenz ist. Ich meine die Bilder der Reporter, jener fahrenden Gesellen, die unser aller Unbewußtes repräsentieren. Diese Männer liefern uns Bilder von Verwundeten, die sich gegenseitig betreuen, Bilder von Soldaten, die Verletzte versorgen, von einem Marineinfanteristen, der seinen Arm um einen verwundeten Kameraden gelegt hat, dessen Gesicht von Schmerz und Verwirrung gezeichnet ist. Was aus diesen Bildern spricht, ist *Sorge*.
Vor kurzem wurde im Fernsehen von einem vietnamesischen Dorf berichtet, in dem man, um zurückgebliebene Vietcong aus ihrem Versteck zu treiben, in alle Erdlöcher und Hütten Gasbomben warf. Aber nur Frauen und Kinder kamen aus den Höhlen. Auch ein zweijähriges Kind war darunter. Es kroch mit seiner Mutter ans Licht, setzte sich auf ihren Schoß und schaute zu einem riesigen farbigen Marineinfanteristen hinauf. Die eine Gesichtshälfte des Kindes war schwarz vom Rauch und Ruß der Bombe. Das Kind hatte geweint. Aus seinen Augen,

die jetzt tränenlos waren, sprach eine tiefe Verwirrung, sprach die Ratlosigkeit angesichts einer solchen Welt. Fast im gleichen Augenblick schwenkte die Kamera zu dem schwarzen amerikanischen Soldaten hinüber, der den Blick auf das Kind gerichtet hatte und gebieterisch und irgendwie furchterrregend in seinem Kampfanzug dastand. Aber der Ausdruck seines Gesichts verriet die gleiche Verwirrung wie der Blick des Kindes. Die Augen waren weit aufgerissen, der Mund leicht geöffnet. Der Blick blieb starr auf das Kind gerichtet. Was sollte er aus einer Welt machen, in der es möglich war, daß er so etwas tat? Während der Ansager des Programms sich darüber verbreitete, daß das Gas nur zehn Minuten wirkt und keine bleibenden Schäden hinterläßt, blieb die Kamera starr auf das Gesicht des Marineinfanteristen gerichtet. Dachte der Mann in diesem Augenblick darüber nach, daß auch er einmal ein Kind in irgendeinem der Südstaaten Amerikas gewesen war, das aus den Hütten und Höhlen, in denen es gespielt hatte, vertrieben wurde? Dachte er daran, daß auch er einer Rasse angehörte, die man für »minderwertig« hielt? Wurde ihm bewußt, daß auch er ein Kind in einer Welt gewesen war, in der er nur aus- und aufschauen konnte, einer Welt, die Schmerzen bereitete aus Gründen, die kein Kind auch nur ahnen kann? Sah er sich selber in diesem Kind? Sah er im Blick des Kindes die gleiche Verwirrung, die auch ihm in den Augen gestanden hatte, als er noch ein kleiner schwarzer Junge gewesen war?
Ich glaube nicht, daß ihm all dies bewußt war. Ich glaube vielmehr, daß er in dem Kind ganz einfach ein Wesen sah, dem er für einen Augenblick inmitten der Sümpfe Vietnams auf einer festen Ebene gegenüberstand, die beiden gemeinsam war: der Ebene der Menschlichkeit. In seinen Augen stand Sorge. Und der Zufall wollte es, daß der Kameramann ihn sah. Und während der Ansager mit sanfter Stimme die endlose Liste der Verwundeten und Toten verliest, hält der anonyme Kameramann sein Objektiv auf das Gesicht des schwarzen Soldaten gerichtet, der auf das weinende Kind hinabstarrt, namenlos im Flugsand des modernen Krieges.
Dieses Beispiel veranschaulicht auf einfache Weise, was Sorge ist. Dabei vereinen sich das Erkennen des Anderen, des Mitmen-

schen, das durch Identifikation mit ihm ermöglichte Nachempfinden seiner Leiden oder Freuden, Schuld, Mitleid und schließlich das Bewußtsein, daß wir alle eine gemeinsame Basis, die Menschlichkeit, besitzen.

Liebe, Wille und Sorge

Sorge setzt voraus, daß es etwas gibt, was man für wichtig hält. Sorge ist das Gegenteil von Gleichgültigkeit. Sorge ist die Quelle des Eros, die Quelle menschlicher Zärtlichkeit. Ohne die Sorge der Mutter würde das Kind – biologisch gesehen – kaum den ersten Tag überleben. Was die Psyche betrifft, so wissen wir aus den Untersuchungen von Spitz, daß sich ein Kind, das als Säugling die Sorge der Mutter entbehren mußte, in die Ecke seines Bettes verkriecht, verkümmert, daß es sich nicht entwickelt, sondern zur Stagnation verurteilt ist.
Für die Griechen war Eros ohne Leidenschaft nicht lebensfähig. Nachdem wir dieser Ansicht zugestimmt haben, können wir nunmehr sagen, daß Eros nicht leben kann ohne Sorge. Eros, der Dämon, wirkt zunächst als *physiologische Kraft*: Er packt uns und reißt uns in seinen Strudel. Was hinzutreten muß, ist Sorge, die zur *psychologischen* Seite des Eros wird. Die Macht der Sorge erwächst aus der natürlichen Schmerzempfindlichkeit; sind wir uns selbst gegenüber sorglos, so fügen wir uns Schmerzen zu. Hier liegt die Quelle der Identifikation: Wir fühlen den Schmerz des Kindes oder die Verletzung des Erwachsenen in unserem eigenen Körper. Die Sorge muß zum bewußten psychischen Faktor werden. *Leben* heißt körperliches Überleben; aber *gut leben* heißt Sorge tragen. Für Heidegger ist die Sorge die Quelle des Willens. Deshalb spricht er so gut wie nie vom Willen oder vom Wollen, es sei denn, er widerlegt den Standpunkt anderer Philosophen. Denn der Wille ist keine unabhängige »Fähigkeit«. Wir geraten in Schwierigkeiten, wenn wir versuchen, den Willen zu einer solchen speziellen Fähigkeit zu machen. Er ist eine Funktion des ganzen Menschen. Sorgen wir

nicht, so verlieren wir unser Sein. Gleichzeitig ist Sorge der Weg zurück zum Sein. Sorge ich mich um das Sein, so werde ich aufmerksam darüber wachen, daß es durch nichts beeinträchtigt wird; sorge ich mich nicht darum, so desintegriert das Sein.
Heidegger »betrachtet die Sorge als das fundamentale konstitutive Phänomen der menschlichen Existenz[1].« Sie ist demnach *ontologisch*, da sie den Menschen als Menschen konstituiert. Wollen und Wünschen können nicht die Grundlage der Sorge sein. Es ist vielmehr umgekehrt: sie basieren auf der Sorge. Wir könnten weder wollen noch wünschen, hätten wir nicht zuvor gesorgt. Tragen wir indessen echt Sorge, so können wir nicht umhin, zu wünschen oder zu wollen. Wollen, sagt Heidegger, ist befreites Sorgen[2]; aktiviertes Sorgen, würde ich hinzufügen. Der Fortbestand des Ichs wird durch das Sorgen garantiert.
Die Zeitlichkeit ist es, die Sorge möglich macht. Die Götter des Olymp kennen keine Sorge. Nur wer *endlich* ist, kann sorgen. Nach Heideggers Vorstellung ist Sorgen überdies der Ursprung des Gewissens. Das Gewissen ist, seiner Meinung nach, das Gebot der Sorge und manifestiert sich als Sorge.
Dieser Ausflug in die Ontologie verdeutlicht, warum Sorge und Wille so eng miteinander verknüpft, ja im Grunde nichts anderes als zwei Aspekte ein und derselben Erfahrung sind. Überdies liefert er uns neue Anhaltspunkte zur Unterscheidung von Wünschen und Wollen. Das Wünschen, so schreibt Macquarrie, ist wie »ein vages Sehnen; es ist, als ob sich der Wille im Schlaf gerührt habe, aber nicht über den Traum von der Tat hinausgelangt sei[3].« Der Wille ist die vollentfaltete, gereifte Form des Wunsches und wurzelt mit ontologischer Notwendigkeit in der Sorge. In der bewußten Tat eines Menschen sind Wille und Sorge vereint, ja identisch.
Daraus ergeben sich für uns die *Möglichkeit* und die Notwendigkeit einer klaren Unterscheidung von Sorge und Sentimentalität. Tolstoi erzählt von russischen Damen, die im Theater weinen, jedoch kein Gefühl an ihren Kutscher verschwenden, der draußen in der Kälte sitzt. Sentimentalität ist ein Sich-Sonnen in der Tatsache, daß ich diese oder jene Emotion *habe*; Sorge indessen ist stets *Anteilnahme*. Wir sind gefangen in unserem Erlebnis des objektiven Dinges oder Ereignisses, dem unsere Sorge

gilt. Die Sorge zwingt uns, die Situation durch unsere Auseinandersetzung mit dem objektiven Faktum zu beeinflussen; zwingt uns zur Entscheidung. An diesem Punkt führt die Sorge Liebe und Willen zusammen.

Die Sorge hat nicht zuletzt deshalb unsere besondere Aufmerksamkeit verdient, weil sie das ist, was uns heute fehlt. Was die Jugend mit ihren Revolten innerhalb der Universitäten und der Welle des Protests, die über das ganze Land hinwegrollt, bekämpfen will, ist die immer weiter um sich greifende Überzeugung, daß man ohnehin nichts ändern kann. Die Bedrohung liegt in der Gleichgültigkeit, im fehlenden Engagement. Die Sorge ist ein notwendiges Mittel, diese Tendenzen zu bekämpfen.

Soviel sich gegen die Methoden der revoltierenden Studenten auch einwenden läßt, ihr Kampf ist letztlich ein Kampf um die Existenz des Menschen in einer Welt, in der alles mehr und mehr mechanisiert, von Computer beherrscht, schließlich in Vietnam zu enden scheint. Was im Aufbegehren der Studenten zum Ausdruck kommt, ist die Weigerung, sich mit der Leere abzufinden, mag sie auch in jeder Ecke lauern. Es ist das unbeirrbare Beharren und der feste Wille, unserem Handeln, mag es auch noch so sehr von Routine bestimmt sein, Inhalt zu geben.

Liebe und Wille im alten romantischen und moralischen Sinne sind zweifelhafte Kategorien, die in diesem Zusammenhang wohl kaum noch anwendbar wären. Wir können sie nicht mehr rechtfertigen, indem wir uns auf Romantik oder Gewissenspflicht berufen. Das eine wie das andere hat seine Überzeugungskraft verloren. Aber es bleibt die alte Grundfrage: Gibt es etwas oder jemanden, das oder der mir etwas bedeutet? Und wenn nicht, kann ich etwas oder jemanden finden, das oder der mir etwas bedeutet?

Die Sorge ist eine spezifische Art der Intentionalität, die besonders in der Psychotherapie sichtbar wird. Sorge empfinden heißt, jemandem Gutes wünschen. Und es steht schlecht um die Chancen eines Therapeuten, der diese Erfahrung nicht an sich selbst macht oder dem das, was dem Patienten zustößt, nichts bedeutet.

Der Mythos der Sorge

Zur Veranschaulichung dessen, was ich den Mythos der Sorge nenne, werde ich jetzt auf eine Epoche in der Geschichte zurückgreifen, die der unseren in vieler Hinsicht ähnlich war. Ich meine die Zeit, die dem goldenen Zeitalter des klassischen Griechenlands, in dem Mythen und Symbole dem Bürger ein Schutzschild gegen innere Konflikte und Zweifel waren, folgte, also das dritte und zweite Jahrhundert vor Christi, eine Zeit, die sich im Vergleich zur Epoche des Aischylos und des Sokrates durch eine radikal veränderte psychologische Situation auszeichnet. Die Literatur jener Jahre ist beherrscht von Beklemmung, innerem Zweifel und seelischen Konflikten. Sie spiegelt eine Welt, die der unseren keineswegs unähnlich ist. Ein Gelehrter schildert diese hellenistische Epoche so:
»Die politischen Ideale des Stadtstaates – Freiheit, Demokratie, nationale Selbständigkeit – hatten in einer Welt, die von Despoten beherrscht und von wirtschaftlichen Krisen und sozialer Unruhe erschüttert war, ihre Anziehungskraft verloren. Die alten Götter hatten ihre Tempel und ihre Opfer behalten, aber sie hatten aufgehört, einen lebendigen Glauben wachzuhalten. Plato und Aristoteles, die großen Geister des vorhergehenden Jahrhunderts, schienen der heranwachsenden Generation kein Mittel gegen die um sich greifende Desillusionierung, die Skepsis und den Fatalismus bieten zu können[4].«
In dieser Periode und der unmittelbar folgenden wissen die Schriftsteller nur zu gut, was *Angst* ist. Plutarch entwirft das anschauliche Bild eines Mannes, an dem wir – von den schweißnassen Händen bis zur Schlaflosigkeit – alle Symptome der Angst entdecken[5]. Auch bei Epiktet fehlt es nicht an Schilderungen des Zustands der Angst. Und Lukrez klagt, daß diese Angst allenthalben herrsche: als Furcht vor dem Tod, Furcht vor der Pest, Furcht vor Bestrafungen, die den Menschen nach seinem Tode erwarten, Furcht vor übermenschlichen Geistern. Lukrez läßt seiner Schilderung eine interessante Diagnose folgen. Er schließt, daß die Betroffenen selbst die Quelle dieser Krankheit waren. Das heißt, der Mensch selber oder der Geist

des Menschen trägt die Schuld. Epikur glaubte – und Lukrez teilte diese Ansicht vorbehaltlos –, daß die Menschen ihre Angst verlieren würden, wenn ihnen die natürliche Welt auf eine durch und durch rationale Weise erklärt werde.

Ich vermute eher, daß die Quelle dieser Krankheit darin bestand, daß der Mensch seine Welt verloren hatte. Der große Wandel, der eingetreten war, bestand darin, daß die Kommunikation des einzelnen mit dieser Welt, mit anderen und mit sich selbst, nicht mehr möglich war. Das heißt, die Mythen und Symbole waren zerbrochen. Und der Mensch verlor seine Orientierung in der Welt.

Während dieser hellenistischen Periode entwickelte sich eine Reihe von Schulen, zu denen nicht nur die Stoiker und Epikuräer gehörten, sondern auch die Kyrenaiker, die Kyniker, die Hedonisten sowie die Anhänger des traditionellen Platonismus und Aristotelismus. Das Bemerkenswerte an diesen Schulen ist, daß nicht länger der Versuch unternommen wird, nach dem Vorbild des Sokrates und seiner Schüler eine moralische Realität zu entdecken oder nach dem Vorbild des Plato und des Aristoteles ein System der Wahrheit zu entwickeln. Es geht vielmehr darum, die Menschen zu lehren, wie man in einer Welt voller psychischer und geistiger Konflikte leben kann. *Die Lehren dieser Schulen haben – was immer man sonst von ihnen halten mag – eindeutig psychotherapeutischen Charakter.*

Für einige dieser Schulen hieß die zentrale Frage: Wie können die Menschen ihre Leidenschaften beherrschen? Wie können sie sich über die Konflikte des Lebens erheben? Die Stoiker und Epikuräer entwickelten die Lehre von der *Ataraxia*, der »Unerschütterlichkeit« angesichts der Wechselfälle des Lebens, der leidenschaftslosen Ruhe, die, besonders nach der Auffassung der Stoiker, durch einen starken Willen erlangt werden konnte und durch die Weigerung der Menschen, sich von den Gefühlen des Kummers, der Not und des Todes anfechten zu lassen. Lehre und Praxis des Stoizismus brachten nicht selten starke Persönlichkeiten hervor.

Aber es war eine Stärke, die um den Preis der Unterdrückung aller Gefühle, der negativen wie der positiven, erlangt wurde. Als Versuche einer Art Psychotherapie waren sich Epikuräismus und Stoizismus sehr ähnlich. »Beide Schulen hätten gern die Leidenschaften aus dem menschlichen Leben verbannt«, schreibt Dodds. »Das Ideal sahen beide in der ... Freiheit von lästigen Emotionen, einer Freiheit, die man im einen Fall durch die richtigen Ansichten über den Menschen und Gott erlangte und im anderen Fall dadurch, daß man überhaupt keine Ansichten hatte[6].«

Die Epikuräer suchten die Ruhe des Geistes und des Körpers durch eine rational begründete Balance der Genüsse zu erreichen, wobei den intellektuellen Genüssen ein besonderes Gewicht beigemessen wurde. Dies *schien* die Tür zu einem Leben der Befriedigung und der Sinnenfreuden zu öffnen.

Aber was man auch immer mit einer solchen Beherrschung durch die Eindämmung der Furcht (die interessanterweise zugleich eine Eindämmung der Wünsche bedeutete) beabsichtigte, diese Methode führte in der Praxis zu einer radikalen Schwächung der dynamischen Impulse des einzelnen. So verwundert es nicht, daß einer der Schriftsteller jener Zeit die Epikuräer als Eunuchen bezeichnet.

Die Hedonisten propagierten die Lustgewinnung in der sinnlichen Befriedigung. Aber sie sollten genau wie die Hedonisten anderer Epochen, unsere eigene eingeschlossen, erfahren, daß sinnliche Befriedigung, die um ihrer selbst willen gesucht wird, sich als seltsam unbefriedigend erweist. Einer der Lehrer dieser Schule, Hegesia, der die Hoffnung aufgab, je glücklich zu werden, wurde zum Philosophen des Pessimismus. Und Ptolemäus mußte Hegesias Vorlesungen in Alexandria verbieten, weil sie eine Kette von Selbstmorden auslösten. Damit begann eine Zeit, in der Lehrer und Philosophen »ihre Vorlesungsräume als Apotheken für kranke Seelen betrachteten[7].«

Lukrez widmet sich mit geradezu religiöser Inbrunst der Erklärung des Glaubens, den er von seinem Meister, von Epikur, übernommen hatte. Er war der Überzeugung, daß ein deterministisches Verstehen des natürlichen Universums uns von unserer Angst und Furcht heilen würde.

Lukrez glaubte, daß er die Menschen von ihrer Angst befreien könne, wenn es ihm gelänge, die Götter und die Mythen abzuschaffen, und seinen Zeitgenossen zu helfen, aufgeklärte, rationalistische Wesen zu werden. Epikur hatte angesichts all der auf Münzen geprägten und in Stein gemeißelten Götterbilder, die ihn umgaben, den Fehler gemacht, zu glauben, daß die Götter im Grunde *Objekte* seien. Ein Fehler, dem, so naiv er auch scheinen mag, zahlreiche Empiriker zum Opfer fielen. Epikur meinte, den gordischen Knoten damit zu durchschlagen, daß er die Götter in die Zwischenräume der Welten verbannte, wo sie vor jedem Kontakt mit der Spezies Mensch sicher waren.

Lukrez geht einen Schritt weiter als sein Vorbild und versucht, die Mythen ganz und gar abzuschaffen, in der Hoffnung, auf diese Weise die Menschen von der Furcht vor den Göttern zu befreien.

Lukrez geht also mit den mythologischen Gestalten um, als hielten seine Leser sie für reale Objekte, die irgendwo ihren festen Platz haben (eine Vorstellung, die für Aischylos mit Sicherheit undenkbar gewesen wäre). Dann deutet er sie psychologisch – die Mythen sind nichts anderes als der symbolische Ausdruck subjektiver Prozesse innerhalb jedes einzelnen Menschen. Aber das ist nur die halbe Wahrheit. Unberücksichtigt bleibt all das, was den Mythos zum Mittel des Menschen macht, mit der lästigen Tatsache fertig zu werden, daß der Mensch in einem unendlichen Universum lebt, in dem der normale Mensch ebenso in der Situation des Sisyphos ist wie der krankhaft Ängstliche. Nicht nur der Arbeiter verrichtet Tag für Tag ein und dieselbe Tätigkeit (sein Schicksal ist, wie Camus sagt, nicht weniger absurd als das des Sisyphos), wir alle leben ein Leben, das durch den ewigen Wechsel von Kommen und Gehen, Mühe und Rast, Wachsen und Vergehen gekennzeichnet ist. Der Mythos des Sisyphos ist in jedem einzelnen unserer Herzschläge gegenwärtig. Die Erkenntnis, daß dieser Mythos unser Schicksal ist, ist der erste Schritt zur Entdeckung von Sinn inmitten eines sinnlosen Fatalismus[8].

Aber in seinem leidenschaftlichen Bemühen, die Mythen mit rationalen Argumenten aus der Welt zu schaffen, steht Lukrez unter dem Zwang, neue Mythen zu schaffen. Er teilt damit das ironische Schicksal all jener, die – um einen Ausdruck von Jerome Bruner zu gebrauchen – einen »Mythosplasmus« betreiben. Sie alle bauen insgeheim neue Mythen auf[9]. Immer wieder

verkündet Lukrez dem Leser, daß er von seiner Angst befreit sein werde, wenn er sich nur von den natürlichen »Ursachen« im Leben überzeugen lasse. Und wenn er schon keine adäquaten Ursachen finden könne, so sei es immer noch besser, *fiktive* Ursachen zu setzen!
Dies ist der Mythos des technologischen Menschen. Er basiert auf der Annahme, daß der Mensch von dem regiert wird, was er rational verstehen kann, daß seine Gefühle diesem Verstehen folgen werden und daß er auf diese Weise von seiner Angst und seiner Furcht befreit werden wird. Es ist ein Mythos, der uns heutzutage überaus vertraut ist.
Lukrez' Haltung ist durch die leidenschaftliche Absage an das Dämonische und das Irrationale gekennzeichnet. Deshalb entbehrt es nicht der Ironie, wenn gesagt wird, daß sein Tod im Zusammenhang steht mit seiner Teilnahme an einer magischen Handlung: »Die traditionelle Version besagt, daß er sich selber das Leben genommen habe, nachdem er von einem Liebestrank in den Wahnsinn getrieben worden sei[10].«
Es zeigt sich, daß der Konflikt um den Tod, der Lukrez nicht ruhen läßt, wie bei den meisten Menschen, keineswegs ein Problem der Existenz oder Nicht-Existenz einer zukünftigen Hölle ist, sondern seinen Ursprung in der Liebe, der Einsamkeit und dem Kummer des Menschen hat. Die letzten Seiten seines Gedichts enthalten ein unvergeßliches Bild von der Pest, die Lukrez bei seiner Rückkehr nach Athen erlebt. Der Tod wird in grauenvoller Nahaufnahme gezeigt.
Diese letzten Zeilen des Gedichts symbolisieren auf die eindringlichste Weise, daß das Leben des Menschen alle natürlichen Erklärungen übersteigt. Sie liefern den lebendigen Beweis, daß der Sinn des Lebens in den menschlichen Gefühlen des Mitleids, der Einsamkeit und der Liebe liegt. Wir legen das Gedicht aus der Hand mit der Überzeugung, daß hier die wahre Quelle der Angst gegenwärtig wird, die weder Lukrez noch irgendein anderer Mensch leugnen, verneinen oder beschönigen kann.
Aber es zeugt von dem Mut und der Aufrichtigkeit des Lukrez, daß er dem Problem des Todes nie ausweicht, wenn er es auch nicht lösen kann. Es verstößt gegen die »Regeln« der Vernunft, eine solche Schilderung ausgerechnet an das Ende des Gedichts

zu setzen – man sollte mit etwas Positivem schließen! Wir sehen, daß Lukrez nicht von seinem »Gehirn« beherrscht ist, sondern zugleich von einer tiefen menschlichen Sensibilität. Am Ende triumphiert die Dichtung über das Dogma. Darin liegt die eigentliche Schönheit seiner Kunst, die ihn befähigt, dem Problem des Todes in keinem Augenblick auszuweichen. Die Angst vor dem Tode – die Quelle aller Angst – bleibt. Lukrez hat im Laufe seines Lebens genug Gelegenheit gehabt, am eigenen Leibe zu erfahren, was Angst und Schrecken ist. Damit hängen ohne Zweifel jene Sensibilität und Grazie zusammen, die ihn zu einem so großen Dichter werden ließen.

In einem gewissen Sinne hat Lukrez in der Tat das Problem des Todes überwunden. Er überwand es, indem er *sowohl die Liebe als auch den Tod* in das Bild einschloß, indem er versöhnte, was nicht versöhnbar war, indem er die Antinomien zusammenführte, wie es Aischylos in seiner *Orestie* getan hat. Dies gelingt ihm mit Hilfe eines neuen Mythos, der auf den letzten Seiten seines Gedichtes mit besonderer Klarheit hervortritt.

Das Gedicht des Lukrez lehrt uns, wie man dem Tod ins Auge sieht und wie man liebt. Es hat das Problem des Todes keineswegs gelöst, aber es macht uns fähiger, uns zu stellen, und es bewirkt, daß wir weniger einsam sind, weil wir uns gemeinsam stellen.

All dies veranschaulicht den Zusammenhang von Mythos und *Intentionalität*. Der Mythos ist die Sprache, durch die die Intentionalität mitteilbar gemacht wird. Die Intentionalität ist, wie wir gesehen haben, die Struktur, durch die das Erlebnis bedeutsam wird. Am Ende des Lukrez'schen Gedichts werden wir uns einer Bedeutungsstruktur in unseren Beziehungen zueinander und zum Universum bewußt, wobei der Tod als objektive Tatsache einbezogen ist. Hier wird deutlich, daß die *Intentionalität* klar unterschieden werden muß von der bewußten *Intention*, die im Falle des Lukrez darin bestand, bestimmte Erklärungen zu geben, von denen sich viele als falsch und die meisten als irrelevant entpuppen. In seiner rückhaltlosen Hingabe an seine Aufgabe jedoch kommt eine tiefere Dimension, deren er sich selber keineswegs voll bewußt ist, ins Bild, die wichtiger ist als das, was er von seinem Vorbild Epikur gelernt hat, wichtiger als seine wohldurchdachte Philosophie und wichtiger selbst als seine bewußten Intentionen. Die Intentionalität kommt nicht in dem, *was* er sagt, sondern darin, *wie* er es sagt, zum Ausdruck. Fühlend, intuitiv erfassend, liebend und wollend, denkend und schreibend erfaßt Lukrez die ganze breite Skala der menschlichen Erfahrung.

Das ist der Mythos der Sorge. Was auch immer in der äußeren Welt geschieht, es kommt auf die Liebe und den Schmerz des Menschen, auf Mitleid und Erbarmen an. Diese Gefühle gehen selbst über den Tod hinaus.

Die Sorge in unserer Zeit

Bei Psychologen und Philosophen läßt sich derzeit die Neigung konstatieren, das *Fühlen* als die Basis der menschlichen Existenz zu betrachten und damit zugleich der Sorge eine neue Basis zu geben. Es geht darum, das Fühlen zu einem legitimen Aspekt unserer Beziehung zur Wirklichkeit zu machen. Wenn William James sagt: »Fühlen ist alles«, dann will er damit nicht sagen, daß es außer dem Fühlen nichts gibt, sondern daß alles mit dem Fühlen beginnt. Fühlen verpflichtet, bindet an das Objekt, gewährleistet Handeln. In den Jahrzehnten jedoch, die der Zeit folgten, in der James diese »existentialistische« Aussage machte, wurde das Fühlen als eine rein subjektive Angelegenheit verachtet. Die Vernunft, oder genauer gesagt, die technische Vernunft wurde zum Wegweiser, wenn es um die Lösung unserer Probleme ging. Wir sagten, »Ich habe das Gefühl«, und meinten, »Ich ahne«, wenn wir nicht *wußten* – ohne uns darüber im klaren zu sein, daß wir nicht *wissen* können, wenn wir nicht *fühlen*.

Mit der Weiterentwicklung der Psychoanalyse hat das Fühlen seine Vorrangstellung wiedererhalten. Und von der akademischen Psychologie sind in letzter Zeit eine Reihe von Arbeiten veröffentlicht worden, die ebenfalls den Trend der Psychologen und Philosophen zu einer Aufwertung des Fühlens erkennen lassen. Ich verweise in diesem Zusammenhang auf Hadley Cantrils Untersuchung mit dem Titel, *Sentio, ergo sum*, sowie auf Sylvan Tomkins' *Homo patens*. Susan Langer betitelt ihr neues Buch *Mind, An Essay on Feeling*. Und Alfred North Whitehead, dessen Schülerin Susan Langer ist, widerlegt Descartes' Prinzip »Cogito, ergo sum« und sagt:

»Es ist nie das nackte Denken oder die nackte Existenz, deren wir uns bewußt sind. Ich bin eher der Meinung, daß ich im Grunde eine Einheit aus vielerlei Gefühlen bin, aus Freuden, Hoffnungen, Ängsten, Einschätzungen von Alternativen und Wünschen – alles subjektive Reaktionen auf meine Umgebung, die sich ergeben, wenn ich meine Natur aktiv gestalte. Meine Einheit – das »ich bin« Descartes' – ist mein Verwandeln dieses Chaos von Material in ein festes System von Gefühlen[11].«

Ich habe gesagt, daß die romantische und ethische Basis der Liebe für uns nicht mehr gegeben ist. Wir müssen, psychologisch gesprochen, versuchen, mit den Gefühlen einen neuen Anfang zu machen.

Um zu zeigen, wie zwanglos und direkt das Fühlen – die auf Liebe ausgerichtete Sorge – in das psychotherapeutische Interview eindringt, führe ich das folgende Beispiel aus einer Sitzung mit Preston an.

Preston: Ich bin ein Jude. Für meine Eltern, für meine Schwester. Für die Kunst – ich benutze sie nur für meine eigenen Zwecke ... Ich fühle mich entmutigt ... Ich bin krank von Lieblosigkeit.

Therapeut: [Ich fordere ihn auf, sich zu entspannen und seinen Assoziationen freien Lauf zu lassen.]

Preston: Ich bin nicht wirklich. Ein Betrüger ... Ich kann nicht an mich glauben ... [Schweigen] ... Ich stecke fest ... mit dem äußeren Leben, mit Beverly – wie gelähmt. Beverly und ich hatten vor zwei Wochen einen phantastischen Koitus. Aber nehmen wir mal an, sie ist schwanger – ich stecke fest bei der Suche nach einer neuen Wohnung ... [Schweigen] Ich sollte nicht reden; das ist nicht gut.

Therapeut: Bleiben Sie stecken – wenigstens das ist eine Realität.

Preston: [Stimmte mir zu. Einige Minuten lang Schweigen. Dann drehte er sich ein wenig auf die Seite und sah von der

Couch zu mir herüber.] Ich mache mir Sorgen um Sie. Es muß schwer sein, nicht zu wissen, was man tun soll – ob man etwas sagen soll oder nicht. Selbst für Freud würde das schwer sein.
Therapeut: [Was mich beeindruckte, war der Klang seiner Stimme; nichts war geblieben von dem kessen, triumphierenden Tonfall, den ich bei ihm gewohnt war. Nach einer Weile sagte ich.] Irre ich mich, oder war das eben ein neuer Klang, ein Gefühl der Sympathie für mich statt des Triumphes?
Preston: Ja, es war Sympathie. Nur Sie waren hier bei mir. Und wir beide steckten fest... Es ist anders als in den früheren Sitzungen; gibt einem ein anderes Gefühl.
Therapeut: Das ist fast das erstemal, daß ich ein echtes menschliches Gefühl bei Ihnen erlebe... In *Warten auf Godo*t [er hatte das Stück früher erwähnt] fühlen die Personen etwas füreinander.
Preston: Ja, und es ist sehr wichtig, daß sie gemeinsam warten.
Dieses plötzliche Aufkommen eines Gefühls der Sympathie markiert, so einfach es sein mag, einen kritischen Punkt in der Psychotherapie. Um zu verstehen, was für ein Schritt damit getan wird, wollen wir einen Blick auf das moderne Drama werfen. Das Drama tastet nach unserem fundamentalen Gefühlszustand. Unsere Situation ist dadurch gekennzeichnet, daß wir, auf dem Höhepunkt der rationalistischen und technokratischen Entwicklung, den Menschen aus den Augen verloren und die Sorge um ihn verlernt haben. Deshalb müssen wir nunmehr demütig zu dem einfachen Faktum der Sorge zurückkehren. Dies ist das Thema unserer bedeutendsten Dramatiker von O'Neill über Beckett und Ionesco bis Pinter. Die Maske wird abgerissen und wir sehen die Leere – wie in O'Neills' *The Iceman Cometh*. Die Erhabenheit des Menschen, die Voraussetzung der Tragödie und jeder echten Humanität, ist verloren – sie ist auf der Bühne nunmehr als ein Vakuum gegenwärtig. Vakuum und Apathie sind die tragischen Fakten.
In *Warten auf Godot* ist es von entscheidender Bedeutung, daß Godot nicht kommt. Wir warten ewig weiter und das Problem bleibt: War gestern ein Baum da? Wird morgen einer da sein? Beckett – und das gleiche gilt für andere Dramatiker und für die Vertreter der bildenden Kunst – bringt uns schockartig un-

sere menschliche Bedeutung zum Bewußtsein, indem er uns zwingt, die Lage zu erkennen, in der wir uns als Menschen befinden. Und wir erkennen, daß wir trotz der augenscheinlichen Sinnlosigkeit der Situation Sorge tragen. Godot kommt nicht, aber im Warten kommen Sorge und Hoffnung zum Ausdruck. Es ist von Bedeutung, daß wir warten und daß wir – wie die Gestalten im Drama – in einer menschlichen Beziehung zueinander warten. –
Gewiß, viele der zeitgenössischen Dramen sind Verneinungen, und einige davon geraten in eine gefährliche Nähe zum Nihilismus. Aber der Nihilismus zwingt uns schockartig dazu, den Abgrund zur Kenntnis zu nehmen. Und für den, der bereit ist zu lernen, erwächst aus dieser Konfrontation mit dem Abgrund ein tieferes und unmittelbareres Verständnis des Daseins. Es ist der Mythos der Sorge, allein dieser Mythos, der uns in die Lage versetzt, dem Zynismus und der Apathie zu widerstehen, die die psychischen Krankheiten unserer Zeit sind.
All dies zielt auf eine neue Moral ab. Daß eine solche Moral sich bereits vage abzeichnet, beweisen jene Angehörigen der jungen Generation, die sich von diesem Problem echt betroffen fühlen. Ihnen geht es nicht um Geld oder Erfolg. Geld und gesellschaftlicher Erfolg gelten bei ihnen geradezu als »unmoralisch«. Sie streben nach Ehrlichkeit, Offenheit und Echtheit der persönlichen Beziehung. Sie sind auf der Suche nach einem echten Gefühl, einer Berührung, einem Blick in die Augen, der Gemeinsamkeit der Träume. Das Kriterium ist der *persönliche Sinn*, der aus der Authentizität, der Eigenständigkeit des Handelns, dem Geben im Sinne des Verfügbar-Seins für den andern erwächst. Kein Wunder, daß sich heute ein Mißtrauen gegen Worte ausbreitet; denn derlei persönliche Faktoren lassen sich allein durch ein unmittelbares Erfühlen bestimmen.
Die Schwäche dieser neuen Moral liegt darin, daß es den postulierten Werten an Inhalt fehlt. Der Inhalt *scheint* zwar auf den ersten Blick gegenwärtig. Bei genauerem Hinsehen jedoch zeigt sich, daß er bis zu einem gewissen Grade auf Launen und flüchtigen Emotionen basiert. Wo ist hier Kontinuität? Wo sind Zuverlässigkeit und Dauerhaftigkeit? Diesen Fragen wollen wir uns im folgenden zuwenden.

Zwölftes Kapitel
Das neue Bewußtsein

> Wenn den Freundlichen freundlich ihr allezeit hohe Ehre erweist, werdet Land ihr und Stadt in Ordnung und Recht voller Glanz in die Zukunft führen!
> – Athena über die Pflichten der Athener in der *Orestie* des Aischylos

Wenn wir nach Antworten auf die Fragen suchen, die uns beschäftigt haben, so stellen wir fest, daß keine Antwort der Tiefe des Problems gerecht wird. Immer wieder verwandelt sich in der Antwort das lebendige menschliche Problem in eine verallgemeinernde, leblose, öde Kette von Worten.
Die einzige Möglichkeit zur Klärung – wenn schon nicht zur Lösung – der Fragen besteht darin, sie in eine tiefere und weitere Dimension des Bewußtseins zu rücken. In der Psychotherapie, zum Beispiel, suchen wir keine Antworten um ihrer selbst willen und auch keine vorgefertigten Lösungen. Täten wir es, so würden wir damit dem Patienten einen schlechten Dienst erweisen. Wir versuchen vielmehr, dem Patienten dabei zu helfen, das Problem zu erfassen, sich mit ihm auseinanderzusetzen und es zu integrieren. Jung hat darauf hingewiesen, daß die entscheidenden Probleme des Lebens niemals gelöst werden, und wenn es scheine, daß sie dennoch gelöst worden seien, so sei etwas Wichtiges verlorengegangen.
Dies ist die »Botschaft«, die in den drei zentralen Begriffen dieses Buches (Eros, Dämon und Intentionalität) enthalten ist. So wie es einerseits die Funktion des Eros ist, uns zu den idealen Formen hinzuziehen, so weckt der gleiche Eros andererseits in uns die Fähigkeit, uns anderen gegenüber zu öffnen, uns ergreifen zu lassen und die Zukunft vorzuformen und zu gestalten.

Das Dämonische, das Schattenhafte, das in der modernen Gesellschaft in den Bereichen des Unterirdischen und zugleich in den das Irdische übersteigenden Bereichen des Eros heimisch ist, verlangt von uns Integration auf der persönlichen Ebene des Bewußtseins. Intentionalität ist ein imaginatives Aufmerken, das unseren Intentionen zugrundeliegt und unser Handeln bestimmt. Jeder dieser drei Begriffe verweist auf eine tiefere Dimension im Menschen. Jeder fordert Teilnahme von uns, Offenheit, die Fähigkeit, von uns aus zu geben und in uns aufzunehmen. Und sowohl der Eros als auch das Dämonische und die Intentionalität ist ein unabtrennbarer Teil des Fundaments von Liebe und Willen.

Wie die neue Welt auch immer aussehen mag, wir dürfen nicht blind in sie hineinstolpern. Es ist unsere menschliche Pflicht, eine Bewußtseinsebene zu finden, die ihr angemessen sein wird und die uns befähigt, die ungeheure unpersönliche Leere unserer Technologie mit menschlicher Bedeutung auszufüllen.

Feinfühlige Menschen in allen Bereichen sehen die dringende Notwendigkeit eines solchen Bewußtseins, die besonders auf dem Gebiet der Rassenbeziehungen offenkundig ist; denn schon jetzt steht fest, daß wir nur dann weiterleben werden, wenn es uns gelingt, die Rassenunterschiede zu überwinden. Ich zitiere James Baldwin: »Wenn wir – und ich meine jetzt die Weißen und die Schwarzen, denen einigermaßen bewußt ist, worum es geht, und die, wie Liebende, dieses Bewußtsein im anderen stärken oder wecken müssen – jetzt in der Ausübung unserer Pflicht nicht erlahmen, können wir vielleicht, obwohl wir nur eine Handvoll Menschen sind, den Alptraum der Rassenfrage beenden und unser Land gestalten und den Lauf der Weltgeschichte ändern. Wenn wir jetzt nicht alles wagen, droht uns die Erfüllung jener Prophezeiung, die ein Sklave nach einem Bibelwort im Lied neu verkündete: *God gave Noah the rainbow sign, no more water, the fire next time*[1]«

Liebe und Wille sind Formen der Gemeinsamkeit des Bewußtseins. Sie sind zugleich Mittel zur Erzeugung von Bewußtsein in andern Menschen. Gewiß, beide können mißbraucht werden: Liebe kann zu einem Sich-Anklammern werden, und der Wille kann dazu benutzt werden, andere durch Manipulation gefügig zu machen. Mag sein, daß sich in unserem Verhalten stets Spuren eines solchen Mißbrauchs finden. Aber ein solcher Mißbrauch sollte nicht zur Basis einer Definition werden. Das Fehlen von Liebe und Willen setzt eine Distanz zwischen uns und unserem Gegenüber und führt schließlich zur Trennung; und diese wiederum führt irgendwann zur Apathie.

Die Liebe als Angelegenheit der gesamten Person

Harry Harlows eingehende Untersuchungen an Rhesusaffen haben gezeigt, daß das Bedürfnis des Affen nach Kontakt, Berührung und Beziehung stärker ist als der »Trieb« zum sexuellen Akt. Auch Massermans Experimente mit Affen beweisen, daß der sexuelle Trieb keineswegs so allmächtig ist, wie bisher angenommen wurde. Gewiß, die Sexualität *ist* von entscheidender Bedeutung für die Gattung; sie allein sichert den biologischen Fortbestand.
Heute sehen wir in der Verlagerung des Akzents vom Trieb zum Wunsch die Chance einer *menschlichen* Entwicklung. Wir sehen in der Liebe etwas Persönliches. Wäre Liebe nichts als ein Bedürfnis im oben definierten Sinne, so würde ihr das Element des Persönlichen ebenso fehlen wie das Element des Willens. Weder Entscheidungen noch andere Aspekte einer sich selbst bewußten Freiheit würden eine Rolle spielen. Man würde nur seine Bedürfnisse befriedigen. Wenn aber die sexuelle Liebe zum *Wunsch* wird, tritt der Wille auf den Plan; man wählt die Frau, ist sich des Liebesakts bewußt, und das Wie der Erfüllung gewinnt an Bedeutung. Liebe und Wille sind vereinigt als Aufgabe und Verwirklichung. Das stärkere Bedürfnis des Menschen ist nicht das Bedürfnis nach dem sexuellen Akt um seiner selbst willen, sondern das nach einer intensiven Beziehung, nach Vertrautheit und Bestätigung.
An diesem Punkt wird die Tatsache der Existenz von Mann und Frau – der Polarität der Liebe – zu einer ontologischen Not-

wendigkeit. Der gesteigerten persönlichen Erfahrung entspricht ein verstärktes Bewußtsein. Bewußtsein aber ist eine Polarität, ein Entweder-Oder, ein Bejahen des einen und Verneinen des anderen. Die Paradoxie der Liebe besteht darin, daß sie den höchsten Grad des Ich-Bewußtseins und den höchsten Grad der Versunkenheit im andern fordert. In *Der Mensch im Kosmos* stellt Pierre Teilhard de Chardin die Frage, in welchem Augenblick Liebende sich selbst am meisten besäßen, wenn nicht in dem, da sie sich ineinander verlören.[2]

Die Tatsache, daß Liebe etwas Persönliches ist, wird im Liebesakt selbst ansichtig. Der Mensch ist das einzige Geschöpf, das den Liebesakt *von Angesicht zu Angesicht* vollzieht. Natürlich kann man dabei den Kopf zur Seite wenden oder um der Abwechslung willen eine andere Stellung einnehmen, aber das sind nur Variationen über ein und dasselbe Thema – das Thema des Liebesakts von Angesicht zu Angesicht. Auf diese Weise kann der Mann in den Augen der Frau alle Nuancen der Verzückung und der Scheu, der Erregung und der Angst wahrnehmen. Das *vis-à-vis* des Liebesakts bedeutet rückhaltlose Offenbarung des Ich.

Hier gibt sich der Mensch als psychisches Geschöpf zu erkennen. Hier wird der Schritt vom Tier zum Menschen unmittelbar ansichtig. Selbst Affen begatten sich von hinten. Die Konsequenzen dieses Wandels sind beträchtlich. Der Liebesakt wird unwiderruflich zu etwas *Persönlichem*, was nicht zuletzt darin zum Ausdruck kommt, daß die Liebenden miteinander sprechen können, wenn sie wollen. Eine weitere Konsequenz ist die intensive Erfahrung der Vertrautheit, die sich in einer solchen rückhaltlosen Hinwendung zum Partner manifestiert. Die beiden Pole des Liebesakts, das Erlebnis des eigenen Ichs und das Erlebnis des Partners, kommen für einen Augenblick zur Vereinigung. Wir fühlen unsere Freude und unsere Leidenschaft, und wir schauen in die Augen des Partners, um auch dort die Bedeutung des Akts zu entdecken. Wir können nicht mehr unterscheiden zwischen der Leidenschaft des Partners und der eigenen Leidenschaft. Wir erfahren, was wir tun: Es mag Spiel sein oder Ausbeutung, gemeinsam erlebte Sinnenfreude, pure Befriedigung des Geschlechtstriebs oder Liebe. Grundsätzlich aber zielt die körperliche Hinwendung zum Partner im Liebesakt von Angesicht zu Angesicht auf eine *persönliche* Erfahrung hin.

Die sexuelle Liebe kann niemals nur Spiel sein, aber vermutlich sollte sie immer ein Element des reinen Spiels enthalten. Aus diesem Grunde können beiläufige sexuelle Beziehungen durch das gemeinsame Erlebnis der Lust und der Zärtlichkeit durchaus etwas Befriedigendes und Bedeutsames haben. Ist aber die ganze Einstellung zur Sexualität durch nichts anderes als Beiläufigkeit gekennzeichnet, so wird das Spiel früher oder später langweilig. Das gleiche gilt für die Sinnlichkeit, die offenkundig bei jeder befriedigenden Form der sexuellen Liebe ihre Rolle spielt. Beruht die Beziehung allein auf ihr, so kommt es bald zur Übersättigung. Ist Sexualität nichts als Sinnlichkeit, wendet man sich früher oder später ab. Erst das Element des Dämonischen und des Tragischen gibt der Liebe Tiefe und Dauer.

Aspekte des Liebesakts

Wir wollen zusammenfassen, was der Liebesakt zur Vertiefung des Bewußtseins beisteuert. Zunächst ist die Zärtlichkeit zu nennen, die aus dem Erspüren der Bedürfnisse, der Wünsche und der Nuancen der Gefühle des andern erwächst. Das Erlebnis der Zärtlichkeit erfahren die beiden Liebenden, wenn sie einen Augenblick lang zu einer Einheit werden. Dann nämlich erfüllt sich die Sehnsucht, die alle Menschen haben: Die Vereinzelung und Isolation, die wir alle ererbt haben, weil wir Individuen sind, kann in diesem Augenblick überwunden werden. Beim Liebesakt weiß der Liebende häufig nicht, ob ein bestimmtes Glücksgefühl von ihm selber oder von seinem Partner gespürt wird – und es macht keinen Unterschied, ob er es weiß oder nicht. Ein Austausch findet statt, der die beiden zu einer neuen Gestalt, einem neuen magnetischen Kraftfeld, einem neuen Wesen macht.

Der zweite Aspekt des vertieften Bewußtseins beruht auf der Bestätigung des eigenen Ichs im Liebesakt. Trotz der Tatsache, daß für viele Menschen die Sexualität nichts anderes ist als ein Mittel zur Erlangung einer kurzgeschlossenen Ersatz-Identität, kann und sollte der Liebesakt einen sicheren Weg zum Erkennen der persönlichen Identität eröffnen. Für gewöhnlich verspüren wir nach dem Liebesakt ein Gefühl erneuerter Tatkraft und Vitalität, die nicht aus dem Triumph erwächst oder daraus, daß wir unsere Kraft unter Beweis gestellt haben, sondern aus der Erweiterung unseres Bewußtseins.

Mag sein, daß das Erlebnis des Liebesakts für uns stets ein Element der Traurigkeit enthält. Diese Traurigkeit resultiert aus der Ahnung, daß wir unsere Vereinzelung immer noch nicht restlos überwunden haben. Die kindliche Hoffnung, es könnte uns gelingen, die Geborgenheit des Mutterleibes wiederzuerlangen, erfüllt sich niemals. Selbst unser gesteigertes Selbstbewußtsein kann uns unüberhörbar daran erinnern, daß keiner von uns seine Einsamkeit je ganz überwinden wird. Aber das im Liebesakt bekräftigte Gefühl unserer eigenen persönlichen Bedeutsamkeit befähigt uns, mit diesen aus der Endlichkeit der menschlichen Existenz erwachsenden Grenzen fertigzuwerden.

Damit kommen wir zum dritten Aspekt, der Bereicherung und – soweit dies möglich ist – Erfüllung unserer Persönlichkeit. Beginnen wir mit der Erweiterung der Bewußtheit [awareness] hinsichtlich unseres eigenen Ichs und unserer Gefühle. Sie besteht in der Erfahrung unserer Fähigkeit, im Partner ein Glücksgefühl hervorzurufen und dadurch die innere Bedeutung der Beziehung zu vergrößern. Wir werden in jedem Augenblick hinausgetragen über das, was wir waren; wir werden im buchstäblichen Sinne mehr, als wir waren. Das eindrucksvollste Symbol dafür ist die *Zeugung* – die Tatsache, daß ein neues Wesen empfangen und geboren werden kann. Ich meine damit nicht nur die »Geburt« im hergebrachten Sinne, sondern die Geburt eines neuen Aspekts des eigenen Ich. Aber ob Geburt im wörtlichen oder im übertragenen Sinne, Tatsache bleibt, daß der Liebesakt gekennzeichnet ist durch seine Zeugungskraft. Ob die Liebe zufällig und flüchtig ist oder intensiv und dauerhaft, die Zeugung ist das elementare Symbol ihrer schöpferischen Kraft.

Ein vierter Aspekt des neuen Bewußtseins offenbart sich in dem merkwürdigen Phänomen, daß die Fähigkeit, dem Partner im

Liebesakt etwas zu geben, die Voraussetzung dafür ist, daß einem selber ein Höchstmaß an Glück zuteil wird. Das mag in unserem Zeitalter der Mechanisierung des Sexuellen wie eine moralisierende Banalität klingen. Aber es ist kein sentimentales Gerede, sondern eine Feststellung, die jeder von uns aufgrund seiner eigenen Erfahrungen mit dem Liebesakt bestätigen kann. Entscheidend für das eigene Lustempfinden ist, daß man selber gibt. Der Psychotherapeut weiß, daß viele Patienten entdecken, daß irgend etwas fehlt, wenn sie nicht in der Lage sind, dem Partner etwas zu geben, »etwas für ihn zu tun«. Bei einer Liebesbeziehung ist die Fähigkeit zu geben nicht weniger wichtig als die Fähigkeit zu nehmen, zu empfangen. Kann man nicht selber empfangen, so führt das eigene Geben zu einem Dominieren über den Partner. Umgekehrt wird man leer bleiben, wenn man nur empfangen, aber nicht geben kann. Es ist – mag es auch paradox klingen – nachweisbar, daß derjenige, der nur empfangen kann, immer leerer wird, weil er außerstande ist, sich das, was er empfängt, aktiv zu eigen zu machen. Deshalb ist Empfangen für uns in diesem Zusammenhang nicht etwas Passives; es geht vielmehr um ein *aktives Empfangen*. Man weiß, daß man etwas empfängt, fühlt es, macht es zu einem Teil seiner Erfahrung und ist dankbar dafür.

Daraus erklärt sich auch das folgende sonderbare Phänomen aus dem Bereich der Psychotherapie: Wenn ein Patient von irgendeinem Gefühl beherrscht ist – sei es nun ein Gefühl der Verliebtheit, des Zorns, der Entfremdung oder der Feindseligkeit –, so steigt im Therapeuten gewöhnlich das gleiche Gefühl auf. Wenn eine Beziehung echt ist, haben die Partner einen gemeinsamen Gefühlshorizont. Daraus erklärt sich, daß wir uns im allgemeinen vorwiegend in solche Menschen verlieben, die auch uns lieben. Leidenschaft provoziert eine Leidenschaft, die ihr antwortet.

Ich bin mir durchaus darüber im klaren, daß ich mir mit dieser Feststellung mancherlei Einwände einhandeln werde. Einer davon ist, daß man sich nicht selten abgestoßen fühlt von dem Menschen, der einem Liebe entgegenbringt. Bei genauerem Hinsehen jedoch erweist sich dieser Einwand geradezu als Beweis für die Richtigkeit meiner These. Wir leben mit dem, der uns liebt, in ein und derselben *Gestalt*, und um uns – vielleicht mit gutem Grund – vor seinem Gefühl zu schützen, reagieren wir mit Widerwillen. Ein weiterer Einwand, den man gegen mich erheben wird, lautet, daß meine These all die zusätzlichen Dinge, die man für das geliebte Wesen zu tun bereit ist, außer acht lasse und daß ich der Passivität zuviel Gewicht beigemessen habe. Dieser Einwand ist nichts anderes als eine Fußnote zu dem, was ich bereits gesagt habe: Wenn uns jemand liebt, dann *wird* er die vielen Dinge tun, deren es bedarf, um uns zu zeigen, daß es so ist. Und was schließlich die Überbetonung der Passivität betrifft, so wird dieser Einwand nur von jenen gemacht werden, die immer noch das Passive vom Aktiven trennen und die nicht verstanden haben oder verstehen wollen, daß es ein aktives Empfangen gibt. Wie wir alle wissen, birgt das Liebeserlebnis für die meisten von uns zahllose Tücken, Enttäuschungen und traumatische Ereignisse. Aber alle Tücken dieser Welt widerlegen nicht die Tatsache, daß die Neigung, die dem andern entgegengebracht wird, in ihm eine – positive oder negative – Reaktion provoziert. Wir sind, um noch einmal James Baldwin zu zitieren, »wie Liebende, [die] dieses Bewußtsein im anderen stärken oder wecken müssen«. Aus diesem Grunde ist der Liebesakt der mächtigste Ansporn für ein antwortendes Gefühl.

Schließlich sei noch auf eine Form des Bewußtseins hingewiesen, die im Idealfall während des Geschlechtsverkehrs im Augenblick des Höhepunkts erlangt wird. Dies ist der Augenblick, da die Liebenden ihre persönliche Isolation überwinden und da es zu einer Veränderung im Bewußtsein kommt, die ihnen das Gefühl der Vereinigung mit der gesamten Natur vermittelt. Das Erlebnis der Berührung, des Kontakts, der Vereinigung steigert sich bis zu einem Punkt, da für einen Augenblick das Bewußtsein der Vereinzelung erlischt, untergeht in dem kosmischen Gefühl des Einsseins mit der Natur. Ich möchte nicht, daß man mich an dieser Stelle für allzu »idealistisch« hält, denn ich glaube, hier geht es um ein Phänomen, das bei jeder sexuellen Vereinigung zweier Menschen – mit Ausnahme der tatsächlich »entpersönlichten« Form des Geschlechtsakts – eine Rolle spielt. Ich fasse das als unlösbaren Bestandteil des Erlebens beim Liebesakt auf.

Die Schaffung des Bewußtseins

Die Liebe drängt uns zu dieser neuen Dimension des Bewußtseins hin, weil sie auf dem ursprünglichen »Wir«-Erlebnis basiert. Entgegen der landläufigen Vorstellung beginnen wir das Leben nicht als Individuum, sondern als »Wir«. Wir werden geschaffen durch die Vereinigung von Mann und Frau, entstehen aus dem Samen des Vaters, der das Ei der Mutter befruchtet. Die Individualität entsteht *innerhalb* dieses ursprünglichen »Wir« und kraft dieses »Wir«. Keiner von uns würde zur Verwirklichung seiner selbst vordringen, wenn er nicht früher oder später zum Individuum würde, seine eigene Identität nicht gegen den Vater und die Mutter behaupten würde. Voraussetzung dafür ist ein individuelles Bewußtsein. Wenn wir unser Leben auch nicht als einsames Ich beginnen, so ist es doch notwendig, da wir die erste Freiheit verloren haben, den Garten Eden an der Brust der Mutter, daß wir in der Lage sind, unsere Individualität zur Geltung zu bringen, wenn der Garten Eden zerfällt. Wie das »Wir« organischen Ursprungs ist, so hat das »Ich« seinen Ursprung im menschlichen Bewußtsein. Das Individuum ist ein Mensch, weil es das Zerbrechen der ersten Freiheit hinnehmen, sich dazu bekennen und sich auf den Weg zum vollen Bewußtsein machen kann. Der Hintergrund, vor dem wir diesen Weg zurücklegen, bleibt stets das ursprüngliche »Wir«.
Wir haben gesagt, daß Eros die Sexualität vor der Selbstzerstörung bewahrt. Aber Eros kann nicht leben ohne Philia, die brüderliche Liebe und Freundschaft. Die Spannung des ununterbrochenen Reizes und der ununterbrochenen Leidenschaft wäre auf die Dauer unerträglich. Philia ist die Entspannung in der Gegenwart des geliebten Wesens. Darauf beruht, daß der andere in seinem Sosein akzeptiert wird; man ist ganz einfach gern mit dem andern zusammen; man liebt seine Art zu gehen, seine Stimme, sein ganzes Wesen. Das verleiht dem Eros Weite, gibt ihm Zeit zum Wachsen, Zeit, sich fester zu verankern. Philia erwartet von uns nichts anderes, als daß wir das geliebte Wesen akzeptieren, bei ihm sind, sich seiner erfreuen. Philia ist Freundschaft der einfachsten, unmittelbarsten Art. Wir sind un-

abhängige Menschen, die – da sie ihre Macht häufig allzu ernst nehmen – unentwegt agieren und reagieren und nicht erkennen, daß vieles von dem, was das Leben lebenswert macht, sich nur dann einstellt, wenn wir nicht drängen. Wir müssen erkennen, daß sich nicht alles herbeizwingen läßt, sondern sich manches wie von selbst ergibt, wenn zwei Menschen ganz einfach beieinander sind.

Harry Stack Sullivan verweist in diesem Zusammenhang auf die sogenannte »Kameradschaftsperiode« im Entwicklungsprozeß des Menschen. Diese Periode umfaßt etwa die Zeit vom achten bis zum zwölften Lebensjahr, das heißt, die Zeit, bevor bei Jungen und Mädchen heterosexuelle Beziehungen eine Rolle zu spielen beginnen. Es sind dies die Jahre der echten Zuneigung zum gleichen Geschlecht, die Jahre, in denen die Jungen Arm in Arm zur Schule gehen und die Mädchen schier unzertrennlich sind, die Jahre, in denen sich die Fähigkeit entwickelt, für den anderen genauso zu sorgen wie für sich selbst. Sullivan ist der Ansicht, daß das Ausbleiben dieses Kameradschaftserlebnisses die spätere Unfähigkeit zur heterosexuellen Liebe zur Folge hat. Überdies meint Sullivan, daß das Kind *vor* dieser Kameradschaftsphase niemanden lieben kann. Zwar könne man es zwingen, so zu tun, als ob es jemanden liebe, aber das sei in jedem Fall Verstellung. Ob man Sullivans Ansichten nun vorbehaltlos teilt oder nicht, ihre Bedeutung ist unleugbar.

Einen zusätzlichen Beweis für die Wichtigkeit der Philia liefern Harry Harlows Experimente mit Rhesusaffen[3]. Diejenigen Affen, die daran gehindert wurden, in ihrer Kindheit Freundschaften zu schließen, die niemals lernten, mit Geschwistern oder »Freunden« frei und fern jeder Sexualität zu spielen, versagten später im sexuellen Bereich. Mit andern Worten, die Phase des Spiels mit Ebenbürtigen ist entscheidend für das Erlernen eines adäquaten Verhaltens gegenüber dem anderen Geschlecht.

In unserer von Hast geprägten Gegenwart wird Philia verehrt als eine Art Überbleibsel aus Zeiten, da die Menschen noch Zeit für die Freundschaft hatten. Wir sind ständig in Eile, jagen von unserem Arbeitsplatz zu irgendwelchen Besprechungen und Konferenzen, von dort zu einem späten Dinner und so weiter, so daß der Philia kaum Raum bleibt in unserem Leben. Hinzu kommt, daß wir irrtümlich für homosexuell gehalten werden könnten. Amerikanische Männer fürchten die Freundschaft mit Geschlechtsgenossen, da sie in ihr ständig Spuren von Homosexualität wittern. Aber eines zumindest dürfen wir nicht vergessen: die außerordentliche Bedeutung, die *Philia* in der »Kameradschaftsphase« zukommt, in der wir beginnen, uns selber zu finden und unsere Identität zu entwickeln.

Philia ihrerseits braucht *Agape*. Wir haben *Agape* als Wertschätzung des anderen definiert, als uneigennützige Sorge um das Wohlergehen des anderen, als eine Art der uneigennützigen Liebe, wie sie Gott den Menschen entgegenbringt. Im Neuen Testament wird das Wort mit ›Nächstenliebe‹ übersetzt, mit einem Begriff also, der zwar keineswegs eine präzise Übersetzung darstellt, der aber dennoch jenes selbstlose Geben anklingen läßt, das zum Wesen der *Agape* gehört.

Wer sich zur *Agape* bekennt, läuft stets Gefahr, Gott zu spielen. Aber dieses Risiko müssen und können wir auf uns nehmen. Wir sind uns bewußt, daß die Motivationen des Menschen nie ganz frei sind von Eigennutz, daß die Motivationen eines jeden von uns bestenfalls eine Mischung aus den verschiedenen Arten der Liebe darstellen. Genauso wie ich nicht *nur* geistig »geliebt« werden möchte, ohne daß mein Körper oder die Frage, ob ich ein Mann oder eine Frau bin, dabei irgendeine Rolle spielt, möchte ich nicht *nur* um meines Körpers willen geliebt werden. Ein Kind spürt die Lüge, wenn man ihm einzureden sucht, man wolle »nur sein Bestes«, und kein Mensch hört es gern, wenn man ihm sagt, man liebe ihn nur »geistig«.

Jede Art der Liebe indessen setzt Sorge voraus. Sie beinhaltet, daß dem Objekt der Liebe Bedeutung beigemessen wird. Bei der normalen zwischenmenschlichen Beziehung enthält jede Art der Liebe, wenn auch vielleicht kaum wahrnehmbar, stets ein Element der drei anderen Arten.

Liebe, Wille und die Formen der Gesellschaft

Liebe und Wille nehmen innerhalb der Formen der Gesellschaft Gestalt an. Diese Formen sind die in der jeweiligen Periode lebensfähigen Mythen und Symbole. Die Formen sind die Kanäle, durch die die Vitalität der Gesellschaft strömt. Schöpferische Kraft ist das Ergebnis eines Kampfes zwischen Vitalität und Form. Wie jeder weiß, der einmal versucht hat, ein Sonett zu schreiben oder Verse zu skandieren, bedeutet Form im Idealfall nicht Beeinträchtigung, sondern Steigerung der Kreativität. Die derzeitige Revolte gegen die Formen liefert einen gleichsam negativen Beweis für diese Tatsache. In unserem Zeitalter des Übergangs greifen wir begierig alles auf, was wir im Experiment mit neuen Formen zu entdecken glauben. Duke Ellington berichtet, wie er beim Komponieren stets im Auge behalten muß, daß sein Trompeter die hohen Töne nicht sicher trifft, während der Posaunist ebendiese hohen Töne meisterhaft beherrscht. Angesichts dieser Hindernisse stellt er lapidar fest: »Es ist gut, Grenzen zu haben.« Nicht nur für Libido und Eros, sondern für alle Arten der Liebe gilt, daß die volle Befriedigung den Tod bedeutet. Es gehört zum Wesen der Kreativität, daß sie die Form braucht, um ihre schöpferische Kraft entfalten zu können. Auf diese Weise erhält das Hindernis eine positive Funktion.

Die Formen der Gesellschaft werden zuerst von den Künstlern entwickelt und vorgestellt. Die Künstler sind es, die uns sehen lehren, die den Boden bereiten für die Erweiterung unseres Bewußtseins; sie weisen uns den Weg zu neuen Dimensionen der Erfahrung. Deshalb löst die Betrachtung eines Kunstwerks bei uns schlagartig das Erlebnis der Selbsterkenntnis aus. Giotto, der Vorläufer jener erstaunlichen Epoche des Erwachens, die wir die Renaissance nennen, sah die Natur aus einer neuen Perspektive und malte als erster Felsen und Bäume dreidimensional. Zwar hatte es den dreidimensionalen Raum zu allen Zeiten gegeben, aber man hatte ihn nicht gesehen, da die Beziehung des mittelalterlichen Menschen zur Ewigkeit – wie es in den zweidimensionalen Mosaiken reflektiert wird – zweidimensional war. Giotto erweiterte das menschliche Bewußtsein, da seine Perspek-

tive ein Individuum voraussetzte, das das Objekt von einem bestimmten Punkt aus betrachten muß, um sich dieser Perspektive bewußt zu werden. Jetzt war das Individuum wichtig geworden. Nicht mehr die Ewigkeit war das Kriterium, sondern die eigene Erfahrung des Individuums und seine Fähigkeit zu sehen. Die Kunst Giottos war die Vorwegnahme jenes Individualismus, der hundert Jahre später zur Blüte kommen sollte.
Die neue Sicht des Raums, die auf Giottos Bildern zum Ausdruck kommt, war die Grundlage der Entdeckungen neuer Ozeane und Kontinente durch Magellan und Kolumbus. Beide veränderten das Verhältnis des Menschen zu seiner Welt, wie die astronomischen Forschungen eines Galileo Galilei und eines Kopernikus, die das Verhältnis des Menschen zum All veränderten. Diese Entdeckungen führten zu einem radikalen Wandel in der Vorstellung des Menschen von sich selbst. Unser heutiges Zeitalter ist nicht das erste, das mit jener Einsamkeit konfrontiert wird, die aus der Entdeckung neuer Dimensionen des äußeren Raumes erwächst und entsprechend neue Dimensionen des Denkens verlangt.
Auch in der Lehre des Philosophen Leibniz von den isolierten Monaden, die weder Fenster noch Türen haben, was eine Kommunikation ermöglichen könnte, kommt diese Einsamkeit zum Ausdruck.
Aber so wie solche Männer in der Lage waren, neue Bewußtseinsebenen zu finden, die den neuen Weiten des Raumes bis zu einem gewissen Grad gerecht wurden, so müssen auch wir heute zu neuen Ebenen vorstoßen.
Cézanne sah und malte zu Beginn unseres Jahrhunderts den Raum auf eine neue Weise. Er sah und malte ihn nicht perspektivisch, sondern als spontane Totalität. Er malte nicht die *Ausmessungen,* sondern das *Sein* des Raumes. Betrachten wir die Felsen, Bäume und Berge auf seinen Bildern, so denken wir nicht: »Dieser Berg befindet sich hinter jenem Baum.« Wir werden vielmehr von einem unmittelbaren Ganzen erfaßt, in dem Nähe und Ferne, Vergangenheit und Gegenwart, Bewußtes und Unbewußtes in der einen unmittelbaren Totalität unserer Beziehung zur Welt zusammenfallen. Bei Cézanne stehen die Formen nicht vor uns als ein Gefüge von Einzelheiten. Sie werden

vielmehr zur Gegenwart, die uns packt. Und diese beredte Gegenwart sagt *mehr* über den Menschen aus, als es realistische Details je tun könnten. Damit uns ein solches Bild etwas sagen kann, ist es allerdings nötig, daß wir uns am Bild selbst erst einmal beteiligt haben.

Cézanne führt uns vor Augen, daß die *alte* Welt der Mechanik tot ist und daß wir in der *neuen* Welt der Räume sehen und leben müssen. Die neue Welt, die sich auf seinen Bildern offenbart, ist dadurch gekennzeichnet, daß in ihr Ursache und Wirkung überwunden sind. Es gibt keine lineare Beziehung mehr in dem Sinne, daß »A« »B« hervorbringt und »C« aus »B« entsteht. Alle Aspekte der Form werden in unserer Vorstellung entweder gleichzeitig geboren – oder gar nicht. Cézannes Malerei ist nicht realistisch, sondern mythisch. Alle Kategorien der Zeit, Vergangenheit, Gegenwart und Zukunft, das Bewußte und das Unbewußte sind einbezogen. Und was am wichtigsten ist, ich kann seine Bilder nicht einmal *sehen*, wenn ich sie gleichsam von außen betrachte; sie teilen sich nur mit, wenn ich an ihnen *teilhabe*. Ich sehe Cézanne nicht, wenn ich seine Felsen als präzise Wiedergabe von Felsen betrachte, sondern nur, wenn ich in den Felsen formale Strukturen sehe, die sich durch meinen eigenen Körper, meine Gefühle und meine Perzeptionen meiner Welt mitteilen. Das ist die Welt, in die ich mich einfühlen muß. Ich muß mich ihr hingeben in einem Universum elementarer Formen, in dem mein eigenes Leben gründet. Darin liegt die Herausforderung an mein Bewußtsein, die diese Bilder enthalten.

Wie aber soll ich wissen, ob ich mich selbst wiederfinden werde, wenn ich mich Cézannes Kosmos neuer Formen und Räume überlasse? Diese Frage trägt ein Gutteil zur Erklärung der wütenden, irrationalen und verbissenen Ablehnung bei, die die Haltung vieler Menschen zur modernen Kunst kennzeichnet; diese Kunst zerstört ihre alte Welt und muß daher gehaßt werden. Sie können die Welt nie mehr auf die alte Weise sehen, das Leben nie wieder auf die alte Weise leben. Ist das alte Bewußtsein einmal erschüttert, so ist es durch nichts wieder zu reparieren. Wenngleich Cézanne, Bürger der er war, solide Formen zu propagieren scheint, die einen festen Halt versprechen, sollten wir uns nicht darüber hinwegtäuschen lassen, daß seine Bil-

der eine radikal andere Sprache sprechen. Aus ihnen spricht ein Grad des Bewußtseins, der wenige Jahre zuvor van Gogh in den Wahnsinn getrieben hatte.
Cézannes Arbeiten sind vom Gegenteil jenes »Teile-und-Herrsche«-Prinzips geprägt, das seit Bacon das Verhältnis des modernen Menschen zur Natur bestimmt und uns an den Rand einer Katastrophe gebracht hat. Aus Cézannes Bildern spricht die Gewißheit, daß wir die Welt als eine unmittelbare, spontane Totalität *wollen* und *lieben* können – und müssen. Sie sprechen eine neue Sprache der Mystik und des Symbols, die unter den neuen Bedingungen, mit denen wir uns auseinandersetzen müssen, der Liebe und dem Willen besser gerecht wird.
Es ist die Leidenschaft des Künstlers, mitzuteilen, was er als den vorbewußten und unbewußten Sinn seines Verhältnisses zu seiner Welt erlebt.
Wir lieben und wollen die Welt als eine unmittelbare, spontane Totalität. Wir *wollen* die Welt, erschaffen sie durch unsere Entscheidung, unsere Wahl; und wir *lieben* sie, geben ihr den Impuls, die Energie und die Kraft, *uns* zu verwandeln so wie wir *sie* gestalten und verwandeln. Ich unterstelle nicht, daß die Welt nicht existiert, *bevor* wir sie lieben und wollen. Aber sie hat keine Wirklichkeit, keine Beziehung zu mir und ich habe keine Wirkung auf sie. Ich bewege mich wie in einem Traum, tastend und ohne sicheren Halt. Man kann sich dafür entscheiden, die Welt auszuschließen, sie sich vom Leibe zu halten – wie es die New Yorker tun, wenn sie in der Untergrundbahn sitzen – oder man kann sich entscheiden, sie ins Auge zu fassen, sie zu erschaffen.
Was aber bedeutet dies alles für unser persönliches Leben, zu dem wir nun endlich zurückkehren wollen? Der Mikrokosmos unseres Bewußtseins ist dort, wo der Makrokosmos des Universums *gewußt* ist. Es ist die von Furcht erfüllte Freude, der Segen und der Fluch des Menschen, daß er sich seiner selbst und seiner Welt bewußt sein kann.
Denn das Bewußtsein deckt den Sinn in unseren sonst absurden Taten auf. Der Eros, der alles durchdringt, lockt uns mit seiner Macht, indem er uns verheißt, daß seine Macht unsere Macht werden kann. Und das Dämonische, jene nicht selten irritierende

Stimme, die zugleich unsere schöpferische Kraft ausmacht, führt uns ins Leben, wenn wir die dämonischen Erfahrungen nicht abtöten, sondern uns zu ihnen bekennen. Die Intentionalität schließlich ist das Instrument, mit dessen Hilfe wir den vom Bewußtsein aufgedeckten Sinn zur Tat werden lassen.

Wir stehen auf dem Gipfel des Bewußtseins aller früheren Zeitalter, deren Weisheit uns zu Gebote steht. Die Geschichte hat uns in der Gegenwart geformt, damit wir die Zukunft ergreifen können. Was macht es schon, ob unsere Einsichten uns stets in jungfräuliches Land führen, wo wir – ob es uns recht ist oder nicht – auf fremdem und verwirrendem Boden stehen? Der einzige Ausweg ist der Weg nach vorn, und wir müssen uns entscheiden, ob wir ihn einschlagen wollen oder nicht.

Denn in jedem Akt der Liebe und des Willens – und auf lange Sicht ist das eine wie das andere in jedem echten Akt gegenwärtig – formen wir uns und unsere Welt gleichzeitig. Das ist gemeint, wenn es heißt: Die Zukunft ergreifen.

Nachwort
Die Schizoide Welt

> Kassandra: Der Seher Apollon setzte mich in dieses Amt...
> Chorführer: Als schon die Kunst, die gotterfüllte, dich erfaßt?
> Kassandra: Ja, schon sagt' der Stadt ich alles Leid voraus.
>
> aus: *Agamemnon* von Aischylos

Während Liebe und Wille in der Vergangenheit stets als *Antwort auf Probleme* des Lebens betrachtet wurden, sind sie in unseren Tagen *selbst zum Problem* geworden. In Zeiten des Übergangs werden Liebe und Wille immer problematischer, als sie es ohnehin sind; und die Ära, in der wir leben, ist eine Ära des radikalen Übergangs. Die alten Mythen und Symbole, mit deren Hilfe wir uns orientierten, haben ihren Wert verloren; Angst greift um sich; wir klammern uns aneinander und versuchen, uns einzureden, daß das, was wir dabei fühlen, Liebe sei; wir schalten unseren Willen aus, weil wir uns fürchten, Entscheidungen zu treffen, und wir sind zu unsicher, das Risiko einer Entscheidung einzugehen. Damit ist den die Menschen verbindenden Emotionen und Prozessen – allen voran der Liebe und dem Willen – der Boden entzogen. Der einzelne ist gezwungen, sich nach innen zu wenden; er ist gefangen von der Form, in der sich das Problem der Identität heute stellt: Selbst wenn ich weiß, wer ich bin, so habe ich doch keinerlei Bedeutung. Ich bin unfähig, andere zu beeinflussen. Der nächste Schritt ist Apathie; ihm folgt Gewalttätigkeit. Denn kein Mensch kann die abstumpfende Erfahrung der eigenen Machtlosigkeit auf die Dauer ertragen.

Soviel Gewicht wurde der Liebe als der Lösung aller Probleme des Lebens beigemessen, daß die Selbstachtung der Menschen

unmittelbar davon abhing, ob sie dieser Liebe teilhaftig wurden oder nicht. Jene, die glaubten, sie gefunden zu haben, schwelgten in Selbstgerechtigkeit, sahen darin das sichtbare Zeichen ihrer Erlösung: wie der Calvinist, der als greifbaren Beweis seines Auserwähltseins den Reichtum betrachtet. Die anderen aber, die diese Liebe nicht fanden, fühlten sich dadurch nicht nur mehr oder weniger verwaist, sondern wurden, was sich tiefer, zerstörerischer auswirkt, in ihrer Selbstachtung erschüttert. Sie fühlten sich zu einer neuen Art von Ausgestoßenen gebrandmarkt und bekannten im Falle einer psychotherapeutischen Behandlung, daß sie bei Morgengrauen zwar nicht unbedingt besonders unglücklich und mit dem Gefühl der Einsamkeit erwachten, wohl aber mit der quälenden Überzeugung, irgendwie das große Geheimnis des Lebens verpaßt zu haben. Und mit der wachsenden Zahl der Scheidungen, der zunehmenden Banalisierung der Liebe in Literatur und Kunst, der ständig fortschreitenden Sinnentleerung, die der Sex mit seiner wachsenden Verfügbarkeit für viele Menschen erfahren hat, verstärkte sich der Eindruck, daß »Liebe« etwas sehr Flüchtiges, wenn nicht gar eine pure Illusion sei. Einige der Vertreter der neuen politischen Linken kamen zu dem Schluß, daß es das spezifische Wesen der bürgerlichen Gesellschaft sei, das die Liebe zerstöre, und die Reformen, die sie vorschlagen, zielten darauf ab, »eine Welt, in der Liebe eher möglich ist[1]«, zu schaffen.
In einer derart widersprüchlichen Situation konzentrierte sich unser Interesse begreiflicherweise auf die sexuelle Form der Liebe – den kleinsten gemeinsamen Nenner auf dem Weg zur Erlösung; denn der Sex, der in der Biologie des Menschen verwurzelt ist, in jenem Bereich also, dem sich niemand entziehen kann, scheint allemal geeignet, zumindest ein Nachbild der Liebe abzugeben. Wenn auch der Sex für den Menschen der westlichen Welt heute eher eine Prüfung und Bürde, als eine Erlösung ist. Alle Bücher über die Technik der Liebe und des Sex, die auf den Markt geworfen werden, klingen hohl, wenn sie auch immer noch für ein paar Wochen ihren Platz auf den Bestsellerlisten finden; denn die meisten Menschen scheinen sich – wenn sie es auch nur selten ausdrücklich eingestehen – darüber im klaren zu sein, daß die Hektik, mit der wir das Heil in der Technik

suchen, in direktem Verhältnis steht zu dem Ausmaß, in dem wir das Heil, das wir erstreben, aus den Augen verloren haben. Es ist eine ebenso alte wie abstruse Gewohnheit des Menschen, die Schritte zu beschleunigen, wenn er seinen Weg verloren hat; nicht anders klammern wir uns um so fester an Forschungsergebnisse, Statistiken und technische Hilfsmittel, je mehr uns Wert und Sinn der Liebe verlorengehen. Welche Verdienste oder Mängel die Studien Kinseys und die Forschungen von Masters und Johnson als solche auch haben mögen: sie sind symptomatisch für eine Kultur, in der dem Menschen die Bedeutung der Liebe für ihn selbst mehr und mehr abhanden gekommen ist. Früher sah man in der Liebe eine motivierende Kraft, eine Macht, auf die Verlaß war und die uns im Leben voranbrachte. Die radikale Verschiebung der Gewichte jedoch, die sich in unseren Tagen vollzieht, deutet darauf hin, daß die motivierende Kraft als solche in Frage gestellt wird. Die Liebe ist sich selbst zum Problem geworden.

In der Tat ist Liebe in sich so widersprüchlich geworden, daß einige unter denen, die das Familienleben untersucht haben, zu dem Ergebnis gekommen sind, daß »Liebe« nichts anderes ist als der Name für die Art und Weise, in der die mächtigen Mitglieder der Familie die weniger mächtigen beherrschen. Liebe, so meint Ronald Laing, ist ein Vorwand für Gewalt.

Das gleiche gilt für den Willen. Von unseren viktorianischen Vorfahren haben wir den Glauben übernommen, das einzig echte Problem im Leben bestehe darin, auf rationaler Basis zu entscheiden, *was* zu tun ist; dann, so lernten wir von ihnen, schaltet sich der *Wille* ein als die »Fähigkeit«, die uns veranlaßt, entsprechend zu handeln. Heute hingegen geht es nicht mehr darum, zu entscheiden, was zu tun ist, sondern darum, *zu entscheiden, wie man entscheiden soll.* Die Basis des Willens selbst ist fragwürdig geworden.

Ist Wille eine Illusion? Das haben seit Freud zahlreiche Psychologen und Psychotherapeuten behauptet. Die Begriffe »Willenskraft« und »freier Wille«, die im Vokabular unserer Väter noch so unentbehrlich waren, spielen in der zeitgenössischen Gelehrten-Diskussion so gut wie keine Rolle mehr. Werden sie benutzt, so geschieht das mit spöttischem Unterton. Die Menschen gehen zum Psychotherapeuten, um einen Ersatz für ihren verlorenen Willen zu finden: um zu lernen, wie sie das »Unbewußte« dazu bringen können, ihr Leben zu steuern, um die neueste Konditionierungstechnik zu erlernen, die sie befähigen soll zu funktionieren, oder auch um zu lernen, wie man aus neuen Drogen irgendein Motiv für das Leben gewinnen kann. Oder schließlich, um die neueste Methode zur »Affektauslösung« zu erlernen – wobei sie übersehen, daß der Affekt an sich nichts ist, was man um seiner selbst willen erstrebt, sondern vielmehr ein Nebenprodukt der Art und Weise, wie man auf eine Situation im Leben reagiert. Und die Frage ist: Wozu werden sie die Situation benutzen? In seiner Studie über den Willen stellt Leslie Farber fest, daß im Scheitern des Willens die zentrale Krankheit unserer Zeit zu suchen ist und daß man unsere Gegenwart das »Zeitalter des gestörten Willens[2]« nennen sollte.

In einer solchen Zeit des radikalen Übergangs wird das Individuum in das Bewußtsein von sich selbst zurückgetrieben. Wenn die Fundamente der Liebe und des Willens erschüttert, ja so gut wie zerstört sind, kann man sich nicht der Notwendigkeit entziehen, unter die Oberfläche vorzudringen und in dem eigenen Bewußtsein ebenso wie in dem »kollektiven, unartikulierten Bewußtsein« unserer Gesellschaft nach den Quellen der Liebe und des Willens zu forschen. Wenn man die Quellen findet, aus denen Liebe und Wille entspringen, dann wird man vielleicht in der Lage sein, die neuen Formen zu entdecken, deren diese entscheidenden Erfahrungen bedürfen, um in dem neuen Zeitalter, in das wir eintreten, lebendig zu bleiben. So betrachtet ist unsere Suche – wie jede Forschungsarbeit dieser Art – ein moralisches Unternehmen; denn wir suchen nach der Basis, auf der die Moral eines neuen Zeitalters errichtet werden kann.

Der Begriff »schizoid«, wie ich ihn im Titel dieses Kapitels verwende, beinhaltet *Kontaktlosigkeit, die Vermeidung jeder engen Beziehung, Gefühlsunfähigkeit.* Ich gebrauche diesen Begriff nicht zur Kennzeichnung des seelisch erkrankten einzelnen, sondern um den allgemeinen Zustand unserer Kultur und die Voraussetzungen jener Menschen, die die Träger dieser Kultur sind, zu umschreiben. Anthony Storr, der den schizoiden Menschen mehr aus der Sicht der Individualpsychopathologie beschreibt, charakterisiert ihn als kühl, reserviert, überlegen und distanziert. Diese Haltung kann in gewalttätige Aggression umschlagen. Alle genannten Züge bilden nach Storr eine vielschichtige Maske für verdrängte Sehnsucht nach Liebe. Die Distanziertheit des Schizoiden dient als Schutz gegen Feindseligkeiten und hat ihre Ursache in einer Verzerrung von Liebe und Vertrauen in der Kindheit, die bei dem Betroffenen eine bleibende Angst vor tatsächlicher Liebe hinterläßt, »weil sie eine Bedrohung seiner Existenz darstellt[3]«.

Soweit stimme ich Storr zu; ich bin jedoch der Ansicht, daß der schizoide Zustand nicht nur das Problem einzelner ist, sondern daß unsere Ära des Übergangs durch eine allgemeine Tendenz zum Schizoiden gekennzeichnet ist und daß die »Hilflosigkeit und Vernachlässigung« in der Kindheit, von der Storr spricht, nicht allein auf das Konto der Eltern geht, sondern ihren Grund in beinahe allen Aspekten unserer Kultur hat. Eltern selber sind nichts als hilflose und unwissende Produkte ihrer Kultur. Der schizoide Mensch ist die natürliche Folge des technologischen Menschen. Seine Verhaltensweisen, die auf mehr und mehr Menschen übergreifen, schließen plötzliche Gewalttätigkeiten nicht aus. Das schizoide Verhalten selbst erfordert keine Verdrängung mehr. Ob sich der schizoide Charakterzustand zu gegebener Gelegenheit zu einem der Schizophrenie ähnlichen Zustand entwickeln wird, kann nur die Zukunft erweisen. Die Wahrscheinlichkeit jedoch, daß es dazu kommt, ist erheblich geringer, wenn – wie das für viele Patienten zutrifft – der einzelne das Schizoide seines gegenwärtigen Zustands offen eingestehen und sich damit auseinandersetzen kann. Anthony Storr weist im weiteren Verlauf seiner Ausführungen darauf hin, daß der schizoide Charakter »überzeugt ist, keine Liebe erwarten zu können, und sich durch Kritik attackiert und gedemütigt fühlt[4]«.

Wenn ich mit Storrs Darstellung auch im großen und ganzen übereinstimme, so hat sie doch einen schwachen Punkt, nämlich dort, wo er Freud, Descartes, Schopenhauer und Beethoven als Beispiele für schizoide Menschen zitiert. »Im Falle Descartes' und Schopenhauers ist es gerade ihre Entfremdung von der Liebe, aus der ihre Philosophie erwuchs.« Und im Hinblick auf Beethoven stellt er fest:

»Zum Ausgleich für seine Enttäuschung über Menschen, wie sie ihm wirklich begegneten, und für seinen Groll auf sie entwarf Beethoven im Geiste eine ideale Welt der Liebe und Freundschaft ... Deutlicher vielleicht als im Werk irgendeines anderen Komponisten wird in seiner Musik ein erhebliches Maß an Aggression im Sinne von Energie, Eindringlichkeit und Kraft spürbar. Man kann sich leicht vorstellen, daß er durchaus einer paranoiden Psychose hätte zum Opfer fallen können, wäre er nicht imstande gewesen, seine Feindseligkeit in der Musik zu sublimieren[5].«

Storrs Dilemma besteht darin, daß alle diese Männer nicht geschaffen hätten, was sie geschaffen haben, wenn man sie, vom Standpunkt der Psychopathologie aus betrachtet, »geheilt« hätte.

Deshalb muß meiner Ansicht nach eingeräumt werden, daß der schizoide Zustand die Möglichkeit einer konstruktiven Auseinandersetzung mit überaus schwierigen Problemen eröffnen kann. Während andere Kulturen schizoide Personen zur schöpferischen Aktivität drängten, werden die Menschen in unserer Kultur in ein distanziertes, lebloses Verhalten hineingedrängt.

Wenn ich mich auf die Probleme von Liebe und Wille konzentriere, so heißt das nicht, daß ich darüber die positiven Züge unserer Zeit und die Möglichkeiten individueller Erfüllung, die sie bietet, vergesse. Es ist eine unleugbare Tatsache, daß in Phasen des Umbruchs, in denen jeder bis zu einem gewissen Grade auf sich selbst angewiesen ist, mehr Menschen als sonst Maßnahmen ergreifen können, um sich selber zu finden und zu verwirklichen. Ebenso wenig läßt sich leugnen, daß immer dann am meisten Aufhebens von der Macht des Individuums gemacht wird, wenn dieses Individuum am machtlosesten ist. Ich schreibe über die Probleme; sie fordern unsere besondere Aufmerksamkeit.

Diese Probleme zeichnen sich durch einen Aspekt aus, der bisher noch ungenügend beachtet wurde: *Sie sagen die Zukunft voraus.* Die Probleme eines Zeitalters sind Existenzkrisen; sie sind, was geklärt werden kann, aber noch nicht geklärt worden ist. Und wie ernst wir dieses Wort »geklärt« auch immer nehmen mögen: gäbe es keinerlei neue Möglichkeit, so gäbe es auch keine Krise –

sondern nichts als Hoffnungslosigkeit. Unsere psychischen Rätsel bringen unsere unbewußten Wünsche zum Ausdruck. Probleme entstehen in dem Augenblick, da wir unsere Welt ins Auge fassen und entdecken, daß sie uns nicht entspricht oder wir selber ihr nicht entsprechen.

Probleme als Prophetien

Dieses Buch basiert auf den Erfahrungen, die ich als Psychoanalytiker in fünfundzwanzig Jahren intensiver Beschäftigung mit Menschen gemacht habe, die versuchten, sich mit ihren Konflikten auseinanderzusetzen und sie zu überwinden. Besonders in den letzten zehn Jahren ließen sich diese Konflikte im allgemeinen auf irgendwelche Fehlentwicklungen zurückführen, die mit Liebe oder Willen zusammenhingen. In einem gewissen Sinne leistet jeder Psychotherapeut ständig *Forschungsarbeit* – er sollte es zumindest tun –, Forschungsarbeit, die, wie das Wort selbst andeutet, darin besteht, nach Quellen zu forschen.
An diesem Punkt werden mich die Kollegen von der experimentellen Psychologie unterbrechen und mir vorhalten, daß die Daten, die die Psychotherapie liefert, sich unmöglich auf mathematische Formeln bringen lassen, und daß sie von Personen stammen, die zu den psychischen »Außenseitern« unserer Kultur gehören. Gleichzeitig höre ich die Freunde von der philosophischen Fakultät darauf hinweisen, daß ein für alle Menschen gültiges Modell nicht primär aus Daten abgeleitet werden kann, die auf Neurosen oder Charakterstörungen zurückgehen. Beide Warnungen haben ihre Berechtigung.
Aber weder die Psychologen in ihren Laboratorien noch die Philosophen in ihren Studierzimmern können die Tatsache ignorieren, daß wir dennoch Personen, die sich einer psychotherapeutischen Behandlung unterziehen, sehr wichtige und oft einzigartige Daten verdanken – Daten, die nur dann ans Licht kommen, wenn es einem Menschen gelingt, sich der konventionellen Masken, Heucheleien und Verteidigungsmechanismen zu

entledigen, hinter denen wir alle uns im »normalen« Gespräch verbergen. Nur in der kritischen Situation seelischen und geistigen Leidens – in jener Situation also, die die Menschen veranlaßt, die Hilfe des Psychotherapeuten zu suchen – ist man in der Lage, die Qual und die Angst zu ertragen, die die Bloßlegung der Wurzeln der eigenen Probleme auslöst. Fest steht freilich, daß der Patient die entscheidenden Daten nicht preisgeben wird und nicht preisgeben *kann*, solange wir nicht wirklich darauf abzielen, ihm zu *helfen*. Was Harry Stack einmal über die Forschungsarbeit während der Therapie gesagt hat, hat bis heute nichts von seiner Gültigkeit eingebüßt: Solange das Interview nicht darauf ausgerichtet ist, dem Menschen zu helfen, wird man künstliche, aber keine wirklichen Daten erhalten.

Gewiß, es mag schwer oder gar unmöglich sein, die Information, die wir von unseren Patienten erhalten, in ein System zu bringen, das mehr ist als ein oberflächliches Ordnungsschema. Aber diese Information entspricht so unmittelbar den Konflikten des Menschen und seiner lebendigen Erfahrung, daß ihr Aussagegehalt die Schwierigkeit der Interpretation mehr als wettmacht. Es ist durchaus zweierlei, ob man die Hypothese eines Kausalzusammenhanges zwischen Aggression und Frustration diskutiert oder ob man sieht, wie ein Patient völlig verkrampft und paralysiert dasitzt, wie seine Augen vor Zorn und Haß glühen und man sein halberstickes, gequältes Keuchen hört, wenn die Erinnerung an die viele Jahre zurückliegende Zeit in ihm aufsteigt, als sein Vater ihn schlug, weil ihm ohne sein Verschulden ein Fahrrad gestohlen worden war – ein Vorfall, durch den Haß freigesetzt wird, der sich in diesem Augenblick gegen sämtliche Repräsentanten der Elterngeneration richtet, mich, der ich bei ihm bin, eingeschlossen. Solche Daten sind empirisch im tiefsten Sinne des Wortes.

Was die Frage betrifft, ob man eine Theorie des Menschen aus Daten entwickeln kann, die auf die Beobachtung von »Außenseitern« zurückgehen, so würde ich meinen Kollegen die Gegenfrage stellen: *Sagt nicht jeder menschliche Konflikt ebensoviel über allgemein geltende Charakteristika des Menschen aus wie über die dabei vom einzelnen überempfindlich wahrgenommenen?* Sophokles ließ nicht nur die Pathologie eines einzelnen sichtbar werden, als er in seinem Ödipus-Drama Schritt für Schritt das qualvolle Ringen eines Menschen vergegenwärtigte, der zu ergründen sucht, wer er ist und woher er kommt. Die Psychotherapie sucht nach den charakteristischsten Merkmalen und Ereignissen im Leben des einzelnen – und eine Therapie, die dies außer acht läßt, wird nicht über leblose, verschwommene Allgemeinheiten ohne Wirklichkeitsbezug hinausgelangen. Darüberhinaus aber sucht die Psychotherapie nach den Elementen des menschlichen Konflikts dieses einzelnen, die die Grundlage für die durchgehenden, konstanten Qualitäten der Erfahrung überhaupt sind, die jedermann als Mensch macht – und eine Therapie, die das außer acht läßt, läuft Gefahr, das Bewußtsein des Patienten einzuengen und das Leben für ihn banaler zu machen.

In der Psychotherapie geht es um beides: um die Aufdeckung der unmittelbaren Beschaffenheit der »Krankheit« des einzelnen *und* um die Aufdeckung der archetypischen Qualitäten und Merkmale, die das eigentlich Menschliche des Menschen ausmachen. Diese archetypischen Merkmale sind es, die bei dem einzelnen Patienten auf eine spezifische Weise entstellt sind und seine psychischen Probleme verursachen. Die Interpretation der Probleme eines Patienten durch den Psychotherapeuten ist immer zugleich eine partielle Vergegenwärtigung jener Selbstdeutung des Menschen, die im Laufe der Geschichte in den archetypischen Formen der Literatur zum Ausdruck gebracht wurde. Aischylos' *Orestes* und Goethes *Faust*, um zwei sehr verschiedene Beispiele zu nennen, sind nicht nur Porträts zweier Gestalten, von denen die eine im 5. Jahrhundert vor Christus in Griechenland, die andere im 18. Jahrhundert in Deutschland lebte, sondern Darstellungen der Kämpfe, die wir alle – welchem Jahrhundert und welcher Rasse wir auch angehören mögen – im Laufe unserer Entwicklung durchstehen – auf der Suche nach unserer Identität als Individuen, in dem Streben, unsere Existenz mit allen uns zu Gebote stehenden Mitteln zu behaupten, in dem Bemühen zu lieben, schöpferisch zu wirken und auch mit allen übrigen Problemen des Lebens, den eigenen Tod eingeschlossen, fertigzuwerden. Einer der Vorzüge, die das Leben in einer Zeit des Übergangs – einem »Zeitalter der Therapie« – bietet, besteht darin, daß es uns selbst dann, wenn wir mit der Lösung unserer individuellen Probleme beschäftigt sind, die Gelegenheit zur Vertiefung unseres Verständnisses für jene Qualitäten aufzwingt, die das Menschliche im Menschen ausmachen.

Unsere Patienten sind diejenigen, die die vorbewußten und unbewußten Tendenzen der Kultur zum Ausdruck bringen und erleben. Der Neurotiker oder der Mensch, der an einer Charakterstörung leidet, wie wir es zu nennen pflegen, ist gekennzeichnet durch die Tatsache, daß ihm die üblichen Schutzmechanismen der Kultur nicht zu Gebote stehen – eine allgemein quälende Situation, deren er sich mehr oder weniger bewußt ist. Der »Neurotiker« oder der »an Charakterstörungen Leidende« ist ein Mensch, dessen Probleme so schwerwiegend sind, daß er sie mit den normalen Mitteln, die unsere Kultur bietet – wie Arbeit, Bildung und Religion – nicht überwinden kann. Unser Patient kann oder will sich der Gesellschaft nicht anpassen.

Dies wiederum kann seinen Grund in einem oder beiden der folgenden, wechselseitig sich bedingenden Faktoren haben: Einmal hat er in seinem Leben gewisse traumatische oder schmerzliche Erlebnisse gehabt, die ihn empfindlicher reagieren lassen als den Durchschnittsmenschen und die dazu geführt haben, daß er weniger als der Durchschnittsmensch in der Lage ist, mit seiner Angst zu leben und mit ihr fertigzuwerden. Zum zweiten kann es sein, daß er mit einer überdurchschnittlichen Selbständigkeit und Leistungsfähigkeit ausgestattet ist, die zur Geltung gebracht werden wollen und die ihn, wenn sie unterdrückt werden, krank machen.

Der Künstler und der Neurotiker

Das Verhältnis zwischen Künstler und Neurotiker, nicht selten als geheimnisvoll bezeichnet, wird von dem hier vorgetragenen Standpunkt aus betrachtet völlig verständlich. Beide, der Künstler wie der Neurotiker, leben von den vorbewußten und unbewußten Tiefen ihrer Gesellschaft. Der Künstler tut dies auf eine positive Weise, indem er das, was er erlebt, den anderen Menschen mitteilt. Der Neurotiker hingegen tut es auf negative Weise: Er erfährt die gleichen unterschwelligen Zusammenhänge und Widersprüche seiner Kultur, ist jedoch unfähig, seinen Erfahrungen für sich selbst und seine Mitmenschen einen mitteilbaren Sinn zu geben.

Kunst und Neurose haben eine *prophetische* Funktion. Da Kunst Kommunikation ist, die aus den Schichten des Unbewußten entspringt, präsentiert sie uns ein Bild des Menschen, das bis dahin nur in jenen Mitgliedern der Gesellschaft gegenwärtig war, die aufgrund ihres sensibilisierten Bewußtseins an der vordersten Front ihrer Gesellschaft – gleichsam mit einem Fuß in der Zukunft – leben. Sir Herbert Read hat im einzelnen belegt, daß der Künstler die künftige wissenschaftliche und intellektuelle Erfahrung des Volkes vorwegnimmt[6]. Die Schilfhalme und Ibisbeine, die im alten Ägypten in dreieckiger Anordnung auf Vasen gemalt wurden, waren die Voraussage der späteren Entwicklung von Geometrie und Mathematik, mit deren Hilfe der Ägypter die Sterne las und den Nil berechnete. Am Beispiel der herrlichen Ausgewogenheit des griechischen Parthenon, des gewaltigen Palastes der römischen Architektur und der mittelalterlichen Kathedrale weist Read nach, wie in den verschiedenen Perioden der Geschichte die Kunst Bedeutungen und Tendenzen zum Ausdruck bringt, die den jeweiligen Zeitgenossen noch unbewußt bleiben, die jedoch dann von den Philosophen, Religionsführern und Wissenschaftlern der Gesellschaft formuliert wurden. Spielt sich der Wandel mehr an der Oberfläche ab, nehmen die Künste die künftige gesellschaftliche und technologische Entwicklung um eine Generation vorweg; geht es dagegen um tiefgreifende Wandlungen wie zum Beispiel die Entdeckung der Mathematik, so sind sie ihrer Zeit um Jahrhunderte voraus. Genauso läßt sich nachweisen, daß die Künstler die Konflikte innerhalb der Gesellschaft zum Ausdruck bringen, noch bevor diese Konflikte der gesamten Gesellschaft bewußt werden. Der Künstler – nach Ezra Pound die Antenne des Volkes – durchlebt in Formen, die nur er schaffen kann, die Tiefen des Bewußtseins, die er im eigenen Sein erfährt, während er mit seiner Welt ringt und ihr Gestalt verleiht.

Damit stoßen wir unmittelbar ins Zentrum der Probleme vor, die in diesem Buch aufgeworfen werden. Denn die Welt, die unsere zeitgenössischen Maler, Dramatiker und Repräsentanten anderer Kunstgattungen darstellen, ist eine *schizoide* Welt. Sie führen uns den Zustand unserer Welt vor Augen, die das Lieben und das Wollen so seltsam schwer macht. Es ist eine Welt, in der – inmitten der hoch entwickelten Kommunikationsmittel, die uns von allen Seiten bestürmen – die persönliche Kommunikation überaus schwierig und selten ist. Die bedeutendsten Dramatiker unserer Zeit sind, wie Richard Gilman zu Recht bemerkt, jene, die eben diesen Kommunikationsverlust zu ihrem Thema machen – die, wie Ionesco und Genet, Beckett und Pinter, zeigen, daß es unser derzeitiges Schicksal ist, in einer Welt zu leben, in der die Kommunikation zwischen Menschen fast unmöglich geworden ist. Wir leben unser Leben, indem wir mit einem Tonband reden, wie in Becketts *Das letzte Band*; unsere Einsamkeit wächst mit der Zahl der Radios, Fernsehgeräte und Telefonanschlüsse in unseren Häusern. In Ionescos *Die kahle Sängerin* gibt es eine Szene, in der sich ein Mann und eine Frau zufällig begegnen und ein höfliches, wenn auch etwas manieriertes Gespräch beginnen. Während sie miteinander reden, entdecken sie, daß sie beide am Morgen mit dem 10-Uhr-Zug von New Haven nach New York gekommen sind und daß sie – zu ihrer Überraschung – in dem gleichen Haus an der Fifth Avenue wohnen. Und siehe da, sie haben auch die gleiche Wohnung, und überdies haben beide eine siebenjährige Tochter. Am Ende stellen sie zu ihrem Erstaunen fest, daß sie miteinander verheiratet sind.

Die gleiche Situation treffen wir bei den Malern an. Cézanne, der Vater der modernen Malerei, ein Mann, dessen Privatleben so undramatisch und bürgerlich war, wie es nur das Leben eines Mittelstandsfranzosen sein kann, malt eine schizoide Welt aus Räumen und Steinen, Bäumen und Gesichtern. Er spricht zu uns aus der alten Welt der Mechanik, aber er zwingt uns, in der neuen Welt freischwebender Räume zu leben. »Hier befinden wir uns jenseits von Ursache und Wirkung«, schreibt Merleau-Ponty über Cézanne. »Beide vereinigen sich in der Simultaneität eines ewigen Cézanne, der zur gleichen Zeit die Formel dessen ist, was er sein wollte, und dessen, was er tun wollte. Es besteht eine Beziehung zwischen Cézannes schizoidem Temperament und seinem Werk; denn das Werk offenbart ein metaphysisches Gespür für die Krankheit... Schizoid zu sein und Cézanne zu sein ist in diesem Sinne ein und dasselbe[7].« Nur ein schizoider Mensch konnte eine schizoide Welt malen; das heißt, nur ein Mensch, der feinfühlig genug war, um zu den unterschwelligen psychischen Konflikten vorzudringen, konnte unsere Welt so darstellen, wie sie unter der Oberfläche ist.

Aber im Erfassen unserer Welt durch die Kunst liegt zugleich unser Schutz vor den entmenschlichenden Wirkungen der Technik. Der schizoide Charakter hat seine Wurzel in beiden, in der Auseinandersetzung mit der entpersönlichenden Welt und in der Weigerung, sich von ihr entpersönlichen zu lassen. Denn der Künstler stößt in tiefere Schichten des Bewußtseins vor, und so können wir teilhaben an menschlichen Erfahrungen und Verhaltensweisen, die dem Bereich jenseits der oberflächlichen Erscheinungsformen angehören. Deutlicher noch als bei Cézanne mag das bei van Gogh sichtbar werden, dessen Psychose durchaus in Zusammenhang stand mit seinem vulkanischen Ringen um eine Malerei, mit der er seine Wahrnehmungen festhielt. Oder bei Picasso, dessen Einsicht in den schizoiden Charakter unserer modernen Welt in den zerstückelten Stieren und zerrissenen Dorfbewohnern von *Guernica* genauso sichtbar wird wie in den verzerrten Porträts mit den verrutschten Augen und Ohren – Bilder übrigens, die keine Namen haben, sondern einfach numeriert sind. Man ist keineswegs verwundert, wenn Robert Motherwell feststellt, daß zum erstenmal in der Geschichte eine Zeit angebrochen sei, in der der Künstler keine Gemeinde habe; er muß sich heute – genau wie wir alle – seine eigene schaffen.

Der Künstler präsentiert das zerbrochene Bild des Menschen, transzendiert es jedoch im Akt der Umsetzung in Kunst. Es ist sein schöpferischer Akt, der den Nihilismus, die Entfremdung und andere Elemente der Situation des modernen Menschen mit Sinn erfüllt. Noch einmal sei Merleau-Ponty zitiert, der im Hinblick auf Cézannes schizoides Temperament schreibt: »Auf diese Weise hört die Krankheit auf, ein absurdes Faktum und ein

Schicksal zu sein und wird zu einer Möglichkeit menschlicher Existenz[8].«

Da Neurotiker und Künstler in ihrem Leben den Bereich des Unbewußten freilegen, lassen sie sichtbar werden, was zu einem späteren Zeitpunkt in der Gesellschaft an die Oberfläche dringen wird. Für den Neurotiker erwachsen aus dem Erlebnis des Nihilismus, der Entfremdung und so weiter die gleichen Konflikte wie für den Künstler, aber er ist außerstande, ihnen eine sinnvolle Form zu verleihen; er ist gefangen zwischen seiner Unfähigkeit einerseits, diese Konflikte im schöpferischen Werk zu gestalten, und seiner Unfähigkeit andererseits, sie zu leugnen. Der Neurotiker ist, wie Otto Rank einmal bemerkt hat, der »artiste manqué«, der Künstler, der nicht in der Lage ist, seine Konflikte in Kunst umzusetzen.

Die Anerkennung des hier umrissenen Sachverhaltes einer schizoiden Welt als Realität gibt uns nicht nur die Freiheit zu schöpferischer Arbeit, sondern zugleich die Basis für unsere Freiheit als menschliche Wesen. Wenn wir von Anfang an der Tatsache Rechnung tragen, daß wir in einer schizoiden Welt leben, kann das die Basis zur Entdeckung von Liebe und Willen für unser Zeitalter bedeuten.

Der Neurotiker als Prophet

Unsere Patienten sagen die Zukunft der Kultur voraus, indem sie *bewußt* ausleben, was die Masse der Menschen vorerst noch in den Bereich des *Unbewußten* verbannen kann. Der Neurotiker wird vom Schicksal in die Rolle der Kassandra gedrängt. Kassandra weiß, daß sie das drohende düstere Schicksal voraussagen muß. Die Mykener nennen sie »sinnesgestört«, aber sie glauben dennoch, daß sie die Wahrheit spricht und daß sie die besondere Gabe hat, künftige Ereignisse vorauszusehen. Heute ist es der mit psychischen Problemen behaftete Mensch, der die Bürde der Konflikte seiner Zeit trägt und vom Schicksal dazu bestimmt ist, in seinen Handlungen und inneren Kämpfen die

Probleme vorauszusagen, die später allenthalben in der Gesellschaft zutage treten werden.
Den ersten und eindeutigsten Beweis für diese These kann man an Hand der sexuellen Probleme zeigen, die Freud in den zwei Jahrzehnten vor Ausbruch des Ersten Weltkriegs bei seinen Patienten aus der Bourgeoisie entdeckt hat. Diese sexuellen Schwierigkeiten wurden – bis hin zu dem einschlägigen Vokabular – von der etablierten Gesellschaft jener Jahre schlichtweg geleugnet oder verdrängt[9]. Nach dem Ersten Weltkrieg jedoch brachen ebendiese Probleme wie eine Flutwelle über die Gesellschaft herein. In den zwanziger Jahren beschäftigte sich jedermann mit dem Sex und seinen Funktionen. Kein Mensch, und sei er noch so phantasiebegabt, kann behaupten, Freud habe die Situation »verursacht«. Mit Hilfe der Daten, die er durch die Beobachtung seiner Patienten gewann, reflektierte und interpretierte er die latenten Konflikte der Gesellschaft, die die »normalen« Mitglieder dieser Gesellschaft fürs erste noch zu verdrängen in der Lage waren und verdrängten. Neurotische Probleme sind die Sprache des Unbewußten, das mit ihrer Hilfe in das gesellschaftliche Bewußtsein dringt.
Ein zweites, wenn auch weniger eklatantes Beispiel, zeigt sich in der starken Tendenz zur Feindseligkeit, die in den dreißiger Jahren bei Patienten beobachtet wurde. Ein Jahrzehnt später trat diese Tendenz, mit der sich neben anderen Forschern besonders Horney befaßt hat, in unserer Gesellschaft überall als unübersehbares Phänomen in Erscheinung.
Als ein drittes, wichtiges Beispiel sei das Problem der Angst genannt. In den späten dreißiger und beginnenden vierziger Jahren stellten einige Psychotherapeuten, zu denen auch ich gehörte, erstaunt fest, daß bei vielen Patienten Angst *nicht nur ein Symptom der Verdrängung oder der Pathologie* war, sondern *ein allgemeiner Charakterzustand*. Meine Untersuchungen zum Phänomen der Angst[10] begannen – genau wie die Hobart Mowrers und anderer Forscher – in den frühen vierziger Jahren. Zu jener Zeit war das Interesse für das Problem der Angst, soweit es nicht als pathologisches Problem betrachtet wurde, in den USA gering. Ich erinnere mich noch, wie ich gegen Ende der vierziger Jahre anläßlich meiner mündlichen Doktorprüfung den Gedanken einer »normalen« Angst entwickelte; meine

Professoren hörten mir zwar in respektvollem Schweigen zu, runzelten jedoch unübersehbar die Stirn.
Prophetisch wie Künstler sein können, veröffentlichte W. H. Auden im Jahre 1947 sein *Zeitalter der Angst*, und wenig später schrieb Bernstein eine Symphonie über dieses Thema. Etwa zur gleichen Zeit schrieb Camus seine Gedanken über das »Jahrhundert der Furcht« nieder, und lange vorher schon hatte Kafka in seinen Romanen eindringliche Bilder des kommenden Zeitalters der Angst entworfen[11]. Das wissenschaftliche Establishment dagegen hielt – was durchaus normal ist – nicht Schritt mit dem, was unsere Patienten uns zu sagen versuchten. So wurde auf dem Jahreskongreß der American Psychopathological Association von 1949, der dem Thema der »Angst« gewidmet war, die Vorstellung einer »normalen« Angst, die ich damals in einem Vortrag vertrat, noch von der Mehrzahl der anwesenden Psychiater und Psychologen zurückgewiesen.
In den fünfziger Jahren jedoch wurde ein radikaler Wandel sichtbar. Alle Welt redete plötzlich von der Angst, und überall fanden Diskussionen dieses Problems statt. Jetzt drang der Gedanke einer »normalen« Angst auch allmählich in die psychiatrische Literatur ein. Jedermann, gleichgültig ob normal oder neurotisch, schien sich darüber im klaren zu sein, daß er im »Zeitalter der Angst« lebte. Was Ende der dreißiger und im Laufe der vierziger Jahre von Künstlern dargestellt und von unseren Patienten zum Ausdruck gebracht worden war, sah jetzt jedermann als Wirklichkeit an.
Unser vierter Punkt führt uns unmittelbar in die Gegenwart: Es geht um das Problem der Identität. In den ausgehenden vierziger und beginnenden fünfziger Jahren sahen sich die Psychotherapeuten von ihren Patienten zum erstenmal vor dieses Problem gestellt. Ergebnisse psychologischer Studien lieferten die Basis für eine Beschreibung, wie sie 1950 in *Childhood and Society* von Erikson, 1953 in *Man's Search for Himself* von mir selber, 1958 in *The Quest for Identity* von Allen Wheelis sowie von anderen Interpreten aus den Bereichen der Psychotherapie und der Psychoanalyse unternommen wurde. Gegen Ende des Jahrzehnts und zu Beginn der sechziger Jahre trug dann jeder Gebildete das Identitätsproblem auf den Lippen; es

wurde zum Lieblingsthema der Karikaturen im *New Yorker*, und die zahllosen Bücher, die sich mit diesem Thema beschäftigten, wurden zu Bestsellern auf ihrem Gebiet. Die kulturellen Werte, denen die Menschen ihr Identitätsgefühl verdankt hatten, existierten nicht mehr[12]. Unsere Patienten waren sich dieses Umstands bewußt, *bevor* die Gesellschaft im ganzen begriff, was geschehen war, und sie verfügten über keinerlei Möglichkeiten, sich vor den beunruhigenden und traumatischen Konsequenzen dieser Situation zu schützen.

Selbstverständlich spielt bei all diesen Problemen ein gewisses Moment des Modischen eine Rolle. Aber man würde dem historischen Prozeß des Aufkommens psychologischer Probleme und gesellschaftlicher Wandlungen keineswegs gerecht werden, wenn man das Ganze als eine *reine* Angelegenheit der Mode abtäte. In seinem ebenso anregenden wie provokanten Buch *A Historical Psychology* vertritt van den Berg die Ansicht, daß *alle* psychologischen Probleme das Produkt sozio-historischer Wandlungen in der Kultur sind. Er meint, daß es keine feststehende »menschliche Natur« gäbe, sondern allein eine sich wandelnde Natur des Menschen, die von den Wandlungen innerhalb der Gesellschaft abhängt, und daß wir die Konflikte unserer Patienten nicht als »Neurosen«, sondern als »Soziosen« bezeichnen sollten. Man braucht nicht unbedingt so weit zu gehen wie van den Berg. Ich für meine Person bin der Ansicht, daß psychologische Probleme das Produkt eines dialektischen Wechselspiels biologischer *und* individueller *und* historisch-sozialer Faktoren sind. Van den Berg stellt unmißverständlich fest, daß es eine grobe und gefährliche Vereinfachung wäre, anzunehmen, daß psychologische Probleme »vom Himmel fallen« oder einfach nur deshalb auftauchen, weil sich die Gesellschaft ihrer bewußt wird, und daß es nicht weniger falsch wäre, zu glauben, daß die Probleme nur deshalb existieren, weil wir neue Worte gefunden haben, mit denen wir sie diagnostizieren können. Wir finden neue Worte, weil im Bereich des Unbewußten, Unartikulierten etwas Wichtiges vor sich geht und nach Ausdruck verlangt; und es ist unsere Aufgabe, unser Bestes zu tun, um diese im Unbewußten einsetzenden Entwicklungen zu verstehen und in Worte zu fassen.[13]

Freuds Patienten waren in der Mehrzahl Hysteriker, die – von
Freud so definiert – verdrängte Energien in sich stauten, die
der Psychotherapeut durch die Formulierung der im Unbewußten sich abspielenden Konflikte freisetzen konnte. Heute
jedoch, da praktisch all unsere Patienten von Zwangsvorstellungen und Angsterlebnissen heimgesuchte Neurotiker sind (oder
Menschen mit Persönlichkeitsproblemen – was nichts anderes ist
als eine allgemeinere und weniger intensive Form der gleichen
Sache), besteht das Hauptproblem der Therapie in der Unfähigkeit des Patienten, Gefühle zu entwickeln. Diese Patienten
sind Menschen, die endlos über ihre Probleme reden können und
im allgemeinen über einen geübten Verstand verfügen; aber sie
sind unfähig, echte Gefühle zu erleben. Wilhelm Reich kennzeichnete die Zwangsneurotiker als »lebende Maschinen«, und David
Shapiro knüpft in seinem Buch über die *Neurotic Styles* an diese
Kennzeichnung an und verweist darüberhinaus auf »Die Reserviertheit und den Gleichmut« dieser von Zwangsvorstellungen und Angsterlebnissen beherrschten Menschen. Reich beweist mit seinen Bemerkungen über die Zwangsneurotiker, daß
er, was die Einsicht in die Probleme der Patienten dieses Jahrhunderts betrifft, seiner Zeit weit voraus war[14].

Das Aufkommen der Apathie

Leslie Farber vertritt die Ansicht, daß sich unsere Epoche am
treffendsten als das »Zeitalter des gestörten Willens« charakterisieren ließe. Es erhebt sich die Frage, was diesem gestörten Willen zugrunde liegt.
Ich will auf meine eigene Weise versuchen, eine Antwort zu
geben. Ich glaube, es ist ein Zustand der Gefühllosigkeit, der
Verzweiflung angesichts der Tatsache, daß nichts mehr relevant
ist – ein Zustand, der dem der Apathie sehr ähnlich ist. Pamela
H. Johnson konnte sich nach einer Untersuchung der Moormorde in England nicht des Eindrucks erwehren, daß wir uns
jenem Zustand nähern, den die Psychologen als Affektlosigkeit

bezeichnen[15]. Wenn man davon ausgeht, daß Apathie oder Affektlosigkeit in unseren Tagen als eine dominierende Gefühlslage in Erscheinung tritt, dann begreift man auch, warum Liebe und Wille so problematisch geworden sind.
Was einige unter uns in den fünfziger Jahren mit Erstaunen an ihren Patienten wahrnahmen, ist in den letzten Jahren zu einem offenkundigen Problem geworden, das unsere gesamte Gesellschaft beunruhigt. Ich möchte an dieser Stelle aus meinem Buch *Man's Search for Himself* zitieren, das 1952 geschrieben und im darauffolgenden Jahr veröffentlicht wurde:
»Es mag überraschend klingen, wenn ich aufgrund meiner eigenen klinischen Erfahrung und der Erfahrung anderer Psychologen und Psychiater zu der Feststellung komme, daß das Hauptproblem der Menschen um die Mitte des 20. Jahrhunderts die Leere ist[16].«
»Während man über die sinnlose Langeweile, die vor ein oder zwei Jahrzehnten grassierte, noch lachen konnte, ist die Leere für viele Menschen inzwischen nicht mehr identisch mit dem Zustand der Langeweile, sondern mit dem einer Hoffnungslosigkeit und Verzweiflung, der Gefahren in sich birgt[17].«
»... Der Mensch kann nicht sehr lange in einem Zustand der Leere leben: Wenn er sich nicht auf irgend etwas *hin*entwickelt, stagniert er nicht nur; die aufgestauten Kräfte werden zur Ursache für dauernde Krankheit und Verzweiflung und führen schließlich zu destruktiven Handlungen[18].«
»Das Gefühl der Leere und Nichtigkeit ... erwächst im allgemeinen aus dem Gefühl der Unfähigkeit, im Hinblick auf das eigene Leben oder auf die Welt, in der man lebt, irgend etwas zu bewirken. Innere Leere ist das über einen langen Zeitraum hin sich akkumulierende Ergebnis, das zur Überzeugung führt, man sei unfähig, seinem Leben aus eigener Kraft Richtung zu geben, unfähig, die Haltung, mit der einem andere Menschen entgegentreten, zu ändern, unfähig, die Umweltwirklichkeit nachhaltig zu beeinflussen. So entsteht jenes intensive Gefühl der Verzweiflung und der Vergeblichkeit, unter dem heute so viele Menschen leiden. Und da das, was man will, und das, was man fühlt, letzlich wirkungslos bleibt, hört man schließlich auf zu wollen und zu fühlen[19].«

»... Apathie und Gefühlsmangel sind überdies Schutzmaßnahmen gegen die Angst. Wenn ein Mensch unentwegt mit Gefahren konfrontiert ist, deren er nicht Herr werden kann, sucht er schließlich Zuflucht bei dem Versuch, die Gefahren gar nicht erst zu fühlen[20].«

Erst um die Mitte der sechziger Jahre wurde dieses Problem in unserer Gesellschaft offenkundig; es konkretisierte sich in Vorfällen, die uns zutiefst erschütterten. Unsere »Leere« war in Verzweiflung und Zerstörungswut, in Gewalttätigkeit und Mordlust umgeschlagen. Und es steht heute fest, daß dies alles aufs engste mit der Apathie zusammenhängt. Im März 1969 meldete die *New York Times*: »Mehr als eine halbe Stunde lang sahen in Queens 38 ehrbare, friedliebende Bürger zu, wie ein Mörder in Kew Gardens dreimal hintereinander eine Frau mit einem Messer angriff und sie erstach[21].« Im April des gleichen Jahres berichtete die *New York Times* in einem leidenschaftlichen Leitartikel von einem anderen Vorfall: Eine Menschenmenge hatte einen geistesgestörten Jugendlichen, der sich am Dachfirst eines Hotels festklammerte, durch Zurufe wie »Angsthase« und »Feigling« aufgefordert, hinabzuspringen: »Unterscheiden sich diese Leute noch von den Römern, die mit wildem Blick dasaßen und jubelten, wenn Menschen und Bestien sich im Kolosseum gegenseitig in Stücke rissen?... Ist die Haltung jenes Pöbels in Albany symptomatisch für den Lebensstil vieler Amerikaner?... Wenn das zutrifft, dann hat uns allen die Stunde geschlagen[22].« Einen Monat später erschien in der *New York Times* ein Artikel mit der Überschrift: »Schreie des Opfers einer Vergewaltigung locken 40 Menschen an, aber kein einziger greift ein[23].« In den folgenden Monaten kam es zu einer ganzen Reihe von ähnlichen Zwischenfällen, die uns spät genug aus unserer Apathie weckten, um uns erkennen zu lassen, wie apathisch wir bereits geworden waren und in welchem Maße das Leben in der modernen Großstadt innere Distanz und fühllose Gleichgültigkeit bei uns zur Gewohnheit hatte werden lassen.

Ich bin mir durchaus bewußt, wie leicht man dem Fehler verfallen kann, einzelnen Vorfällen zuviel Gewicht beizumessen, und ich habe nicht die Absicht, voreilige Schlüsse zu ziehen. Den-

noch glaube ich, daß sich, was die Einstellung zum Leben betrifft, in unserer Gesellschaft ein eindeutiger Trend zur Affektlosigkeit konstatieren läßt. Die Desintegration der modernen Gesellschaft, über die Intellektuelle schon früher nachgedacht hatten, scheint jetzt auf unseren Straßen und in unseren Untergrundbahnen zur schaurigen Wirklichkeit zu werden.
Wie sollen wir diesen Zustand, von dem so viele unserer Zeitgenossen zu berichten wissen, nennen? Kühle Distanz, Entfremdung, Rückzug der Gefühle, Gleichgültigkeit, Desintegration, Entpersönlichung? Jeder dieser Begriffe trifft einen Aspekt des Zustands, den ich meine – eines Zustandes, der dadurch gekennzeichnet ist, daß Männer und Frauen spüren, wie sie plötzlich jenen Dingen beziehungslos gegenüberstehen, die früher noch ihre Zuneigung und ihren Willen erregen konnten. Ich möchte zunächst offenlassen, worauf dieses Phänomen zurückzuführen ist. Wenn ich den Begriff »Apathie« trotz der einschränkenden Nebenbedeutungen, die er im Laufe der Zeit erhalten hat, benutze, so deshalb, weil das Wort in seinem buchstäblichen Sinne das, wovon hier die Rede ist, am besten charakterisiert: »Mangel an Gefühl; Mangel an Leidenschaft; das Ausbleiben affektiver Erregungen; Teilnahmslosigkeit.« Apathie und die schizoide Welt bedingen sich wechselseitig.
Besondere Bedeutung kommt der Apathie wegen ihres engen Zusammenhanges mit Liebe und Willen zu. Nicht Haß ist das Gegenteil von Liebe, sondern Apathie. Das Gegenteil des Willens ist nicht Unentschlossenheit – Unentschlossenheit kann durchaus Zeichen der *Bemühung* um eine Entscheidung sein –, sondern die Teilnahmslosigkeit, die Distanziertheit, das Fehlen jeglicher Beziehung zu den wichtigen Ereignissen – Haltungen also, die die Frage nach dem Willen gar nicht erst aufkommen lassen. Die Wechselbeziehung zwischen Liebe und Willen liegt in der Tatsache begründet, daß beide Begriffe zur Kennzeichnung von Menschen dienen, die ihre Hand nach der Welt ausstrecken, sich auf die Welt zubewegen, von Menschen, die versuchen, andere Menschen oder die unbelebte Welt um sich her zu beeinflussen und die sich ihrerseits einer Beeinflussung nicht verschließen; Menschen also, die die Welt gestalten, formen, eine Beziehung zu ihr herstellen oder erwarten, daß die Welt eine

Beziehung zu ihnen herstellt. Das ist der Grund, weshalb Liebe und Wille in einem Zeitalter des Übergangs, da alle vertrauten Ankerplätze verloren sind, zu einem so schwierigen Problem werden. Die tiefgreifende Störung von Liebe und Willen ist gleichbedeutend mit der Blockierung der Wege, auf denen wir gemeinhin andere beeinflussen und unsererseits von ihnen beeinflußt werden. Apathie oder Mangel an Pathos bedeutet die Zurücknahme des Gefühls; das kann als bewußte innere Distanzierung beginnen, als eingeübte Teilnahmslosigkeit. »Ich wollte nicht in die Sache hineingezogen werden«, lautete die stereotype Antwort der 38 Bürger von Kew Gardens, als man sie fragte, warum sie nicht eingegriffen hätten. Die Apathie, die wie Freuds »Todesinstinkt« funktioniert, ist ein schrittweises Sich-Zurückziehen aus jeglichem Engagement, bis man so weit ist, daß das Leben insgesamt an einem vorübergeht.

Da Studenten die Gesellschaft unvoreingenommener betrachten als ältere Menschen, erkennen sie diese Tatsache oft klarer – wenngleich sie dazu neigen, die Dinge allzu sehr zu vereinfachen und die Schuld bei den Institutionen zu suchen. »Man hat es einfach versäumt, uns ein Gefühl für die Faszination des intellektuellen Lebens zu vermitteln«, stellte der Chefredakteur des an der Columbia-Universität erscheinenden *Spectator* fest[24]. Und in *The Michigan Daily* schrieb ein Student über die Universität: »Diese Institution ist – jedenfalls was die Mehrzahl der jüngeren Semester betrifft – auf trostlose Weise daran gescheitert, in ihren Studenten auch nur die Spur eines geistigen Hungers zu wecken.« Er berichtete von einer Entwicklung »in Richtung auf etwas, das schlimmer ist als Mittelmäßigkeit – in Richtung auf eine absolute Gleichgültigkeit nämlich; vielleicht sogar auf eine Gleichgültigkeit gegenüber dem Leben selbst[25]«. »Wir wurden alle in Stanzlöcher auf einer IBM-Datenkarte verwandelt«, meinte ein Student von Berkeley. »Wir faßten den Entschluß, uns zur Wehr zu setzen; es kam zu den Unruhen von 1964. Die *wirkliche* Revolution aber wird erst dann ihren Einzug halten, wenn wir uns entschließen, die Computer-Karten genauso zu verbrennen wie die Einberufungsbefehle[26].«

Apathie und Gewalttätigkeit stehen in einem dialektischen Verhältnis zueinander. Ein Leben in Apathie provoziert Gewalttätigkeit; Gewalttätigkeit wiederum leistet, wie die oben zitierten Beispiele zeigen, der Apathie Vorschub. Gewalttätigkeit ist das letzte zerstörerische Mittel zur Füllung jenes Vakuums, das dort herrscht, wo keinerlei zwischenmenschliche Beziehungen bestehen[27]. Es gibt verschiedene Grade der Gewalttätigkeit, beginnend beim relativ normalen Schockeffekt, den viele Formen der modernen Kunst bewirken, über Pornographie und Obszönität – die ihre gewünschte Reaktion dadurch erzielen, daß sie unseren Lebensformen Gewalt antun – bis hin zur extremen Pathologie des Mordes. Wenn das innere Leben verdorrt, wenn das Fühlen schwächer und schwächer wird und die Apathie wächst, wenn man nicht mehr imstande ist, einen anderen Menschen zu beeinflussen oder auch nur irgendein echtes Gefühl in ihm zu wecken, dann flackert Gewalttätigkeit auf als Ausdruck eines dämonischen Verlangens nach Kontakt, eines irren Dranges, der eine Beziehung zwischen Menschen auf die direkteste Weise erzwingt. Damit ist ein Aspekt der bekannten Verbindung sexueller Gefühle mit Gewaltverbrechen skizziert. Wer Schmerz und Qualen verursacht, beweist damit wenigstens, daß er auf einen anderen Menschen eine Wirkung ausüben kann. In der entfremdeten Welt der Massenkommunikation kennt der Durchschnittsbürger Dutzende von Fernsehstars, die Abend für Abend lächelnd in sein Wohnzimmer kommen – *er selber hingegen bleibt unbekannt.* In diesem Zustand der Entfremdung und Anonymität, der für jeden schwer zu ertragen ist, können im Durchschnittsmenschen Vorstellungen aufsteigen, die ans Pathologische grenzen. Die Stimmung, die den in der Anonymität Lebenden befällt, läßt sich in etwa so umreißen: Wenn ich schon niemanden beeinflussen oder beeindrucken kann, so kann ich doch wenigstens ein Gefühl in dir provozieren, indem ich dir einen Schock versetze; ich kann dich zu einer Gemütsbewegung zwingen, indem ich dich verwunde, dir einen Schmerz zufüge; ich werde zumindest dafür sorgen, daß wir beide etwas fühlen, und ich werde dich zwingen, mich zu sehen und meine Existenz zur Kenntnis zu nehmen! Immer wieder geschieht es, daß Kinder oder Jugendliche ihre Mitmenschen durch destruktives Verhalten zwingen, sie zur Kenntnis zu nehmen; und wenn ihr Verhalten auch mißbilligt wird, so werden sie auf diese

Weise doch von der Gemeinschaft wahrgenommen. Aktiv gehaßt zu werden ist fast ebenso gut, wie aktiv geliebt zu werden; denn auch der Haß beendet die absolut unerträgliche Situation der Anonymität und des Allein-Seins.

Nachdem wir uns bisher mit den Gefahren der Apathie befaßt haben, gilt es jetzt, sich mit der Tatsache ihrer Notwendigkeit auseinanderzusetzen und mit der Frage, wie der Apathie in ihrer »normalen schizoiden« Form eine konstruktive Funktion zukommen kann. Das tragisch Paradoxe an unserer zeitgenössischen Situation ist, daß wir *gezwungen* sind, uns durch ein gewisses Maß an Apathie zu schützen. »Apathie«, so schreibt Harry Stack Sullivan, »ist ein seltsamer Zustand. Sie ist ein Mittel, Niederlagen ohne nachhaltigen Schaden zu überleben, wenngleich man, falls sie zu lange anhält, durch die verrinnende Zeit Schaden erleidet. Die Apathie ist für mich ein Wundermittel der Verteidigung, mit dessen Hilfe sich ein Mensch, der in höchste Bedrängnis geraten ist, solange Ruhe verschaffen kann, bis er in der Lage ist, etwas anderes zu tun[28]«. Je länger die Situation unbewältigt bleibt, desto länger wird die Apathie beibehalten, und früher oder später wird sie zum Charakterzustand. Diese Affektlosigkeit ist der Rückzug des Menschen auf sich selbst angesichts unablässiger Forderungen, ein Erstarren angesichts überstarker Reize, ein Sich-Verschließen vor diesem Leben aus Angst, überrollt zu werden, wenn man darauf reagiert. Wer einmal in seinem Leben während der Hauptverkehrszeit mit der New Yorker Untergrundbahn gefahren ist, den Mißklang der Geräusche und den Ansturm anonymer Massen erlebt hat, wird dieses Phänomen kaum erstaunlich finden.

Es ist nicht schwer zu begreifen, daß Menschen, die in einem schizoiden Zeitalter leben, sich schützen müssen vor dem Übermaß der Reize – vor der Flut aus Worten und Geräuschen, die über Radio und Fernsehen auf sie eindringt, vor den Fließbandanforderungen einer nur noch mit Massen rechnenden Industrie und deren gigantischer Produktion. In einer Welt, in der uns für unsere Identifikation nur noch Zahlen verbleiben, die, einem Lavastrom gleich, alles atmende Leben zu ersticken und zu versteinern drohen, in einer Welt, in der »Normalität« definiert wird als die Fähigkeit, einen kühlen Kopf zu behalten, und in der Sex so verfügbar ist, daß die einzige Möglichkeit, ein inneres Zentrum zu bewahren, darin besteht, daß man lernt, Geschlechtsverkehr ohne innere Beteiligung auszuüben – in einer solchen Welt, die von jungen Menschen unmittelbarer erlebt wird als von älteren, da die Jüngeren zu wenig Zeit hatten, jene Schutzwälle zu errichten, die die Sinne der Älteren abstumpfen, ist es nicht erstaunlich, daß Liebe und Wille in wachsendem Maße problematisch, wenn nicht gar – wie manche meinen – unmöglich werden.

Wie aber steht es mit den Möglichkeiten einer konstruktiven Nutzung dieser schizoiden Situation? Wir haben gesehen, wie Cézanne seine schizoide Persönlichkeit in ein Instrument zum Ausdruck der entscheidenden Formen modernen Lebens verwandeln und den auszehrenden Tendenzen in unserer Gesellschaft mit Hilfe seiner Kunst widerstehen konnte. Und wir haben vor Augen geführt, daß schizoides Verhalten bis zu einem gewissen Grade notwendig ist. Nunmehr stellt sich die Frage, ob es – in seinen gesunden Dimensionen – nicht auch zu einem positiven Faktor werden kann. Der konstruktive schizoide Mensch wehrt sich gegen die geistige Leere einer allmächtigen Technologie und läßt sich davon nicht aushöhlen. Er lebt und arbeitet mit der Maschine, ohne selber zur Maschine zu werden. Er betrachtet es als notwendig, genug Distanz zu wahren, um seinen Erfahrungen Sinn abgewinnen zu können; aber er vergißt dabei nicht, sein eigenes Innenleben vor einer Verarmung zu schützen.

Dr. Bruno Bettelheim machte in den Konzentrationslagern des Zweiten Weltkriegs ebenfalls die Erfahrung, daß der Distanzierte – den ich den Schizoiden nennen würde – den anderen überlegen war:

»Psychoanalytischen Lehrmeinungen entsprechend, die damals vorherrschten ... wurde Distanziertheit gegenüber anderen Menschen und gegenüber der Welt als Charakterschwäche betrachtet. Meine Anmerkungen ... zu dem bewundernswürdigen Verhalten, das eine Gruppe von Menschen in den Konzentrationslagern demonstrierte, lassen erkennen, wie sehr mich diese überaus distanzierten Menschen beeindruckten. Sie hatten jeden Kontakt zu ihrem Unbewußten verloren, aber sie bewahrten dennoch ihre alte Persönlichkeitsstruktur, hielten auch in äußerster Bedrängnis an ihren Werten fest und wurden als individuelle Persönlichkeiten von dem Lagererlebnis kaum berührt ... Gerade diese Menschen, die der landläufigen psychoanalytischen Theorie nach schwache Persönlichkeiten hätten sein müssen, prädestiniert für den Untergang, entpuppten sich als heroische Führer, und zwar in erster Linie aufgrund ihrer Charakterstärke[29].«

In der Tat haben Untersuchungen gezeigt, daß die Menschen, die für die Raumfahrt am besten geeignet sind und die sich am ehesten auf die Entbehrungen im Bereich der Sinne, die derlei Unternehmungen notwendig machen, einstellen können – unsere Kameraden aus dem 21. Jahrhundert – eben jene sind, die sich distanzieren und ganz in sich selbst zurückziehen können. »Vieles spricht dafür«, schreibt Arthur J. Brodbeck, nachdem er Beweismaterial vorgetragen hat, »daß es durchaus die schizoide Persönlichkeit sein könnte, die am ehesten in der Lage sein wird, den Erfordernissen ausgedehnter Raumfahrtunternehmungen zu entsprechen[30].« Sie bewahrten sich jene innere Welt, die durch die überstarken Reize, die unserem Zeitalter das Gepräge geben, sonst ständig gefährdet ist. Diese Introvertierten werden weder durch das Übermaß noch durch den totalen Mangel an Reizen in ihrer Existenz gefährdet; denn sie haben gelernt, eine »konstruktive« schizoide Haltung dem Leben gegenüber zu entwickeln. Da wir in der Welt, wie sie nun einmal ist, leben müssen, stellt dieses Erkennen der konstruktiv schizoiden Haltung einen wichtigen Teil unseres Problems dar.

Apathie ist gleichbedeutend mit der Aufgabe des Willens und der Liebe, mit der Feststellung, beide seien »ohne Belang«, mit dem Rückzug aus dem Engagement. Sie ist notwendig in Zeiten starker Beanspruchung und Unruhe; und die gegenwärtige Flut von Reizen bedeutet eine starke Beanspruchung. Aber die Apathie – nunmehr im Gegensatz zur »normalen« schizoiden Haltung – führt letztlich zur Leere und untergräbt so die Fähigkeit des Menschen, sich zu verteidigen, zu überleben. So verständlich der Zustand, den wir mit dem Begriff der Apathie umschreiben, auch sein mag: Es ist von entscheidender Bedeutung, daß wir eine neue Basis für die Opfer der Apathie, die Liebe und den Willen, zu finden suchen.

Anmerkungen

Erstes Kapitel
Sexualität als Problem

1 William James, *Principles of Psychology*, New York 1950 (Erstveröff. 1890), Bd. II, S. 439
2 *Atlas*, November 1965, S. 302
3 Ibid.
4 Howard Taubman, »Is Sex Kaput?«, *The New York Times*, Sect. 2, 17. Januar 1965
5 Leon Edel, »Sex and the Novel«, *The New York Times*, Sect. 7, pt. I, 1. November 1964
6 Ibid.
7 Vgl. Taubman, »Is Sex Kaput?« ...
8 John L. Schimel, »Ideology and Sexual Practices«, *Sexual Behavior and the Law*, Hg. Ralph Slavenko, Springfield (Ill.) 1965, S. 195, 197
9 Gelegentlich höre ich von Patientinnen, daß Männer bei dem Versuch, sie zu verführen, ihnen versprechen, sie auf meisterhafte Weise zu befriedigen. (Man stelle sich Mozarts Don Giovanni bei einem solchen Versprechen vor.) Ich muß freilich hinzufügen, daß derlei Verheißungen laut Aussage der betroffenen Frauen die Chancen des »Verführers« nicht zu vergrößern pflegen.
10 Diese Formulierung verdanke ich Dr. Ludwig Lefebre.
11 *Atlas*, November 1965, S. 302
12 Philip Rieff X, *Freud: The Mind of the Moralist*, New York 1959, zitiert in James A. Knight, »Calvinism and Psychoanalysis: A Comparative Study«, *Pastoral Psychology*, Dezember 1963, S. 10
13 Knight, Calvinism and Psychoanalysis..., S. 11
14 Sigmund Freud, *Brautbriefe. Briefe an Martha Bernays aus den Jahren 1882–1886*, ausgewählt, herausgegeben und mit einem Vorwort von Ernst L. Freud, Frankfurt a. M./Hamburg (Fischer Bücherei) 1968, S. 37–38
Freud fährt fort: »Unsere ganze Lebensführung hat zur Voraussetzung, daß wir vor dem groben Elend geschützt seien, daß uns die Möglichkeit offenstehe, uns immer mehr von den gesell-

schaftlichen Übeln frei zu erhalten. Die Armen, das Volk, sie könnten nicht bestehen ohne ihre dicke Haut und ihren leichten Sinn; wozu sollten sie Neigungen so intensiv nehmen, wenn sich alles Unglück, das die Natur und die Gesellschaft im Vorrat hat, gegen ihre Lieben richtet, wozu das augenblickliche Vergnügen verschmähen, wenn sie auf kein anderes warten können? Die Armen sind zu ohnmächtig, zu exponiert, um es uns gleichzutun. Wenn ich das Volk sich gütlich tun sehe mit Hinansetzung aller Besonnenheit, denke ich immer, das ist ihre Abfindung dafür, daß alle Steuern, Epidemien, Krankheiten, Übelstände der sozialen Einrichtungen sie schutzlos treffen.« (S. 38)

15 Paul Tillich in einem Vortrag über »Psychoanalysis and Existenzialism«, den er im Februar 1962 auf der Conference of the American Association of Existential Psychology and Psychiatry hielt.

16 John L. Schimel, »Ideology and Sexual Practices« ..., S. 198

17 Leopold Caligor und Rollo May (in *Dreams and Symbols*, New York 1968, S. 108 ff.) stellen ebenfalls bei den Patienten von heute eine starke Tendenz fest, sich in ihren Träumen auf Kopf und Genitalien zu konzentrieren, nicht aber auf das Herz.

18 Playboy, April 1957

19 Diese Artikel renommierter Autoren können durchaus tendenziös sein. Man denke etwa an das berühmte *Playboy*-Interview Timothy Learys, in dem die Ansicht vertreten wurde, daß der Genuß von LSD es der Frau ermögliche, »hundert Orgasmen« zu haben, und daß »eine LSD-Sitzung, in der es nicht zu einer absoluten Verschmelzung kommt, im Grunde unvollständig ist«. In Wahrheit schaltet LSD allem Anschein nach die sexuellen Funktionen vorübergehend aus. Dieses Interview provozierte eine Erwiderung aus der Feder eines Autors, der sowohl im Hinblick auf LSD als auch in bezug auf sexuelle Probleme eine Autorität ist. Dr. R. E. L. Masters schrieb unter anderem: »Derlei Behauptungen, die Wirkung von LSD betreffend, sind nicht nur falsch, sondern überdies gefährlich ... Ich bezweifle nicht, daß das, was er sagt, für einige wenige Fälle zutreffen mag. Er behauptet jedoch, daß es sich hier nicht um die Ausnahme, sondern um die Regel handelt. Und eine solche Behauptung ist völlig unhaltbar.« (Aus einem vervielfältigten Brief, den er einem privaten Kreis von Personen zugänglich machte.)

20 »*Playboys* Doctrine of the Male«, *Christianity and Crisis*, XXI/6, 17. April 1961, unpaginiert

21 Symposion über das Thema der Sexualität, Michigan State University, Februar 1969

22 Ibid.
23 Gerald Sykes, *The Cool Millennium*, New York 1967
24 Eine Befragung der Studenten von drei Colleges im Gebiet von New York und New Jersey, die von Dr. Sylvia Hertz, der Vorsitzenden des Essex County Council on Drug Addiction durchgeführt wurde, führte u. a. zu dem Ergebnis, daß – wie *The New York Times* vom 26. November 1967 berichtet – das »Einnehmen von Drogen so verbreitet ist, daß es den Sex auf den zweiten Platz verdrängt hat«.
Während der Sex seine Funktion als jener Bereich einzubüßen begann, in dem man durch Rebellion seine Individualität unter Beweis stellte, und der Rauschgiftgenuß um sich griff, entwickelte sich eine Beziehung zwischen Sex und Rauschgift einerseits und einer Tendenz zur Gewalttätigkeit andererseits. Vereinzelte Versuche, den Sex zum Vehikel der Revolte gegen die Gesellschaft zu machen, wirken anachronistisch. Als ich kürzlich einen Vortrag an einem kalifornischen College halten mußte, erzählte mir der Student, der mich zum Campus chauffierte, daß man am College eine Gesellschaft gegründet habe, die – wie ihr Name bereits verriet – den »uneingeschränkten Sex« auf ihre Fahnen geschrieben habe. Ich bemerkte, es sei mir bisher noch gar nicht aufgefallen, daß irgend jemand in Kalifornien versuche, den Sex einzuschränken, und ich könne mir deshalb nicht recht vorstellen, welchen Sinn eine solche Gesellschaft haben solle. Er klärte mich darüber auf, daß in der Woche zuvor sämtliche Mitglieder der Gesellschaft (alles in allem sechs oder sieben Studenten, wie sich herausstellte) sich um die Mittagszeit ihrer Kleider entledigt hätten und nackt in den Goldfischteich im Zentrum des Campus gesprungen seien. Daraufhin sei die Stadtpolizei gekommen und habe sie ins Gefängnis gesteckt. Ich antwortete ihm, daß ich ein solches Bad überaus angemessen fände für jemanden, der gern eingesperrt werden wolle. Ich könne mir indessen beim besten Willen nicht vorstellen, was diese Goldfischteich-Aktion mit Sex zu tun habe.
25 Marshall McLuhan und George G. Leonard, »The Future of Sex«, *Look Magazine*, 25. Juli 1967, S. 58. Der Aufsatz enthält eine wichtige Feststellung zum Thema ›Meinungsumfragen im sexuellen Bereich‹: »Wenn die Meinungsforscher darauf hinweisen, daß die Häufigkeit des Geschlechtsverkehrs nur unerheblich zugenommen hat, und damit beweisen wollen, daß von einer sexuellen Revolution keine Rede sein kann, so befinden sie sich im Irrtum. Es kann sogar sein, daß die Häufigkeit des Geschlechtsverkehrs künftig abnimmt, gerade *weil* eine Revolution stattfindet in bezug auf die in-

tellektuelle und gefühlsmäßige Einstellung zur Sexualität und zur sexuellen Praxis, insbesondere hinsichtlich der Rolle des Mannes und der Frau.« (S. 57)
26 Da ich kein Anthropologe bin, habe ich dieses Problem mit Ashley Montague diskutiert und referiere hier seine Ansicht.
27 McLuhan und Leonard, »The Future of Sex« ..., S. 58. Kursivierung von McLuhan und Leonard.
28 Eleanor Garth, »The A-Sexual Society«, *Center Diary,* hg. v. Center for the Study of Democratic Institutions, 15, November-Dezember 1966, S. 43
29 Ibid.
30 Ibid.

Zweites Kapitel
Eros im Konflikt mit Sexualität

1 U.S. Department of Health Statistics, *Medical World News,* März 1967, S. 64–68
2 Kenneth Clark, *Schwarzes Getto,* Düsseldorf/Wien 1967, S. 101–102
3 Das gleiche gilt für die Indianer Südamerikas, bei denen die Fähigkeit, Kinder zu zeugen, soviel Symbolkraft hat, daß alle Bemühungen aufgeklärter Krankenschwestern und Ärzte um Geburtenkontrolle zum Scheitern verurteilt sind. Die Frau mag bereitwillig bekennen, daß sie keine Kinder mehr *will,* aber der Ehemann betrachtet es als einen Schlag gegen seinen *machismos,* wenn er nicht einmal im Jahr ein Kind zeugen kann. Deshalb verläßt er seine Frau und sucht sich eine andere, wenn er daran gehindert wird, seine Potenz an ihr zu beweisen.
4 T. S. Eliot, »The Hollow Men«, *Collected Poems,* New York 1934, S. 101
5 Das Faszinierende an dem Film *La Dolce Vita* ist nicht der Sex, sondern die Tatsache, daß sich jeder einzelne ungeheuer ›sexy‹ fühlt und daß niemand in der Lage ist, irgendeinen anderen Menschen zu *hören.* Von der ersten Szene, in der der Lärm des Hubschraubers alles übertönt, was die Männer den Frauen zurufen, bis zur letzten, in der der Held sich vergeblich bemüht, das Mädchen am anderen Ufer zu hören. Als sich der Mann und die Frau im Schloß auf dem Weg über das Echo ihre Liebe zueinander gestehen wollen, kann sie seine Stimme aus dem anderen Raum nicht hören und gibt sich augenblicklich dem Nächstbesten hin, um sich auf diese

Weise zu betäuben. Das Entmenschlichende dabei ist die sogenannte Emotion ohne jegliche Beziehung; und das Sexuelle ist die am leichtesten verfügbare Droge zur Betäubung der Angst angesichts dieser Entmenschlichung.

6 Joseph Campbell, *Occidental Mythology*, Bd. III, New York 1964, S. 235
7 *Websters Collegiate Dictionary*, 3. Ausg., Springfield (Mass.) o. J.
8 *Webster's Third New International Dictionary*, Springfield (Mass.) 1961
9 Platon, *Symposion*, Sämtliche Werke in der Übersetzung von Friedrich Schleiermacher mit der Stephanus-Numerierung hg. v. Walter F. Otto, Ernesto Grassi, Gert Plamböck, Bd. II (Rowohlts Klassiker) Hamburg 1957, S. 232 (202 e)
10 Ibid., S. 236 (207 b)
11 Ibid., S. 236 (207 e, 208 a)
12 Ibid., S. 237 (208 e, 209 a)
13 Dies entspricht der bindenden Funktion des Eros. Re-ligio – die Form, auf die das Wort Religion zurückgeht – bedeutet: zusammenbinden.
14 Albert Camus, *Der Mythos von Sisyphos. Ein Versuch über das Absurde*, Hamburg (Rowohlts deutsche Enzyklopädie) 1959, S. 101
15 Platon, *Phaidros*, Sämtliche Werke in der Übersetzung von Friedrich Schleiermacher mit der Stephanus-Numerierung, hg. v. Walter F. Otto, Ernesto Grassi, Gert Plamböck, Bd. IV (Rowohlts Klassiker), Hamburg 1958, S. 60 (279 c)
16 Douglas N. Morgan, *Love: Plato, the Bible and Freud*, Englewood Cliffs (N. J.) 1964, S. 136
17 Ibid., S. 139
18 Sigmund Freud, »Über die allgemeinste Erniedrigung des Liebeslebens«, Gesammelte Werke. Chronologisch geordnet. 8. Bd. 2. Aufl. London 1948, S. 78–91, S. 88
19 Sigmund Freud, »Jenseits des Lustprinzips«, Gesammelte Werke. Chronologisch geordnet. 13. Bd., 2. Aufl. London 1947, S. 1–69, S. 3
20 Sigmund Freud, »Jenseits des Lustprinzips« ..., S. 38, 40
21 Ibid., S. 40
22 Douglas N. Morgan, *Love: Plato, the Bible and Freud*, ...,S. 144
23 Sigmund Freud, »Das Ich und das Es«, Gesammelte Werke. Chronologisch geordnet. 13. Bd., 2. Aufl. London 1947, S. 237–289, S. 269
24 Ibid., S. 275
25 Ibid., S. 276

26 Vgl. Ernest Jones, *The Life and Work of Sigmund Freud*, New York 1957, S. 276
27 Douglas N. Morgan, *Love: Plato, the Bible and Freud* ..., S. 173
28 Ibid.
29 Ibid., S. 165
30 Ibid.
31 Ibid, S. 164
32 Ibid., S. 165
33 Ibid.
34 Abraham Maslow hat in seinen Arbeiten wiederholt auf diesen Umstand hingewiesen.
35 Paul Tillich, *Liebe, Macht, Gerechtigkeit*, Tübingen 1955, S. 22
36 Helene A. Guerber, *Myths of Greece and Rome*, London 1907, S. 86
37 »Eros«, *Encyclopaedia Britannica*, Bd. VIII (1947), S. 695
38 Denis de Rougemont, *L'Amour et l'Occident*, Paris 1939

Drittes Kapitel
Liebe und Tod

1 Joseph Campbell, *Occidental Mythology*, Bd. III, New York 1964, S. 67
2 Die Wirkung der Liebe kann der Wirkung des LSD durchaus ähnlich sein. Beide, Liebe und LSD, lassen die Mauern der vertrauten Welt einstürzen und machen uns nackt und verwundbar. Der LSD-Rausch kann Entdeckung bedeuten oder auch Wahnvorstellung und Desintegration ohne jedes Glücksgefühl. Auch darin entsprechen sich LSD und Liebe. Die Liebe kann eine Steigerung der Eifersucht, des Neides, des Argwohns, der Wut und sogar des Hasses bewirken. Bei vielen Ehepaaren hat man den Eindruck, daß es eher der Haß als die Liebe ist, was sie zusammenhält. Wie in Edward Albees *Wer hat Angst vor Virginia Woolf?* ist es manchmal sehr schwer zu erkennen, ob der Haß die Maske der Liebe ist oder umgekehrt.
3 Sigmund Freud, »Das Ich und das Es« ..., S. 276
4 Joseph Campbell, *Occidental Mythology* ..., Bd. III, S. 235
5 Ibid.
6 Robert Lifton, »On Death and Death Symbolism«, *Psychiatry*, 27, 1964, S. 191–210 sowie Geoffrey Gorer, »The Pornography of Death« in: *The Berleley Book of Modern Writings*, Hg. W. Phillips und P. Rank, 3. Ausg. New York 1956, S. 56–62

7 Eine Satire darauf schrieb Aldous Huxley mit *Nach vielen Sommern.*
8 Auch die Tendenz zur Verdrängung des Todes hat ihre Geschichte. Nach dem Verlust des Glaubens an die Unsterblichkeit im 18. und 19. Jahrhundert verdrängten wir den Tod durch unseren Glauben an den Fortschritt. Wenn wir die Natur erobern konnten und der Seuchen Herr werden, warum sollte es uns nicht eines Tages auch gelingen, den Tod zu besiegen?
9 Paul Tillich, Liebe, Macht, Gerechtigkeit..., S. 22–23
10 Seymour L. Halleck, »The Roots of Student Despair«, *THINK* XXXIII/2, März–April 1967, S. 22

Viertes Kapitel
Das Dämonische

1 Platon, *Apologie,* Sämtliche Werke in der Übersetzung von Friedrich Schleiermacher mit der Stephanus-Numerierung hg. v. Walter F. Otto, Ernesto Grassi, Gert Plamböck, Bd. I (Rowohlts Klassiker) Hamburg 1957, S. 29–30 (40 a, b)
2 *Webster's Collegiate Dictionary*
3 Vgl. E. R. Dodds, *The Greeks and the Irrational,* Berleley 1968, S. 120
4 William Butler Yeats, *Selected Poems,* hg. v. M. L. Rosenthal, New York 1962, S. XX
5 Anthony Storr, *Human Aggression* ..., S. 1
6 Diese Beobachtung verdanke ich Dr. Wolfgang Zucker, der sie in einer bisher unveröffentlichten Arbeit mit dem Titel »The Demonic« festgehalten hat.
7 Aischylos, *Eumeniden,* V. 696–699
8 E. R. Dodds, *The Greeks and the Irrational...,* S. 183
9 Herbert Spiegelberg (Hg.), *The Socratic Enigma,* Indianapolis, 1964, S. 127
10 Ibid., S. 127–128
11 Vgl. Wolfgang Zucker, »The Demonic« ...
12 Johann Wolfgang von Goethe, *Dichtung und Wahrheit,* Vierter Teil, 20. Buch, Goethes Werke. Hamburger Ausgabe, Bd. 10, Hamburg 1959, S. 175–176
13 Ibid., S. 177
14 Douglas N. Morgan, *Love: Plato, the Bible and Freud* ..., S. 158
15 William James, *Principles of Psychology* ..., Bd. II, S. 553–554

Fünftes Kapitel
Die Integration des Dämonischen

1 Herbert Spiegelberg (Hg.), *The Socratic Enigma* ..., S. 236
2 Paul Ricoeur im Gespräch mit dem Verfasser
3 Johannes 8: 32
4 William James, *Principles of Psychology* ..., Bd. I, S. 565 (Kursivierung von James)
5 I. Mose 32: 23-33
6 Wenn ein Prinz zum König gekrönt, wenn ein Kardinal zum Papst gemacht wird, wird er damit zu einem neuen Wesen und erhält einen neuen Namen. Wenn eine Frau in unserer Gesellschaftsform heiratet, übernimmt sie den Namen ihres Ehemannes – ein Akt, der ihr neues Sein symbolisiert.
7 Jan Frank, »Some Aspects of Lobotomy Under Analytic Scrutiny«, *Psychiatry* 13, Februar 1950
8 Aischylos, *Eumeniden*, V. 477-481

Sechstes Kapitel
Der Wille in der Krise

1 Sigmund Freud, *Vorlesungen zur Einführung in die Psychoanalyse und Neue Folge*, Freud-Studienausgabe Bd. I, Frankfurt 1969, S. 121
2 Alan Wheelis, »Will and Psychoanalysis«, *Journal of the American Psychoanalytic Association*, IV, 2, April 1956, S. 256. Der Lösung für das Problem, die er in diesem Artikel und in den letzten Kapiteln von *The Quest for Identity* (New York 1958) anbietet, mangelt es an jener Scharfsinnigkeit, die seine Analyse auszeichnet.
3 Aus dem Film *Seven Days in May*
4 L. S. Feuer, »American Philosophy Is Dead«, *The New York Times Magazine*, 24. April 1966
5 Friedrich Nietzsche, *Die fröhliche Wissenschaft*, zweites Buch, 125
6 Sylvano Arieti, »Volition and Value: A Study Based on Catatonic Schizophrenia«, *Comprehensive Psychiatry*, II, 2, April 1961, S. 77
7 Ibid., S. 78
8 Ibid., S. 79
9 Ibid., S. 80
10 Ibid., S. 81

11 Vgl. Alan Wheelis, »Will and Psychoanalysis« ... und Bruno Bettelheim, *The Informed Heart* ...
12 Vgl. die Reden von Jules Masserman und Judson Marmor auf der American Psychiatric Convention im Mai 1966 und vor der American Academy of Psychoanalysis im Mai 1966
13 Es ist bedeutsam und zugleich naheliegend, daß das Problem der Macht kürzlich gerade von einem farbigen Psychologen, der unmittelbar mit dem Rassenkonflikt konfrontiert ist, in der Psychologie zur Debatte gestellt wurde. Gerade im Bereich der Rassenkonflikte stellt sich das Problem unausweichlich. Vgl. Kenneth Clark, *Schwarzes Getto* ...
14 Robert Knight, »Determinism, Freedom and Psychotherapy«, *Psychiatry* 1946/9, S. 251–262
15 Sigmund Freud, »Das Ich und das Es« ..., S. 280 Fußnote (Kursivierung von Freud)
16 Alan Wheelis, »Will and Psychoanalysis« ..., S. 287
17 Vera M. Gatch und Maurice Temerlin, »The Belief in Psychic Determinism and the Behavior of the Psychotherapist«, *Review of Existential Psychology and Psychiatry*, S. 16–34
18 Vgl. Robert Knight, »Determinism, Freedom and Psychotherapy« ...
19 Hudson Hoagland, »Science and the New Humanism«, *Science*, 143, 1964, S. 114

Siebentes Kapitel
Wunsch und Wille

1 William James stellt im Kapitel über den Willen in seinen *Principles of Psychology* fest, daß das Problem des freien Willens auf der Ebene der Psychologie unlösbar ist. Es handelt sich um ein metaphysisches Problem; und wenn der Psychologe zum Thema ›freier Wille–Determinismus‹ Stellung nimmt, sollte er wissen, daß er sich auf dem Terrain der Metaphysik befindet, und entsprechend vorsichtig sein.
2 Aus einer unveröffentlichten Arbeit von William F. Lynch, die während einer Konferenz über das Thema des Willens und der Verantwortung 1969 in New York verlesen wurde.
3 William F. Lynch in einer Rede während der Annual Convention der American Association of Existential Psychology and Psychiatry 1964
4 Ibid.
5 Ibid.

6 In *Principles of Psychology*, James' Meisterwerk, das 1890, zehn Jahre vor Freuds *Traumdeutung* erschien.
7 William James, *Principles of Psychology* ..., Bd. II, S. 546
8 Ibid., S. 321
9 Ibid., S. 322
10 Ibid., S. 524

Achtes Kapitel
Intentionalität

1 Vgl. Arthur Koestler, *Der göttliche Funke. Der schöpferische Akt in Kunst und Wissenschaft*, Zürich 1966
2 Merleau-Ponty nach Paul Ricoeur
3 Franz Alexander im Gespräch mit dem Verfasser
4 Vortrag anläßlich der Annual Convention of the New York Psychological Association im Februar 1953
5 Vgl. Robert Rosenthals zahlreiche Arbeiten über das Vorurteil des Experimentierenden, Harvard Social Relations Department
6 Im Gespräch zitiert von Paul Ricoeur
7 Eugene Genlin, »Therapeutic Procedures in Dealing with Schizophrenics«, 16. Kap., in: Rogers, Genlin, Kiesler, *The Therapeutic Relationship with Schizophrenics*, Madison (Wisc.) 1967
8 Die Studien und Seminare von Paul Ricoeur, Professor der Philosophie an der Sorbonne, stellen einen außerordentlich wichtigen Beitrag zum Verständnis des Willensproblems dar. Ihm verdanke ich eine Reihe von wertvollen Anregungen.
9 Dieser Gedanke entspricht Robert Liftons These, daß psychische Krankheit auf ein »vermindertes Gefühl der symbolischen Unsterblichkeit« zurückzuführen sei.
10 Rollo May, *The Meaning of Anxiety* ...
11 Paul Tillich, *Der Mut zum Sein*, Hamburg 1965, S. 85–86
12 Ibid., S. 87

Neuntes Kapitel
Die Intentionalität in der Therapie

1 Aus einer demnächst erscheinenden Untersuchung von Ernest Keen, der im Sommer 1964 in Harvard mein Assistent war und nunmehr eine Professur am Bucknell-College hat.
2 Robert Knight irrt sich, wenn er den Determinismus Spinozas als

einen Determinismus bezeichnet, der die menschliche Freiheit zerstört. Das Mißverständnis besteht darin, daß er alle Arten des Determinismus rundweg mit von den Gesetzen von Ursache und Wirkung bestimmten naturwissenschaftlichen Prozessen gleichsetzt. Diese können in der Tat die menschliche Freiheit einschränken, wenn sie ungerechtfertigterweise zu letzten Prinzipien erhoben werden. Da aber Spinozas Determinismus eine Vertiefung der menschlichen Erfahrung bedeutet, macht er die Freiheit zu einer Sache, für die zwar ein hoher Preis gezahlt werden muß, die dafür aber um so realer ist.

3 William James, *Principles of Psychology* ..., Bd. II, S. 578–579

Zehntes Kapitel
Das Verhältnis von Liebe und Willen

1 David Riesman, Reuel Denney, Nathan Glazer, *Die einsame Masse. Eine Untersuchung der Wandlungen des amerikanischen Charakters*, Hamburg (rowohlts deutsche enzyklopädie) 1958
2 Ich bin mir bewußt, daß ich diesen Typus gleichsam mythisch beschreibe und daß es zahlreiche Ausnahmen – wie etwa William James und seine Eltern – von dieser Regel gibt. Aber wenn wir auch die Neigung haben, die jeweils unmittelbar vorangegangene Epoche zu hassen, so meine ich dennoch, daß meine These haltbar ist.

Elftes Kapitel
Die Bedeutung der Sorge

1 John Macquarrie, »Will and Existence«, in: *The Concept of Willing*, hg. v. James N. Lapsley, New York 1967, S. 78
2 Ibid., S. 82
3 Ibid.
4 Ronald Lathams Einleitung zu Titus Lucretius Carus, *The Nature of the Universe*, London 1951, S. 7
5 Einige der Schriftsteller, auf die ich im folgenden Bezug nehme, lebten ein oder zwei Jahrhunderte später. Aber sie schrieben nach bestem Wissen über die vorausgehende Periode. Wir sind auf die Literatur angewiesen, die uns überliefert ist. Dodds und andere Gelehrte sind der Ansicht, daß diese Männer Stimmung und Tonlage ihrer Quellen im hellenistischen Zeitalter getreu wiedergeben.
6 E. R. Dodds, *The Greeks and the Irrational* ..., S. 240
7 E. R. Dodds, *The Greeks and the Irrational* ..., S. 248

8 Unser fester Glaube an den Mythos des unentwegten Fortschritts macht es uns besonders schwer, mit dem Mythos des Sisyphos fertigzuwerden. Wir haben uns von dem Mythos der göttlichen Vorsehung befreit, um ihn durch den Mythos des Fortschritts zu ersetzen.
9 Vgl. Jerome Bruner, »Myth and Identity«, in: J. B., *The Making of Myth,* New York 1962
10 Ronald Latham, *Einleitung . . .,* S. 9
11 Alfred North Whitehead, in: *Alfred N. Whitehead: His Reflections on Man and Nature,* hg. v. Ruth Narda Anshen, New York 1961, S. 28

Zwölftes Kapitel
Das neue Bewußtsein

1 James Baldwin, *Hundert Jahre Freiheit ohne Gleichberechtigung oder The Fire Next Time. Eine Warnung an die Weißen,* Reinbek (rororo aktuell) 1964, S. 123
2 Vgl. Pierre Teilhard de Chardin, *Der Mensch im Kosmos,* München 1959
3 Harry Harlow, »Affection in Primates«, *Discovery,* London, Januar 1966, unpaginiert

Nachwort:
Die schizoide Welt

1 Carl Oglesby, in: Jack Newfield, *A Prophetic Minority,* New York 1966, S. 19
2 Leslie Farber, *The Ways of the Will,* New York 1965, S. 48
3 Anthony Storr, *Human Aggression,* New York 1968, S. 85
4 Ibid.
5 Ibid., S. 88
6 Herbert Read, *Icon and Idea: The Function of Art in the Development of Human Consciousness,* Cambridge (Mass.) 1955
7 Maurice Merleau-Ponty, *Sense et Non-Sense,* Paris 1948
8 Ibid.
9 Die Tatsache, daß es – wie Steven Marcus in *The Other Victorians* (New York 1964) gezeigt hat – auch in jener Zeit Pornographie und andere Manifestationen der Sexualität gab, widerlegt meine These nicht. In einer so vielschichtigen Gesellschaft gibt es immer

verdrängte Bereiche, die im Untergrund in dem gleichen Maße sichtbar werden, in dem vitale Triebe blockiert werden.
10. Veröffentlicht unter dem Titel *The Meaning of Anxiety*, New York 1950
11. Vgl. May, *The Meaning of Anxiety* ..., S. 6–7
12. Das Drama, das am eindeutigsten den Untergang der Horatio Alger-Werte der Arbeit und des Erfolges verkündete, die für die meisten von uns das Gefühl der individuellen Integrität und Bedeutung bestimmten, war Arthur Millers 1949 veröffentlichter *Tod des Handlungsreisenden*. Willy Lomans entscheidendes Problem besteht darin, daß er nie weiß, wer er ist.
13. Jan Hendrik van den Berg, *Metabletica. Wandlung des Menschen. Grundzüge einer historischen Psychologie*, Göttingen 1961
14. David Shapiro, *Neurotic Styles*, New York 1965, S. 23
15. P. H. Johnson, *On Iniquity: Reflections Arising out of the Moors Murder Trial*, New York o. J.
16. Rollo May, *Man's Search for Himself*, New York 1953, S. 14
17. Ibid., S. 24
18. Ibid.
19. Ibid., S. 24–25
20. Ibid., S. 25
21. *The New York Times*, 27. März 1964
22. Ibid., 16. April 1964
23. Ibid., 6. Mai 1964
24. James H. Billington, »The Humanistic Heartbeat Has Failed«, Life Magazine, S. 32
25. Ibid.
26. Ibid.
27. »Die allgemeine Apathie«, sagt Karl Menninger, »ist selbst eine Manifestation der Aggression.« Karl Menninger auf einer Konferenz der Medical Correctional Association über das Thema der Gewalttätigkeit, abgedruckt in *The New York Times*, 12. April 1964
28. Harry Stack Sullivan, *The Psychiatric Interview*, New York 1954, S. 184
29. Bruno Bettelheim, *The Informed Heart*, Glencoe (Ill.) 1960, S. 20–21
30. Arthur J. Brodbeck, »Placing Aesthetic Developments in Social Context: A Program of Value Analysis«, *Journal of Social Issues*, Januar 1964, S. 17